中国社会科学院新闻与传播研究所
马克思主义新闻学研究室●编

马克思主义新闻传播史论的研究历程

——中国学界文选

第二卷○1990–1999

中国社会科学出版社

图书在版编目(CIP)数据

马克思主义新闻传播史论的研究历程:中国学界文选(第二卷)/中国
社会科学院新闻与传播研究所马克思主义新闻学研究室编. —北京:
中国社会科学出版社,2014.11
ISBN 978 - 7 - 5161 - 5084 - 9

Ⅰ.①马… Ⅱ.①中… Ⅲ.①马克思主义—新闻学—文集
Ⅳ.①G210 - 53

中国版本图书馆 CIP 数据核字(2014)第 262012 号

出 版 人	赵剑英
选题策划	陈肖静
责任编辑	陈肖静
责任校对	李 静
责任印制	戴 宽

出 版	中国社会科学出版社
社 址	北京鼓楼西大街甲 158 号 (邮编 100720)
网 址	http://www.csspw.cn
	中文域名:中国社科网　010 - 64070619
发 行 部	010 - 84083685
门 市 部	010 - 84029450
经 销	新华书店及其他书店

印 刷	北京君升印刷有限公司
装 订	廊坊市广阳区广增装订厂
版 次	2014 年 11 月第 1 版
印 次	2014 年 11 月第 1 次印刷

开 本	710×1000　1/16
印 张	26.5
插 页	2
字 数	425 千字
定 价	76.00 元

凡购买中国社会科学出版社图书,如有质量问题请与本社联系调换
电话:010 - 64009791

编 委 会

编辑说明

马克思主义新闻观对于我国新闻事业的发展以及新闻传播学科的建设具有长远的指导意义和特殊的重要性，它是辩证唯物主义和历史唯物主义科学世界观在新闻领域的体现。新中国成立以来特别是改革开放至今，我国学界有关马克思主义经典作家新闻活动及相关论述的研究、有关中国共产党新闻实践及其理论表达的研究已积累了较为丰富的治学成果。为便于广大读者对这一研究领域学理文献的了解，我们经全面的检视和精心擢选，编成多卷本的《马克思主义新闻传播史论的研究历程——中国学界文选》，其中第一卷收录 20 世纪 80 年代的研究成果，第二卷收录 20 世纪 90 年代的研究成果，第三卷收录新世纪前 10 年的研究成果；前三卷出版后，我们还将接续编辑第四、五卷，依次收录 20 世纪早期新文化运动至新中国成立之前、新中国成立至改革开放之前这两个历史阶段中公开发表的相关文论。

本套文选将各卷收录的文章分别归入三种类属：一、史实考辨类，主要指考察和描述马克思主义经典作家以及中共主要领导人参与、指导新闻工作之史实的研究成果；二、原著解读类，即解说和研读马克思主义经典作家以及中共主要领导人有关新闻工作论述的相关成果；三、理念阐析类，主要包括有关马克思主义新闻观的建构性学理论证和创新观点的讨论。

希望本套文选的出版，能够为推进马克思主义新闻理念的中国化时代化大众化，深入开展马克思主义新闻观教育，拓建中国特色社会主义新闻理论创新体系提供有价值的文献参考。

本卷收录的论文，均发表于 1990 年至 1999 年之间。以现今的学术标准衡量，其中很多论文的引文注释尚不够规范。本次选编时，校正了原文注释中错标的引文原著卷号、页码以及若干引文中的差错，其它未作调整，以尽可能真实地呈现这一时期马克思主义新闻学史论研究成果的文本原貌，力求使后来者得以更完整地感知国内这一领域治学探索的历史轨迹。

目 录

第一部分　史实考辨

第二部分　原著解读

第三部分　理念阐析

第一部分

史实考辨

马克思是不是《莱茵报》的主编?[*]

——兼谈《莱茵报》的编辑体制

展　江

在以往各种版本的马克思恩格斯著作中，马克思被称为《莱茵报》主编。在1995年出版的第2版《马克思恩格斯全集》第1、11卷有关注释中，马克思被称为《莱茵报》编辑。那么，马克思在《莱茵报》到底任何职？该报的编辑体制采用何种形式？本文就对这两个相关问题作一番探析。

一　《莱茵报》的管理体制和编辑体制

1841年9月，由德国医生伯恩哈特·腊韦和海尔曼·狄茨创办的《莱茵总汇报》由于经不起当地老牌报纸《科隆日报》的竞争而濒于倒闭。此时，科隆的一些富有的资产者如商会会长卢道夫·康普豪森，银行家达哥贝尔特·奥本海姆、古斯塔夫·冯·梅维森，律师格奥尔格·荣克、格尔哈德·法伊等人成立了一家3万塔勒资金的股份公司，准备接办奄奄一息的《莱茵总汇报》。3万塔勒被称为一笔"巨资"，[①] 歌德在1806年为黑格尔谋得的大学教授的年薪为100塔勒。[②]

1842年1月1日，《莱茵报》作为《莱茵总汇报》的继任者创刊了。莱茵省总督恩斯特·冯·博德尔施文格暂时批准《莱茵报》使用《莱茵总汇报》的出版许可证。在总督看来，富人出资会保证报纸的温和倾向。

---

[*] 本文原载于《国际新闻界》1997年第1期。

[①] 《马克思恩格斯全集》第2版第1卷，第969页。

[②] ［苏］阿尔森·古留加：《黑格尔传》，商务印书馆1978年版，第45页。

这些富人的办报意图是：不期望在经济上获利，而是要成为莱茵资产阶级表达其经济要求的喉舌。[①] 报社监事会（即董事会）推举出版商约瑟夫·雷纳德和荣克二人担任发行负责人。根据 1837 年 10 月 6 日颁布的普鲁士王室指令等文献来看，责任编辑（Verantwortlichen redakteur）为当时德国报刊编辑部最高负责人。《莱茵报》的正式责任编辑由雷纳德兼任，但他只是挂名主编，并不过问具体编辑工作。报社另聘他人主管编辑部。

二 第一任编务主管：18 天后拂袖而去的豪夫肯

为"创办一份有价值的，温和的，严肃的，今后也建立在积极的原则之上的，在商业上和政治上进步的报纸"，[②]《莱茵报》几位大股东拟聘请以主张贸易保护主义而著名、刚刚出版《政治经济学的国民体系》一书的经济学家弗里德里希·李斯特任编务总管，而将报纸创办人之一、空想社会主义者莫泽斯·赫斯挤出这个原先答应给他的位置。由于李斯特有脚伤在身，不能到科隆赴任，他就推荐其信徒、《奥格斯堡总汇报》编辑古斯塔夫·豪夫肯博士补缺。同李斯特一样，豪夫肯以保卫资产阶级经济利益为己任。

然而在赫斯的影响下，荣克和奥本海默等报社要人从自由主义者转变为青年黑格尔派激进分子，他们与豪夫肯的政见严重不合。豪夫肯不愿发表青年黑格尔派成员的文章，并被迫于 1842 年 1 月 18 日辞职。[③] 似有君子风度的豪夫肯这样写道，"十分明显，如果出版负责人要求采用编辑所不同意的文章，那么编辑就不得不编辑和他本人的思想方向相对立的报纸，并且在自己的报纸上发表和自己的观点不相容的观点了。为了消除这种情况，可以请一位要什么观点就保证有什么观点的人来当编辑，但是如果人们愿意看一看我的过去的经历，那他们就会相信，我根本不是个青年

---

① 《马克思恩格斯全集》第 2 版第 1 卷，第 987 页。

② ［法］奥古斯特·科尔纽：《马克思恩格斯传》（Ⅰ），生活·读书·新知三联书店 1963 年版，第 317 页。

③ ［英］戴维·麦克莱伦：《马克思主义以前的马克思》，社会科学文献出版社 1992 年版，第 86 页。

黑格尔派的信徒。"① 此后，他回到《奥格斯堡总汇报》，挑起了该报与《莱茵报》关于共产主义的论战。

三　第二任编务主管："改改标点符号"的鲁滕堡

接替豪夫肯的是马克思推荐的前士官学校地理教员阿道夫·鲁滕堡。他是青年黑格尔派理论家，布鲁诺·鲍威尔的青年黑格尔派激进分子团体"博士俱乐部"的成员。马克思曾积极参加"博士俱乐部"活动，并称鲁滕堡为"我的一位最亲密的柏林朋友"。②

鲁滕堡接任后，青年黑格尔分子成了《莱茵报》的经常撰稿人，结果报纸的性质完全改变了——现在占首要地位的不再是经济问题，而是政治了。普鲁士当局视鲁滕堡为危险的革命者，并以此拒绝将报社的临时出版许可证换为正式许可证。内务大臣冯·罗霍在1月31日致科隆行政区长官冯·格尔拉赫的信中说："我要毫不迟疑地通知阁下，这位鲁滕堡博士是青年黑格尔学派的热情保卫者，是《德意志年鉴》的积极撰稿人，并且在汉堡和莱比锡的报纸上发表过恶意歪曲这里情况的文章……必须十分坚决地防止鲁滕堡博士利用他所主编的报纸为上述倾向在省内的传播打下基础。"③ 在2月15日同雷纳德谈判时，冯·格尔拉赫要求解除鲁滕堡的职务。④ 然而鲁滕堡的表现令马克思和同仁大失所望："由于他毫无批判的能力，又缺乏独立性和才能，"柏林青年黑格尔派团体"自由人"，"已习惯于把《莱茵报》看成是自己的唯命是听的机关报"。⑤ 马克思在7月9日致友人的信中写道："鲁滕堡使我的良心感到不安。"并预言："早晚他会被赶走的。"⑥

然而愚蠢的当局仍然强求《莱茵报》撤鲁滕堡的职。鲁滕堡名义上只是德国栏编辑，而且似乎没有正式职务，因此雷纳德在2月14日对格尔拉

---

① ［法］奥古斯特·科尔纽：《马克思恩格斯传》（Ⅰ），生活·读书·新知三联书店1963年版，第319页。

② 《马克思恩格斯全集》第1版第40卷，第16页。

③ ［法］奥古斯特·科尔纽：《马克思恩格斯传》（Ⅰ），生活·读书·新知三联书店1963年版，第321页。

④ 《马克思恩格斯全集》第2版第1卷，第1050页。

⑤ 《马克思恩格斯全集》第1版第1卷，第1050页。

⑥ 同上书，第431页。

赫佯称鲁滕堡"根本不是《莱茵报》的编辑，而只是它的一名译员"，① 并在 11 月 17 日给莱茵省总督冯·沙佩尔的信中重复了这一说法。②

大约在 11 月下旬，鲁滕堡离开了编务主管的位子。马克思在 11 月 30 日致友人的信中详细叙述了事情的经过以及外人不知的内情。他写道："鲁滕堡已经被解除了德国栏的主管职务（他在那里做的事情主要是改改标点符号），而且只是由于我的请求，才暂时把法国栏交付给他。正是这位鲁滕堡，由于我们的国君的极度昏庸，竟有幸被认为是一个危险人物，尽管除了《莱茵报》和他本人以外，他对谁都不危险。当局向我们提出了解除鲁滕堡职务的断然要求。普鲁士的国君——这个最伪善、最狡猾的普鲁士的国君——使出版人省去了一个不愉快的步骤……"③

四　第三任编务主管："维持会长"腊韦

1842 年 11 月 12 日，格尔拉赫在同雷纳德谈判中责成他提出一名须得到当局认可的编务主管来取代鲁滕堡，提名日期定于 12 月 10 日。雷纳德、荣克和奥本海姆提议由原《莱茵总汇报》的腊韦博士任此职。11 月 28 日，格尔拉赫约见腊韦，要求他写出书面声明，保证《莱茵报》在他的主持下放弃"以往的应受谴责的倾向"。④ 12 月 1 日，腊韦提交了有关声明。但是直至 1843 年 2 月中旬，"认可腊博士先生的手续还没有办下来"。⑤ 而在 1843 年 1 月 19 日，普鲁士政府通过决定：从 4 月 1 日起查封《莱茵报》，查封以前对《莱茵报》实行专职检查官和科隆行政区长官的双重检查。这样，腊韦便成了最后数月《莱茵报》编辑部的"维持会长"。

五　马克思在《莱茵报》的地位

马克思在 1841 年获得哲学博士学位后，打算同布鲁诺·鲍威尔一起在

---

① 《马克思恩格斯全集》第 1 版第 40 卷，第 320 页。

② 同上。

③ 《马克思恩格斯全集》第 1 版第 27 卷，第 435 页。

④ 《马克思恩格斯全集》第 2 版第 1 卷，第 1050 页。

⑤ 同上书，第 977 页。

波恩大学任教。但是青年黑格尔分子受到新任教育大臣约翰·艾希霍恩的压制和打击。鲍威尔在1842年3月被解除教职，马克思的希望破灭了。他于是转而投身现实的政治斗争。

早在1841年9月在科隆商量办报时，马克思就参与其事，并且从一开始起，他的意见就很有分量。当首任编务主管人选尚未敲定之时，马克思特别提醒荣克提防一个毛遂自荐、名叫玛格尔博士的人。① 接着，报社又接受了他推荐的鲁滕堡。与其他参加《莱茵报》的青年黑格尔分子不同，马克思为报纸撰稿比他们晚得多。直到1842年3月底，他才开始为《莱茵报》写第一篇文章《第六届莱茵省议会的辩论（第一篇论文）》。

尽管家中发生了一些变故，马克思还是越来越多地参与到《莱茵报》社务中来，这主要是由于鲁滕堡不称职。同时，他与他以前的柏林伙伴组成的"自由人"的分歧日益加大。7月起他从家乡特利尔来到科隆，完全投身报纸工作。8月起，他实际主管编务，这从他8月15日给奥本海姆的信中可以反映出来。② 马克思采取的避免与官方公开冲突的方针和策略曾使双方的关系趋于缓和，然而同开展无谓而抽象批判的"自由人"的决裂终于在11月发生。鲁滕堡被解职后大肆吹嘘他是"《莱茵报》被放逐的原则"③ 令马克思鄙夷。

在马克思的领导下，《莱茵报》很快活跃起来，报纸的订户从10月初的885个④增加到11月10日的1800个和12月底的3400个。⑤ 另一方面，在《莱茵报》的工作需要极大的勇气和韧性，正如马克思所言："我们从早到晚都需忍受最可怕的书报检查的折磨，忙于同部里通信，对付总督的指控、省议会的责难、股东的埋怨等等"，⑥ 以致于他对当局查封《莱茵报》表示"感谢"："政府把自由还给我了。"⑦

---

① ［法］奥古斯特·科尔纽：《马克思恩格斯传》（Ⅰ），生活·读书·新知三联书店1963年版，第319页。

② 《马克思恩格斯全集》第1版第27卷，第432—434页。

③ 同上书，第435页。

④ ［法］奥古斯特·科尔纽：《马克思恩格斯传》（Ⅰ），生活·读书·新知三联书店1963年版，第400页。

⑤ 同上书，第435页。

⑥ 《马克思恩格斯全集》第一版第27卷，第437页。

⑦ 同上书，第440页。

　　尽管各种文献都没有说明马克思曾被正式任命为《莱茵报》的什么职务，但是这并不妨碍他在报社发挥灵魂作用。连那个狡诈的书报检查官圣保罗也不得不承认："毫无疑问，在这里马克思博士是报纸的理论中心，是报纸的各种理论的活的泉源。"① 1842年3月17日，马克思宣布，"本人因现行书报检查制度的关系，自即日起，退出《莱茵报》编辑部"。② 圣保罗次日得意地写道，他对"整个报纸的思想上的领导者"马克思的离去"感到十分高兴，因为今天我在这份报纸上所花费的时间还不到先前花费的时间的四分之一。"③

　　综上所述，《莱茵报》的编辑体制是比较复杂的，它既有一个挂名的主编（正式头衔是责任编辑），又有多人先后主管编辑部，其权力有实有虚，几经变化；其工作以德国事务为主。马克思没有被任命为这样的主管，但是他无疑是报纸中后期编务工作的实际决策人之一。

----

　　① ［法］奥古斯特·科尔纽：《马克思恩格斯传》（Ⅰ），生活·读书·新知三联书店1963年版，第426页。

　　② 《马克思恩格斯全集》第2版第1卷，第445页。

　　③ ［法］奥古斯特·科尔纽：《马克思恩格斯传》（Ⅰ），生活·读书·新知三联书店1963年版，第427页。

具有中国特色的毛泽东新闻思想[*]

童　兵

一　毛泽东新闻思想形成的历史条件

毛泽东新闻思想是在本世纪 40 年代全面形成的，它的产生、形成和发展，同下列几方面的历史和文化条件是不可分的。

第一，中国传统文化的经久影响。

毛泽东一生好学，攻读不倦。还在青少年时代，凡是近代中国进步思想家所能见到的一切著作，从孔孟儒学、程朱理学到王船山、颜习斋，从康有为、梁启超、谭嗣同、严复到孙中山，从赫胥黎、斯宾塞的进化论、康德的二元论和十八、十九世纪欧洲的民主主义、空想社会主义到托尔斯泰主义，毛泽东都如饥似渴地拿来阅读，进行深浅不同的研究。

以儒学为代表的中国传统文化对毛泽东的影响最深、最持久。中国古书，从经史子集到稗官小说，他几乎无所不读。年青时他推崇程朱理学，相信精神万能，认为"精神心思，愈用愈灵"。后期毛泽东领导中国革命和建设中的失误，同他受到唯意志论以及唯我独尊等观念的影响，不能说没有关系。

英国学者戴维·麦克莱伦认为，中国思想从根本上比西方思想更为经验主义和实用主义这个事实，也许对毛泽东的思想有相当的影响，对他发生影响的还有佛教和道教——两者都倾向于按照对立面来思考——中的辩

＊　本文原载于《中国人民大学学报》1990 年第 3 期。

证法因素：每一种存在都包含着阴阳的矛盾。他无疑更直接地受到他读过的《水浒》那样的小说的影响，这些小说赞美了农民起义及其军事业绩。①麦氏的这一分析，大体上是符合事实的。在毛泽东的藏书中，除马、恩、列、斯和鲁迅的全集以外，一些著名的类书和丛书，如《永乐大典》、《四库全书》、《四部备要》、《万有文库》、《古今图书集成》等占有重要地位；他晚年还专门找人为他念《水浒》一类古典小说，并围绕农民战争发表了一些意见；他还钻研过《金刚经》、《六祖坛经》、《华严经》等佛教宗派的经典，都是很好的说明。

毛泽东从大量古籍中汲取有用的东西，继承中国文化的优良传统。他说，所谓中国几千年的文化，是封建时代的文化，但并不全是封建主义的东西，其中有人民的东西，有反封建的东西。要把封建主义的东西与非封建主义的东西区别开来。封建主义的东西也不全是坏的，也有它发生、发展和灭亡的时期。我们要注意区别发生、发展和灭亡时期的东西。当封建主义还在发生和发展的时期，它有很多的东西还是不错的。②

毛泽东的这一分析是正确的，他从中国古代文化遗产中汲取有生命力的东西，作为形成其报刊观点的营养。

毛泽东向新闻工作者提出"讲真话，不偷、不装、不吹"的要求时，借用了《论语》中的一段话："知之为知之，不知为不知，是知也。"③他指出，要像孔子对他的学生子路要求那样，懂得就是懂得，不懂得就是不懂得，不要"猪鼻子里插葱——装象"。

反对书生办报时，毛泽东指出不能像刘备、孙权、袁绍那样多谋寡断，没有要点，言不及义，而要一下子看到问题所在。他由对这些历史人物的分析得出结论说："搞新闻工作，要政治家办报"④。

毛泽东强调记者的调查研究基本功。在论述这个问题时，他引用古代法学史上的一个经验。唐朝有个太守，他问官司，先了解原告和被告周围

① 戴维·麦克莱伦：《马克思以后的马克思主义》，中国社会科学出版社1986年版，第268页。

② 龚育之、逢先知、石仲泉：《毛泽东的读书生活》，生活·读书·新知三联书店1986年版，第200页。

③ 《论语·为政》。

④ 《毛泽东新闻工作文选》，新华出版社1983年版，第216页。

的人和周围的情况，然后再审原告被告，这就是"勾推法"。毛泽东要求记者学习这种方法，"要善于比较"，"不要看到好的就认为全好，看到坏的就认为全坏"。①

甚至在讲到新闻的导语时，毛泽东也以晋朝文学家陆机的《文赋》中的一句话加以说明。他指出，陆机所谓："立片言以居要，乃一篇之警策"，意即唤起阅者注意，使其脑子里先得一个总概念，不得不继续读下去。

毛泽东喜欢鲁迅的作品，把鲁迅奉为新闻工作者的楷模。他审阅编定的《宣传指南》一书收入了鲁迅的《答北斗杂志社问》一文。他一再要求人们把鲁迅精神和鲁迅的文风作为中国文化运动的宝贵遗产加以继承和发扬光大。

从《论语》到《鲁迅全集》，从孔孟到鲁迅，中国文化的一切优秀遗产，毛泽东都博闻强记，兼收并蓄，并且日积月累，学富五车，从而为他的新闻观点的形成，提供了极其厚实的文化沃土。

第二，研究马列著作。

毛泽东从 1920 年读第一本马克思和恩格斯著作《共产党宣言》起，一生坚持不懈，孜孜不倦地阅读马、恩、列、斯的著作。在长征路上，他患病躺在担架上仍阅读马列的书。毛泽东似乎更喜欢列宁的书。在他看来，列宁的作品生动活泼，充分说理，把心交给人，讲真话，不吞吞吐吐，即便和敌人交手，也是如此。

毛泽东特别看重列宁的著作和他的观点，还因为中国的情况同俄国有许多相似之处，"封建主义的压迫，这是相同的。经济和文化落后，这是近似的"。② 因此，列宁关于党报的思想，最易为毛泽东和中国共产党人接受。有时，我党关于报刊工作的文件，几乎类同列宁的论述或列宁领导下的共产国际的有关规定。1921 年党的"一大"通过的中国共产党的第一个决议关于宣传工作的部分，同 1920 年由列宁起草的加入共产国际的条件第 1 条、第 12 条的规定几乎完全一样。1942 年，以延安《解放日报》改版为代表的党报工作的第一次改革，就是在毛泽东亲自领导下，根据列宁的党报

---

① 《毛泽东新闻工作文选》，新华出版社 1983 年版，第 212 页。
② 《毛泽东选集》1—4 卷合订本，第 1358 页。

思想进行的。这一阶段，发表了《列宁论党报》、《联共（布）党史论〈真理报〉》、《俄共（布）第八次代表大会关于报纸的决议》等阐发列宁党报思想的文章。《解放日报》还全文刊登了列宁的《党的组织和党的出版物》（当时译作《党的组织与党的报刊》）。由毛泽东编定的《宣传指南》还专门选了一节材料，介绍列宁是怎样做宣传工作的，要求我国党报工作者"依照列宁的精神去工作"。

第三，接受新闻教育，投身报刊实践。

和马、恩、列、斯一样，毛泽东也堪称报刊活动大师。

早在少年时代，毛泽东就迷恋于阅读资产阶级改良派的报刊，其中受梁启超主编的《新民丛报》影响最深，作文尽习梁体。他的老师袁吉六说，毛泽东的文章都是"报馆味"。梁主张报刊应有两大天职——对于政府而为其监督者，对于国民而为其向导者——的观点，在毛泽东的报刊思想上常有反映。梁倡导的"纵笔所至，略不检束"、"条理明晰，笔锋常带感情"的文风，也是毛泽东政论的特色。

不久，毛泽东又为资产阶级革命派的报刊活动所吸引，进一步体验到举办报刊的意义。他指出，报刊不仅是人人要看的东西，是"秀才不出门，全知天下事"的好办法，而且是洗涤国民之旧思想，开发国民之新思想的最好的工具。在新文化运动的召唤下，他弃康梁，迎新潮，开始以报刊活动从事唤醒国民、鼓吹新思想的斗争。

毛泽东于1919年创办《湘江评论》并自任主笔，继而接编《新湖南》，该刊被封后又在长沙《大公报》上发表文章。在驱张（敬尧）斗争中，他再赴北京，以新民学会代表身份组织平民通信社，身任社长，竟日编印，还在驱张刊物《天问》上撰稿。建党初期，毛泽东先在长沙创办湖南自修大学校刊《新时代》，为党的刊物《向导》撰稿，继而以国民党中央候补执行委员、代理宣传部长身份担任《政治周报》主编。后来，他在《红色中华》、《斗争》、《红星报》等报刊上经常发表文章。抗日战争和解放战争时期，毛泽东领导《共产党人》、《中国工人》、《八路军军政杂志》、《解放日报》等报刊的创办和出版，为它们撰写发刊词，拟定出版方针，指导新华社（及其属下的电台）的日常编辑和播发新闻的工作。

据不完全统计，在新民主主义革命时期，毛泽东就新闻和宣传工作所发表的论述、指示、谈话，光收入《毛泽东选集》1—4卷的，就有120多篇，在抗日战争和解放战争时期，他为新华社撰写和修改的新闻稿、评论文章，超过200篇，其中以新华社社论，评论形式收入《毛泽东选集》3—4卷的，共18篇。

建国以后，毛泽东继续以许多精力指导报刊、通讯社、电台和电视台工作，光收入《毛泽东新闻工作文选》的有关新闻工作的论述，就达20余篇。他本人在日理万机之际，还常常撰写新闻稿件和评论，并修改了大量稿件。

毛泽东一生都以极大的兴趣和精力关注、参与新闻工作。长期积累起来的报刊工作经验，为毛泽东新闻观点的形成，提供了沃土。

比马、恩、列、斯幸运，毛泽东1919年在北京大学图书馆工作时，曾经参加北京大学新闻学研究会，系统地学习徐宝璜主讲的新闻学基本知识和邵飘萍主讲的新闻采编业务知识。这使他得以有机会全面了解资产阶级新闻学的理论与业务，日后在同无产阶级新闻实践的比较中逐渐形成自己的新闻观点。

二 毛泽东的新闻观点

毛泽东从中国的国情出发，运用和发展马克思主义新闻思想，逐渐形成自己的新闻观点。这些观点，有的同马恩列斯较为接近，有的则有创新和发展，本文重点分析后一部分。这些观点大致有：

第一，报纸是一定社会经济基础的反映。

毛泽东根据人的意识是社会存在的反映的原理，认为报纸属于上层建筑范畴，是一种意识形态，是一定社会的经济基础通过新闻手段的反映。他指出，在社会主义国家，报纸是社会主义经济即公有制基础上的计划经济通过新闻手段的反映；在资本主义国家，报纸则是无政府状态的和集团竞争的经济通过新闻手段的反映。

毛泽东基于对报刊的这种本质属性的分析，正确地指出，首先，在社会主义国家或者在资本主义国家，通讯社、报刊和广播电台，其性质都是由它们的经济基础决定的，即都毫无疑问地具有阶级性，为一定的阶级的利益服务的。其次，在我国，通讯社、报刊和广播电台，要围绕经济建设这一中心,为巩固和发展社会主义经济基础服务。

第二,报纸的作用:迅速广泛地宣传党的方针政策。

出自对上层建筑作用的深刻认识,毛泽东十分重视报纸的社会功能,高度评价报纸在政治斗争中的作用。他视报刊为革命之手段,称报刊为阶级斗争的工具。

毛泽东如此重视报刊的作用,出于两方面的考虑。其一,认为报刊可以扩大群众的视野,增长人们的见识。他分析说,农村里头,小城市里头,都是没有报纸看的(指土地革命时期——引者注)。斗争的群众,革命以前和革命以后,在消息不灵通、见闻狭隘这一点上讲,是差不得很远的。井里蛤蟆井里跳的现象,依然在群众中保持着。这种现象是不好的,它会引导群众把斗争的热情降低下去,引导群众走向保守局面上去。所以,他竭力主张办报以扩大群众的见闻。①

其二,认为报刊是党实行领导的重要工具,党主要依靠报刊传达政策和政令。他指出,报纸的作用和力量,就在于它能使党的纲领路线、方针政策、工作任务和工作方法,最迅速最广泛地同群众见面。

传达政令和宣传政策,是毛泽东一再强调的报刊的主要社会功能。

第三,全党办报,群众办报。

毛泽东把马克思主义的群众路线引入新闻工作领域,提出:"我们的报纸也要靠大家来办,靠全体人民群众来办,靠全党来办,而不能只靠少数人关起门来办。"②

这个方针的要旨,其一是动员和组织各级党的组织和全体党员,特别是党的干部,参加报刊工作,加强党对报刊的领导;其二是实行"开门办报",面向群众,发挥群众的积极性和创造力;其三是要求办报人员牢固树立群众观点,实行群众路线的工作方法。

第四,舆论一律和不一律。

毛泽东关于社会主义出版自由的观点,可以用"舆论一律"和"舆论不一律"来概括。

① 《毛泽东新闻工作文选》,新华出版社1983年版,第26—27页。
② 《毛泽东选集》1—4卷合订本,第1214页。

全国解放前夕，毛泽东提出，必须剥夺反动派的出版自由，包括：取消一切帝国主义在中国开办的宣传机关，接收属于国民党反动政府及其地方系统下的各机关、各反动党派（如国民党各个反动派系、青年党、民社党等）及反动军队的各组织出版和发行的报纸，接收他们的通讯社和电台。毛泽东把只许反动分子规规矩矩，不许他们乱说乱动的这一政策叫作"舆论一律"，而且指出，这种"一律"，不仅指舆论，还包括法律。

在人民内部，则实行舆论不一律的方针。这个方针提出了人民群众应该享有充分的出版自由权利的思想，体现了人民民主专政包括对人民的民主和对敌人的专政两方面的思想。毛泽东指出，所谓"不一律"，就是批评的自由，发表各种不同意见的自由，宣传有神论和宣传无神论（即唯物论）的自由，就是允许先进的人们和落后的人们自由利用我们的报纸、刊物、讲坛等等去竞赛，以期由先进的人们以民主和说服的方法去教育落后的人们，克服落后的思想和制度。

毛泽东指出，在人民内部实行舆论不一律的方针，是由社会主义制度所决定的。"在内部，压制自由，压制人民对党和政府的错误缺点的批评，压制学术界的自由讨论，是犯罪的行为。这是我们的制度。而这些，在资本主义国家，则是合法的行为。在外部，放纵反革命乱说乱动是犯罪的行为，而专政是合法的行为。这是我们的制度。资本主义国家正相反，那里是资产阶级专政，不许革命人民乱说乱动，只叫他们规规矩矩。"①

第五，报刊宣传的策略和艺术。

毛泽东指出，报刊宣传最尖锐最有效的武器只有一个，那就是严肃的战斗的科学态度，就是实事求是的态度。

毛泽东要求报刊工作者"迈开两脚"，学个孔夫子的"每事问"，扎扎实实地做调查研究。没有调查就没有发言权，也就没有资格从事报刊工作，因为不了解敌我友三方的状况，就无法正确地决定宣传政策和策略。

毛泽东提出："注重调查！反对瞎说！"② 他要求向人民作真实的报道，

---

① 《毛泽东选集》第 5 卷，第 158 页。
② 《毛泽东著作选读》甲种本上册，第 27 页。

不仅充分地报道我们的成就，而且应当经常把发生的困难向人民作真实的说明，天灾人祸，如实报道。他还提出，不要把党的政策保密起来，应尽可能在报纸上公开发表。同时又要注意，新闻不要守旧，也不要赶时髦。

毛泽东强调新闻要力戒空谈，要十分之九是实际事实之叙述，只有十分之一是对反革命派宣传的辩论。

毛泽东提倡典型报道。他要求注意收集和传播经过选择的典型性的经验，用这些典型推动实际工作。

关于文章的"短"和"软"的问题，毛泽东认为，短是必要的，软也可以研究，文章不能太硬，文章应该通俗一些，使读者读起来亲切，引人入胜，这种软法就很好。板起面孔办报不好，即便批评，也不能把弓弦拉得太紧。报刊工作者应该懂得"文武之道，一张一弛"的道理。

第六，生动活泼新鲜有力的文风。

毛泽东身体力行，倡导生动活泼新鲜有力的马克思主义的文风。他要求报刊文字生动，切忌死板、老套、令人看不懂，没味道，不起劲。他指出，写文章要讲逻辑，要有一种内部的联系，不要互相冲突。还要讲文法，就是不要省掉不该省的主语、宾语，也不要把副词当动词用，更不要省掉动词。还要注意修辞，尽量把文章写得生动一点。总之，一个合逻辑，一个合文法，一个较好的修辞，这三点是作文时务必要注意的。

毛泽东提出要向人民群众学习语言，要从外国语言中吸收我们所需要的成份，要学习古人语言中有生命力的东西。

毛泽东指出，"党八股"，"洋八股"必须废止，空洞抽象的调头必须少唱，教条主义必须休息，而代之以新鲜活泼的、为中国老百姓所喜闻乐见的中国作风和中国气派。

毛泽东还要求报刊要办得尖锐、泼辣、鲜明。他说："我们必须坚持真理，而真理必须旗帜鲜明。我们共产党人从来认为隐瞒自己观点是可耻的。我们党所办的报纸，我们党所进行的一切宣传工作，都应当是生动的，鲜明的，毫不吞吞吐吐。这是我们革命无产阶级应有的战斗风格。"①

---

① 《毛泽东选集》1—4 卷合订本，第 1217 页。

第七，政治家办报。

毛泽东提出了"政治家办报"的观点，对党和人民的新闻工作者提出了严格的要求，寄托着殷切的期望。

他说，办好报纸的根本问题是报社人员的思想革命化问题。为此，要学习马克思主义，刻苦改造世界观，学习社会，学习工农群众。

毛泽东提出，新闻工作者必须有为人民服务的高度的热忱，要有"俯首甘为孺子牛"的精神。他为纪念邹韬奋所题的词是：热爱人民，真诚地为人民服务，鞠躬尽瘁，死而后已，这就是邹韬奋先生的精神，这就是他之所以感动人的地方。

毛泽东特别告诫新闻工作者不要当只会跑衙门的记者。他指出，衙门没有多少东西，跑不出什么名堂。他要求记者常常到工厂和农村去，呼吸那里的新鲜空气，和工人农民打成一片，反映他们生龙活虎般的生活。只有了解实际生活和群众的需要，同他们心心相印，呼吸与共，才能写出好东西。

毛泽东要求新闻工作者工作一生，学习一生，永不骄傲，不断前进。他指出："学习的敌人是自己的满足，要认真学习一点东西，必须从不自满开始。对自己，'学而不厌'，对人家，'诲人不倦'，我们应取这种态度。"[1]

新闻工作者树立了共产主义世界观，掌握科学的方法，胸有全局，能一下子看到问题的实质，把握事物的要领，这就是"政治家办报"。[2]

三　毛泽东新闻思想评价

毛泽东对马克思主义新闻思想的贡献，在于他把马克思主义新闻思想同中国无产阶级报刊实践结合起来，使党和人民的新闻事业在革命与建设的过程中发挥了巨大作用，也推动了马克思主义新闻思想在中国的普及和发展。

这种发展，主要表现在：

（一）毛泽东指出，一定社会的报纸，是该社会经济基础通过新闻手

---

[1]　《毛泽东选集》1—4卷合订本，第500页。

[2]　《毛泽东新闻工作文选》，新华出版社1983年版，第216页。

段的反映，报纸受社会经济基础的制约，又为这种经济基础服务，从而深刻地揭示了新闻事业同社会经济与社会政治的关系。

（二）在马克思、恩格斯、列宁大力发动群众办报的传统上，毛泽东鲜明地提出了"全党办报"和"群众办报"的方针，把群众路线创造性运用于新闻工作实践，更大规模地动员和组织全体党员和人民群众，开创了无产阶级和社会主义新闻事业新局面。

（三）强调政治家办报原则，指出报刊工作者应是又红又专、坚持实事求是作风、善于调查研究的无产阶级战士，从而对无产阶级新闻工作者的素质和修养，提出了明确的规范和严格的要求。

（四）积极倡导为中国老百姓所喜闻乐见的中国风格和中国气派，培育具有民族特色的文体和文风，引导中国新闻事业走出了一条民族化、群众化的发展道路。

总之，毛泽东继承马克思主义新闻思想，特别是列宁新闻思想，运用苏联报刊工作和通讯社工作经验，结合我国国情和党性，奠定了新中国新闻工作的指导思想、方针原则和体制模式。伴随着新中国新闻事业的发展而不断深化的毛泽东新闻观点，对发展马克思主义新闻思想作出了应有的贡献。

由于社会主义初级阶段经济、政治和文化发展水平的制约，未被彻底清除的封建意识的严重影响，以及毛泽东个人的缺点错误特别是后期所犯的严重错误，加上向苏联新闻界学习过程中由于教条主义、形式主义影响所造成的弊病的干扰，致使毛泽东新闻观点不可避免地存在着严重的缺陷。这些缺陷不仅在一定程度上妨碍了马克思主义新闻思想在中国的进一步普及和发展，而且干扰了新中国新闻事业的健康发展，在一个时期的历史悲剧中，新闻事业扮演了极不光彩的角色，起了推波助澜的恶劣作用。

毛泽东新闻观点的缺陷，大致有这样几个方面：

（一）片面强调报纸是阶级斗争工具。他虽然在个别场合，比如在中共七届二中全会上，提出过通讯社、报纸、广播电台的工作，要围绕着生产建设这一中心工作来进行并为这个中心工作服务，但他总的指导思想，是把报纸、广播、通讯社当作阶级斗争的工具，特别是在新中国成立并以经济建设为中心之后，仍一再强调报纸的主要任务是从事阶级斗争。他的这一观点和对于报纸工作的错误指导，不仅违背了马克思主义新闻思想，而且对中国的新闻事业造成了重大的失误和破坏。

（二）片面对待新闻自由问题。毛泽东认为新闻自由是资产阶级的口号。虽然偶尔他也谈到，要是在西方，就不可能出现像斯大林那样的破坏法制的现象，[①] 但他很少公正对待知识分子呼吁更多的新闻自由的要求。他甚至过于夸大地对待思想文化战线的阶级斗争，认为新闻界"牛鬼蛇神"最多，最容易出修正主义，唯心论最多，他们要求新闻自由，就是"秀才造反"。

（三）轻视报刊的监督功能。毛泽东后期很少提到报刊的民主监督和批评与自我批评，很少注意和支持报刊独立负责地发挥这一职能。相反，他把报刊批评视为"钓鱼"，"引蛇出洞"，即引诱人们批评尔后抓辫子、打棍子的一种手段，而他还把这种手段称为"阳谋"。他提出的人民内部允许舆论不一律、在文艺界和学术界实行"双百"方针，对报刊批评实行"开、好、管"三字方针等正确的方针和政策，在新闻工作中很少真正有效地付诸实践。有的时候，他把报纸工作看成主观意志随意驰骋的领域，要求党委更多地干涉报纸的具体业务工作。

这里还必须指出，毛泽东提出新闻事业是一定社会的经济基础通过新闻手段的反映，这是一个正确的命题，是毛泽东对发展马克思主义新闻思想的一个贡献。但是，他提出这一观点的动机，是为了论证"舆论一律"，即社会主义国家的报纸，是计划经济的反映，它要求集中和统一。正是受到这一观点的影响，我国新闻事业长期处于统得过死、管得过细、"婆婆"过多的状况，妨碍了广泛的社会主义新闻自由的实现。因此，对于毛泽东提出的关于新闻事业是一定社会经济基础通过新闻手段的反映这一观点，以及他对此作的贡献，应作恰如其分的估价。

由于中国的特殊国情和党性，毛泽东新闻思想中的这些缺陷给中国新闻事业的发展和马克思主义新闻思想在中国的普及带来重大损失，在某些方面，直至今日还在起着不良的影响。我们在充分肯定毛泽东新闻事业的

---

① 《邓小平文选》（1975—1982），人民出版社1983年版，第293页。

贡献，对发展马克思主义新闻思想所起的积极作用的同时，在批驳所谓"毛泽东新闻思想过时论"、继续牢固确立毛泽东思想对于社会主义新闻事业的指导思想地位的同时，也不能低估它的缺陷和不良影响。分析和消除这些影响，是发展中国新闻事业，推动马克思主义新闻思想在中国发展的重要前提。

论毛泽东的宣传思想[*]

陈力丹

毛泽东是一位出色的宣传家，他的宣传思想曾经指导着中国共产党赢得了人民群众的广泛拥护，赢得了革命战争的胜利。他的宣传思想扎根于中国特有的环境，具有浓厚的民族特色，是马克思主义的基本理论与中国革命实践相结合的思想遗产之一。

毛泽东的"宣传"概念

什么是宣传？关于这个概念的含义，毛泽东的解释是相当广泛的。他说："一个人只要他对别人讲话，他就是在做宣传工作。"[①] 行动本身也是一种宣传，他说过："对敌军的宣传，最有效的方法是释放俘虏和医治伤兵。"[②] 毛泽东关于"长征是宣言书，长征是宣传队，长征是播种机"[③] 的著名评价，也是从长征这一行动本身来论证其宣传上的意义的。毛泽东一向把宣传工作视为全党的任务，而不仅仅是宣传工作者的业务。在这个意义上，他把新闻媒介也看作是主要的宣传机关。他说"什么是宣传家？不但教员是宣传家，新闻记者是宣传家，文艺作者是宣传家，我们的一切工作干部也都是宣传家。""同志们到各地去，要宣传大会（指党的七大——引者注）的路线，并经过全党向人民作广泛的解释。"[④] 在这里，新闻记者是宣传家的观点，明确了在革命战争年代党的新闻工作者的双重任务。他们既是新

---

[*] 本文原载于《新闻大学》1993 年第 4 期。

[①] 《毛泽东选集》第二版，第 838 页。
[②] 同上书，第 67 页。
[③] 同上书，第 150 页。
[④] 同上书，第 838、1101 页。

闻的传播者，又是党的宣传工作者，二者既有区别，又是融为一体的。

与毛泽东关于宣传一词含义相适应的是他关于宣传形式的说明。仅《毛泽东选集》提到的就有十几种，如标语、图画、歌谣、壁报、讲演、群众大会、谈话、传单、布告、宣言、论文、报纸、书册、戏剧、电影、募捐活动等等。实际上他把传播信息的全部形式，有声的和无声的，有形的和无形时，都包括了进去。这些形式的总和是一种强大的力量。重视和运用这种力量是毛泽东从事革命活动的宝贵经验之一。

宣传的目的

毛泽东是党的领袖，因而他谈到的宣传主要是党的政治性宣传。关于这种宣传的目的，他讲了许多话，总括起来可以归结为两条。第一条，为了提高人民的觉悟。他说：光有先锋队的觉悟不够，还必须使全国人民群众觉悟，甘心情愿和我们一起奋斗。"中国人民中有这样一部分人还不觉悟，就是说明我们的宣传工作和组织工作还做得很不够。人民的觉悟是不容易的，要去掉人民脑子中的错误思想，需要我们做很多切切实实的工作。"[1] 从这个正确的估计出发，毛泽东把宣传的重点放在还没有觉悟的人群方面，放在以往不被人看重的社会下层。他为红四军起草的宣传决议，就曾将忽视对城市贫民、妇女、青年、流氓无产阶级的宣传列为当时宣传的主要缺点。他特别注意在农民中的宣传工作，研究了农民运动中普及政治宣传的问题，将这种宣传水平逐步在简单口号的基础上充实起来[2]。重视对农民的宣传，是毛泽东宣传思想的一个要点，这与他的农村包围城市的总体战略是相联系的。毛泽东也注意到城市小资产阶级易于受资产阶级影响的问题，特别要求在他们中间进行革命的宣传[3]。从另一个角度看，这也是一种宣传上的策略。恩格斯早在1873年也表达过类似的思想，他说，"宣传上的正确策略……在于影响还没有卷入运动的广大群众"。[4]

第二条，为了达到万众一心，争取革命的胜利。毛泽东把这一点视为

---

① 《毛泽东选集》第二版，第1101、1131页。
② 同上书，第35页。
③ 同上书，第642页。
④ 《马克思恩格斯全集》第33卷，第591页。

马克思列宁主义的基本原则,他说:群众知道了真理,有了共同的目的,就会齐心来做,群众齐心了,一切事情就好办了①。在谈到抗日战争的政治动员时,他曾形象地说明了这个道理:"动员了全国的老百姓,就造成了陷敌人于灭顶之灾的汪洋大海"。"日本敢于欺负我们,主要的原因在于中国民众的无组织状态。克服了这一缺点,就把日本侵略者置于我们数万万站起来了的人民之前,使它像一匹野牛冲入火阵,我们一声唤也要把它吓一大跳,这匹野牛就非烧死不可。"②

这两条宣传的目的,一条要求大多数人觉悟,一条要求在这个基础上齐心合力。二者紧密联系,缺一不可,毛泽东在《愚公移山》中把它们比作感动上帝(人民)的过程和结果。

宣传在党的工作中的地位

宣传贯穿于党的绝大部分工作的始终,因而它在党的工作中占有极为重要的地位,是党的最有利的行动手段之一。宣传之于其他工作,毛泽东讲过它们之间的相互关系:"红军宣传工作的任务,就是扩大政治影响,争取广大群众,由这个宣传任务之实现,才可以实现组织群众,武装群众,建立政权,消灭反动势力,促进革命高潮等红军的总任务。所以红军的宣传工作是红军的第一个重大的工作。"③ 在中国民众当时相当愚昧的特殊环境中,将宣传置于如此重要的位置,是必要的。因而,毛泽东把忽视宣传工作视为单纯军事观点的表现④。他认为,在中国人民进行解放自己的伟大革命战争中,宣传(即政治动员)是经常的运动,是一件绝大的事,战争首先要靠它取得胜利。"这个政治上的动员军民的问题,实在太重要了。我们之所以不惜反反复复地说到这一点,实在是没有这一点就没有胜利。没有许多别的必要的东西固然也没有胜利,然而这是胜利的最基本的条件"。⑤

---

① 《毛泽东选集》第二版,第1318页。
② 同上书,第480、511—512页。
③ 《毛泽东新闻工作文选》,新华出版社1983年版,第15页。
④ 《毛泽东选集》第二版,第86页。
⑤ 同上书,第481、513页。

毛泽东不是宣传万能论者，他如此强调宣传在党的事业中的地位，在于宣传是党的辩证唯物主义领导方法的组成部分。他为党制定的领导方法即是从群众中来，到群众中去。"这就是说，将群众的意见（分散的无系统的意见）集中起来（经过研究，化为集中的系统的意见），又到群众中去作宣传解释，化为群众的意见，使群众坚持下去，见之于行动，并在群众行动中考验这些意见是否正确"①。在这种科学的工作方法中，有一半是宣传工作，毛泽东在陕甘宁边区劳动英雄大会上，曾用通俗的语言解释了这种科学的领导方法，并直接将"到群众中去"等同为"宣传"。他说："我们应该走到群众中间去，向群众学习，把他们的经验综合起来，成为更好的有条理的道理和办法，然后再告诉群众（宣传），并号召群众实行起来，解决群众的问题，使群众得到解放和幸福。"②

宣传成功的基石

共产党和国民党都很重视宣传，但在效果上却有很大差距。毛泽东在井冈山时期多次谈到这种差距，他说：国民党军队已有对我军宣传"毒矣哉"的惊叹③，到解放战争时期，连蒋介石也不得不承认，"现在所遗憾的，是我们政府里面一部分人员受了共党恶意宣传，因之心理动摇，几乎失了自信"④。就此，毛泽东提出了一个问题："共产党是一个穷党，又被国民党广泛地无孔不入地宣传为杀人放火，奸淫抢掠，不要历史，不要文化，不要祖国，不孝父母，不敬师长，不讲道理，共产公妻，人海战术，总之是一群青面獠牙，十恶不赦的人，可是，事情是这样地奇怪，就是这样的一群，获得了数万万人民群众的拥护。"⑤

这原因不是别的，首先在于共产党代表了人民的利益。党的理论和政策，是为经济上贫困、政治上受压迫的广大人民群众谋解放的，因而他们"对于革命宣传极易接受"⑥。毛泽东在论述关心群众生活时指出，"要使广

① 《毛泽东选集》第二版，第899页。
② 同上书，第933页。
③ 同上书，第67页。
④ 同上书，第1384页。
⑤ 同上书，第1485页。
⑥ 同上书，第7页。

大群众认识我们是代表他们的利益的，是和他们呼吸相通的。要使他们从这些事情出发，了解我们提出来的更高的任务"。① 在这里，真正代表人民的利益构成了党实行有效宣传的基础，这也是共产党和国民党的宣传效果所以不一样的根本原因。毛泽东特别引述过江西长冈乡群众的话："共产党真正好，什么事情都替我们想到了。"② 如果党不是为群众谋福利的，不是什么事情都想到人民，不论是美妙的词句还是严厉的威胁，任何一种宣传归根到底都是不起作用的。

其次，鉴于党和人民利益的一致，党没有必要隐瞒自己的观点，惧怕任何严峻的事实，党的宣传内容是真实的，毛泽东常常这样告诉全党：我们要"使人民认识到中国的真实情况和动向，对于自己的力量具备信心。"③ 他不赞成只向人民讲有利条件的一面，而是主张也要向群众公开说明可能遇到的不利情况，这就是他所说的"倒宣传"。④ 党的宣传工作的历史证明，向人民说假话，实际上是在自己挖掉自己实行有效宣传的基石。

第三，党的宣传内容是正确的，使群众得到了或看到了实际的收效，这是宣传得以成功的另一个重要原因，从根本上说，党的宣传工作的基本任务就是宣传科学的世界观。毛泽东多次谈到这个问题，批评了不注意宣传唯物主义和辩证法的倾向，他说："共产党人的任务就在于揭露反动派和形而上学的错误思想，宣传事物的本来的辩证法，促成事物的转化，达到革命的目的。"⑤

实践是检验政策和口号正确与否的唯一标准，因而，党的宣传内容的正确性是通过不断纠正偏差实现的。毛泽东把党的领导机关的工作概括为两项任务：了解情况和掌握政策。它对宣传工作的领导，就是在了解敌我友三方面情况的基础上不断调整政策宣传⑥。毛泽东起草的《纠正土地改革宣传中的"左"倾错误》，就是这种工作的典型一例。通过那次纠正宣传中的偏差，他规定了宣传部门几个月检查一次工作，发扬成绩，纠正错

---

① 《毛泽东选集》第二版，第 138 页。
② 同上。
③ 同上书，第 1131 页。
④ 《毛泽东选集》第五卷，1977 年版，第 237 页。
⑤ 《毛泽东选集》第二版，第 330 页。
⑥ 同上书，第 802 页。

误的制度。

宣传的党性原则

党的宣传,是一个巨大的集体在外部的公开表现,它要求上下左右一致,否则,宣传所造成的逆向效果是相当危险的。在环境险恶的革命战争时期,尤其是这样。因而,毛泽东要求党的宣传人员与党的纲领和策略保持一致,反对离开党的纲领和策略的感情冲动式的宣传。1942年,新华社的两个分社出于对国民党的义愤,发表了反对国民党的新闻稿。毛泽东对此进行了批评,他指出:"最近一个时期内各地宣传曾发生若干不适合目前党的政策的事件。……务使我们的宣传人员增强党性,……克服宣传人员中闹独立性的错误倾向。"他要求"宣传服从于党的当前政策"。①

宣传往往是行动的先导,因而,有的时候它同实际行动保持着一段距离。毛泽东为党规定的宣传任务具有战略的眼光,他坚决反对宣传工作中的实用主义和冒险主义。中国的社会环境相当复杂,他根据不同情况对宣传工作作出过各种具体指示,新民主主义革命是无产阶级领导的资产阶级民主革命,毛泽东主张在这个革命阶段"努力在工人阶级中宣传社会主义和共产主义",同时,又反对"把共产主义思想体系的宣传当作了目前行动纲领的实践"②。即使是符合国情的现实行动纲领,他也区别了宣传和行动的地区,例如抗日救国的行动纲领,由于顽固派的反对,在国民党统治区还是宣传纲领,而在解放区则是行动纲领③。在解放区实行土改时,他注意到巩固区和游击区的不同,要求巩固区的是行动,而游击区只作宣传工作④。毛泽东正确地把握了宣传的内容和具体行动的界限,其观察问题的依据是社会的经济和政治思想状况。这种科学的工作方法,保证了党的宣传工作发挥其积极作用,防止了由于宣传上的偏差给革命带来的重大损害。

毛泽东这方面的一个典型事例,是他在解放军将进驻北平时对宣传工

---

① 《毛泽东新闻工作文选》,新华出版社1983年版,第97、96页。
② 《毛泽东选集》第二版,第704—705页。
③ 同上书,第752页。
④ 同上书,第1284页。

作的指示，鉴于许多党的宣传人员习惯于农村中的宣传，他提醒大家注意不要对城郊种菜的地方宣传"实行土地改革"；在城市里也不要宣传"消灭封建势力"；甚至像"将革命进行到底"、"打到南京去，消灭国民党反动派"口号，也只要求用于军队内部、教育，不要求当作宣传口号。他还指出："在平津这类大城市的墙壁上写大字标语是否适宜，亦值得考虑。"毛泽东思考问题的出发点是宣传必须适应新的环境，争取最大多数，所以他说："在大城市，凡事均须重新仔细考虑，一举一动都要合乎城市的情况。"① 毛泽东当然知道土地改革和消灭封建势力是革命的必要进程，但他更意识到：政策和策略是党的生命，宣传要服从一个时期内的政策和策略，必须以严肃的科学的态度对待宣传工作。

宣传艺术

毛泽东不仅论述了党的宣传工作的一般理论问题，而且也是一位精通宣传艺术的大师，宣传不同于简单的鼓动，它应当有科学的论证，它本身也是科学研究的对象。毛泽东在长期的革命斗争中形成的一套合乎中国国情的行之有效的宣传方法，就是他对宣传进行研究的结果。其代表作是《反对党八股》。

毛泽东首先要求党的宣传工作者端正宣传态度。他特别反对"自以为是"和"好为人师"的狂妄态度②，多次批评过那些老想着"我多么高明"的神气和民众隔膜，以装腔作势来达到名誉和地位的人，他要求他们在进行宣传时，采取和被宣传者处于完全平等地位的态度。③

毛泽东还要求研究宣传对象，使宣传适合民众口味。他指出："共产党员如果真想做宣传，就要看对象，就要想一想自己的文章、演说、谈话、写字是给什么人看、给什么人听的，否则就等于下决心不要人看，不要人听。""做宣传工作的人，对自己的宣传对象没有调查，没有研究，没有分析，乱讲一顿，是万万不行的。"④ 他劝同志们多看几遍列宁怎样写

---

① 《毛泽东新闻工作文选》，新华出版社1983年版，159—160页。
② 《毛泽东选集》第二版，第663页。
③ 《毛泽东选集》第五卷，第413页。
④ 《毛泽东选集》第二版，第836—837页。

传单的文章,像列宁那样经常和熟悉宣传对象情况的人商量,根据这种调查和研究来进行工作。为了向"背上背着旧制度包袱的广大农民群众"①进行有效的宣传,毛泽东以自己研究中国农民的行动为全党做出了榜样。

毛泽东反对官僚主义的宣传方法,这种方法以背诵的方式传达政治纲领,毫无实效②。他也反对命令主义的宣传方法,这种方法仅仅简单地用"或者是走共产党的道路,或者是走蒋介石的道路"来压人,手中并无动人的货色③。他要求进行耐心的生动的容易被宣传对象理解的宣传工作,把问题讲得十分实际。按照具体的环境、具体地表现出来的群众情绪,去做一切宣传动员工作,这就是毛泽东倡导的宣传方法的基本公式。

为提高全党的宣传水平,毛泽东提倡学习语言和改进文风。他曾批评说:"现在我们有许多做宣传工作的同志,也不学语言。他们的宣传,乏味得很;他们的文章,就没有多少人喜欢看;他们的演说,也没有多少人喜欢听。"他提出三条学习语言的途径,即向老百姓学习语言;吸收外国语言中适用的东西;学习古人语言中有生命的东西。④在文字的宣传上,他对党八股深恶痛绝,写道:"哪一年能使我们少看一点令人头痛的党八股呢?这就要求我们的报纸和刊物编辑同志注意这件事,向作者提出写生动和通顺的文章的要求,并且自己动手帮作者修改文章。"⑤他提出三条改进文风的方法,即学习逻辑,使文章有一种内部的联系;学习文法,使语句通顺;注意修辞,使文章写得生动一点⑥。

在1938年党的六届六中全会上,毛泽东为宣传工作者指出了学习语言和改进文风的努力方向,即必须使语言和文风具有中国的特性,为中国老百姓所喜闻乐见,使它们成为与伟大中华民族血肉相联的一部分⑦。这一

---

① 《毛泽东选集》第五卷,第245页。
② 《毛泽东选集》第二版,第481页。
③ 《毛泽东选集》第五卷,第245页。
④ 《毛泽东选集》第二版,第837—838页。
⑤ 《毛泽东选集》第五卷,第248页。
⑥ 同上书,第217页。
⑦ 《毛泽东选集》第二版,第534页。

重要思想，是同他总结中国历史的教训联系在一起。他说："形式主义地吸收外国的东西，在中国过去是吃过大亏的。""中国文化应有自己的形式，这就是民族形式。"① 毛泽东关于宣传与文化要具有民族形式的思想，对于形成党的独立自主宣传文化的传统，有巨大的影响。

---

① 《毛泽东选集》第二版，第707页。

略论毛泽东新闻思想的当代价值*

魏国英

毛泽东新闻思想是毛泽东关于新闻传播观点和学说的理论体系。作为党的领袖、伟大的马克思主义者、杰出的理论家和宣传家，毛泽东新闻思想奠定了中国化马克思主义新闻学说的基础，并在几十年党的新闻实践中发挥了极为重要的作用。

如今，我国已进入改革开放和社会主义现代化建设的新的历史时期，新闻界已处于社会主义市场经济的新的传播环境之中。新闻体制、新闻观念、新闻运作都面临着新的调整和转变。在这一时候，认真学习和研究毛泽东新闻理论，对于新闻战线的同志开动脑筋，解放思想，大胆探索，无疑是十分必要的。

本文着重从毛泽东新闻思想的当代价值角度谈一点粗浅的看法。

始终与党在一定时期的目标一致——新闻工作的根本特性

新闻工作是党的事业的一部分，它的根本属性是由它的根本性质决定的。毛泽东认为，新闻工作"必须无条件地宣传中央的路线和政策"[①]，并根据不同时期党的中心工作，及时调整宣传重点，为党的各个阶段的基本路线服务。这是毛泽东新闻思想的核心环节。这一理论对当前新闻战线具有很强的现实针对性和指导意义。

作为社会上层建筑之一的新闻不是中立的。"在阶级消灭之前，不管通讯社或报纸的新闻，都有阶级性"[②]。坚持新闻的党性和人民性的统一，

---

* 本文原载于《北京大学学报》（哲学社会科学版）1993 年第 6 期。

① 《毛泽东新闻工作文选》，新华出版社 1983 年版，第 156 页。

② 同上书，第 191 页。

是马克思主义新闻思想的基本原则。

马克思、恩格斯早在青年时期就提出报刊要"每天干预运动和就运动直接发言","报刊只是而且应该是有声的人民日常思想和感情的表达者"①。在人类历史上，他们首次把报纸看作是阶级运动的发言人、党派利益的代表者。列宁在领导俄国革命的过程中，从理论和实践上丰富和发展了马克思主义创始人的这一思想，全面深刻地论述了无产阶级政党和报刊的关系，明确提出了报刊宣传的"党性原则"。列宁认为，要建立战斗的无产阶级政党和解决历史性的课题，"创办全俄政治报应当是行动的出发点"，是使党组织"不断向深广发展的纲"。他还指出，"报纸不仅是集体的宣传员和集体的鼓动员，而且是集体的组织者"②。

毛泽东在长达半个多世纪的革命生涯中，始终注意把马克思主义新闻理论同中国革命的实践结合起来，完成了使马克思主义新闻学说中国化的过程。他认为，新闻的党性原则实质上就是新闻的方向问题，即为谁服务和如何服务的问题。社会主义新闻的党性，归根结底就是要求党领导的报纸、广播、电视、出版物，始终与党和人民在一定时期的革命目标保持一致，始终贯彻和体现党和人民的利益、愿望、要求和意志。

历史有很多相似性。正如马克思第一次走上政治生活舞台就担任《莱茵报》主编一样，毛泽东在"五四"时期则主编了《湘江评论》。以后的几十年，他一直参与和领导着党的新闻工作，并把它作为整个革命事业的极其重要的组成部分，无论何时何地，总是把新闻的宗旨与党的路线方针政策连为一体，强调"党的总路线"，也就是新闻工作的"使命"。而他自己的实践，则是最好的证明。

20年代，毛泽东主编《政治周报》，"发刊理由"中他开宗明义指出："为什么出版《政治周报》？为了革命。为什么要革命？为了使中华民族得到解放，为了实现人民的统治，为了使人民得到经济的幸福。"③ 30年代，他为中央革命军事委员会总政治部写的举办《时事简报》的通令中，也指出："《时事简报》是苏维埃区域中提高群众斗争情绪，打破群众保守

---

① 《马克思恩格斯全集》第1卷，第187页。
② 《列宁全集》中文一版，第5卷，第6—8页。
③ 《毛泽东新闻工作文选》，新华出版社1983年版，第3页。

观念的重要武器。"① 延安时期,毛泽东对解放区的各种报纸、广播等新闻媒体关心得更加具体。《新中华报》创刊一周年,他专门写庆贺文章,指出该报第二年的政治方向就是"强调团结和进步,以反对一切危害抗战的乌烟瘴气"②。之后,他为延安《解放日报》撰写的"发刊词",指导创办延安新华广播电台,其宗旨都是为了紧密配合党在战争年代的中心工作。

毛泽东坚持把实现党的路线作为新闻工作的第一使命,是深刻体会到新闻宣传的重要作用和影响力的。按照列宁的观点,"以马克思主义思想为指针"的报纸,是"向工人群众进行党的宣传鼓动工作的一个重要的公开喉舌"③。毛泽东继承并发展了这一思想。1929 年,他为红四军第九次党代会写的决议中就指出:"红军的宣传工作是红军第一个重大的工作。若忽视了这个工作,就是放弃了红军的主要任务,实际上就等于帮助统治阶级削弱红军的势力。"④ 1948 年,他与晋绥日报编辑人员谈话时再次强调:"报纸的作用和力量,就在它能使党的纲领路线、方针政策、工作任务和工作方法,最迅速最广泛地同群众见面。"⑤ 毛泽东已经把新闻工作看作是党的整个革命机器的"发动机和传送带"。

毛泽东新闻思想的宝贵之处在于,它是动态的、发展的、变化的,在主张新闻宣传始终与党的路线保持一致的同时,还特别强调要不断适应形势的变迁和党的中心工作的转移,及时调整宣传的重点,以保持新鲜的活力和强大的威力。

大革命时期,他强调党报党刊要为扩大红军的"政治影响,争取广大群众","促进革命高潮"服务⑥,抗日战争时期,他要求新闻工作要为反对日本帝国主义和加强统一战线服务,解放战争时期,他则指导新闻宣传为推翻蒋家王朝,建立新中国而奋斗。党的七届二中全会上,他又根据全国即将解放并将进行大规模的社会主义改造和建设的新形势新任务,明确

① 《毛泽东新闻工作文选》,新华出版社 1983 年版,第 26 页。
② 《毛泽东选集》第二版第 2 卷,第 730 页。
③ 《列宁全集》中文一版第 18 卷,第 206 页。
④ 《毛泽东新闻工作文选》,新华出版社 1983 年版,第 15 页。
⑤ 《毛泽东选集》第二版第 4 卷,第 1318 页。
⑥ 《毛泽东新闻工作文选》,新华出版社 1983 年版,第 15 页。

而及时地提出"通讯社报纸广播电台的工作，都是围绕着生产建设这一个中心工作并为这个中心工作服务的"①。

毛泽东的上述思想，无疑给新时期的新闻工作以极大的启示。改革开放条件下的我国新闻工作，依然是按照毛泽东的思路发展下来的。邓小平同志曾明确指出，"党报党刊一定要无条件地宣传党的主张。"② 对于中央决定了的东西，党的组织决定了的东西，在没有改变以前，必须服从，党报党刊不能随意发表不信任、不满和反对的意见。否则，"党就要涣散，就不可能统一，不可能有战斗力"③。小平同志的这一见解与毛泽东的新闻思想从精神实质上是完全一致的。

现实生活中，人们时常能够发现新闻宣传有偏离或违背党在新时期基本路线的地方，这些东西产生了并继续产生着消极的不良影响。今天，当人们重温毛泽东新闻思想的时候，应自觉地把那些不符合党的基本路线的东西纠正过来，这是学习和贯彻毛泽东新闻思想最有意义的行动。

反映和指导经济建设——新闻工作的新使命

历史毕竟前进了。时代毕竟变迁了。中国已经进入了以经济建设为中心的新的发展时期，新闻工作应该积极地跟上这一步伐。在这方面，毛泽东的许多论述，依然有着不可忽视的理论价值。

在党的八届二中全会总结讲话中，毛泽东说过："搞经济建设，还要靠报纸，要使报纸在经济建设中，在整个工作中起很好的作用。"④ 配合和宣传经济建设工作，已成为新时期新闻工作的新使命。

毛泽东是重视新闻媒介宣传报道经济建设工作的，即使在战争年代，也是如此。1933 年，他在中央根据地南部十七县经济建设工作会上指出："革命战争的激烈发展，要求我们动员群众，立即开展经济战线的运动，进行各项必要和可能的经济建设事业。"⑤ 他认为，"经济建设在今天不但

① 《毛泽东选集》第二版第 4 卷，第 1428 页。
② 《邓小平文选》(1975—1982)，人民出版社 1983 年版，第 236 页。
③ 同上。
④ 1956 年 11 月在中共八届二中全会上的总结讲话。
⑤ 《毛泽东选集》第二版第 1 卷，第 119—120 页。

和战争的总任务不能分离，和其他的任务也是不能分离的。……用文化教育工作提高群众的政治和文化的水平，这对于发展国民经济同样有极大的重要性"①。在1945年《论联合政府》中，毛泽东首次提出检验一切政党的政策及其实践是非的生产力标准。全国解放前夕，毛泽东更是告诫全党要集中精力抓好经济建设，包括新闻宣传的一切工作都要以此为中心。1958年，他还清醒地提出了"我们既然热心于共产主义事业，就必须热心于发展我们的生产力，首先用大力实现我们的社会主义工业化计划"②。

毛泽东认为，新闻宣传应发挥推动经济建设的重要作用。在延安时，他在陕甘宁边区一次座谈会上讲："我们有很多的政治经济工作，如果办好报纸，就可以使这些工作做得更好，报纸这个东西是反映和指导政治经济工作的一种武器。"③

"反映和指导"，这是毛泽东对新闻功能的一种表述。"反映"是报道事实，传播信息；"指导"则是通过新闻传播，引导广大群众为国家、人民和切身利益奋斗。"反映"为了"指导"，"反映"中蕴含"指导"；"指导"建立在传播和"反映"的基础上，表达着"反映"的本质。无产阶级新闻事业的特殊功能就体现在这里。解放前，毛泽东主张报纸要"反映政治、军事、经济又指导政治、军事、经济"④；解放后，他强调一切新闻媒介，都必须服务于生产建设，认为报纸应多报道工农群众怎样在日常工作中实际地建设新生活，应多反映与国家和人民利益相关的生产和生活问题。1964年12月20日，《人民日报》在一版刊登了《卖菜札记》和短评《领导还是被领导？》，毛泽东看后非常高兴，认为"大白菜也上了头条，很好"，"有看头了"⑤。足见他把关于国计民生的经济生产工作，放在了新闻宣传何等重要的位置！在毛泽东看来，"一条很好的新闻，比我们讲好多话还起作用"⑥，"经过报纸把一个部门的经验传播出去，就可推动其他

---

① 《毛泽东选集》第二版第1卷，第125—126页。
② 引自中共中央八届六中全会《决议》1968年12月10日。
③ 《毛泽东新闻工作文选》，新华出版社1983年版，第115页。
④ 同上书，第113页。
⑤ 同上书，第218页。
⑥ 同上书，第116页。

部门工作的改造"①。

事实表明，无产阶级夺取政权以后，把新闻工作纳入为社会主义建设服务的轨道，是一条基本的经验和基本的规律。苏维埃政权一成立，列宁就鲜明地提出报刊要"由主要报道政治新闻的工具，变成对人民群众进行经济教育的重要工具"②，强调"生产宣传应当重新放在第一位"③，报纸要"减少政治方面的篇幅，扩大生产宣传栏"，以"影响党和苏维埃机关的全部工作，使它们用更大的力量来进行生产宣传力"。他甚至还提出"少谈些政治"，"多谈些经济"的口号，申明新闻为发展生产力服务的重要性。

严格说来，毛泽东在指导新闻宣传为经济建设工作服务上面是有失误的。特别是他的晚年，由于贯彻"以阶级斗争为纲"的"左"倾路线，新闻工作一度曾偏离正确的航向。但是，纵观毛泽东的一生，他对新闻服务于经济建设和生产生活问题的关注还是相当突出的。这是他的新闻思想当代价值的主要成份。他的失误，本质上讲，正是他背离了自己科学思想体系的产物。

当前，中国正从事着建设有自己特色社会主义的伟大事业，突出报道经济建设，则是新闻工作重点的重点，中心的中心。新闻应全面反映社会主义现代化建设进程中涌现的新思想，新观念、新经验和新作法，积极引导人民群众投身四化大业，这是新时期新闻战线神圣的使命，也是新时期新闻战线得以发展的重要外部条件和契机。

群众喜闻乐见——新闻工作的客观标准

新闻工作不但要提出任务，而且要解决完成任务的方法问题。"我们的任务是过河，但是没有桥或没有船就不能过。不解决桥或船的问题，过河就是一句空话。不解决方法问题，任务也只是瞎说一顿"④。毛泽东关于新闻工作方法的一系列言论，同样充满了智慧和科学精神。

在一次与新闻出版界代表座谈时，毛泽东曾颇有见地地指出："报纸

---

① 《毛泽东新闻工作文选》，新华出版社 1983 年版，第 90 页。
② 转引自甘惜分《新闻理论基础》，中国人民大学出版社 1982 年版，第 99 页。
③ 《列宁全集》中文一版第 31 卷，第 365 页。
④ 《毛泽东选集》第二版第 1 卷，第 139 页。

是要有领导的,但是领导要适合客观情况,……群众爱看,证明领导得好,群众不爱看,领导就不那么高明了吧。"① 在毛泽东眼里,检验新闻工作的一个重要客观标准,就是群众是否爱听,爱看,喜闻乐见。不受群众欢迎的新闻,再正确也是没有力量的。新闻一般说来包括两个方面,一是传播,一是接受。"传"与"受"是一个双向流动的过程。新闻传播不能缺少受众意识,因为"人民的信任是报刊赖以生存的条件,没有这个条件,报刊就完全萎靡不振"②。社会主义市场经济体制的逐步确立,使新闻媒体必然处于文化市场的激烈竞争之中,新闻也要具有一定的商品性。因此,学会赢得读者和听众,不仅是新闻宣传的一种必需,而且也是新闻事业自身生存和发展的客观要求。怎样才能把新闻报刊办得群众喜欢,便成了每个有责任感的新闻工作者必须着力解决的问题。

"请看事实"。③ 这是毛泽东的名言。他是主张新闻用事实来说话的。1925年,他在《政治周报发刊理由》中说:"我们反攻敌人的方法,并不多用辩论,只是忠实地报告我们革命工作的事实。"④ 毛泽东多次指出要讲真话,不偷、不装、不吹,严禁扯谎。他认为"红军缴枪一千说一万,白军本有一万说只一千","这种离事实太远的说法,是有害的"⑤。解放后,他也一再强调新闻报道的真实性问题。1959年广东大雨,他批示"要如实公开报道。全国灾情,照样公开报道,唤起人民全力抗争。一点也不要隐瞒"⑥。他曾明确提出:"干劲一定要有,假话一定不可讲。"⑦ 在毛泽东看来,真实是新闻的生命,是新闻党性原则的基础,是新闻得到群众信赖和喜欢的最根本的保证。列宁说过:"我们应当说真话,因为这是我们的力量所在,""要向公众全面报道和阐明真相,不浮夸、不武断、不造谣、不做见不得人的私人报道⑧"。毛泽东忠实地继承了列宁的这一思想。

---

① 《毛泽东新闻工作文选》,新华出版社1983年版,第189页。
② 《马克思恩格斯全集》第1卷,第284页。
③ 《毛泽东新闻工作文选》,新华出版社1983年版,第5页。
④ 同上。
⑤ 同上书,第29页。
⑥ 同上书,第214页。
⑦ 同上书,第213页。
⑧ 《列宁全集》中文一版第9卷,第283页、213页。

当然，新闻真实并不是有闻必录。在辩证唯物主义者眼里，"真实在飞跃，真实就是发展，真实就是冲突，真实就是斗争，真实就是明天"①。所以，毛泽东认为新闻宣传要有倾向性，文字和材料都要有鼓动性，新闻在传播事实信息的同时，要能有较强的教育功能和指导功能。他反对人云亦云，人家说什么，就反映什么。主张新闻媒介要捕捉和选取那些最能反映事物本质、特征、基本面貌和发展趋势的典型事例来加以真实地报道，善于将正确的舆论导向寓于大量的事实报道和信息传播之中，毛泽东高度重视新闻工作的群众路线。他曾讲到："我们的报纸要靠大家来办，靠全体人民群众来办，靠全党来办，而不是靠少数人关起门来办。"② "全党办报，群众办报"的思想，是毛泽东根据中国的具体条件和国情对马克思主义新闻学说的重大发展。

毛泽东特别关注读者的作用，认为办好报纸，不但是办的人的责任，也是看的人的责任。看的人提出意见，写短信短文寄去，表示喜欢什么，不喜欢什么，这是很重要的，这样才能使这个报办得好。③ 群众是真正的英雄。新闻宣传的一切功能，都是在读者、听众的接受中最终实现的。毛泽东把读者的地位提到应有的高度，这是唯物史观精神在他新闻理论中的出色反映。

新闻报道的文风也是毛泽东历来所关心的。他认为准确性、鲜明性、生动性是文章应具有的特点；报纸要"切忌死板、老套、令人看不懂，没味道，不起劲"④；他希望要"把报纸办得引人入胜"⑤，新闻宣传要内容丰富，尖锐泼辣，有朝气，敢于为群众讲话。不赞成"用钝刀子割肉"，"半天也割不出血来"。

毛泽东是个诗人和文学家，他的深厚的文化艺术修养使他对新闻宣传的可读性和趣味性十分看重。他曾对上海著名老报人赵超构说："你们的报纸搞得活泼，登些琴棋书画之类，我也爱看。"⑥ 他希望新闻宣传要

---

① 《卢那察尔斯基论文学》，人民文学出版社1978年版，第55—56页。
② 《毛泽东选集》第二版第4卷，第1319页。
③ 《毛泽东选集》第二版第2卷，第728页。
④ 同上。
⑤ 《毛泽东选集》第二版第4卷，第1319页。
⑥ 《毛泽东新闻工作文选》，新华出版社1983年版，第188页。

"软""硬"结合,既有思想性,又有趣味性;既要短小,又要精粹;既要深刻,又要生动。这样,才能受读者欢迎。他还主张要不断创新,要勇于"标新立异",要考虑不同的读者层次和接受习惯,形式和内容都要"多样化"。毛泽东亲自动手撰写和修改了大量脍炙人口的消息、述评、社论、评论、发言人谈话、广播讲话、访问记、编者按语等,那文采飞扬、活泼生动、简洁明快,机智幽默的文风,给人们留下了难忘的印象,至今仍是新闻工作者学习的榜样。

毛泽东新闻思想作为历史的产物属于过去的年代,但是它的当代价值却有着无限的生命力。毛泽东新闻思想在新时期还在继续丰富和发展,它并没有终结对于真理和规律的认识。

新闻战线的同志,只要以毛泽东新闻思想和邓小平建设有中国特色社会主义理论为指针,密切联系实际,就能够使我国的新闻事业在新的世纪即将来临的时候登上新的台阶。

毛泽东新闻思想探源[*]

薛克成

作为我国新闻事业的开拓者，具有中国特色的社会主义新闻思想的奠基人毛泽东，在他的革命一生中，始终不渝地关怀和指导着党的新闻事业的发展。他亲自主持办了几家报纸。在革命各个时期，对新闻工作有许多精辟的讲话和重要指示，为报刊、通讯社、广播电台撰写了大量的新闻消息、评论、社论，修改审阅了数以千计的稿件，直到晚年，他还说愿做报纸的专栏作家。

然而，毛泽东新闻思想并非无源之水，无本之木，它源于马克思主义，是马克思、列宁办报思想的直接继承和发展。一方面，毛泽东新闻思想的基本原理与马克思主义一脉相承，同源于无产阶级的革命思想体系，另一方面，毛泽东新闻思想是对马克思主义新闻理论的丰富和发展，具有自己的特殊性。

一 基本原理上的明显继承

毛泽东在革命实践中继承和发展马克思、列宁的办报思想是多方面的，在基本原理上具有明显的继承性。特别是在办报的宗旨，党报的性质，党报的作用等根本问题上，这种直接继承性表现得更为突出。

关于办报的宗旨。

1925 年 12 月 5 日，毛泽东写《政治周报》发刊词时指出，"为什么出

---

* 本文原载于《学术论坛》1993 年第 6 期。

版《政治周报》？为了革命。""为了使中华民族得到解放，为了实现人民的统治，为了使人民得到经济的幸福。"[①] 1940 年 2 月 7 日，他在《中国工人》发刊词中又说：《中国工人》的任务是："团结自己和团结人民，反对帝国主义和封建主义，为建立新民主主义的新中国而奋斗。"[②]

毛泽东关于无产阶级办报是"为了革命"，为了推翻剥削者，"实现人民的统治"的思想，明显源于马克思和恩格斯。1843 年 9 月，马克思就《德国年鉴》的出版计划写信给卢格，提出了无产阶级的办报思想，"就是要对现存的一切进行无情的批判"。所谓"无情的批判"，马克思自己解释说，"意义有二，即这种批判不怕自己所作的结论，临到触犯当权者时也不退缩"。而且，要在"批判旧世界中发现新世界"。主张把"批判和现实斗争结合起来，并把批判和实际斗争看做同一件事"[③]。卢格是个资产阶级激进派，马克思和他存在着原则的意见分歧。《德国年鉴》虽然仅在 1844 年 2 月出版了一二期合刊就停刊了，但马克思提出的办报思想是十分可贵的。1845 年 3 月，恩格斯写《英国工人阶级状况》，他在阐述自己为什么要写这本书时说：替工人阶级说话，是为了"有机会为这个受压迫受诽谤的阶级做一件应该做的事情"，是为了"保护英国人民，使他们不致日益受人鄙视"[④]。

这里可看出，一个说，对"现存的一切进行无情的批判"，"在批判旧世界中发现新世界"，一个说，要对旧的社会制度进行"革命"，"使中华民族得到解放"；一个说要"保护英国人民"，一个说，要"实行人民的统治"。毛泽东与马克思、恩格斯的办报思想是何等相似！

关于报纸的性质。

1957 年 3 月，在中国共产党全国宣传工作会议期间，毛泽东召集新闻出版界部分代表座谈时说："在阶级消灭之前，不管通讯社或报纸的新闻，都有阶级性，资产阶级所说的'新闻自由'是骗人的，完全客观的报道是没有的。"[⑤] 同年 6 月，毛泽东为《人民日报》撰写编辑部文章，论述作为

---

① 《毛泽东新闻工作文选》，新华出版社 1983 年版，第 3 页。
② 同上书，第 47 页。
③ 《马克思恩格斯全集》第 1 卷，第 416 页。
④ 《马克思恩格斯全集》第 2 卷，第 273 页。
⑤ 《毛泽东新闻工作文选》，新华出版社 1983 年版，第 191 页。

上层建筑的新闻事业必须为经济基础服务的马克思主义原理时又指出："在世界上存在着阶级区分的时期，报纸又总是阶级斗争的工具。"

毛泽东关于报纸的阶级性的思想，特别是在世界上还存在着阶级的时期报纸又总是阶级斗争工具的思想，和对"新闻自由"的批判，正是马克思、列宁办报思想的直接继承和发展。

1905 年 11 月间，列宁写《党的组织和党的出版物》，论证了无产阶级报刊的党性原则。他说，"对于社会主义无产阶级，写作事业不能是个人或集团的赚钱工具，而且根本不能是与无产阶级总的事业无关的个人事业。无党性的写作者滚开！超人的写作者滚开！写作事业应当成为整个无产阶级事业的一部分，成为由整个工人阶级的整个觉悟的先锋队所开动的一部巨大的社会民主主义机器的'齿轮和螺丝钉'"。并且声言，"报纸应当成为各个党组织的机关报。"① 列宁在这里讲的"各个党组织的机关报"，指的是共产党组织的机关报。他还批判了"创作自由"、"出版自由"的虚伪性，指出那些要求"创作自由"和"出版自由"的人，"不过是他们依赖钱袋，依赖收买和依赖豢养的一种假面具（或一种伪装）罢了"。是他们利用"自由"这个招牌，"鼓吹反党的观点罢了"②，列宁讲的这些话，现在仍不失指导意义。

后来，列宁又针对米雅斯尼科夫提出的在无产阶级专政的国家要给资产阶级以"出版自由"的主张，作了更为深刻的批判。列宁认为，首先要弄清楚是什么样的出版自由？为了那一个阶级的自由？要求人们从政治的和属于那个阶级的自由这两个观点看"出版自由"的阶级实质。他认为，"在全世界上，凡是有资本家的地方，出版自由就是收买报纸、收买作家的自由，就是暗中收买、公开收买和制造有利于资产阶级的'舆论'的自由"③。同时，列宁对"出版自由"还作了历史的分析。他指出："出版的自由"最早是资产阶级处在上升时期为了反对封建制度提出来的。在当时，"反映了资产阶级的进步性"。但在无产阶级专政条件下，在国内资产阶级虽已被击溃但还未消灭，国际资产阶级还包围苏维埃共和国的情况

---

① 《列宁全集》第 12 卷，第 93—94 页。

② 《新闻学小辞典》，第 10 页。

③ 《列宁全集》第 32 卷，第 492 页。

下，"出版自由"就是让资产阶级有利用新闻出版阵地大造反革命舆论，进行反革命活动的"自由"，等于把武器交给敌人。因为，"出版是政治组织的中心和基础"，"我们决不会这样做，我们不会去帮助世界资产阶级"。① 无产阶级夺取政权之后，在从资本主义向社会主义过渡时期，报纸应该成为阶级专政的机关报。

但近几年来，我国新闻界在这个根本问题上出现了惊人的混乱。有的人鼓吹以"人民性"代替阶级性，主张"新闻自由"。

其实，阶级作为一个历史范畴，是不以人的意志为转移的。它随着生产资料私有制的出现而产生，也随着生产资料私有制的消灭而消失。但是，一个阶级形成之后，它的观念形态在意识方面的能动反映，是不会因为阶级在经济上被消灭而立即消失的。在一段很长的时间，它还有相对的稳定性。在阶级消灭之后，还影响着社会和人们的思想，在一个国家，在世界上，只要阶级还存在，阶级的政党还存在，阶级斗争还存在，报纸作为党的工具，就不能不具有阶级性，党派性和政治性，那种以"人民性"代替阶级性的观点，是站不住的。

关于党报的作用。

1948 年 4 月，毛泽东对《晋绥日报》编辑人员谈话时说："报纸的作用和力量，就在它能使党的纲领路线、方针政策、工作任务和工作方法，最迅速最广泛地同群众见面。""使群众认识自己的利益，并且团结起来，为自己的利益而奋斗"。② 这与马克思和恩格斯办《新莱茵报政治经济评论》时说的："报纸最大的好处，就是它每日都能干预运动，能够成为运动的喉舌，能够反映出当前的整个局势，能够使人民和人民的日刊发生不断的、生动活泼的联系。"③ 不仅观点是相通的，文字表达也极为相似。

二 "结合"上的明显创造

毛泽东创造性地发展马克思、列宁的办报思想，最根本的特征，就是

① 《列宁全集》第 32 卷，第 492 页。
② 《毛泽东新闻工作文选》，新华出版社 1983 年版，第 149 页。
③ 《马克思恩格斯全集》第 7 卷，第 3 页。

把马克思、列宁的办报思想与中国革命和建设的具体实践相结合，在实践中创造性地运用和发展，为马克思主义新闻宝库增添了新的血液，其主要方面是：

1. 发展了党报应当是"党的旗帜"的思想，提出了党报是"党的工具"。

1890 年，恩格斯为《社会民主党人报》停刊写给读者的告别信，总结《社会民主党人报》的战斗历程时，提出了党报应该是"党的旗帜"① 这一命题。但是，"党的旗帜"怎样表现？恩格斯只是说，在党内出现了错误和错误潮流时，"党报才旗帜鲜明，反对错误和错误潮流，决不能使党报成为简单的传声筒"。但作为"党的旗帜"的党报，在一般情况下，应该怎样做？是毛泽东总结了中国革命的历史经验，提出党报作为"党的旗帜"，"必须无条件地宣传党中央的路线和政策"，"反映党的工作，反映群众和生活"，使其办成"名符其实的党报"。并且指出"报纸是党的宣传鼓动工作最有力的工具"，是"扩大党在群众中影响的有力工具"。从而提出了"工具论"这个命题。把报纸的宣传鼓动工作是否执行党的路线，当作衡量党报的党性标准。这些比恩格斯的思想完整得多，丰富得多。

2. 发展了党报是"鼓风机"的思想，提出了党报总是"阶级斗争的工具。"

1901 年底至 1902 年初，列宁写了《怎么办？》，批判经济主义者贬低革命报刊宣传作用的谬论，进一步阐明报纸在无产阶级革命中的组织作用，认为报纸应该"成为巨大的鼓风机的一部分，这个鼓风机能鼓动阶级斗争和人民的义愤的星星之火，燃成熊熊之焰。"② 在这里，列宁只是说党报应该成为"鼓风机"，可以鼓动阶级斗争和人民的义愤，但报纸自身的属性是什么？是不是报纸自身具有的阶级属性，而鼓动被剥削阶级和全体人民行动起来，向剥削阶级作斗争呢？列宁没有说。

毛泽东则进一步发展了列宁的这个思想。他认为"在世界上存在着阶级区分的时期，报纸又总是阶级的工具"，党报的"鼓风机"作用是党报自身作为阶级斗争的工具，作用于社会的反映。

---

① 《马克思恩格斯全集》第 22 卷，第 90 页。
② 《新闻学小辞典》，第 9—10 页。

而且，对于报纸的作用，毛泽东的许多思想都超过了他的前者。在无产阶级夺取政权之后，他认为，报纸不仅是"阶级斗争的工具"，而且对社会主义建设，对于全体人民，"有极大的组织、鼓舞、激励、批判、推动的作用"。① 从无产阶级接管城市的第一天起，"通讯社报纸广播电台的工作，都是围绕着生产建设这一个中心工作并为这个中心工作服务"。②

3. 发展了党报对错误思潮必须"公开论战"的思想，提出了党报批评要区分两类不同性质矛盾。

1900年9月，列宁写《火星报》编辑部声明时宣布："我们不打算把我们的机关报变成形形色色的观点的简单堆砌。相反地，我们将本着严正的明确方针办报"，反对"那些似是而非的暧昧不明的机会主义的修正"，对错误思潮进行有系统的"斗争"和"公开展开论战"③。

中国的报刊，60年代初期，曾经开展过《关于国际共产主义运动总路线的论战》（即九评苏共中央的公开信），但这是极特殊的情况。毛泽东曾经说过，我们党的宣传工作与其他党派的宣传工作的原则区别，"就在于我们党的宣传鼓动工作是以马列主义为指导原则"，区分和正确处理两类不同性质的矛盾。对待人民内部的错误和缺点的批评，"要分清敌我，不能站在敌对的立场用对待敌人的态度来对待同志"。而且要"满腔热情地用保护人民事业和提高人民觉悟的态度来说话，……不能用嘲笑和攻击的态度来说话"。④ 这使马克思主义关于党报的开展对错误思潮作斗争的思想更加丰富了。

4. 发展了依靠工人阶级办报的思想，提出了"全党办报，群众办报"的方针。

1912年5月，斯大林在《真理报》发表文章说，我们要动员广大工人群众"积极地参加我们的办报工作"⑤。他认为，"工人参加办报的意义首

---

① 《毛泽东新闻工作文选》，新华出版社1983年版，第202页。

② 同上书，第164页。

③ 《新闻学小辞典》，第8页。

④ 《毛泽东新闻工作文选》，新华出版社1983年版，第198页。

⑤ 《斯大林全集》第2卷，第244页。

先在于使报纸这样一个锐利的阶级斗争武器能够从奴役人民的武器变为解放人民的武器。"① 应该说，在依靠谁办报这个问题上，在马克思主义经典作家中，斯大林是讲得最多、最明确的一个。

但是，毛泽东却提出了"全党办报，群众办报"的方针，1948 年 4 月2 日，毛泽东在《对晋绥日报编辑人员的谈话》，中指出："我们的报纸也要靠大家来办，靠全体人民群众来办，靠全党来办，而不能只靠少数人关起门来办。"② 无论在广度和深度，都比斯大林的思想深刻得多。而且，在1958 年，毛泽东给刘建勋、韦国清的信中，总结了党办报的丰富经验，提出了党报具有五大作用的理论，进一步提高了全党和全国人民对报纸工作重要意义的认识，调动了全党和广大群众参加办报的积极性，极大地鼓舞了全国人民参加办报工作，从思想上、组织上促进了全党办报，群众办报的开展。

三 直接继承和发展的原因

毛泽东新闻思想是对马克思、列宁办报思想的直接继承和发展。这不是主观的夸张，是无产阶级革命实践的结晶，是时代精神的集中，是历史发展的必然。

第一，无产阶级的阶级性，本质地决定毛泽东新闻思想必然源于马克思主义。

马克思主义认为，一定的文化是一定社会的政治和经济在观念形态上的反映。在旧中国，有帝国主义文化，有半封建文化。"帝国主义文化和半封建文化是非常亲热的两兄弟，它们结成文化上的反动同盟，反对中国的新文化。这类反动文化是替帝国主义和封建阶级服务的，是应该被打倒的东西"。③ 毫无疑问，作为意识形态重要组成部分的毛泽东新闻思想，自然与这样的文化绝缘。

鸦片战争之后，资本主义经济入侵，使中国社会变成了半封建的社会，然而，伴随这种资本主义入侵而产生的资产阶级、小资产阶级和无

---

① 《斯大林全集》第 6 卷，第 228 页。
② 《毛泽东新闻工作文选》，新华出版社 1983 年版，第 150 页。
③ 《毛泽东著作选读》上册，第 384 页。

产阶级也是发展着的。而且,作为一种新的政治经济力量,新的观念影响着社会。但是,旧中国的这种新的政治力量,对革命的态度是有所不同的。资产阶级代表中国城乡资本主义的生产关系,对于中国革命具有矛盾的态度。"他们在受外资打击,军阀压迫感觉痛苦时,需要革命,赞成反帝国主义反军阀的革命运动;但是当革命在国内有本国无产阶级的勇猛参加,在国外有国际无产阶级的积极援助,对于其欲达到大资产阶级地位的阶级的发展感觉到威胁时,他们又怀疑革命"。[1] 小资产阶级由于各阶层所处的经济地位不同,对革命的态度,在平时各不相同,只是到了革命高潮,可以看到胜利曙光时,才积极参加革命。这时,"不但小资产阶级的左派参加革命,中派亦可参加革命,即右派分子受了无产阶级和小资产阶级左派的革命大潮所裹挟,也只得附和革命"。[2] 一个对革命摇摆不定的阶级,当然也不能为毛泽东新闻思想所吸收。无产阶级"是中国新的生产力的代表者,是近代中国进步的阶级,做了革命运动的领导力量"。[3] 从青年时代就"心忧天下","坚定地反军阀反帝国主义"的毛泽东,必然接受无产阶级的革命思想,以此作为毛泽东新闻思想的特征,通过报纸、广播、通讯社等新闻工具,为使中华民族得到解放,为实现人民的统治,为使人民得到经济的幸福而大造革命舆论,达到革命的目的。

特别是在 1920 年夏,已经完成了世界观的转变,对马克思主义的信仰一直没有动摇过的毛泽东,更加本质地决定了以他为杰出代表的毛泽东新闻思想,必然源于马克思主义。

这里,有一个问题值得探索,毛泽东创办《湘江评论》在 1919 年 7 月 14 日。这时,毛泽东还没有完成世界观的转变。他自己也曾经说过,在湖南师范读书期间 (1912—1918),他"是一个唯心主义者"。怎样认识毛泽东新闻思想源于马克思主义?

诚然,世界观的转变要有个标志,但世界观的转变又是个过程,要有量的积累和质的飞跃。毛泽东创办《湘江评论》时,虽然还未完成世界观

---

① 《毛泽东著作选读》上册,第 5 页。
② 同上书,第 7 页。
③ 同上书,第 9 页。

的转变，他当时还是个唯心主义者，但他同时"反对军阀和反对帝国主义是明确无疑的"①。而且，在1917年还倡导成立了新民学会。这个学会随着五四时期革命形势的迅速发展，很快成为一个以"改造中国和世界"为职责的革命团体，成为全国革命领导的核心，并为中国共产党的成立在思想上、组织上作了准备。这个时候的毛泽东，虽然还没有最后完成世界观的转变，但他坚决反对军阀和反对帝国主义的思想和行为，他的"改造中国和世界静的意志，无疑是属于无产阶级的。

第二，无产阶级革命的时代性，客观地决定了毛泽东新闻思想必然源于马克思主义。

列宁评价马克思主义学说时说，马克思主义绝不是离开世界文明发展大道而产生的固步自封、僵化不变的学说，恰恰相反，马克思的全部天才在于回答了人类先进思想已经提出的种种问题。他学说的产生是哲学、政治经济学和社会主义最伟大代表的学说的直接继承。

19世纪40年代，马克思主义已经形成，并逐渐在全世界占据主导地位。马克思、恩格斯逝世之后，列宁继承了马克思的事业。1917年11月7日，他领导俄国无产阶级推翻了沙皇统治，取得了社会主义革命的胜利。当时，世界上竖起两面大旗："一面是红色的革命的大旗，第三国际高举着，号召全世界一切被压迫阶级集合于其旗帜之下；一面是白色的反革命的大旗，国际联盟高举着，号召全世界一切反革命分子集合于其旗帜之下。"② 独立革命的思想，走中间的道路是不存在的。中国革命是世界革命的一部分。作为中国革命先进分子代表的毛泽东，把马克思列宁主义关于无产阶级革命的基本原理用于指导中国革命，自然也就成为毛泽东新闻思想的渊源。当时毛泽东创办自修大学、成立文化书社、努力传播马克思主义、推动中国革命发展的事实也表明，他对于两面旗帜、两种世界的选择，毛泽东选择了共产主义，倾向马克思主义一边。

毛泽东当时这种马克思主义的倾向，在他为新民学会友人易礼容的信加的按语，给黎锦熙先生的信中也得到证实。

① 《西行漫记》，第125页。
② 《毛泽东著作选读》上册，第5—6页。

1919 年，毛泽东在湖南领导了两个运动。一个是驱张运动，一个是自治运动。对这两个运动，当时国人有不同的议论。1920 年 3 月 17 日，毛泽东给黎锦熙先生的信说："稍有觉悟的人，应该从如先生所说的'根本解决下手，目前……这样枝枝节节向老虎口里讨碎肉，就是坐定一个'即以办到'，论益处，是始终没有多大的数量的。"① 1920 年 7 月，毛泽东为易礼容的信加按语说："驱张运动只是简单的反抗张敬尧这个太令人过意不去的强权者，自治运动只是简单的希望在湖南能特别定出一个办法（湖南宪法），将湖南造成一个较好的环境。""彻底而言之，这两种运动，都只是应付目前环境的一种权宜之计，决不是我们的根本主张。"根本主张是什么呢？是"从事于根本改造之计划和组织确立一个改造的基础，如和森所主张的共产党。"②

再从毛泽东给向警予、罗傲阶的信也得到进一步的证明。

在同一天，1920 年 11 月 25 日，毛泽东给向警予、罗傲阶写了信。给向警予的信说："几个月来，已看透了。政治界暮气已深，腐败已甚，政治改良一涂，可谓绝无希望。吾人惟有不理一切，另辟道路，另选环境一法。"③ 给罗傲阶的信说："中国坏空气大深太厚，吾何诚哉，要造成一种有势力的新空气，才可以将它斟换过来。我想这种空气，固然要有一班刻苦励志的'人'，尤其要有一种为大家共同信守的'主义'，没有主义，是造不成'空气'的……感情的结合要变为主义的结合才好，主义譬如一面旗子，旗子立起来了，大家才有指望，才知所趋赴。"④

显然，毛泽东在这里所说的"另辟道路"，便是无产阶级革命的道路。所说的"主义"，就是马克思主义。这种主义不仅是毛泽东指导中国革命运动的基础，也是他办报的指导思想。

---

① 《毛泽东早期文稿》，湖南出版社 1990 年版，第 470 页。
② 《马克思主义研究参考资料》1981 年第 7 期。
③ 同上。
④ 同上。

毛泽东新闻思想的历史评价[*]

夏鼎铭

中国共产党的党报已有七十多年历史，其中三十年代中期至七十年代中期，是在以毛泽东为首的中共中央领导下出版的；并就报纸的性质、办报宗旨、它的作用、功能以及对办报人员的要求等形成一套较为完整的理论体系——这就是毛泽东新闻思想（主要是无产阶级党报思想）。它对我国的新闻工作者有着巨大的深刻的影响。党的十一届三中全会以后，我国进入一个新的历史时期，党的新闻工作也同样有了空前的变化和发展。随着新闻实践的改革、创新，新闻理论面临许多新的问题需要研究、探索，并得出正确的结论以指导今后的实践。其中一个关键问题，就是需要对毛泽东新闻思想作出科学的历史的评价，对他的一系列论述进行具体分析，哪些是正确的，应该继续坚持；哪些在当时历史条件下是正确的，现在形势变了，已经不适应；哪些是错误的，这有两种情况，一是理论。观点本身，实践证明是错误的，一是理论、观点并不一定错，但在实践中出现了片面性、绝对化的错误，它们都同样给革命、建设造成了损失。

本文试图就报纸的性质、作用（功能），对办报人员的要求这三个重要方面作些探讨。

一

无产阶级革命导师马克思、恩格斯、列宁，在他们的革命生涯中都创办过、领导过数量甚多的革命报刊、党的报刊，并卓有成效地运用它们指

[*] 本文原载于《新闻大学》1993 年第 4 期。

导革命斗争和社会主义建设。他们有着丰富的办报经验，写下了大量的新闻论著，并在此基础上形成了无产阶级新闻学理论体系。

创办无产阶级党报——马克思主义报刊，首先要明确的问题是：它究竟是干什么的，和党的事业是什么关系？

马克思、恩格斯认为，他们所创办的《新莱茵报》和亲自指导的德国社会民主党的《社会民主党人报》，都是"党的旗帜"，它"极其明确地和坚决地阐述并捍卫了党的原则"①。列宁则强调党的出版物"应当成为无产阶级总的事业的一部份，成为由全体工人阶级的整个觉悟的先锋队所开动的一部巨大的社会民主主义机器的'齿轮和螺丝钉'"。②党的中央机关报则是全党的"思想中心"③。总之，党报是党的思想武器，它坚持马克思主义，接受党组织的领导，为完成党在各个历史时期的任务而奋斗。一句话，党报为党所有，为革命而用，这就是无产阶级党报的党性原则。

毛泽东是继承和坚持马克思、恩格斯、列宁提出的党报的党性原则的。他一贯认为党报是党的工作的重要方面，多次强调各级党委，特别是高级干部要管好自己的报纸，还决定延安"《解放日报》的社论，将由中央同志及重要干部执笔"④。他自己身体力行，一生中为党报、新华社写了许多重要的评论和新闻。

毛泽东从延安时期起就要求全党都来重视、关心党的报纸，强调领导干部"应该把报纸拿在自己手里，作为组织一切工作的一个武器"。他号召人们要学会办报，包括基层的油印报、墙报，并认为"这样来办报纸，那么全边区可以有千把种报纸，这叫做全党办报"。⑤全党办报有两层意思：一是各级党组织都要根据不同情况创办适应自己需要的报纸。这就肯定了党报在党的工作中的重要位置。二是就一张报纸而言，也要发动全党（本组织的党员）以及群众来办。这就明确了党报工作的基本路线。党的

---

① 见《马克思恩格斯全集》第22卷《给社会民主党人报读者的告别信》。
② 列宁：《党的组织和党的出版物》，《红旗杂志》1982年第22期。
③ 《列宁全集》第9卷，第273页。
④ 《毛泽东新闻工作文选》，新华出版社1983年版，第54页。
⑤ 同上书，第113—114页

文件还曾规定，"经常看党报，帮助党报的发行及组织通讯工作，则是每个党员所应当努力的责任"，党员、干部"对党报漠不关心的态度乃是党性不好的一种具体表现①"。

全党办报思想，是毛泽东根据中国革命的实际——建立起革命根据地，公开出版报纸指导斗争——对马列主义新闻理论的一个发展。它使党报具有广泛的深厚的群众基础，并享有很高的威望，读者往往视党报为党的化身，有什么希望、困难都愿意向它倾诉。党报工作者也明确认识到自己所从事的决不是一般性的或仅仅满足于个人爱好的文字工作，它与党的事业息息相关，必须以高度的革命责任感和严肃认真的态度来对待。这是十分可贵的。

报纸作为党的思想武器，在涉及党的重大方针政策和行动部署时，宣传口径必须与中央保持一致，决不能自行其是，另唱一个调。这是党报工作的一个基本经验，在革命斗争的关键时刻，尤其如此（当然有不同意见可以按照组织程序，包括出"内参"，向上反映，在决策前也不一概排斥公开讨论）。抗日战争时期，党面临与国民党又团结又斗争的复杂局面，有些地方党报、通讯社曾发表过不符合中央路线政策的言论、报道，受到中央的批评。毛泽东及时为中央起草文电，指出报纸宣传要"增强党性"，要"克服宣传人员中闹独立性的错误倾向②"。1948年，在土地改革的宣传中，一些地方的报纸、通讯社传播了不少含有"左"倾错误的通讯和文章，而各地领导对此没有觉察和反映，"甚至因为陕北广播电台播发了某些不正确的新闻，人们竟误认为这是被中央认可的意见③"，它的危害性是众所周知的。在毛泽东的具体关怀指导下，以《晋绥日报》为代表，在一年内经过先是反右、后是反"左"的斗争，广大解放区新闻工作者提高了觉悟，取得了经验，提高了水平，使得全党报纸在全国解放前后一段较长的时间里，尽管面对的是更为复杂的斗争，却没有犯过重大的带有全局性的错误。

党的报纸也是人民的报纸，强调坚持无产阶级党性，决不会、也不可

---

① 《中国共产党新闻工作文件汇编》（上），第132页。
② 《毛泽东新闻工作文选》，新华出版社1983年版，第97页。
③ 同上书，第142页。

能与广大人民群众的利益发生矛盾；相反，它正是集中地代表了广大人民群众的根本利益。因为无产阶级无一己之私利，它只有解放全人类才能最后解放自己。在我们党报历史上，确有过违背人民利益和愿望的错误宣传，但那不是坚持无产阶级的党性，而恰恰是违反无产阶级党性的结果（主观主义、无视客观规律，乃是党性不强的表现），有过一种意见，认为党报仅仅强调党性会犯错误，还必须强调人民性——这显然是凝固地僵化地片面地理解党性。马克思主义本身也在发展，党性的内涵自然也是发展的。今天我们坚持邓小平的建设有中国特色的社会主义理论、坚持"一个中心，两个基本点"就是坚持无产阶级党性。鉴于以往的教训和时代的变化，我们要求今天的党报要特别注意加强与人民群众的联系。尊重和反映他们的愿望、要求，努力为他们服务，接受他们的监督和参与，这正是新时期党报党性的一个重要方面。提出人民性与党性并列，又强调它们完全一致而讳言可能出现的不一致，这不仅在理论上说不通，在实践中也会产生误解和问题（对于爱国的非党报纸当然可以人民性来要求）。

1957年夏，毛泽东撰文对报纸讲过一段带有定义式的话，即我们的"报纸是社会主义经济即在公有制基础上的计划经济通过新闻手段的反映，和资本主义国家报纸是无政府状态的和集团竞争的经济通过新闻手段的反映不相同。在世界上存在着阶级区分的时期，报纸又总是阶级斗争的工具"。[①]——毛泽东这一新闻观点，对我国新闻工作的影响是巨大的。事隔三十多年，通过实践的检验，我们应该如何来评价它呢？

（一）从马克思主义基本原理——社会经济基础与上层建筑的关系来看，这段话的前半部分自然是对的，也符合当时的实际情况（现在有人认为报纸不完全属上层建筑，可以讨论）。五十年代至七十年代，我国实行的是高度集中统一的计划经济体制，不仅报纸的宣传内容是"有计划的"（执行统一的宣传指令），整个新闻事业也是"有计划的"，即通常一个省市只有党报、团报、工会报纸各一份，广播电视自然更是一家；解放初保留下来的几家民营报纸，以后或改造或停刊，到"文革"时全国只有一百七十几家报纸，并且基本上都是公费办报、公费订报，二三十年没有大变

---

① 《人民日报》编辑部文章《文汇报在一个时间内的资产阶级方向》1957年6月14日。

化。至于这段话的后半部分，即"报纸又总是阶级斗争的工具"，无论就一般意义而言，或是从当时中国的社会实践而言，显然都有片面性，在现代社会，报纸是传播信息、反映和影响社会舆论的工具。它所具有的阶级斗争的作用，无疑对政党报纸或政治性较强的综合性报纸而言，自然是主要的。但若缺乏具体分析，讲在阶级社会中，不问处于什么历史阶段，不问是什么报纸（宗旨、内容、对象）都是阶级斗争的工具；或者说一张报纸的所有内容，从新闻、言论到副刊、广告，都是在"从事阶级斗争"，那就要犯绝对化的错误。1956 年，党的"八大"决议明确指出，我国国内的主要矛盾已是"先进的社会主义制度同落后的社会生产力之间的矛盾"，阶级斗争仅在一定的范围内存在。而 1957 年，毛泽东仍然强调报纸是阶级斗争的工具，显然与"八大"精神不相一致，并由此导致整个新闻界在反右斗争中犯了扩大化的错误，而且还埋下了报纸在"文化大革命"中成为"无产阶级专政工具"的祸根。

（二）现在已经明确，"计划经济"与"市场经济"并非是社会主义与资本主义的标志。我们正在建立社会主义市场经济体制，当然不能再说报纸是"在公有制基础上的计划经济通过新闻手段的反映"了。是否相应地改为：社会主义报纸是在公有制为主体的多种经济成分并存的基础上实行的社会主义市场经济通过新闻手段的反映。这样就意味着：1. 我国的新闻事业将形成以党报为核心的多元化、多层次的结构。2. 在遵守国家宪法和有关法律的前提下，新闻媒介享有充分的自主权（党的机关报当然还要服从党的组织纪律）；它们之间可以相互竞争，相互监督。3. 报社、电台、电视台可以作为一个产业实体自主经营，其兴旺与衰落在相当程度上受市场法则支配。

建国初期，中共中央宣传部曾经通知报纸可以当作生产事业来经营，要实行企业化，尽量做到自给自养或自给有余，但在计划经济条件下，绝大多数报纸都不可能实现。今后在市场经济条件下，它就必须考虑经济效益了，否则不仅不能维持自己，更不可能发展自己。但是，报纸毕竟不是一般的商品，它仍应把社会效益放在首位来考虑，不能一味追逐利润，使自己蜕化变质。

二

报纸具有多种功能（作用）。在不同的历史时期，面对不同的革命任务，革命导师有时着重强调发挥报纸的某些功能，或不着重强调发挥某种功能，对此，应作历史的分析，不要以偏概全。

马克思、恩格斯处于传播马克思主义，启发、教育工人阶级和推动工人运动发展的年代，他们对革命报刊（包括党报）强调得比较多的是发挥对反动统治进行揭露、批判和监督的作用，对革命运动进行鼓舞、激励和指导的作用。当然，也要求对工人运动内部的错误思潮进行批评，以捍卫马克思主义的纯洁性。列宁处在无产阶级革命胜利的前夜，建立一个思想上一致、组织上统一并具有坚强战斗力的党，乃是革命成败的关键，因此他特别强调"报纸不仅是集体的宣传员和集体的鼓动员，而且是集体的组织者"①。由于列宁的党报学说传入中国较早，而且革命胜利前的中国与俄国有许多相似之处，因此，中国共产党和毛泽东同样十分强调报纸的宣传、鼓动尤其是组织作用。

（一）党的报纸首要任务就是宣传——宣传党的思想、纲领、路线、政策。马克思主义政党毫不掩饰并公开申明这一点。列宁创办《火星报》时讲得明确："我们不打算把我们的机关报变成形形色色的观点简单堆砌的场所。相反，我们将严格按照一定的方针办报。一言以蔽之，这个方针就是马克思主义……"② 当然，革命导师也不反对，并且提倡在自己报刊上展开论战，他们在办报实践中确实这么做过，允许发表不同的意见并进行公平的争辩。真理总是越辩越明的，他们相信马克思主义是真理，最终必定战胜谬误。

毛泽东在延安时期和这以后，同样突出地强调党报的宣传作用。1941年，他为中央起草的通知中提到，"一切党的政策，将经过《解放日报》与新华社向全国宣达③"。1948年4月，在《对晋绥日报编辑人员的谈话》中又全面地深刻地阐述了这一点："报纸的作用和力量，就在它能使党的

---

① 《列宁全集》第5卷，第8页。
② 《列宁全集》第4卷，第316页。
③ 《毛泽东新闻工作文选》，新华出版社1983年版，第54页。

纲领路线，方针政策，工作任务和工作方法，最迅速最广泛地同群众见面①。"毛泽东的论述，曾长期成为我们党报工作的指导方针，给广大新闻工作者留下了极深的印象。

毛泽东强调党报的宣传作用，在革命时期无疑是正确的，也是革命事业所需要的，甚至他对晋绥边区《抗战日报》的具体意见——"本地消息，至少占两版多至三版。排新闻的时候，应以本地为主，国内次之，国际又次之②"，也是可以理解的。不如此，根据她的报纸过多地发表国内外通讯社的消息（新华社当时的覆盖面有限），就会脱离当地实际和群众。但是，如果由此产生片面认识，把宣传政策与传播信息对立起来就不对了。有的政策本身就是重要信息，通过传播信息巧妙地宣传政策也是可以做到的。即使有些与政策无关，它也可能是读者需要的。问题在于恰当的安排和善于结合。因为重视宣传政策而导致排斥传播信息，这无论是认识上的或执行中的片面性，都必然会造成报纸单调、重复、枯燥乏味（成为每次新闻改革或改进业务的难题）。尤其是建国以后，我们的报纸即是党的报纸，又是社会的报纸，它和掌握政权以前不同，现代社会必不可少的信息传播、社会服务、舆论监督、知识普及、文化娱乐等等，也都需要由党报承担起来（1957年毛泽东自己也讲，"登些琴棋书画之类，我也爱看"）。此时，如果再把宣传政策（以及与此相联系的指导、组织作用）当成报纸的唯一任务，对其他功能不屑一顾、甚至随便套上"资产阶级情调"的帽子，显然是不对的了。它同样要脱离实际、脱离群众。1956年，许多新闻工作者已意识到这一点，并谋求改革。《人民日报》在7月1日改版《致读者》的社论中就说："生活里的重要的、新的事物——无论是社会主义阵营的，或者资本主义国家的，是通都大邑的，或是穷乡僻壤的，是直接有关于建设的，或者是并不直接有关于建设的，是令人愉快的，或者是并不令人愉快的，人民希望在报纸上多看到一些，我们也就应该多采集、多登载一些。""尽量满足读者的多方面的要求，这是我们的天职。"——可惜，当时得到中央认可的这一意见，由于众所周知的原因，并未能坚持贯彻下

---

① 《毛泽东新闻工作文选》，新华出版社1983年版，第149页。
② 同上书，第120页。

去。至于到今天改革开放的年代，中国正迫切需要了解世界，世界也迫切需要了解中国，如果还对此持教条主义的态度，比如在报纸版面安排上依然在固守一本地、二国内、三国际的框框，仍然不敢把明显的全国读者关注的国际新闻放在一版或一版头条（如 1991 年海湾战争爆发），那实在是大大落后于形势和无视读者的需要了。

党报的宣传作用是巨大的，但还必须强调建立在如实反映客观实际的基础之上。抗日战争、解放战争和建国初期，我党报纸宣传威力巨大，真正成为打击敌人、鼓舞人民的力量，原因正在于此，而一旦胜利冲昏头脑，违背列宁讲的，"如果认为人民跟布尔什维克走是因为布尔什维克的鼓动较为巧妙，那就可笑了，不是的，问题在于布尔什维克的鼓动内容是真实的①"，那必然走向反面。不顾事实，只讲宣传；甚至为了某种政治需要不惜歪曲事实，虚构事实，党报威信必然一落千丈，我们同样有过惨痛教训。

（二）党报的组织作用，在马克思、恩格斯时代没有显著强调。列宁办《火星报》，由于当时俄国建党的特殊需要，所以把它提到突出的位置。列宁曾以砌墙时用的"引线"和造房时用的"脚手架"来比喻《火星报》的通讯员、代办员网在统一和建立俄国社会民主工党中所起的不可代替的作用——亦即报纸的组织作用。以后，斯大林以报刊"在党和工人阶级之间建立了一种微妙的联系，这种联系就其力量来说无异于任何群众性的传达机关②"，也即是一种"桥梁"和"纽带"，以此来泛指报刊的组织作用（其含义比列宁讲的要宽得多）。中国革命学习俄国革命的经验，对于党报的组织作用同样重视（参见 1931 年中共中央政治局关于党报的决议）。③毛泽东在延安时期对此更有发展。他强调各级领导应该"把报纸当作自己很好的工作方式"，"作为组织一切工作的一个武器"，"经过报纸把一个部门的经验传播出去，就可推动其他部门工作的改造"。④中共中央西北局还曾决定，"凡在《解放日报》上发表的社论，党和边区政府的决议、指示、法令等以及中央或西北中央局负责同志发表的谈话或文章，各级党的领导

---

① 《列宁全集》第 30 卷，第 273 页。
② 《斯大林全集》第 5 卷，第 229 页。
③ 《中国共产党新闻工作文件汇编》（上），第 71—73 页
④ 《毛泽东新闻工作文选》，新华出版社 1983 年版，第 113、115、90 页。

机关应立即分别在党员干部中组织研究，并讨论执行，不得借口没有接到党的直接通知而置之不理。"①

30—40 年代，党处于武装斗争时期，革命根据地被分割，交通不便，经济落后，无法进行现代化的行政管理。因此党报这种在相当程度上参与和代替行政指挥的功能，即组织作用，被充分发挥是可以理解的，它也确实起到了当时其他工作方式所难以达到的效果。经过多年实践，报纸在组织、指导、推动实际工作中还形成了一套模式，比如先号召发动，造舆论，形成声势；继而树典型，介绍经验，布置进度，推动全局；最后检查评比，表扬总结……直到建国以后，尽管客观环境、工作条件有了很大变化，报纸的这种组织作用和一套模式仍然被强调、被运用。毛泽东在 1958 年提到省报具有五种作用——组织、鼓舞、激励、批判和推动作用时，仍然把组织作用放在第一位。

应该怎样看待报纸的组织作用呢？无产阶级在革命斗争时期一无所有，它能依靠的最重要的甚至是唯一的就是坚不可摧的组织力量。党通过报纸号召、部署，推动和领导工人阶级、劳动人民为夺取一个一个堡垒而奋斗。报纸的这种既迅速又广泛的组织作用，是应该充分肯定的。但是在无产阶级掌握政权以后，特别是行政、司法、党务各系统逐步建立和日益健全，报纸的组织作用就应该有所制约和变化。比如应侧重于发挥它的上下通气、左右交流的桥梁、纽带作用，而尽量减少那种越俎代疱的直接指挥和干预作用。因为：1. 从对实际工作的影响看，有助长主观主义、命令主义、形式主义的弊端；2. 从对报纸的报道看，往往违背新闻规律，导致从主观愿望出发去寻觅甚至"制造"新闻。实践证明，全国那么大，各地区情况千差万别，运用舆论压力强行推广一种模式、一个要求，必然脱离实际，形成蛮干、瞎干，"大跃进"的宣传和"农业学大寨"的宣传便是典型。鉴于 1948 年土地改革宣传的教训，毛泽东就指示解放后新区的土地改革一律不见报，这表明已经注意到这个问题。那么为什么在 50—70 年代报纸的组织作用依然受到青睐呢？这就和当时实行的是高度集中统一的计划经济体制有关。计划经济就是"命令"经济，党和政府直接领导、指挥

---

① 《中国共产党新闻工作文件汇编》（上），第 215 页。

全国的经济活动，这样必然要强调发挥报纸的组织作用。因此，如果说在计划经济的条件下，报纸的组织作用还有它一定的存在价值的话（六十年代初经济调整时期起过积极作用）。今后在市场经济的条件下，随着党和政府职能的转变以及各企业均有经营自主权，若再强调报纸的组织作用（除去对社会公益活动外）则是弊多利少了。这已为改革开放以来的实践所证明。

（三）党报对党内以及人民内部的批评、监督作用，马克思、恩格斯、列宁是一贯强调的。毛泽东也把批评与自我批评看作党的三大作风之一。五十年代初，鉴于我们党成为执政党，有些党员干部容易产生骄傲自满情绪，往往拒绝和压制批评，中央曾两次作出在报刊上开展批评与自我批评的决定，并严肃处理过党的领导干部由于压制、打击批评而被开除党籍的事例（见报）。1954 年，毛泽东又提出对报纸批评要做到"开、好、管"的方针。应该说，在比较长的一段时间里，报纸开展批评是做得比较好的，既强调被批评者对善意的批评即使有 5％正确也应虚心接受，对批评者则强调要做建设性的批评，反对破坏性的批评，因而党内民主空气得到很好的发扬。但随后两种倾向都出现过：或是党委支持报纸不够，一部分干部仍有压制批评的现象，或是报纸依靠党委不够，出现批评的失误，造成不良后果——这都削弱了批评。至于在"左"的错误影响全党时，报纸的批评则受到极大的扭曲，超出思想、工作批评的范围，成为整人的工具。历史实践表明，正确的批评传统必须继承，错误的批评做法必须否定，而报纸开展批评则永远是需要的，决不能取消。

报刊的监督作用比批评的含义宽，它不是等到有了问题、出现错误才去批评，而是在党和政府的政策、决策形成、贯彻过程中，在每一个公务人员执行公务的每一个环节上，报纸都可以根据党纪国法进行审视、报道，真正做到"重大情况让人民知道；重大问题经人民讨论"（"十三大"报告），而不必等到出现不良后果时才去揭露、批评，这就是舆论监督。但是，长期以来，由于党的领导发扬民主不够，法制不健全，对报刊的监督作用是很少强调的，这是我们党报工作的缺陷。今后，随着改革、开放的发展、深入，党和政府职能的转变，政企的真正分离，在市场经济的条件下，舆论监督不仅是不能少的，而且要大大加强，并需要有切实的法律保障，这是可以预期的。

报纸的性质与功能既有联系，又有区别。性质（社会属性）表现在办报宗旨上，为谁所有，为何而用；功能是具体干什么，取得什么样的效果。报纸的性质是相对稳定的，功能却会随着形势、任务的变化而变化，或强调突出或不突出某些功能。报纸功能的合理变动，决不意味报纸性质的改变。在新的历史时期，我们既要强调全面地发挥现代报纸的功能，同时也应允许面对不同对象、担负不同任务的报纸，在发挥功能上可以有不同的重点。

三

报纸内容是客观实际的反映，是主体（办报人员）认识客体的结果。现实生活纷繁复杂，真与假，是与非，善与恶，现象与本质，个别与一般……不是一眼就可看清楚的。无产阶级革命导师一贯强调要以辩证唯物主义和历史唯物主义观点为指导，从事报刊写作和编辑。毛泽东结合中国实际，提出新闻工作者必须深入实际，深入群众，调查研究，直至亲身参加某些实践，这是十分正确的，并曾培育了整整一代新闻工作者。今天，我们正处在社会大变动时期，实际生活比以往要复杂得多，尽管现在具有完备的通讯联络工具，但是深入实际、调查研究的精神不能变。不错，现代社会生活节奏日益加快，我们也要善于运用各种手段"抢新闻"，但是，社会主义新闻媒介与资本主义新闻媒介究竟有所不同，"抢新闻"并不是最终目的。我们的根本任务还是要全面地正确地反映客观实际。新闻工作者如果违背科学的认识论，脱离实际，主观臆断或是浮于表面，浅尝辄止，那是不可能做好宣传报道工作的。

党的报刊必须掌握在马克思主义者手中。党报工作者必须具有高度的革命责任感和较高的理论政策水平，这也是无产阶级报刊工作的优良传统，今后仍应坚持，自不待言。不过，毛泽东在1959年6月，曾提出"要政治家办报"——这是一个最高的、带有根本性的要求，对我国新闻工作者影响很大，同时在实践中也出现过某些偏向，值得探讨。

毛泽东是从1958年"务虚名而得实祸"谈起的，强调马克思在《资本论》中讲的价值法则不能违反，违反了它就会碰得头破血流，希望大家学习政治经济学。随后又提到"新闻工作,要看是政治家办,还是书生办",认为书生最大的缺点是"多谋寡断",而政治家(例如曹操)则"多谋善断"——"要一下子看到问题所在"。①

应该说,毛泽东提出的"要政治家办报"的愿意,是清楚的,也是正确的。指的是报纸妥善于发现和提出影响整个形势发展的关键问题,及时引起各方面注意,重视解决,而不要为错综复杂的社会现象所迷惑,抓不到要害。马克思、恩格斯也讲过:"党的机关报必须由站在党的中心和斗争中心的人来编辑";"对于编辑报纸来说,学识渊博并不那样重要,重要的是善于从适当方面迅速抓住问题。"② ——自然,政治家是最具备这种条件和眼光的,党报由他们来办或直接由他们来领导,必定出色。马克思、恩格斯、列宁、毛泽东本人就是例子。

但是,当把"政治家办报"变成一个口号,成为对所有报纸工作人员的要求时,却产生了片面性,导致忽视新闻工作的特点和规律:1. 被认为只要是政治家,便一定能或理所当然地能办好、领导好报纸。至于办好、领导好报纸还需要具备的其他条件与修养,则在实践中无形地被否定了。特别是和平建设时期与革命战争时期不同,经济工作提到了首要地位,它与政治斗争、军事斗争具有不同的规律,不是熟悉政治,军事的人就一定熟悉经济以及如何宣传好经济。而且新闻工作也有自己的特点和规律,如果政治家不了解新闻规律,不熟悉新闻业务,也不一定能办好报纸。2. 办报的人是否都应成为政治家?当然有人能成为政治家最好(比如总编辑),但实际上不可能全都是,也无此必要。新闻工作是一个专业,有它自己的学问(光懂这些自然是不够的)。从事这个专业的人,不具备足够的业务知识和操作技能,只懂空头"政治",是完不成任务的。当然,办报的人必须具有政治头脑,这是确定无疑的。对他们做这样的要求,则是实事求是,合情合理的。而且,从当前情况看,我们更希望有些新闻工作者最好同时能成为经济学家、法律学家、社会学家等等,或至少具有这一方面的专门知识,才能较深刻地反映好这一领域的问题。

---

① 《毛泽东新闻工作文选》,新华出版社 1983 年版,第 215 页。
② 《马克思恩格斯全集》第 34 卷,第 396 页;第 35 卷,第 176 页。

　　毛泽东没能经历实行社会主义市场经济的历史阶段，他不可能给我们留下这方面的意见。在改革、开放年代，我国新闻界起了巨大变化，充满生机和活力。但是也出现了前所未有的新问题：权钱交易和拜金主义的浪潮正在袭击我们的新闻队伍。我们的新闻工作者既要满腔热情地宣传好市场经济，又不要被拜金主义的浪潮吞没，这是需要从思想、体制、法律、道德各方面合力来防止和纠正的问题。但不管怎样，毛泽东在党的七届二中全会上提出的警告，我们要防止被"糖衣裹着的炮弹"打倒，总是值得记取的。

试论毛泽东审改新闻稿件的读者观念*

李国民

　　毛泽东同志不仅是伟大的无产阶级革命家，而且是我们党领导的无产阶级新闻理论的奠基者，集中和创造党的新闻工作优良传统的光辉典范。他的新闻理论和新闻实践，对中国人民的新闻事业作出了巨大的贡献，特别是他在新闻、评论写作方面，为我们树立了光辉的榜样，留下了极为丰富的宝贵遗产。毛泽东同志在写了许多新闻作品的同时，还为报纸、通讯社、广播电台审阅和修改了大量稿件。这些改稿也是十分珍贵的文献，无不体现着毛泽东新闻思想的基本原则和基本观点。学习和研究毛泽东同志在审改新闻稿件时的读者观念，对于今天的新闻写作具有重要的指导意义。

　　读者观念，也叫"读者需要"，指新闻事业应该反映和适应读者的需求和多方面的需要。这是新闻事业联系实际、接近群众的基础，也是促进新闻事业发展的一个重要因素。科学的读者观念，即正确理解读者的观念，是全面的、对读者负有道义责任的观念，它要求新闻工作者从多数读者的实际出发却又始终致力于提高读者的理性认识和欣赏情趣，要求新闻工作者不忘自己推动历史前进的使命，却又始终坚持按新闻规律办事，让读者对作品感到可亲可读可记。总而言之，新闻事业不仅要适应读者需要，而且要引导读者，提高读者，成为读者的向导。

　　重视读者观念是无产阶级新闻事业的优良传统，也是毛泽东新闻思想的一条基本原则。新闻是时代政治、经济、文化、科学以及社会各个领域

---

　　* 本文原载于《齐齐哈尔师范学院学报》（哲学社会科学版）1993 年第 2 期。

的发展变化的最迅速最真实的记录和反映。早在 1948 年，毛泽东同志就指出："报纸的作用和力量，就在它能使党的纲领路线，方针政策，工作任务和工作方法，最迅速最广泛地同群众见面。"① 他把人民群众是历史的创造者这一历史唯物主义原理，运用到无产阶级新闻事业中，丰富和发展了马列主义的群众路线学说，从而形成了系统的报纸群众性理论。1940 年 3 月 25 日在延安创刊的《边区群众报》，从开始筹办起，就一直受到毛泽东同志的深切关怀和指导。他认真审阅第一张报纸清样，并在见面话中"方针任务"字句旁加杠批注："还是在群众二字上下功夫，作文章。"又在报头《边区大众报》下划了个杠，写上"还是叫《边区群众报》好！"接着，他又亲笔题写了报头。他殷切地告诫报纸的编辑人员："要办得让识字的农民能看懂，不识字的农民能听懂，要用农民喜闻乐见的形式。"1946 年 3 月，《边区群众报》创刊 6 周年的时候，毛泽东又题了词："希望读者多利用报纸，推动工作，学习文化。"几十年来，这些马克思主义的观点和工作作风生动地始终如一地表现在毛泽东同志写稿、审稿、改稿和处理报纸版面的过程中，对我国无产阶级新闻事业的发展产生过重要的影响。

在谈到读者观念的时候，毛泽东同志曾有过一段精彩的论述："射箭要看靶子，弹琴要看听众，写文章做演说倒可以不看读者不看听众么？我们无论和什么人做朋友，如果不懂得彼此的心，不知道彼此心里面想些什么东西，能够做成知心朋友么？做宣传工作的人，对于自己的宣传对象没有调查，没有研究，没有分析，乱讲一顿，是万万不行的。"② 因此，毛泽东同志对写作、编辑工作提出了明确的要求："重要的文章不妨看它十多遍，认真地加以删改，然后发表。"③ 他对包括自己的文稿在内的稿件都反复推敲，从政策观点到标题、语法、修辞、标点符号、字体大小，他都再三斟酌，认真地修改。这样的例子太多了，老一代新闻工作者体会最多最深。著名新闻工作者范长江同志在回忆毛泽东同志认真审改稿件的情景时，颇为感慨地说过："这种认真与求精的精神，完全推翻了我过去十几

---

① 《毛泽东选集》第四卷，第 1213 页。
② 《毛泽东选集》第三卷，第 793 页。
③ 同上书，第 801 页。

年来所认为的最高的'认真'的标准。一篇社论，一个谈话，一条新闻，往往要改好几遍，甚至重写几遍……我回想过去那一种'大笔一挥'的作风，不觉浑身是汗，实在可怕。"① 我们从《毛泽东新闻工作文选》里附印的改稿手迹上，也隐约地看到了毛泽东同志用蝇头小楷密密麻麻的精心修改的字句和仔细圈点的一个个标点符号，有的是整个句子的改写，有的则是大段的增删。凡经毛泽东同志修改过的文稿，不但思想性更加深刻，而且文字愈加通俗简洁，使那些识字不多而稍有政治常识的人们听了别人读报后，也能够懂得其意思。

作为日理万机的领袖，毛泽东同志像精心的总编辑一样，认真地审阅，修改每一篇重要的社论、新闻、评论，使高度的党性原则和群众观念融为一体，集中地表现为科学的读者观念。

毛泽东同志审改新闻稿件的读者观念首先表现在他十分注重标题的制作上。新闻标题是经过提炼的新闻信息，它把稿件中关于事物的最新状态和发展趋向，提炼成精当的词语显示给读者，是新闻报道同读者联系的第一关。郭沫若曾经作过考证："题"是"前额"，"目"是"眼睛"。前额和眼睛都处在非常醒目的位置，可见我们的新闻报道要吸引读者读下去，首先标题就应该引人注目。言之有物乃是新闻标题制作之大要。因为新闻标题的功能，一是揭示新闻内容，二是评价新闻内容，表明编者的态度，三是吸引读者阅读新闻。离开了新闻内容，标题就成为无源之水、无木之本，就会出现文题不符的弊病。而言之有物正是毛泽东同志的一贯主张。无论是他自己撰写文稿，还是审改文稿，都十分注重标题的制作。他要求每一则标题都要制作得既简洁、凝炼，又要有实际内容，具有一语中的的作用。1948 年 9 月，新华社送审的一条消息，原题是《华北召开中等教育会议》，毛泽东同志改为《华北中等教育会议决定改善中等教育的诸项制度》，并写下了如下的按语："凡新闻，标题必须有内容。原题并无内容，不能引人注目。"② 修改后的标题虽然字数比原题增加了一倍多，但内容实在，鲜明生动。同日的社论原题圈掉，另改为："恢复和发展中等教育是

---

① 《新闻业务》1983 年 1 月 13 日。
② 《毛泽东新闻工作文选》，新华出版社 1983 年版，第 157 页。

当前的重大政治任务。"并批示曰:"凡论文标题,亦须有内容。原题没有内容,不能引人注目。"①

当然,新闻标题在显示信息的前提下,应该是愈简单朴素愈好。《毛泽东新闻工作文选》中收入的《韩钧谈晋西事变真相》,是毛泽东审改过的一篇新华社记者采写的访问记。这篇新闻的导语和第一节《阎锡山仇视人民》的改稿原件已散佚,在现在中央档案馆保存下来的二、三部分修改原件中,第二节的小标题是毛泽东同志改的。这一节的原题为《反共军与日寇夹击决死队》,毛泽东同志在审稿时把这则小标题改为《阎日两军夹击决死队》。修改后的标题更为凝炼,醒目,显得有气势,干净利落,愤懑之情力透纸背。古人云:"文简而理周,斯得其简也;读者疑有阙焉,非简也,疏也。"写文章,制作标题,都应从读者的理解接受程度考虑,简单不等于苟简,不能因为标题含混不清而影响内容的表达。毛泽东同志在写稿和改稿时准确地把握住了这个度,制作、修改标题既做到了言之有物、开门见山,又做到了一语中的、画龙点睛,不愧为一代宗师。

注重事实准确、完整,为读者负责,是毛泽东同志审改新闻稿件时读者观念的又一体现。

改稿有几种改动:一是订证事实,达到真实、准确、科学、规范;二是校正错误,纠正不符合政策、思想片面、观点错误,特别是政治上的错误;三是文字加工,修辞润色。毛泽东同志在审改稿件内容时,除了遵循上述通行的三条原则外,还特别重视稿件内容的完整性和表述的准确性。为了让读者对稿件的思想内容加深理解,掌握要领,毛泽东同志在审改报刊稿件时,曾撰写过大量的按语和批语。这些说明或批注,均是针对其中的观点或材料直接发表意见,或说明原因,或交待背景,或加以判断,或补充事实,或提出建议;有的在文前,有的在文中,也有的在文章最后一段。文字不多,言简意赅,内容深刻,旗帜鲜明,具有提纲挈领、画龙点睛的作用。如,1941 年 9 月 12 日,毛泽东同志为延安《解放日报》二版登载的调查报告《鲁忠才长征记》撰写过编者按语,指出:"这是一篇用简洁文字反映实际情况的报告。高克林同志写的,值得大家学习。现在必

---

① 《毛泽东新闻工作文选》,新华出版社 1983 年版,第 157 页。

须把那些'下笔千言，离题万里'的作风扫掉，把那些'夸夸其谈'扫掉。"这个按语不用说在当时，就是在今天，对于纠正不良文风也具有重要意义。

毛泽东同志审改稿件时，有时虽然只是变动或增加几个字，但效果却大不一样。如，1949年9月16日新华社的社论《迅速召开各界人民代表会议》，毛泽东同志在审阅这篇社论清样时，从标题到正文，有五处增加了"人民"二字，反复强调"人民代表""人民政府"。虽然只是增加了两个字，但份量和感情色彩明显加重，把我们党的宗旨和政府的性质突现出来，充分表现了毛泽东同志尊重群众，重视人民群众是历史的创造者这一马克思主义基本观点。戏有戏胆，文有"文眼"。没有"文眼"的新闻作品，也就平淡无奇，无人爱读。翻阅《毛泽东新闻工作文选》中的改稿，凡经毛泽东同志修改处，无不面目一新，须眉毕观，神采飞扬。如，1944年8月12日《解放日报》的社论《衡阳失守后国民党将如何》，最后一段是"一切问题的关键在政治，一切政治的关键在民众，不解决要不要民众的问题，什么都无从谈起。要民众，虽危险也有出路；不要民众，一切必然是漆黑一团。国民党有识之士其思之。"这一段是毛泽东同志审稿时加上去的，可谓神来之笔。这段话运用排比和对比句式，读起来音韵美妙，朗朗上口；听起来抑扬顿挫，铿锵有力；文气充沛，气势宏大，如江河奔涌，一泻千里。严密的逻辑性和多种修辞手段，使社论的论据更完整、更充实，增强了文章的说服力和感染力。

人物、地点、时间、数字是构成新闻内容的重要部分，应给读者一个准确、明晰的印象。毛泽东同志在审改新闻稿件时，十分注意这一点。如，1949年1月31日新华社的消息《北平解放》，电头、导语是这样写的"新华社陕北31日电世界驰名的文化古都，拥有二百余万人口的北平，本日宣告解放。"其中"本日"二字是毛泽东同志审稿时加上去的。试想，如果没有"本日"二字，虽然前面有电头，可是读者能知道北平是"本日"解放的吗？毛泽东同志加上"本日"二字就消除了读者的疑问，避免了歧义。这是对读者高度负责的表现。还有，1949年7月31日新华社的社论《我们是能够克服困难的——纪念中国人民解放军的二十二周年》，不仅毛泽东同志将原题《纪念中国人民解放军的创建》改为现题，而且在文中提到的他的著作《〈共产党人〉发刊词》和《论联合政府》前面，分别加上了"一九三九年写的"，"一九四五年写的"字样。因为这两篇文章发表几年了，形势已经发生了变化，为了唤起读者的注意和回忆，在题目前加上发表的年代是必要的，完全是从读者的角度出发，对读者负责的。像这样的情况，在其他的经毛泽东同志审改过的新闻稿件中随处可见。

毛泽东同志审改新闻稿件的读者观念还体现在提倡中国作风、中国气派的文风方面。

文风，是指作文或讲话反映出的思想作风，是作者一定的世界观和创作方法的反映。无产阶级文风体现了理论与实践统一的马列主义思想原则，为人民群众所喜闻乐见。坚持文风的鲜明性、准确性、生动性，旗帜鲜明，尖锐泼辣，高瞻远瞩，幽默深刻，富有战斗性，是毛泽东文风的一大特色。这个富有中国作风、中国气派的特色，也同样体现在经他审阅、修改的新闻文稿中。

1948 年 4 月 2 日，毛泽东同志在《对晋绥日报编辑人员的谈话》中，曾指出："我们党所进行的一切宣传工作，都应当是生动的，鲜明的，尖锐的，毫不吞吞吐吐。这是我们革命无产阶级应有的战斗风格。"[1] 他非常讨厌语言无味，面目可憎，只有死板板的几条筋，象瘪三一样，瘦得难看的"党八股"、"洋八股"，希望报纸"多载些生动的文字，切忌死板、老套，令人看不懂，没味道，不起劲"。[2] 他自己写的或审改的新闻、评论，无论是标题和开头，还是正文和结尾，都十分讲究语言的形象性和生动性。如，在 1944 年 10 月 1 日延安《解放日报》的社论《新四军的胜利出击与中国的救国事业》第一段里，开头几句是这样的："三年半前被蒋介石以所谓'破坏军令军纪'名义宣布为'叛军'的新四军，不仅一直坚持着华中的抗战，而且最近半年来屡次出击，取得了辉煌的胜利。新四军的节节胜利，对于半年来正面战场国民党军队的节节溃败，是一个鲜明的对照。"其中"所谓破坏"、"屡次"、"节节"、"节节"是毛泽东同志在审稿时加上去的。"文似观山不喜平"。加上了这几个词，非常自然、顺畅、明

---

[1] 《毛泽东选集》第四卷，第 1217 页。
[2] 《毛泽东选集》第二卷，第 683 页。

快，毫无修饰、雕凿之痕迹，把新四军坚持抗战和蒋介石的造谣、诬蔑表现得淋漓尽致，显得幽默，辛辣，增加了文章的战斗力。

毛泽东同志在审改新闻稿件时，还非常注意运用群众语言。他说："将群众的话言变成文字时，一定要求正确性、确切性、科学性。"他在改稿时运用群众语言常常信手拈来，非常贴切、自然，毫无扭柔造作之感。总之，毛泽东审改新闻搞件具有很强的读者观念的。

毛泽东新闻思想的开放性探析[*]

周志雄

毛泽东"他比他的同龄中国人都更加开放——他以惊人的敏捷从谷物中挑出秕子，而又本能地识别出真正有价值的东西。"

——海伦·斯诺

毛泽东同志是中国无产阶级新闻事业的一面旗帜。他宏深的新闻思想和杰出的新闻实践，灵光不灭，泽被万世。

毛泽东新闻思想是毛泽东思想的重要组成部分，是毛泽东思想科学体系中的重要内容，是有中国特色社会主义新闻事业的奠基石。毛泽东新闻思想的开放性则是其重要特征之一。

过去学术界对此很少研究，使得有些同志未能认识到这一光辉思想的存在和价值，甚至有人误以为毛泽东生前奉行的是新闻封锁政策。因此，认真学习研究、继承和发扬毛泽东的这一宝贵理论遗产，对于拂去历史的尘埃，完整地科学地掌握毛泽东新闻思想；对于根据改革开放新时期的新闻实践，丰富和发展毛泽东新闻思想，建立有中国特色的社会主义新闻理论体系；对于充分运用新闻手段，加快社会主义市场经济的发展和社会主义精神文明建设；对于搞好新闻改革，提高新闻质量，参与世界新闻市场竞争，都具有重大的意义。

毛泽东新闻思想开放性的理论渊源

毛泽东新闻思想的开放性是马列主义新闻理论同中国具体新闻工作实

---

* 本文原载于《中国广播电视学刊》1993 年第 4 期。

践的结合，是我党新闻宣传在处理根据地与敌占区、党与非党、中国与外国相互关系过程中形成的，她经过毛泽东的概括和实践，集中了全党新闻工作的智慧和经验。其理论根据是：

（一）毛泽东新闻思想的开放性凝结在毛泽东思想科学体系之中，是毛泽东全部学说的一个内在要求。

首先，毛泽东思想本身就是开放的思想体系，是马列主义同中国实际相结合的精神成果。十月革命一声炮响，给中国送来了马列主义。如果中国无产阶级先进分子没有开放的态度，不接受她并运用于实践，就产生不了毛泽东思想。和马克思、列宁一样，毛泽东终生与新闻活动紧紧联系在一起。列宁说，报纸是集体的宣传者、鼓动者与组织者。毛泽东则认为报纸是指导工作、教育群众的武器。一直受到他亲切关怀和指导的延安《解放日报》，把党性、群众性、战斗性和组织性作为党报必备的"品质"。毛泽东对列宁新闻思想的坚持和发展，本身就是对世界文明的开放。

其次，毛泽东思想是向中国优秀文化传统开放的结果。毛泽东说："我们相信马克思主义是正确的思想方法，但并不是说我们就忽略了中国文化遗产及非马克思主义思想的价值。"毛泽东思想源于马列，又具有中国特色，是因为她批判地吸收了中华民族文化的革命性民主性的精华。从这个意义上说，毛泽东思想也是向中国优秀文化开放的产物。

再次，毛泽东思想是面向现实和未来社会开放的科学思想体系。毛泽东从来不承认有永恒不变的真理。正像他论述了马克思主义不断随实践的发展而发展一样，毛泽东思想现在和将来都永远不会结束真理，她也是不断地吸收和总结人类新的实践经验和新的科学成就而丰富而发展的。同理，毛泽东新闻思想也将随着社会政治、经济、文化的进步而发展。从创办于湘江一隅的《湘江评论》，到"努力办好广播，为全中国人民和全世界人民服务"目标的提出，即是最有力的例证。

综上所述，毛泽东思想是一个永远开放的体系，开放性是她的本质特征。毛泽东新闻思想作为毛泽东思想的一个组成部分，无疑是产生和存在于这个开放本体的科学体系之中的。毛泽东思想也是我们探析其新闻思想开放性的一把"钥匙"。

（二）历史唯物主义和辩证唯物主义是毛泽东新闻思想开放性的哲学基础。这集中反映在《实践论》、《矛盾论》、《反对本本主义》和《论十大关系》等论著中。尤其是《论十大关系》中的第十节"中国和外国的关系"；1956年8月24日《同音乐工作者的谈话》（见《毛泽东著作选读》，人民出版社1986年版），充分显示了我党新闻宣传已由根据地向敌占区的开放，转变为中国大陆向海外开放。毛泽东说："我们的方针是，一切民族、一切国家的长处都要学，政治、经济、科学、技术、文学、艺术的一切真正好的东西都要学。"他要求新闻工作者全面地看问题，不要片面性。要反对教条主义，反对保守主义，这两个东西对中国都是不利的。他说："中国的和外国的，两边都要学好。半瓶醋是不行的，要使两个半瓶醋变成两个一瓶醋。"在中国的基础上，学习吸收外国有益有用先进的成份，使之交配，有机结合。反映了毛泽东新闻思想开放的哲学性。

（三）毛泽东新闻思想的开放性，还是中国民族资产阶级报刊通讯社开放思想的继承和发展。

鸦片战争后，外国资本主义用重炮轰开了中国门户，使中国沦为半殖民地半封建的社会。虽然中国民族资产阶级的报刊通讯社没有占据主导地位，但一批新闻记者在宣传介绍西方新思想和科学知识，其中包括西方新闻思想新闻知识方面，都起了积极的作用，对毛泽东产生了深刻的影响。1919年2月，毛泽东参加了北大新闻学研究会，学习和接受了资产阶级新闻的一些观点和知识。在那时，他也结识了许多名人学士，尤以邵飘萍对他帮助最大。同年7月，毛泽东以"世界革命"、"人类解放"为创刊宗旨，创办了《湘江评论》，宣传"最新思潮"。毛泽东走出了老师的影子，扑向了世界的大海。正如美国著名女记者海伦·斯诺所说："毛泽东对于外界的影响，他比他的同龄中国人都更加开放——他以惊人的敏捷从谷物中挑出秕子，又本能地识别出真正有价值的东西。"[1] 随着毛泽东世界观的根本转变和他的新闻实践的发展，其新闻思想的开放性远远超越了先人而产生了质的飞跃。

---

① 王占阳等主编：《中外记者笔下的第一代中共领袖》，第85页。

毛泽东新闻思想开放性的客观依据

毛泽东是伟大的无产阶级革命家和忠诚的新闻战士。他从世界的总体联系中观察社会,认识事物,把握新闻对社会的作用和影响。新闻是一定社会的政治和经济的反映。以客观世界为基础,实现新闻对社会需要的满足,是毛泽东新闻思想开放性的客观依据。

第一,"中国革命是世界革命的一部分"。当资本主义商品冲垮了封建制度把世界分割隔离的壁垒,形成世界性市场的时候,毛泽东指出:"世界的事情就联成一气了,要想割开也不可能了。"[1] 因此,帝国主义对人民的剥削和奴役与人民反对帝国主义的斗争都是世界性的,各国人民的革命斗争是相互支持的。毛泽东站在世界大舞台的高度,强烈地意识到,新闻是不能局限于某一个地方的。新闻是世界交往的工具,用之于革命,它是人类解放的尖兵和号角。所以,围绕着革命战争问题,毛泽东抓住一切有利时机,多次同一批来到苏区的外国新闻记者谈话,阐明我党的政纲和方针,以及对革命战争的态度。而且,毛泽东曾表示同意和海伦·斯诺"合写一本关于中国革命的小册子",并在 1937 年 7 月 4 日同这位美国记者就"中国革命的实质"进行了交谈。[2] 后因"七七事变"抗战爆发,成为憾事。另外,"为着了解敌人的情况,须从敌人方面的政治、军事、财政和社会舆论等方面搜集材料",[3] 毛泽东不仅阅读国内的报刊,还天天阅读专门刊登外国电讯的《参考消息》,有重要新闻,随时批给中央和有关同志传阅。[4] 以把握世界战争的全局,指导中国的战争。

新闻开放是为了促进各国人民的相互了解相互支持和发展,促进全世界无产者联合起来。一切对此不利的行为,毛泽东是坚决反对的。正因如此,为了保卫中国即将诞生的人民政权和维护新中国的主权,1949年 8 月,针对美国艾奇逊们企图通过中国"民主个人主义者",以思想腐蚀为突破口,施行"和平演变"的图谋,毛泽东斩钉截铁地指出:我们

---

① 《毛泽东选集》(合订本),第 147 页。

② 王占阳等主编:《中外记者笔下的第一代中共领袖》,第 83 页。

③ 《毛泽东选集》(合订本),第 185 页。

④ 参看龚育之等著《毛泽东的读书生活》,第 241 页。

就是要封闭"帝国主义的新闻处","禁止帝国主义的通讯社对中国报纸的发稿"。① 即使是在同社会主义国家的友好合作中,毛泽东也决不拿原则做交易,十分注意维护国家主权。1958年,苏联提出中苏合资在中国领土上建立大功率长波电台。因它是涉及主权的政治问题,毛泽东说:"要讲政治条件,连半个指头都不行,"② 义正辞严地拒绝了苏联提出的这项要求。

第二,中国经济也是世界经济的一部分。全球性经济联系的客观性,决定了新闻开放的必然性。

毛泽东看到现代科学技术的全面进步,全球性的经济联系与交往更加密切、频繁,使每一个国家和地区的经济活动都处于世界性经济的链条上。中国也不例外。基于对这个总体联系的考察,毛泽东指出:"中国必须工业化","在建设和生产性的方针指导下,使国家得到最快的发展"。但是,中国比西方发达国家落后许多年,特别是经济技术方面。由此,毛泽东构想利用外资和先进科学技术来加快发展我国经济。其手段之一,是强调新闻宣传要为经济建设这个中心服务。

早在1945年3月13日,毛泽东在延安同美军观察组成员谢伟思谈话时,就提出了战后和美国进行经济合作的设想。他说:"中国战后的最大需要就是发展经济,但中国缺乏独立完成这一任务的必要的资本主义基础,希望美国能和中国共产党进行经济合作。"③ 次年10月,他回答路透社记者时则明确表示:"欢迎外人投资与发展国际贸易。"④ 中华人民共和国建立以后,毛泽东"迅速赶上世界科学先进水平"的愿望愈来愈强烈,他的开放的思想也深化了。在党的八大的一次预备会议上,毛泽东甚至提出了这样一个重要而鲜明的论点:"我们对新的科学技术还不懂,还要作很大的努力。现在中央委员会是一个政治中央,还不是科学中央,将来,中央委员会就是科学委员会了。"⑤ 1964年1月,他又提出可以让日本人进

---

① 《毛泽东选集》(合订本),第1391页。

② 《当代中国外交》,第113页。

③ 《党史通讯》1983年第20期。

④ 《解放日报》1945年10月8日。

⑤ 参看龚育之等著《毛泽东的读书生活》,第109页。

来开矿、办厂，也可以让华侨投资建厂。

经济要发展，要开放。新闻是一定经济基础通过新闻手段的反映。"世界上新闻报道最为人类所注意的第一是经济新闻。"① 新闻也要开放，也要与世界各国新闻媒介建立联系。全国解放后，毛泽东同著名外国记者埃德加·斯诺、安娜·路易斯·斯特朗等继续保持着"老朋友"的亲密联系，一次又一次地接见他们，诚挚交谈，推动着中外新闻工作者的友好合作。

第三，文化发展的客观规律，要求运用新闻手段介绍"外国的进步文化，作为自己文化食粮的原料"，培植全民族高尚的精神文明。

毛泽东十分重视新闻在世界各民族文化交流互化、吸引融合中的媒介作用。他热情接待美国记者斯诺等人，对他们提出的有关中国和世界的问题，都给以充分的答复，其中就包含了中外文化交流的成分，通过斯诺等外国记者的如实报道，也确实起了推动中外思想文化交流的作用。1945 年 8 月 13 日，毛泽东针对我们一些报纸对原子弹的作用作了夸大宣传的情况指出："英国有个勋爵，叫蒙巴顿，他说，认为原子弹能解决战争是最大错误。我们这些同志比蒙巴顿还落后……。"这件事也体现了毛泽东新闻思想中对待中外思想文化交流的开放态度。对外国的哪怕是一个贵族的某种正确的思想观点，只要对我有用，也吸取过来。1951 年 3 月 13 日，《光明日报》登了《天津天主教徒奋斗前进，积极开展革新运动》的通讯，以及天津津沽大学张羽时教授的《和天主教教友们谈怎样爱教》的文章。毛泽东读后，称赞通讯"写得好"，张文"说明天主教革新的理论根据，很有说服力"。次日，即指示胡乔木请中央人民广播电台广播，《人民日报》转载。

繁荣学术思想和文化发展的"古为今用，洋为中用"、"百家争鸣"、"百花齐放"的科学方针，也蕴含着毛泽东新闻思想的开放性内容。毛泽东认为，在中华人民共和国宪法范围内，各种思想、文化可以自由交流，"自由说话"，哪怕是外国人的见解。1956 年，来华讲学的一位苏联学者，向中方陪同人员谈了他对毛泽东《新民主主义论》中关于孙中山世界观的论点的不同意见。毛泽东知道此事后，说："这是对学术思想的不同意见，

---

① 萨空了：《科学的新闻学概论》。

什么人都可以谈论。"社会科学的这一派，那一派，可以在刊物上、报纸上各说各的意见。就是对包括他自己在内的任何领导人有不同意见，也不应加以禁止。如果企图禁止，那是完全错误的。[①] 他批评用"死的脑筋，死的感情，接触死的生活"；鼓励"要突破，要创造"，说："列宁不受马克思约束，才发展了马克思主义的理论。"[②]

毛泽东这种强烈的变革、开拓、创新意识，是毛泽东新闻思想开放性的内在根据和动因。

毛泽东新闻思想开放性的特色

毛泽东新闻思想的开放性，在理论和实践中显示出立足中国，面向世界，中外辉映，双向开放的中国作风和中国气派的鲜明特色。今天，认识和发挥这些特色，有利于我们以世界性的眼光，透视多种制度下的社会现象，使我们的新闻坚持为人民服务，为社会主义服务的导向，既大胆地吸收和接受各国新闻中有生命力的东西，又坚定地弘扬中国新闻的优势，在世界性的新闻竞争中成为强者。

1. 坚持用党性立场指导新闻的开放

毛泽东依据历史唯物论和辩证唯物论的原理，从未来世界的发展，重视新闻的社会性；从对现实世界的审视，重视新闻的阶级性。他说："在阶级消灭之前，不管通讯社或报纸的新闻，都有阶级性。"阶级性、党性是毛泽东新闻思想开放性的一个根本原则，也是新的历史条件下新闻工作所必须遵循的。那种认为新闻要开放，就要有闻必录，必报必转，随心所欲；只顾媒体知名度，不顾国家声誉；只顾新闻单位赚钱，不顾新闻社会效果；把新闻的党性和新闻开放性对立起来的思想和行为，都是错误而有害的。

新闻的党性和开放性是一个有机的整体。新闻本身是思想性和开放性结合的精神产品。无产阶级新闻最终的目的在于它归根结蒂是本阶级和全人类的解放与幸福。因此，丢掉党性，新闻就失去了开放的"灵魂"和方

---

① 《毛泽东书信选集》，第510页。
② 毛泽东1966年4月21日在中央会议上的讲话。

向。开放性是新闻与生俱来的本质属性，没有开放性，新闻就失去了自身快速传递最新知识信息的天然功能。用党性指导开放性，就是要充分地有效地发挥其天然功能，宣传真理，传播人类共同的文明成果，引导社会舆论朝着合乎社会历史发展规律的方向前进。

毛泽东关于用新闻的党性立场指导新闻开放的思想原则，要求"党把报纸拿在自己的手里"，加强领导，按照新闻的"特征和内在规律"管方向，集中到一点，就是我党新闻宣传"居于指导地位的是共产主义思想"，即马克思列宁主义。这个指导思想是最彻底最科学的开放体系，她"坚持整个无产阶级的不分民族的共同利益"，又"在当前的运动中同时代表运动的未来"。[①] 新闻是歌唱新生事物新的趋势的"候鸟"。在复杂的社会关系中，毛泽东洞察风云，及时捕捉住反映历史前进精神的新闻人物或事件进行宣传，使新闻舆论导向有利于人民，有利于社会进步。战争年代，他写了《纪念白求恩》，号召中国人民学习这位外国朋友"毫无自私自利之心的精神"，"对工作的极端的负责任，对同志对人民的极端的热忱"，"对技术精益求精"的高尚情操。

2. 把高扬民族自信心作为新闻开放的主旋律

坚持全球意识和爱国意识的统一，是毛泽东新闻思想开放性的又一特色。

毛泽东认为，新闻不仅要为中国人民服务，也要为全世界人民服务，中国应当对人类有较大的贡献。他主张学习外国，但又反对言必称希腊的崇洋媚外的心理和贾桂那样的奴才式精神状态。在新闻宣传中，毛泽东善于激发和弘扬民族自尊心自信心和民族自豪感，唤起民众为民族解放和国家振兴而英勇奋斗。

解放战争时期，在国际形势对我极端不利的情况下，毛泽东发表的关于"一切反动派都是纸老虎"的著名论点，极大地振奋了中华民族的精神。1949年8月5日，美国国务院借白皮书的形式，对中国历史和革命的起因、中美关系等作了歪曲，企图以此损伤中华民族的自尊心自信心。毛泽东迅速地利用这个反面教材，在一个多月时间里连续为新华社写了《丢

---

① 《共产党宣言》。

掉幻想，准备斗争》、《唯心历史观的破产》等 5 篇评论，驳斥了白皮书对中国人民的诽谤和攻击，讴歌了中华民族勇于探索和抉择自己命运的历史主动性，表现了中国人民决不屈服于外来压力的浩然正气。

毛泽东针对美国自恃经济实力强大，以富压人，对中国施行封锁禁运的行径，在《别了，司徒雷登》的新闻评论中大义凛然地指出："多少一点困难怕什么。封锁吧，封锁十年八年，中国的一切问题都解决了。中国人死都不怕，还怕困难么？老子说过：'民不畏死，奈何以死惧之。'毛泽东把革命英雄主义和对中华民族优良传统的颂扬结合在一起，突现出其独特的思想深度和历史穿透力。1972 年 2 月 17 日，美国总统尼克松从太平洋彼岸把手伸了过来，毛泽东和周恩来也把手伸了过去，结束了中美关系僵持了 20 多年的历史。爱国主义是我们新闻宣传延续至今的主旋律。

3. 研究国际，宣传自己

毛泽东用他气盖山河的名言："把地球管起来，让全世界都能听到我们的声音"，生动而具体地概括了这一特色。

新闻宣传是要向受众的思想和行为施加影响。新闻要开放，必须参与国际事务，表明自己的观点和态度。所以，毛泽东同吴冷西说："对国际问题应该有研究，有一定的看法，不要临时抱佛脚……应该有比较深刻的议论。"他要求"有了看法，有了意见，就要找机会、找题目发挥。"[1] 对此，我们可以理解为：新闻开放的参照系是外国，立足点应以我为主，以正面宣传自己为主，放大自己的声音，创造出中国独特的新东西。

认识自己，需要研究别人，宣传中国，需要了解外国。毛泽东一贯重视对国际的了解和研究。早在青年时代，他在《发起文化书社》一文中说：旧中国"没有新文化由于没有新思想，没有新思想由于没有新研究，没有新研究由于没有新材料"。当他发现"一枝新文化小花……在北冰洋彼岸的俄罗斯"后，曾致信新民学会会员陶毅："我们同志，应该散于世界各地去考察，天涯海角都要去人……各方面的'阵'都要打开。各方面都应该去打先锋的人。"[2] 如果说，当时毛泽东是为了寻找马列主义新文化、新思想、新材料

---

① 《毛泽东新闻工作文选》，新华出版社 1983 年版，第 209 页。
② 《新民学会会员通信集》第 1 集，《致陶毅》1920 年第 2 期。

而研究国际认识中国的话,那么,在他率领亿万中国人民进行伟大革命斗争和伟大建设的时候,毛泽东研究国际,则是要宣传中国人民自己的精神风貌,把中国的新文化、新思想、新材料、新成就贡献给全人类。

1955年12月,毛泽东要求新华社:"应该大发展,尽快做到在世界各地都能派有自己的记者,发出自己的消息。"在毛泽东的指引下,新华社迅速发展壮大起来。这个在艰难的革命战争年代诞生的新闻媒体,如今已成为世界著名的五大通讯社之一,是世界认识中国,中国了解世界的重要"窗口"。她是毛泽东新闻思想的开放性的结果。

4. 独创性与开放性相结合的新闻风格

新闻具备什么样的风格,体现着一个民族,一个国家,一个政党的作风和气魄。

毛泽东认为:"一个真正的革命党……他的主张和宣传则是公开的,"①"务使我们的主张变为一般民众的主张"。② 他强调说:"我们党所办的报纸,我们所进行的一切宣传工作,都应当是生动的,鲜明的,尖锐的,毫不吞吞吐吐",这就是我党新闻的风格。"共产党人不屑于隐瞒自己的观点和意图",《共产党宣言》奠定的这一宣传原则,同样适应于新闻,被毛泽东所强调所坚持所发展。这种强调、坚持是他开放性的所在,而发展则是其独创性的显示。

我国无产阶级新闻风格的形成,根植于我国的土壤,也离不开毛泽东新闻思想开放性的指导。首先,我国无产阶级新闻诞生于"五四"运动时期,发展壮大于马列主义同中国革命具体实践相结合的过程中。一方面,毛泽东和党的许多优秀领袖人物在早期都直接从事过新闻工作,创造了理论联系实际的好作风,好文风。另一方面,我国无产阶级新闻虽没有类似欧洲马克思主义报刊与其他党派报刊合作或斗争的经历,但它在同非无产阶级结成统一战线的时候,取得了与其他报刊合作和斗争的宝贵经验,并且使这些阶级、阶层的报刊团结在自己的周围。这两个方面,为建立独创性与开放性的新闻风格奠定了基础。

---

① 毛泽东:《右派的最大本领》,《政治周报》1925年12月20日。
② 《中央宣传部对反奉宣传之通告》,《国民新闻》1925年12月3日。

其次，我国无产阶级新闻的主力军，从党成立以来，基本上是党创办并由党领导的。同时，种类繁多的人民群众的社会主义新闻媒体，也遵循着党的新闻思想。党独创性的工作，直接影响着新闻风格。所有这些新闻机构和媒体都依据不同历史时期的实际，进行了多次重大的新闻改革。每一次新闻改革，都为独创性与开放性结合的新闻风格的形成提供了新的养料。

新闻个性体现着某种风格。毛泽东为报刊、通讯社、广播电台写了大量的新闻作品，开了一代新闻文风。毛泽东的新闻作品，贯穿着无产阶级世界观和美学观，以中国现实生活和深厚历史知识为依据，洋溢着中华大地的气息和芬芳，又以开放的目光追踪世界，合着世界进步潮流的节拍。极富生命力的语言，熔铸了古今中外语言之精华，使人感到进入了另一个世界。缜密的逻辑推理和准确判断，令中外朋友折服。巧妙结构文章，新颖多变、不拘一格的表现手法，一扫"土八股"、"洋八股"的遗风。他以一丝不苟对细节真实准确的严格要求著称，做成了"一篇具体、鲜明、热烈与新运动的文章"。[①] 英国记者贝特兰称："毛泽东彻底是中国式的，足以代表中国式的最好的精神特征。但他也有非中国式的地方。"[②] 中国式，反映了毛泽东新闻风格的独创性；非中国式，体现了毛泽东新闻风格的开放性。

结束本文之际，值得说明的是，限于历史条件，毛泽东本人没有明确地使用过"对外开放"的词，也没有用"对外开放"的词来表述他的新闻思想，这是不能苛求于前人的。但毛泽东毕竟是中国无产阶级新闻事业的创建者，是中国特色的社会主义新闻事业的开拓者，他的新闻思想的开放性无论怎样也不能从他整个的思想体系中分割出来。他的具有中国特色的新闻实践，更无法让人不承认他的这一思想的存在和价值。党的十一届三中全会以来，我国新闻的开放在广度和深度上，都大大超过了毛泽东在世的年代。应该说，是毛泽东新闻思想的开放性为之打下了基础，是在新的历史条件下的创造性发展。马克思在确立自己思想体系的过程中明确指

①　《新民学会会员通信集》第1集，《致黎锦熙信》1920年6月7日。
②　王占阳等主编：《中外记者笔下的第一代中共领袖》，第103—104页。

出："新思潮的优点就恰恰在于我们不想教条的预见未来，而只是希望在批判旧世界中发现新世界。"① 我想，用马克思的这个观点来探析毛泽东新闻思想的开放性，才是历史的唯物的辩证的科学态度。

---

① 《马恩全集》第 1 卷，第 416 页。

"全党办报"是毛泽东新闻思想中
最富有活力的理论[*]

王　珏

　　伟大的马克思主义者毛泽东同志，是当代杰出的无产阶级革命家、战略家和理论家，他也是杰出的新闻宣传家，中国无产阶级新闻事业的开拓者，是中国特色的社会主义新闻学的倡导者和奠基人。毛泽东新闻思想是毛泽东思想体系的一个重要组成部分。

"全党办报"是毛泽东新闻思想的核心

　　新闻舆论工作是毛泽东伟大革命实践的重要组成部分。在长达半个多世纪的革命生涯中，他始终不渝地关怀和指导党的新闻事业的成长和发展，重视充分运用新闻工具传播革命真理，提高人民群众的政治觉悟，动员和组织他们为建立和建设新中国而斗争。

　　早在"五四"时期，1919年，他先后主编著名的《湘江评论》、《新湖南》等，传播革命新思潮；第一次国内革命战争中，在国共合作时期的1925年，他主编《政治周报》，宣传马克思主义和党的政治主张；抗日战争和解放战争期间，他在领导全党进行政治斗争和军事斗争的同时，还亲自指导党中央机关报的工作，就一些重大问题和事件，为党报、通讯社和广播电台撰写过大量思想深邃、气势磅礴、语言精粹、影响深远的具有中国作风、中国气派的社论、评论和消息，精心修改过许多重要稿件，部署重大新闻宣传战役，指挥新闻大军用革命舆论打破反革命舆论，使党的新闻事业在夺取人民政权的壮丽事业中，发挥了"文化军队"的巨大作用；

　　[*]　本文原载于《中国广播电视学刊》1993年第5期。

新中国建立后，他担负着党和国家繁重的领导工作，仍然十分关注新闻战线，对社会主义新闻事业的健康发展倾注了大量的心血。

毛泽东同志根据马克思主义的基本原理，结合丰富的工作实践，对党的新闻事业丰富的历史经验作出了理论概括，把辩证唯物主义和历史唯物主义运用到党的新闻事业的全部工作中，形成了符合中国实际的毛泽东新闻思想。它是指导新闻工作的正确立场、观点和方法，其内容丰富深刻，主要有以下这些方面：（1）无产阶级新闻事业的根本性质和任务是当好党的耳目喉舌，向人民群众传播马克思主义真理，宣传党的路线、方针、政策；（2）根本宗旨是全心全意为人民服务，坚持对党负责和对人民负责的一致性，保持同人民群众的血肉联系。满腔热情地反映人民群众的愿望、要求和呼声；（3）坚持实事求是的思想路线，从实际出发，尊重客观事实，讲真话，传播真理；（4）全党办报、群众办报的方针；（5）在党报上正确地开展批评与自我批评；（6）深入实际，深入群众，调查研究，严肃的科学工作态度和工作作风；（7）新闻工作的基本特性是运用新闻手段反映和评论事实，引导社会舆论；（8）新闻宣传要有旗帜鲜明、尖锐泼辣的战斗风格和中国老百姓喜闻乐见的文风；（9）建设又红又专的新闻队伍是办好报纸的关键；（10）党委要重视和善于领导新闻工作，把报纸作为反映和"指导政治、军事、经济的一个武器"①，以及关于提高新闻宣传艺术的论述。这些内容是马克思列宁主义新闻思想在中国的具体运用和发展，为建设有中国特色的社会主义新闻学奠定了理论基础。

在毛泽东新闻思想中，"全党办报"学说是最富有活力的完整理论，是毛泽东新闻思想的核心。1942 年全党整风期间，党中央、毛泽东同志亲自领导了党报的新闻改革，正式提出"全党办报"方针，并就这个问题作了专门决议。毛泽东同志在《解放日报》改版座谈会上指出："共产党的路线，就是人民的路线。""利用《解放日报》，应是各机关经常的业务之一。"② 1948 年，他对"全党办报"又作了全面完整的表述："我们的报纸

---

① 《毛泽东新闻工作文选》，新华出版社 1983 年版，第 113 页。
② 同上书，第 90 页。

也要靠大家来办，靠全体人民群众来办，靠全党来办，而不能只靠少数人关起门来办。"① "全党办报"是我们党的新闻事业的组织路线和根本指导方针，其主要内容有两个方面：一是依靠和动员全党各级组织加强对新闻事业的领导，使党的新闻工作真正成为党的事业的一部分，使党报在思想上、政治上同全党保持一致；二是在党的领导下发动人民群众参加新闻工作，实行专业新闻工作者和非专业新闻工作者的结合。总之是动员、组织和依靠全党的力量、全体人民群众的力量共同努力办好党的新闻事业。目的是促使新闻工作密切联系实际，配合党的中心工作，充分发挥报纸、广播等正确反映实际和指导实际的作用。其实质是在新闻工作中贯彻党的群众路线。

"全党办报"是对马列新闻思想的继承和发展

马克思、恩格斯开创了依靠群众办报的革命传统。早在 1842 年，马克思在民主革命中就明确提出"革命报刊生存的条件是人民群众的信任"这一至理名言，他说："人民的信任是报刊赖以生存的条件，没有这种条件，报刊就会完全萎靡不振。"② 在世界无产阶级革命运动蓬勃兴起的年代，1848 年，马克思、恩格斯创办世界上最早的马克思主义报纸《新莱茵报》，其使命就是充当维护人民精神的"千呼万应的喉舌"。③ 他们非常重视报纸同群众的联系，从一开始就要求把报纸同群众革命斗争紧紧地结合起来，"成为运动的喉舌"，④ 注意吸收和组织编辑部以外的力量参加报纸工作。他们通过共产主义同盟和共产主义通讯委员会，在欧洲许多城市建立起广泛的通讯员网。通讯员大多数是工人和共产主义同盟的盟员，也有进步作家和革命民主主义者。马克思、恩格斯经常利用读者来信的材料撰写社论、评论和小品文。他们还十分关心对工人作者的培养。

列宁在无产阶级革命新的历史时期，继承和发展了马克思、恩格斯为无产阶级新闻事业开创的依靠群众办报的革命传统，进一步解决了党报组

---

① 《毛泽东新闻工作文选》，新华出版社 1983 年版，第 150 页。
② 《马克思恩格斯全集》第 1 卷，第 234 页。
③ 《马克思恩格斯全集》第 6 卷，第 275 页。
④ 《马克思恩格斯全集》第 7 卷，第 259 页。

织建设中的一系列重要问题。他在运用报刊组织领导工人运动，进行革命斗争的过程中，一再强调依靠全党和依靠群众办报的重要性，坚决反对"作者写写，读者读读"的做法，多次提出："所有社会民主党人都应当为社会民主党的报纸工作。""要把机关报办得生动活泼，生气勃勃，不仅需要 5 个从事领导和经常写作的著作家，而且需要 500 个、5000 个非著作家的工作人员。"① 这些深刻的论述，成为以后无产阶级办报的根本原则。列宁还十分重视《火星报》代办员的选择、培养和发展工作。

毛泽东同志历来十分重视吸引人民群众参加新闻宣传工作的重要作用。早在 1919 年，他在主编《湘江评论》时，就提出了动员民众、依靠民众进行革命宣传的思想。1940 年 2 月，他在《〈中国工人〉发刊词》中说："一个报纸既已办起来，就要当作一件事办，一定要把它办好，这不但是办的人的责任，也是看的人的责任。看的人提出意见，写短文短信寄去，表示喜欢什么，不喜欢什么，这是很重要的，这样才能使这个报办得好。"② 这里，不仅向办报人员提出必须依靠群众共同办好报纸的要求，而且也对全党和全体人民群众提出了关心、支持和参加报纸工作的要求。这同列宁的办报思想是完全一致的。"全党办报"方针的正式提出，是在 1942 年全党整风期间。

我国人民广播事业对"全党办报"革命传统的继承和发展

我国人民广播事业继承了党报工作"全党办报"的革命传统，从它诞生那天起，就注意从政治上、思想上加强同广大人民群众的联系，提出了"大家办广播"的口号。延安新华广播电台 1945 年恢复播音时说："我们创立这个电台，有一个忠诚的愿望，就是我们说的话，不仅代表人民的利益，而且我们愿意把它变成全国人民说话的地方。"延安《解放日报》在《介绍 XNCR》（XNCR：延安新华广播电台）一文中说："人民大众的号角要靠人民大众来鼓吹，写这篇文章的目的，无非是要大家知道 XNCR 的情形，群策群力，共同建设无线广播事业。"

---

① 《列宁全集》第 7 卷，第 515 页。
② 《毛泽东选集》第 4 卷（合订本），第 686 页。

延安新华广播电台不但重视依靠解放区的群众办广播，而且也注意吸收国民党统治区的人民群众参与和收听广播，多次号召国统区的进步听众为延安台提供稿件，按时收听延安台的广播。当时延安处于国民党蒋介石的严密封锁之下，我们的广播在极其困难的条件下，依靠全党各级组织和广大人民群众的支持，冲破敌人的封锁，用红色电波把党中央、毛主席的声音传到祖国四面八方，鼓舞着革命人民的斗争。同时想尽一切办法克服困难，向全国各地听众征求意见，取得同人民群众的联系，使延安台的广播真正成为"人民大众的号角"。据不完全统计，1946 年 7、8 两个月，延安台共播出 89 篇文章，其中 43 篇是上海、南京、重庆、北平、昆明等地听众以及海外华侨冲破重重艰难险阻带到延安的来信来稿。

新中国建立后，全党办报办广播、群众办报办广播的革命传统得到进一步发扬光大。党和政府采取许多有效措施加强对广播事业的领导，密切广播同广大人民群众的联系。1950 年，中央人民政府新闻总署发布关于建立收音网的决定，在全国各地的机关、学校、团体、部队、工矿企业里普遍设置收音员，负责组织群众收听重要节目，搜集、反映人民群众对广播的意见、建议和要求。这是在收听工具很少的情况下，采取加强广播同人民群众联系的有效措施。农村有线广播网的建立和发展，体现了党和政府对亿万农民的亲切关怀，是广播密切联系中国最广大的劳动群众的一个极为重要的措施，使中央广播与地方广播、无线广播与有线广播联成一个广播的宣传整体，使我国几亿农村人口不出家门就能听到党中央的声音，及时了解国内外大事。

我们的广播电视遵循全心全意为人民服务的基本方针，提出"开门办广播"和"开门办电视"的要求，发动社会力量参与广播电视宣传。让各行各业人民群众上广播、上电视，他们成为党的政策的自觉宣传者，党的工作的监督者和先进事迹、创造性工作的形象再现者。我们的广播电视，保持着与人民群众的密切联系，成为党与广大群众联系的不可或缺的纽带和桥梁。

"全党办报"是最富有活力的新闻理论

"全党办报"学说体现了党的一切为了群众、一切依靠群众这一根本指导思想，它象一根红线贯穿于无产阶级新闻理论和新闻实践的各个方面，体现在新闻工作的指导思想、根本宗旨、性质任务、报道主体、服务对象、基本原则、工作方法、工作作风和组织建设之中。我们说"全党办报"是毛泽东新闻思想的核心，是最富有活力的新闻理论，还因为它丰富和发展了马克思列宁的办报思想，正确地解决了党的新闻工作中一系列带规律性的关系问题。

第一，"全党办报"把马克思主义认识论同党的群众路线在新闻工作中统一起来。从认识论的意义上说，新闻报道工作就是认识和反映社会的工作。历史活动是群众的事业，人民群众的社会实践是新闻报道取之不尽、用之不竭的源泉，是检验新闻宣传社会效果的唯一标准。因此，坚定地相信群众，紧紧地依靠群众，新闻工作才能及时正确地反映瞬息万变的大千世界。党中央和毛泽东同志历来强调新闻工作是党和政府联系群众的重要桥梁和纽带。报纸广播电视密切同群众的联系，每天把各条战线人民群众的新创造、新思想、新成就、新经验及时地反映出来，并不断地从群众创造中发掘大量宝贵的东西，把群众分散的无系统的意见，经过思考、分析、研究，化为集中的系统的意见，从而把感性认识上升到理性认识，再到群众中去宣传解释，化为群众的意见，见之于行动，并在群众实践中检验集中后的意见是否正确。如此循环往复，以至无穷。这样，新闻事业就成为贯彻党的"从群众中来，到群众中去"的群众路线的重要工具。

第二，"全党办报"体现了无产阶级新闻事业的党性和群众性的结合。我们的报纸广播电视是党的宣传舆论工具，也是人民的讲坛。报纸广播电视的全部活动都必须以合乎最广大人民群众的最大利益为最高标准，这是区别于资本主义新闻事业的显著标志之一。只有全心全意为人民服务的新闻事业，才能够依靠人民群众来办，不仅能做到"为群众"、"写群众"，而且能做到"群众写"、"群众检验"。只有这样，才是完整地体现社会主义新闻事业的群众性。如果离开了一切为了群众，一切依靠群众这个历史唯物主义的基本观点，报纸广播电视就不可能坚持无产阶级的党性。

邓小平同志说："共产党是人民群众在特定的历史时期完成特定的历史任务的一种工具。"[①] 共产党是为人民群众的彻底解放而存在的，它之所

①《邓小平文选》(1938—1965)，人民出版社 1989 年版，第 206 页。

以能够领导人民群众，正是因为而且仅仅因为它是人民群众的全心全意的服务者，它反映和集中人民群众的利益和意志。人民群众的信任和支持是社会主义新闻事业赖以生存和发展的基础。报纸广播电视宣传工作有无社会效益和效益大小，根本条件是它能否真正代表人民群众的利益和要求。近年来，拜金主义侵蚀到新闻广播电视领域，有人唯利是图，不顾政治影响，不顾社会效果，追逐精神产品的'含金量'，形成新闻行业的不正之风，主要表现是：以各种名目出现的'有偿新闻'逐渐增多；为追求市场轰动效应，虚假报道明显增多；格调低下、庸俗的东西增多；违反新闻纪律的情况增多，甚至丧失国格人格的事情也时有发生。这些虽然是局部现象，但是它从根本上违背人民群众的利益和愿望，如果任其蔓延，必将使党的新闻事业毁信失誉。

诚然，满足受众的需要是新闻事业的一般规律。当今世界上任何一种报刊，都希望拥有最广泛的读者群，以达到理想的社会效益和经济效益。但是用什么内容去吸引读者，却千差万别。像美国的黄色刊物《花花公子》，号称拥有百万读者，靠的是裸体美女和感官刺激来迎合读者口胃。海外另有一些报纸刊物，最醒目的文章标题是官场内幕、党派纷争、社会丑闻、明星艳史等。社会主义报纸广播电视不能降低水平，迁就迎合某些人的不健康趣味，不能支持群众中某些不合理的要求。越是改革开放，越要正确把握舆论导向。我们不赞成"受众是上帝"的观点，对受众的需要、兴趣和要求不作具体分析，一味迎合少数人的低级趣味和不合理要求，就偏离了引导群众提高一步和全心全意为人民服务的根本宗旨，这是严重脱离群众的。对于执政党领导的新闻事业来说，最致命的危险莫过于严重脱离群众。

第三，"全党办报"体现了党的思想路线、政治路线和组织路线在新闻领域的结合。我们党的思想路线、政治路线、组织路线都充分体现了人民的利益和意志。它们的形成和发展的基础是人民群众的社会实践。以邓小平同志建设有中国特色的社会主义理论为核心的党的基本路线，就是在解放思想、实事求是，一切从实际出发，重新认识我国的国情，尊重人民群众的首创精神的基础上逐渐形成的，是全党、全国亿万人民进行社会主义建设和改革开放伟大实践的集体智慧的结晶，集中反映了全国人民的利益和意志。14 年改革的实践证明:它是指引我们国家富强、民族鼎盛、克服困难、顶住风浪、立于不败之地的总路线总政策。毛泽东同志说:"报纸的作用和力量,就在它能使党的纲领路线、方针政策、工作任务和工作方法,最迅速最广泛地同群众见面。"① 报纸、通讯社、广播电视是党的喉舌,其第一位的职责就是不断结合实际全面正确地宣传党的基本路线和方针政策,为全国人民建设有中国特色的社会主义提供强大的理论支持和精神动力。调查研究是坚持辩证唯物主义思想路线的基本方法。新闻工作的基本任务就是了解情况、反映实际,宣传政策、指导实际。只有深入实际、深入群众调查研究,才能生动活泼地宣传党的基本路线和方针政策,正确地反映实际和指导实际。那种认为报纸广播电视的主要功能就是传播信息,"广播就是通风报信",要提高报纸广播的可读可听性就要取消、削弱政策宣传的观点,是完全错误的。如果说,宣传党的理论和基本路线,不能照本宣科,也要讲求宣传艺术,尊重新闻规律,那是正确的。正像江泽民同志所说的那样:"新闻宣传在政治上同党中央保持一致,决不是机械地简单地重复一些政治口号,而是站在党和人民的立场上,采取多种多样的方式,把党的政治观点、方针政策,准确生动地体现贯注到新闻、通讯、言论、图片、标题、编排等各个方面。"②

第四,"全党办报"体现了党对新闻事业的领导和贯彻群众路线的结合,这是社会主义报纸广播电视全面、深入、迅速地反映实际和指导实际的重要组织保证。依靠全党在思想上、政治上和组织上加强对新闻事业的领导,是报纸广播电视坚持正确舆论导向的根本保证。在党的领导下的群众路线,其实质是阶级路线,就是依靠各级党组织动员和组织广大党员和人民群众中的积极分子,形成有组织的社会舆论队伍。人民群众是社会主义建设和改革开放伟大实践的主体。报纸广播电视应该颂扬什么、反对什么,他们最有发言权。各级党委的主要职责是领导和组织人民群众贯彻党的基本路线和各项方针政策,对党的政策在本地区、本部门、本单位贯彻执行的情况了解比较全面,对建立和发展社会主义市场经济要解决问题的

---

① 《毛泽东选集》第 4 卷(合订本),第 1212 页。
② 江泽民:《关于新闻工作的几个问题》1989 年 11 月 28 日。

轻重缓急，胸中比较有数。贯彻依靠全党、依靠群众办新闻事业的方针，报纸广播电视就能及时、全面、充分、深刻地反映出举国上下党政军民建设有中国特色社会主义的雄心壮志、探索精神、艰苦奋斗的战斗风貌、宏伟业绩、社会生活日新月异的变化，生动地宣传社会主义在中国不断胜利地前进。

在改革开放的形势下，对毛泽东新闻思想人们在认识和理解上并不一致。有的同志认为在电子科学技术高度发展、社会生活节奏加快、新闻时效要求更高的今天，群众掌握不了复杂的录音录像技术，通讯员适应不了现代新闻工作的要求。因此，有些新闻单位不同程度地削弱了通讯员工作和编辑部的群众工作。这种看法和作法是不符合实际的，因而是不正确的。中央电视台的新闻联播节目每天播出的地方新闻，主要是依靠全国各级电视台和有录像设备的大厂矿、企业、部队、机关、学校的电视通讯网提供的。不少省市电视台的新闻片也主要来自通讯员之手。

"全党办报"是党的新闻事业的优良传统。同人民群众保持血肉联系，相信和依靠人民群众的首创精神，是我们新闻事业特殊的优势和传家宝，只能随着时代的前进而不断丰富和发展，注入新的内容，在任何时候都不应该丢弃。

毛泽东新闻思想是全党在新闻领域集体智慧的结晶。刘少奇、周恩来等老一辈无产阶级革命家对丰富和发展毛泽东新闻思想，都作出过重要贡献。邓小平同志说："出报纸、办广播、出刊物和小册子"，"拿笔杆是实行领导的主要方法。""从领导来看，办报是大家办报，从新闻工作者自己来看，也是大家办报。报纸真的同实际、同群众联系好了，报纸办好了，对领导是最大的帮助。"① 这是对"全党办报"方针的重要性作出的深刻而透彻的阐述。

综上所述，"全党办报"把辩证唯物主义和历史唯物主义的基本原理在新闻领域融为一体，是毛泽东新闻思想中最富有独创性的理论。党领导下的新闻事业，其性质是人民的新闻事业；其力量源泉在广大人民群众之中；其宣传主体是人民群众创造历史的光辉业绩；其发展条件是人民群众

---

① 《邓小平文选》(1938—1965)，人民出版社 1989 年版，第 145、150 页。

的信任和支持。只要我们的新闻事业植根于人民之中,同人民群众的生活脉搏一起跳动,同沸腾的四化建设的活水一起流淌,充当人民"千呼万应的喉舌"①,就会永葆青春的蓬勃生机和活力。

作者简介:王珏,男,58 岁,安徽霍山县人,1960 年毕业于复旦大学新闻系,现为北京广播学院新闻系,新闻研究所教授。

---

① 《马克思恩格斯全集》第 6 卷,第 275 页。

毛泽东对无产阶级党报理论的继承与发展[*]

郑保卫

毛泽东同志在他长达半个多世纪的革命历程中，始终关心和重视党报工作，并创造性地把马克思、恩格斯、列宁等革命导师的党报理论运用于中国共产党的党报工作实践，提出了一系列有关党报工作的理论观点和思想原则，形成了自己的党报思想，从而对无产阶级党报理论的深化和发展作出了特殊贡献，并为创建具有中国特色的社会主义党报理论作了许多开创性的工作。

依笔者之见，毛泽东同志的党报思想对无产阶级的党报理论具有深化和发展意义的内容主要在以下几个方面：

一　强调党性原则，严守党性立场

党性原则是无产阶级党报工作中的一项根本原则。马克思和恩格斯的党报思想中有许多内容都涉及这一问题。如，他们提出：党报党刊是党的重要的思想武器和政治阵地；党报党刊必须遵守和阐述党的纲领和策略原则，按党的精神进行编辑工作；党报党刊要处理好同党的领导机关的关系，在党的领导下开展工作，等等。但他们在对党报党性原则的论述中，没有直接使用过"报刊的党性"这一概念，而是用"阶级性"和"党派性"来代替。

在无产阶级党报史上，第一个使用"党性"概念并对党报的党性原则作出全面、系统论述的是列宁。1905年11月，列宁在为《新生活报》撰

＊　本文原载于《中国广播电视学刊》1994年第2期。

写的《党的组织和党的出版物》一文中，第一次提出了党的出版物（包括报刊）的党性原则问题。列宁在文章中明确指出，党的报刊是无产阶级总的事业的一部分，是党的一个组织和工作机构，因此，应当成为各个党组织的机关报，应当严格接受党的领导和监督；各级党的组织要关心和重视党报工作，加强对党报工作的领导和监督。在文章中，列宁还提出了要从党报队伍中坚决清洗那些背弃党性原则，"宣传反党观点"的人的任务，这就从组织上保证了党对报刊的领导。这无疑是对马克思和恩格斯党报思想的一个重要发展。

毛泽东同志在深化和发展无产阶级党报党性原则理论方面的贡献就在于，他不仅对党报党性原则的内容作了阐述，而且对如何在党报实际工作中全面贯彻和坚持党性原则提出了许多具体的原则和方法。

毛泽东同志从党报的无产阶级性质出发，十分注意强调党报必须严守党性立场，坚持无产阶级党性原则。他要求各级党的领导机关要"把报纸当作自己极重要的武器"，要"利用报纸作为自己组织和领导工作的极为重要的工具"[1]。同时，他又强调"各地党报必须无条件地宣传中央的路线和政策"[2]，在政治上和思想上与中央保持一致，组织上则应服从党的领导，遵守党的纪律，不允许任何同党闹独立性的现象。

1942年10月，针对当时党的新闻宣传工作中出现的违背党的政策和一部分新闻宣传干部向党组织闹独立性的倾向，毛泽东同志在为中共中央书记处起草的给中央局、中央分局的指示中，要求各地党组织（中央局、中央分局）要"改正过去不讨论新闻政策及社论方针的习惯，抓紧对通讯社及报纸的领导，务使通讯社及报纸的宣传完全符合于党的政策，务使我们的宣传增强党性"[3]，同时要注意用党的有关文件去教育新闻宣传干部，帮助他们克服闹独立性的错误倾向。

毛泽东同志提出的这些思想原则是对党报坚持党性立场的明确要求。中共中央及党的各级地方组织遵循毛泽东同志提出的这些思想原则，始终将党报党刊（通讯社、广播电台等）严格置于自己的领导和监督之下，将

---

① 《毛泽东选集》合订本，第1181页

② 《毛泽东新闻工作文选》，新华出版社1983年版，第156页。

③ 同上书，第97页。

其作为指导战争、指导解放区建设、指导社会主义经济建设的有力工具，真正发挥了党报党刊的"组织、鼓舞、激励、批判、推动"① 作用，从而保证了党的纲领路线、方针政策、工作任务和工作方法，能最迅速、最广泛地同群众见面，为完成党在各个历史时期所提出的中心任务创造了良好的舆论环境。

为了保证党报党刊能切实遵循党性原则，严守党性立场，毛泽东同志反复强调各级党的组织要重视党报工作，要把党报工作真正纳入党委议事日程，要严格加强对党报工作的领导。他甚至要求党的负责同志要看报纸大样，要为报纸撰写或修改社论、评论。1958 年 1 月 12 日，他在给广西党委负责同志刘建勋和韦国清的信中就指出，"省报问题是一个极重要的问题"，他要求他们同广西日报的编辑们一道研究一下包括版面、新闻、社论、理论、文艺等多方面的问题，同时向他们指出，"第一书记挂帅，动手修改一些最重要的社论，是必要的"②。

对党报的党性原则作如此明确而又全面的阐述，特别是对如何在党报实际工作中坚持党性原则提出如此具体而又有效的办法，这在马克思、恩格斯和列宁所阐述的无产阶级党报党性原则理论中是有所不及或未能做到的。显然，这是毛泽东同志在深化和发展无产阶级党报理论方面的一个重要贡献。

二　注重调查研究，崇尚实事求是

实事求是是马克思主义的思想路线，调查研究则是坚持这一思想路线的有效方法和重要手段。

马克思和恩格斯历来重视调查研究，坚持实事求是的思想路线。他们认为，"不论在自然科学或历史科学的领域中，都必须从既有的事实出发"③。正是基于这一认识，他们一生中进行了大量的社会调研活动。可以说，马克思和恩格斯所创立的科学理论正是以其丰富的社会调研活动和实事求是的科学的理论分析与研究为基础的。而马克思主义的社会调研理论

---

① 《毛泽东新闻工作文选》，新华出版社 1983 年版，第 202 页。

② 同上。

③ 《马克思恩格斯选集》第 3 卷，第 469 页。

也正是他们丰富调研实践的结晶。

列宁也是坚持调查研究和实事求是的典范。他在将马克思主义的基本原理与俄国革命的具体实践相结合的过程中完成的理论建树完全得益于他对本国社会政治、经济状况深入细致的调查研究，得益于他实事求是的思想作风。十月革命胜利后，列宁把"进行一系列的社会调查研究"① 列为党和苏维埃的干部及广大社会科学工作者的首要任务之一。他自己则身体力行，经常深入工厂、农村做调查，列宁对新闻工作者开展社会调研活动的要求尤其严格。他经常鼓励新闻工作者多接近生活，多接近工农，要求他们"要更加具体地研究地方经验、细节、小事情、实际经验和工作经验，深入到县、乡、村的实际生活中去"，他指出："这样的工作做得越多，越深入实际生活，把自己和读者的注意力从臭文牍主义和莫斯科臭知识分子的（和一般苏维埃官僚主义的）圈子转移开，那么，无论我们的报刊或者我们的整个建设的改进也就会越加顺利。"②

同列宁一样，毛泽东同志作为马克思主义的继承者，他一生崇尚实事求是，注重深入实际、调查研究，并将其贯穿于各项工作之中。

毛泽东同志本人就是深入实际、调查研究的行家里手。他在革命的一生中，坚持从中国革命和建设的实际出发，做了大量的调查研究工作。早在1919年9月他便在湖南长沙发起成立"问题研究会"，开始着手农村调查。1927年他深入湖南五县农村进行调查，写了著名的《湖南农民运动考察报告》。后来他又写了《兴国调查》、《长冈乡调查》、《才溪乡调查》等十余篇调查报告。通过调查，毛泽东同志掌握了大量农村政治、经济及农民思想、生活状况的第一手资料，这对于正确分析农村形势、评价农民运动，进而确定相应的政策和策略起到了重要作用。

进入社会主义建设时期以后，特别是五十年代至六十年代初，毛泽东同志的足迹遍及祖国各地。工厂、农村、军营、学校、科研院所都留下了他的身影。他同工人、农民、解放军战士、知识分子、青年学生亲切交谈，询问他们的劳动、学习和生活情况。这些调研活动为他制订各项工作

---

① 《列宁全集》第27卷，第378页。
② 《列宁全集》第36卷，第600页。

路线、方针、政策提供了重要依据。

毛泽东同志有一句名言："没有调查就没有发言权。"在他看来，只有对一个事物进行了认真的调查研究，才拥有了对这一事物的发言权。

毛泽东调研理论的核心思想就是强调坚持实事求是。他指出，调查研究这两部分可以用四个字概括：实事求是。"'实事'就是客观存在着的一切事物，'是'就是客观事物的内部联系，即规律性，'求'就是我们去研究"①。在他看来，调研人员如果仅仅做到人下去了，调查了解了一些情况还是远远不够的，重要的在于去"求是"，即去研究事物的内在联系，把握事物的整体面貌和本质、规律。正是基于这一思想，他特别反对那种到了一个地方，不问具体情况如何，也不了解事情的来龙去脉，不触及事物的本质就自以为是地随便发议论的做法。

毛泽东同志一向把调查研究作为党报工作者的重要工作内容。他从唯物主义反映论和实践论的原理出发，强调全体党报工作者要坚持一切从实际出发，要善于向社会调查。为此，他要求党报工作者深入实际，投身火热的现实生活，投身阶级斗争、生产斗争和科学实验的伟大实践，真正深入实际生活中，去了解情况，去调查研究，去反映问题。

为了保证好的调研效果，毛泽东同志主张记者要保持冷静的头脑，要善于分析比较，独立思考。他既反对那种下车伊始末作调查就乱发议论的做法，也反对那种不动脑筋，人云亦云的做法。在强调深入实际、调查研究的同时，毛泽东同志还要求新闻工作者注意自觉地深入群众，虚心地向群众学习。

1942 年 3 月 18 日，毛泽东同志为《解放日报》写了"深入群众，不尚空谈"的题词。他希望解放区的新闻工作者能深入到工农兵群众中去，他甚至主张新闻工作者到基层去"参加一个时期的群众工作"，通过这些途径，调查和了解群众劳动、生活和斗争的实际情况，掌握和报道群众在斗争实践中创造的实际经验。在毛泽东同志的倡导下，当时解放区的新闻工作者和文学工作者纷纷离开延安，深入各根据地，与当地的群众同劳动、同生活、同战斗，采写了不少反映根据地军民劳动生产和对敌斗争生

---

① 《毛泽东选集》合订本，第 801 页。

动业绩的作品，受到了广大群众的欢迎。

1948 年 4 月，毛泽东同志在对《晋绥日报》编辑人员的谈话中，又提出了新闻工作者要向群众学习的任务。他指出教育者须先受教育，"报纸工作人员为了教育群众，首先要向群众学习"①。

按照毛泽东同志的思想，新闻工作者深入群众，深入实际，向群众学习，向实际调查，及时了解到群众的实际生活以及党的路线、方针、政策在实际工作中的执行情况，同时可以不断总结广大群众在劳动生产和执行党的路线、方针、政策中的创造性经验，通过集中概括、分析研究，综合成具有普遍指导意义的新经验，然后再通过报刊、广播、电视等新闻媒介传达给人民群众，将其变为群众的具体行动，并在群众中考察和检验这些新经验。这是毛泽东同志的实践论观点在党报工作中的具体体现，也是他的"从群众中来，到群众中去"的群众工作路线在新闻工作中的具体运用。

毛泽东同志把坚持实事求是、深入调查研究广泛运用于党报工作中，这是他在深化和发展无产阶级党报理论方面的又一重要贡献。这一思想原则在党报工作中运用的意义在于，它为广大新闻工作者提供了马克思主义认识论的锐利武器，为他们解决了思想方法和工作方法问题，从而加强了新闻队伍的建设。同时也为新闻工作者坚持真实性原则，真正取信于民提供了有力保证。

还须指出的是，新闻工作者在深入实际，深入群众，调查研究的过程中，自身也可以不断地得到锻炼和提高，逐步加深同群众的感情，密切同群众的联系，并且不断用群众创造的经验充实自己，这样就能更好地认识群众，了解群众，进而更好地反映群众，报道群众，为群众提供更全面、更及时、更周到的服务。这是毛泽东同志为党报工作指出的一条成功之路，也是毛泽东党报思想的重要内容之一。

三 倡导群众办报，坚持群众路线

群众路线既是马克思主义的一条思想原则，也是马克思主义的一条工

---

① 《毛泽东新闻工作文选》，新华出版社 1983 年版，第 151 页。

作路线。其核心内容是：充分相信群众，依靠群众的信任和支持做好工作。群众路线在党报工作中的体现，概括地说，就是全心全意地依靠全体党员和广大群众办好报纸。

马克思、恩格斯和列宁都十分重视在党报工作中坚持群众路线，他们都曾论述过依靠党员和工人群众办报的问题，而且在报纸工作中也都进行过群众办报的实践，积累了一些经验，如发表读者来信、开辟读者论坛、培养和发展工人通讯员等。

列宁认为，只有党的各级地方组织，全体党员和工人群众都来积极参加并支持党报工作，才能保证报纸正常出版。

毛泽东同志在这方面的特殊贡献在于，他不但第一个明确使用了"全党办报"和"群众办报"的概念，并对其内容作了较为集中、全面的阐释，而且亲自指导党报工作者积极实践，形成了一套实行群众办报行之有效的工作经验和工作传统，从而充实和丰富了无产阶级的党报理论。

毛泽东同志是以人民群众是新闻事业的主人这一基本思想为出发点来阐释群众办报问题的。

1940 年 2 月，他在为《中国工人》写的发刊词中指出："一个报纸既已办起来，就要当作一件事办，一定要把它办好，这不但是办的人的责任，也是看的人的责任。看的人提出意见，写短信短文寄去，表示欢喜什么，不欢喜什么，这是很重要的，这样才能使这个报办得好。"①

1948 年 4 月，他在对《晋绥日报》编辑人员的谈话中又强调说："我们的报纸也要靠大家来办，靠全体人民群众来办，靠全党来办，而不能只靠少数人关起门来办。"②

毛泽东同志主张开门让群众参加办报，反对由少数专家关起门来独自办报。这是他为党报工作确定的一项根本原则，也是他的群众办报思想的重要内容。在他看来，人民群众作为新闻事业的主人，有权利也有义务关心和支持报纸的工作，为办好报纸尽自己的一份力量。

为了使"群众办报、全党办报"的原则得到落实，毛泽东同志指导党

---

① 《毛泽东新闻工作文选》，新华出版社 1983 年版，第 48 页。
② 同上书，第 150 页。

报工作者积极实践，采取了一些具体措施，逐渐形成了一套较为完整的思想原则和工作方法，其基本内容包括以下几方面：

1. 敞开大门吸收党员和群众直接参加党报工作。这包括组织他们读报、评报，聘请他们担任党报通讯员，鼓励他们向党报反映情况，提供稿件；通过各种手段帮助党报通讯员提高政治和业务素质，为其工作、学习和生活提供良好条件。

2. 党报要为广大党员和群众提供讲坛，为他们在党报上发表意见创造条件，刊登读者来信、来稿是行之有效的办法。

3. 自觉接受广大党员和群众对党报工作的批评与监督，随时改进自己的工作，争取他们的信任和支持。

4. 改进新闻文风，采用群众喜闻乐见的报道内容和报道形式，真正使群众感到党报是他们自己的报纸。

5. 调动报社全体工作人员的积极性，共同努力提高办报质量和水平。

四 重视文风建设，提倡中国风格

文风问题也是党报工作中的一个重要问题。文风的好坏，不但影响一家报纸的质量和水平，而且关系这家报纸的前途和命运。

马克思、恩格斯和列宁都对党报的文风问题有过论述。他们都提倡简洁有力、生动活泼、言之有物和笔调幽默的写作风格。他们本身都称得上是最杰出的语言大师和写作巨匠。

毛泽东同志尤为重视文风问题，他所倡导的延安整风运动整顿的"三风"之中就包括文风，他在作为整风学习文件之一的《反对党八股》一文中列数了党八股的八大罪状，即空话连篇，言之无物；装腔作势，借以吓人；无的放矢，不看对象；语言无味，象个瘪三；甲乙丙丁，开中药铺；不负责任，到处害人：流毒全党，妨害革命；传播出去，祸国殃民。接着，他提出，"洋八股必须废止，空洞抽象的调头必须少唱，教条主义必须休息，而代之以新鲜活泼的，为中国老百姓所喜闻乐见的中国作风和中国气派。"①

---

① 《毛泽东选集》合订本，第500页。

　　毛泽东同志提倡文章写作要体现出中国作风和中国气派，而这种作风和气派的显著特点就是语言鲜明、准确、生动活泼。毛泽东同志主张文章要旗帜鲜明、尖锐泼辣、幽默深刻，富有战斗性。他特别反对那种死板、老套、四平八稳、令人乏味的写作风格。1942年他为《中国工人》写的发刊词中说："我希望这个报纸好好地办下去，多载些生动的文字，切忌死报、老套、令人看不懂，没味道，不起劲。"① 他还特别强调新闻写作要注意文字通俗易懂大众化。

　　综上所述可以看出，毛泽东同志关于党报理论的一些观点与马克思、恩格斯和列宁的党报理论是一脉相承的。同时作为一个思想家和理论家，毛泽东同志没有将自己的认识停留在对前人理论观点的简单认同和机械仿效上。他根据中国共产党在特定历史阶段的实际需要，不断用新的认识去充实和深化前人的理论观点。他总结了战争年代中国共产党利用报纸指导战争、指导根据地政权建设的一些经验和教训，对党报的性质和功能作了更符合中国国情的阐释。比如，他更加强调党报所具有的传达政令、宣传政策和思想教育的功能，把党报主要视为一种政治斗争的工具、组织和指导工作的工具、思想宣传和教育的工具。到后来，他干脆用"阶级斗争工具"来概括。另外他还强调要"政治家办报"，主张党报应由一些具有坚定的无产阶级立场的人来办。

　　关于群众办报的理论观点，毛泽东同志更多的是从人民群众是报刊的主人这一基本思想和加强党同群众的联系的高度来强调群众办报的重要性。通过群众办报，将报纸置于人民群众之中，依靠他们的信任和支持办报，这不仅是办好报纸的需要，更重要的是，它体现了党的群众路线和民主作风，密切了人民群众同党的联系。实践证明，正因为有了全党的关心和广大人民群众的信任和支持，我们的党报和广播事业才能植根于人民群众之中，成为党同群众联系的桥梁和纽带，发挥了自己应有的作用。

　　中华人民共和国成立以后，面对社会主义革命和建设的新任务，毛泽东同志对党报和广播电视宣传工作也有一些新的思考，阐述了一些新的理

①《毛泽东新闻工作文选》，新华出版社1983年版，第48页。

论观点，比如，他从社会存在决定人的意识这一哲学原理出发，指出报纸是一定社会的经济基础通过新闻手段的反映，因此他属于意识形态范畴，是一种上层建筑。由此，他认为，报纸等新闻媒体要为巩固和发展社会主义经济基础服务，并因此得出结论，在阶级社会中，报纸具有阶级性，是为一定阶级的利益服务的。

再有，他从执政党应取信于民这一基本思想出发，强调党报要坚持说真话，要如实向群众讲明工作中的真实情况。他告诫全党同志："老实人，敢讲真话的人，归根到底，于人民事业有利，于自己也不吃亏；爱讲假话的人，一害人民，二害自己，总是吃亏。"①

总之，进入社会主义时期以后，毛泽东同志根据国情的变化，对新闻工作提出了一些新要求，这些要求对于党的新闻事业的建设和发展是有积极意义的。

笔者认为，在评介毛泽东同志的党报理论，特别是探讨毛泽东同志在继承和发展无产阶级党报理论方面的贡献时，应当采取实事求是的态度，既充分肯定毛泽东同志在宣传和普及马克思、恩格斯、列宁党报理论方面所做出的积极贡献，尤其要充分肯定毛泽东同志从中国党情和国情出发，深化和发展马克思、恩格斯、列宁党报理论的特殊理论建树，将毛泽东同志的党报理论放到无产阶级党报理论发展史上一个应有的位置上，同时也要认真总结几十年来党的新闻事业在贯彻执行毛泽东同志党报理论方面的经验和教训，不断用改革开放新形势下党的新闻工作的新实践、新理论去充实和发展毛泽东同志的党报理论。

还需特别指出的是，在探讨毛泽东同志的党报理论时应当看到，我们党的新闻事业 70 年来虽然是以毛泽东同志的党报理论为其主体指导思想的，但同时也接受着党的其他一些领导人的理论指导，如刘少奇、周恩来、邓小平、江泽民等。他们作为毛泽东同志的战友或接班人，在长期的革命斗争和建设事业中也时时关心着党的新闻事业，他们对党报工作都提出过一些精辟见解。这些理论观点大大充实了毛泽东同志的党报理论，应当说，它们也是毛泽东党报理论不可缺少的组成部分。

---

① 《毛泽东新闻工作文选》，新华出版社 1983 年版，第 213 页。

　　我们今天纪念毛泽东同志的最好方式就是认真学习他的思想，用他的党报理论来指导当前的新闻实践，为推进新闻改革，为进一步繁荣和发展我国的新闻事业，为建设有中国特色的社会主义新闻学做出自己应有的贡献。

继承发展毛泽东新闻思想
建设有中国特色的社会主义新闻学[*]

林 枫

毛泽东同志光辉的一生，为中国人民，为新中国留下了丰厚宝贵的物质财富和精神财富，其中包括丰富多采的毛泽东新闻思想。

毛泽东新闻思想是对马列主义新闻理论的继承和发展，具有长远意义

毛泽东新闻思想，是马克思列宁主义新闻理论同中国革命新闻实践相结合的产物；毛泽东新闻思想，是以毛泽东为主要代表的中国共产党人，在运用新闻手段反映、引导中国革命和建设事业的过程中，逐步形成的对于新闻事业的地位、性质、功能、原则、方针、方法的系统看法和理论概括，是集体智慧的结晶。毛泽东新闻思想，既受到国际共运的强烈影响，又有鲜明的中国特色，是对马克思列宁主义新闻理论的继承和发展。

毛泽东新闻思想是个科学体系，其基本点有下列几项。

一、新闻是新近发生的事实的报道，是新鲜事实的能动反映，置于意识形态范畴。

新闻力求客观的反映事实，但难免带有传播者的主观烙印，正如毛泽东所说"完全客观的报道是没有的"。

新闻既反映世界，又影响世界。毛泽东认为报纸是反映政治、军事、

---

* 本文原载于《新闻与写作》1994 年第 2 期。

经济，又指导政治、军事、经济的一个武器。

二、报纸、新闻事业是经济基础通过新闻手段的反映，在不同经济基础上产生的报纸、新闻事业（当代主要是社会主义国家的报纸、新闻事业，以及资本主义国家的报纸、新闻事业），既有相似之处，又有原则区别，报纸、新闻事业总要受所在社会的经济制度、政治制度的规范并为其服务。

三、办报、办新闻事业"为了革命"，"为了使中华民族得到解放，为了实现人民的统治，为了使人民得到经济的幸福"。毛泽东新闻思想始终把新闻事业，看作是党达到革命目的，实现为人民服务宗旨的有力新闻工具、重要舆论手段和锐利思想武器。

四、坚持无产阶级党性原则，坚持为人民服务、为社会主义服务的基本方针。党性原则把新闻事业看作是党领导的社会主义事业的有机组成部分，通过新闻活动，反映世界，影响世界，作党、政府和人民的耳目喉舌，为人民服务，为社会主义服务。

党性原则是毛泽东新闻思想的根本原则。它包括：思想上，坚持马克思主义，坚持辩证唯物主义，历史唯物主义，坚持一切从实际出发、实事求是；政治上，同党中央保持一致，全心全意为人民服务；组织上，贯彻执行民主集中制，服从党的领导和人民政府的管理，遵守宪法、法律和宣传纪律。

五、"党报必须无条件地宣传中央的路线和政策"，把党的纲领路线、方针政策的宣传，始终放在中心的地位。这是新闻事业的作用和力量所在，这样才能在政治上同党中央保持一致，保持正确的舆论导向，有效地引导人民自求解放。

六、坚持唯物论，讲究辩证法，遵循实事求是原则，维护新闻的真实性。

毛泽东主张"讲真话，不偷、不装、不吹"。刘少奇认为，"新闻必须是客观的、真实的、公正的、全面的，同时必须又是有立场的"。"新闻记者第一要有老实态度，第二要深入观察问题。光有老实态度不行，必须能够深入观察问题；不是皮毛地而是系统地了解事物的发展规律，看出事物的本质。"

七、坚持深入实际、联系群众、调查研究。这是社会主义新闻事业力量的源泉，也是新闻工作者成才的必由之路。

八、全党办报，群众办报。"我们的报纸也要靠大家来办，靠全体人民群众来办，靠全党来办，而不能只靠少数人关起门来办"。

报纸不仅是集体的宣传者，而且是集体的组织者。党通过报纸来宣传群众、组织群众，进行社会主义革命和社会主义建设。不仅报纸是这样，通讯社、广播、电视也是这样。

九、坚持开展积极的批评报道，增强新闻舆论的监督作用。

毛泽东主张要在报纸上揭发典型的坏人坏事，表扬典型的好人好事，以"发扬正气，压倒邪气"。"关于报纸上的批评，要实行'开、好、管'的三字方针"。邓小平在 1950 年指出："报纸最有力量的是批评与自我批评。"

十、采取旗帜鲜明、尖锐泼辣、准确生动的文风。

毛泽东说："要使革命精神获得发展，必须抛弃党八股，采取生动活泼新鲜有力的马克思列宁主义的文风。""我们必须坚持真理，而真理必须旗帜鲜明，……我们党所办的报纸，我们党所进行的一切宣传工作，都应当是生动的、鲜明的、尖锐的，毫不吞吞吐吐。这是我们革命无产阶级应有的战斗风格。"

十一、建设又红又专的新闻队伍。

毛泽东历来主张："为了建成社会主义，工人阶级必须有自己的技术干部的队伍，必须有自己的教授、教员、科学家、新闻记者、文学家、艺术家和马克思主义理论家的队伍。""要有自己的出色的报纸和刊物的编辑和记者。"而且认为，"在这个工人阶级知识分子宏大新部队没有造成以前，工人阶级的革命事业是不会充分巩固的。"

必须用马克思主义武装新闻队伍，善于运用马克思主义的立场、观点、方法，观察世界，反映世界，影响世界；具有坚强的群众观点和精湛的新闻业务能力，全心全意为人民服务。

十二、坚持和改善党对新闻事业的领导。

毛泽东一再强调中央、各级党委，对于报纸、通讯社、广播电台等极端重要的宣传机关要加强领导，切实管好。1957 年，他曾谈到党对报纸要实行马克思主义的领导。他说："报纸是要有领导的，但是领导要适合客观情况，马克思主义是按情况办事的，情况就包括客观效果。群众爱看，证明领导得好；群众不爱看，领导就不那么高明吧？有正确的领导，有不正确的领导。正确的领导按情况办事，符合实际，群众欢迎；不正确的领导，不按情况办事，脱离实际，脱离群众。"

毛泽东新闻思想体现了中国社会主义新闻事业的重要特点和基本规律，闪耀着真理的光辉，因此具有长远意义，需要结合新的形势，加以继承和发展。

新时期邓小平的新闻论述，继承发展了毛泽东新闻思想

1978 年冬，党的十一届三中全会的召开，中国社会主义事业发生了伟大的历史转折。这次全会以及全会形成的以邓小平同志为核心的中央领导集体，通过拨乱反正，重新确立了实事求是的思想路线，抛弃了"以阶级斗争为纲"的"左"的错误方针，把党和国家的工作中心转移到经济建设上来，同时作出了改革开放的伟大决策，以利于解放和发展生产力；并且旗帜鲜明地强调必须坚持四项基本原则（坚持社会主义道路，坚持人民民主专政、坚持中国共产党的领导、坚持马克思列宁主义毛泽东思想），从而开创了我国社会主义事业发展的新时期。

新的形势和任务，首先使新闻报道的对象、内容发生重大变化，即从以阶级斗争为纲，转移到以经济建设为中心，这是根本性的变化。与此相适应，新闻的形式，新闻工作的某些原则、方针也有变化，在这种新形势下，邓小平多次谈到新闻工作，现择要介绍几个论点。

一、"要使我们党的报刊成为全国安定团结的思想上的中心"，为"安下心来搞建设"，形成良好的新闻舆论环境。

邓小平认为，当代中国的根本任务是，集中力量进行社会主义现代化建设。可是，没有一个安定团结的政治局面，就不可能安下心来搞建设。因此，他指出，"希望报刊上对安定团结的必要性进行更多的思想理论上的解释，……报刊、广播、电视都要把促进安定团结，提高青年的社会主义觉悟，作为自己的一项经常性的、基本的任务。"

二、"党报党刊一定要无条件地宣传党的主张"，以利于坚持和改善党对社会主义现代化建设事业的领导。

按照邓小平同志的这一重要新闻论点，新闻界在新时期，一定要无条件地宣传有中国特色的社会主义理论，一定要无条件地宣传"一个中心，两个基本点"的基本路线，以及有关的方针、政策和决议，促使社会主义现代化事业沿着党指引的方向胜利前进。

三、坚持新闻事业的无产阶级党性原则，批评"在党性和人民性的问题上提出违反马克思主义的说法"。

邓小平同志坚持新闻事业的党性原则，于1950年《在西南区新闻工作会议上的报告》，以及得到他肯定的1981年《中共中央关于当前报刊新闻广播宣传方针的决定》中，都有明显的表现。

1983年10月12日，邓小平在作《党在组织战线和思想战线上的迫切任务》的讲话中，专门谈到"思想战线不能搞精神污染的问题"。其中，批评"把民主同党的领导对立起来，在党性和人民性的问题上提出违反马克思主义的说法"。他是在新闻界有人提出"党报的党性和人民性的问题"，从而引起激烈争论，错误观点流行的情况下，发表上述论点的。这涉及十多年来新闻理论争论的核心问题。邓小平的这一重要新闻论点，有待进一步贯彻、落实。

四、包括新闻部门在内的"思想文化教育卫生部门，都要以社会效益为一切活动的唯一准则"，反对"'一切向钱看'、把精神产品商品化的倾向"。

邓小平的这一重要论点，在《邓小平文选》第三卷中多次出现，具有很强的针对性和现实意义，有助于制止"有偿新闻"。

五、"不能再搞什么政治运动，但一定要掌握好批评的武器"，"对于各种错误倾向决不能不进行严肃的批评"。

中国共产党和毛泽东历来重视报刊批评，邓小平在新时期重申这一点时，汲取了历史的经验教训。

从以上的简要介绍可以看出，邓小平也是把新闻看作是意识形态，把新闻事业看作是党达到革命目的、实现为人民服务宗旨的重要手段。邓小平在新时期的一些重要新闻论述，是对马克思列宁主义新闻理论、毛泽东新闻思想的继承和发展。

为丰富完善有中国特色的社会主义新闻学而奋斗

新时期中国的新闻事业（包括新闻实践、新闻学研究、新闻教学、新闻队伍建设）要在邓小平建设有中国特色社会主义理论的指导下，并为这一理论的实现服务。新闻界在反映、促进改革开放和现代化建设的过程中，还肩负着建设有中国特色的社会主义新闻学的重任。中国特色的社会主义新闻学，经过多年的建树，已经有了基础，还需要充实、完善。社会主义市场经济条件下，新闻理论和实践面临的一些新问题，有待进一步研究解决，相信在以江泽民同志为核心的党中央领导下，继承发展毛泽东新闻思想，我们一定能够建设好有中国特色的社会主义新闻学。

论毛泽东新闻思想体系[*]

张　昆

　　毛泽东新闻思想体系是一个多层次的完整结构。它类似于金字塔。位于塔顶的最高层次为毛泽东党报理论，位于底部的基础层次为毛泽东新闻业务观念，居于两者之间的中间层次为毛泽东宣传谋略。这种三层次结构，与毛泽东作为一个伟大的政治家、宣传家和杰出的新闻工作者的多重角色是密切相关的。其新闻业务观念，是他作为一个新闻工作者对于新闻传播具体业务的认识，这是宣传谋略和党报理论的基础；党报理论，则是他作为一个政治家、党的领袖对于党报工作的看法，这是统率其新闻思想体系的灵魂；而宣传策略，又是他作为一个宣传家对于宣传工作规律的总结，在毛泽东新闻思想体系中，它起到了承上启下的作用。在这里，作者将依此结构从三个方面分析毛泽东新闻思想体系。

一　毛泽东党报理论

　　毛泽东党报理论，是毛泽东新闻思想体系的最高层次，是统率整个体系的灵魂。在这个关键部分里，毛泽东解决了党报的宣传使命、办报方针及党报工作者必须遵循的党性原则等问题。

　　党报使命观

　　毛泽东的党报使命观，主要有以下几点。其一是宣传党的政策。1941年，延安《解放日报》尚未正式出版时，毛泽东就指出："一切党的政策，将经过《解放日报》与新华社向全国宣达。"在他看来，共产党人不同于

---

　　* 本文原载于《新闻与传播研究》1994 年第 1 期。

其他政党的重要区别，就是斗争目标的公开性与群众性。"我们的政策，不光要使领导者知道，干部知道，还要使广大的群众知道"。怎样使群众了解党的政策？渠道之一就是报刊。因而"有关政策的问题，一般地都应当在党的报纸上或者刊物上进行宣传"。"报纸的作用和力量，就在它能使党的纲领路线、方针政策、工作任务和工作方法，最迅速最广泛地同群众见面"。使党的政策直接转变为群众的实际行动。

其二是传播典型经验。共产党的路线是人民的路线，只有全体群众行动起来，集中在党的旗帜下，才能实现党的最终目标。而群众的知识水平、工作能力、觉悟程度又不尽一致，这就需要先进带动后进，典型促进一般。因此"领导者的责任，就是不但指出斗争的方向，规定斗争的任务，而且必须总结具体的经验，向群众迅速传播这些经验，使正确的获得推广，错误的不致重犯"。

其三是制造革命舆论，反击反革命宣传。毛泽东认为："一个新的社会制度的诞生，总是要伴随一场大喊大叫的，这就是宣传新制度的优越性，批判旧制度的落后性。"

其四是组织群众，推进革命运动。早在红军时期，毛泽东就认为："红军宣传工作的任务，就是扩大政治影响，争取广大群众。由这个宣传任务之实现，才可以实现组织群众，武装群众，建立政权，消灭反动势力，促进革命高潮等红军的总任务。"抗战时期，毛泽东又规定《解放日报》的使命为"团结全国人民战胜日本帝国主义"。联系到前面三条，不难看出它们之间的内在联系。不通过党的政策宣传、经验传播和舆论的制造，就不可能组织起广大的群众。也就是说，前面三条的实现是组织群众的前提，而组织群众推进革命运动，则是宣传政策、传播经验、制造舆论的目的。

此外，毛泽东还很重视党报的批评监督作用，认为这是发挥群众积极性的重要途径。他指出："必须具体地表现领导机关、干部和党员的创造能力、负责精神、工作的活跃、敢于和善于提出问题、发表意见、批评缺点，以及对领导机关和领导干部从爱护的观点出发的监督作用。"他强调党报批评要从团结目的出发，不能把它用作攻击个人的工具，同时还要避免片面性。

毛泽东的党报使命观偏重于党报的政治功能。宣传政策也好，组织群众也好，制造舆论也好，批评监督也好，基本上是在报刊作为政治斗争工具的意义上讲的。在战争年代这是可以理解的。然而历史已经证明，在新中国成立后，尤其当经济建设成为我党头等大事的情况下，仍然过分强调这种偏重于政治功能的使命观，就不利于党报事业的全面发展了。

办报方针

全党办报、群众办报，是国际无产阶级报刊事业的优良传统。早在十月革命前，列宁就要求所有的社会民主党人都为党的报纸工作，呼吁"所有的人，特别是工人，给我们写些东西"。毛泽东在实际斗争中也意识到了这一方针的重要意义。毛泽东在《对晋绥日报编辑人员的谈话》里指出："我们的报纸也要靠大家来办，靠全体人民群众来办，靠全党来办，而不能只靠少数人关起门来办。"他又说办好一家报纸："不但是办的人的责任，也是看的人的责任。看的人提出意见，写短信短文寄去，表示喜欢什么，不喜欢什么，这是很重要的，这样才能使这个报办得好。"

毛泽东进一步探讨了怎样实现办报方针的问题。在他看来，实现这一办报方针，可以通过四条途径。第一，吸收党外人士参加党报的编委会，在党报上发表党外人士的言论，抗战时期，毛泽东就指示《解放日报》、《新华日报》及各抗日根据地的报刊，"应吸收广大党外人员参加编辑委员会"。"党报工作者必须学会善于吸引党外人员在党报上写文章，写通讯的方式和方法"。在他看来，在党报上将党外人士拒之门外的作法，貌似革命，实是一种典型的宗派主义态度。它只会造成"党外人员对党的过失缄口不言的现象"。

第二，刊登群众来信，反映群众的呼声和要求。根据毛泽东的其他论述，群众来信一方面可以作为生活亲历者对现实生活的生动描述，另一方面，它还能直接反映群众的呼声，成为把握群众情绪的晴雨表，和沟通党与群众的精神桥梁。因此党委和党报决不能掉以轻心，"要给人民来信以恰当的处理"。

第三，建立团结在党报周围的工农通讯员队伍。

最后，毛泽东还主张所有的机关、工厂、学校、连队都可以也应该自己办报。他说，"一个伙食单位，比如说有一百个人，出墙报一张，这里总有一个首长，他就要把墙报当做自己组织工作、教育群众、发动群众积极性的武器"。这即是说，宣传不仅是新闻工作者的事，其他战线的实际工作者，都可以而且也应该进行符合当地实际的宣传工作。

通过这些途径，党报宣传不仅只是记者、编辑的事业，而且也成了广大党员群众的事业。全党办报，群众办报，使得党报及其宣传更富有群众性，更贴近群众的生活实际，从而更易于为群众所接受。由于在党报周围团结了大批热衷宣传的工农通讯员和其他积极分子，使他们在动员群众、组织群众方面起了很大的作用。这种情形，即使在改革开放的今天，也仍然存在。

党性原则

毛泽东认为，要坚持党性原则，首先就得加强党委对报刊的绝对领导。而这种领导可以分为三种形式。一是"把新闻记者、报纸工作人员和广播工作人员召集起来开会，跟他们交换意见，告诉他们宣传的方针"，使他们有所遵循，不至偏离党所规定的方向。二是根据中央政策精神，检查新闻宣传工作，这种检查的形式分事后检查和事前检查两种，前者是回顾过去，对前段时期的宣传进行检讨，以发扬成绩，纠正错误；后者则是在党报出版之前，"由一个完全懂得党的正确路线和正确政策的同志，将大样看一遍，改正错误的观点然后出版"。三是党委第一书记亲自抓社论，把握党报宣传的基调。只有这样，党报宣传才不会偏离方向。

应该指出，这里所谓的绝对领导，并不是没有条件的。毛泽东认为，党委的领导必须符合实际情况，"马克思主义是按情况办事的，情况就包括客观效果。群众爱看，证明领导得好，群众不爱看，领导就不那么高明吧"？"不正确的领导，不按情况办事，脱离实际，脱离群众。使编报的人感到不自由，编出来的报纸群众不爱看，这个领导一定是教条主义的领导"。可见，毛泽东所说的绝对领导，是将不正确的领导、教条主义的领导排斥在外的。

其次，作为党的耳目喉舌，党报要无条件地服从党的政策。党委的领导，只是确保党报方向的外部条件。要使报纸成为富有战斗性的机关报，关键还是要有遵守党的政策的自觉性。

再次，毛泽东还根据党性原则，对党报工作者提出了两大要求。一是树立无产阶级世界观方法论，站稳无产阶级立场；二是一切根据政策，克服宣传人员中闹独立性的错误倾向，重大问题的处理须请示上级，任何下级人员不得擅自表态。

二　毛泽东宣传策略

毛泽东是一个杰出的宣传家。在其指导中国革命宣传实践的过程中，总结出了一系列行之有效的宣传策略。这些策略可以归纳为以下四个部分。

全面地认识宣传对象

所谓宣传，是通过提供情报、阐述某种主义、主张、思想观点以影响特定对象的心理、态度及其行为方式的活动。宣传的成功与否，在很大的程度上取决于对宣传对象的了解程度。不了解对象的宣传是盲目的宣传，注定是得不到什么效果的。毛泽东告诫党的新闻工作者："如果真想做宣传，就要看对象，就要想一想自己的文章、演说、谈话、写字是给什么人看、给什么人听的，否则就等于下决心不要人看，不要人听。""做宣传工作的人，对于自己的宣传对象没有调查，没有研究，没有分析，乱讲一顿，是万万不行的。"

在毛泽东看来，对宣传对象，主要应了解三方面的内容。其一是对象的情绪状态。情绪是影响宣传效果的重要因素。了解对象的情绪，才能使宣传"切合群众的情绪"，从而实现宣传者与读者情感的共鸣。

其二是对象的知识能力。毛泽东认为，群众的知识能力是制约其接受外来宣传信息的另一要素。"如果我们没有学会说群众懂得的话，那么广大群众是不能领会我们的决议的"。因此，必须切实地把握群众的知识水平，并且"随时都善于简单地、具体地、用群众所熟悉和懂得的形象来讲话"。

其三是对象的现实需要。宣传要达到目的，其内容须能满足对象的现实需要。凡是与对象需要相关的，并能给予满足的宣传内容，就能打动对象的心弦，反之则无异于隔靴搔痒。因此办报也好、办电台广播也好，均应"根据当地人民的需要（联系群众，为群众服务），否则便是脱离群众"。而脱离群众、无视对象需要的宣传，注定是要失败的。

合理地组织宣传材料

宣传总是有一定内容的宣传。关于宣传内容材料的组合，是宣传能否成功的关键。在这个问题上，毛泽东从四个方面进行了深入的探索。其一，是关于软材料与硬材料的搭配。毛泽东认为，无产阶级新闻宣传机关，应该表现出共产党人光明磊落的胸怀和无所畏惧的战斗精神。因此，我们的报纸"要尖锐、泼辣、鲜明"，毫不吞吞吐吐。也就是说，无产阶级报纸及其宣传，首先应该具备硬的品质。只有硬的宣传，才能鼓舞士气，动员民众。但是，毛泽东在强调硬的同时，又指出"不要太硬，太硬了人家不爱看"。因为那种过于严肃的题材难以提起并维持群众的阅读兴趣，其结果往往适得其反。所以应该而且"可以把软和硬两个东西统一起来"，在宣传内容中，适当增加软性题材的比重。在这点上他很赞成《文汇报》的做法，表扬该报"搞得活泼，登些琴棋书画之类"。另一方面毛泽东又认为，增强软性，还可以从改进文章的写法着手。如果"文章写得通俗、亲切，由小到大，由近讲到远，引人入胜，"即便是硬的题材，也给软化了。当然毛泽东并非主张新闻宣传要无限地软下去，而是主张软与硬的辩证统一。在宣传内容的软硬对比上，毛泽东比较明显地偏重于硬，软只是处于次要的地位。这与他作为政治家的战斗性格是极为贴切的。

其二，是远材料与近材料的配合。毛泽东认为，要宣传群众，就得从群众的生活实际出发，由近及远，逐步铺陈。他指导报纸登新闻的次序，应是"本乡的，本区的，本县的，本省的，本国的，外国的，由近及远"，其内容，"国内国际消息要少，只占十分之三，本军、本地、近地消息要多，要占十分之七"。他要求"《时事简报》的新闻，特别是本地的和近地的新闻，一定要是与群众生活紧密地关联着的。如牛瘟、禾死、米荒……都是与群众生活密切关联的。群众一定喜欢看。凡属不关紧急的事不登载。"只有这样，"才能引动士兵和群众看报的兴趣，取得我们所要取得的效果"。这种观点，与新闻学的接近性原理是一致的。根据接近性原理，新闻受众一般倾向于接受发生在自己身边，或与自己生活密切相关的事件的信息。强调接近性，并非主张宣传局限于近的内容，而是为了由近及远，为了更好地配合远距离内容的宣传。

其三，是典型材料与一般材料的协调。早在抗战时期，毛泽东就要求各级政治机关注意收集八路军、新四军中涌现出的典型的民族英雄，认为"表扬这些英雄及其英勇行为，对外宣传与对内教育均有重大意义"。在宣传实践中，先进典型的价值是非常明显的，这种典型一旦经过报刊广为宣传，就犹如一面飘扬的旗帜，吸引带动一大片已经觉悟或正在觉悟的群众，成为现实政治运动的推动力。但是毛泽东也意识到，典型总是一般基础上的典型，离开了一般也就无所谓典型。报刊宣传的，不能尽是些典型。典型的材料只有和一般的材料结合起来，才能起到典型的带动作用。

其四，是正面材料与反面材料的配合。毛泽东认为，报纸宣传内容，就其性质而言，可分为正面与反面两类。正面的材料，旨在宏扬正气，歌颂成绩，赞美英雄，催人奋发；反面的材料，则是要揭露缺点，批评错误，控诉罪恶，压倒邪气。在他看来，这两种材料对报纸来说同样是不可缺少的。毛泽东主张，"凡典型的官僚主义、命令主义和违法乱纪的事例，应在报纸上广为揭发"，如果把它们"封锁起来，反而危险"。因此应该在思想领域种牛痘，即"人为地把一种病毒放到人体里面去，实行'细菌战'，跟你作斗争，使你的身体里头产生一种免疫力"，也即是说通过宣传工具"把毒草、把非马克思主义和反马克思主义的东西，摆在我们同志面前，摆在人民群众和民主人士面前，让他们受到锻炼"，以增强其对病毒、对错误东西的抵抗力。如果无视这种反面材料，专注于正面宣传，就无法使群众认识到社会现象的复杂性。不过在具体内容的安排上，正面的材料应居于主导地位，而且"在开展反坏人坏事的广泛斗争达到了一个适当阶段的时候，就应将各地典型的好人好事加以调查分析和表扬，使全党都向这些好的典型看齐，发扬正气，压倒邪气"。这一观点对中国革命的宣传实践产生了重大的影响。

科学地运用宣传手段

在毛泽东的宣传实践中，科学地运用多种宣传手段，准确地把握宣传力度，是其成功的重要经验。早在第二次国内革命战争时期，毛泽东就把传单、布告、宣言作为重要的宣传文件，并认为邮寄宣传品，即在邮件中夹带宣传品或在邮件上印上宣传鼓动口号，是不可替代的宣传工具。他还认为"壁报为对群众宣传的重要方法之一"，化装宣传也是一种最具体最有效的宣传方法。他要求"各政治部负责征集并编制表现各种群众情绪的革命歌谣"，"军政治部宣传科的艺术股，应该充实起来，出版石印的或油印的画报"。后来，随着我党广播事业的产生，毛泽东又指导全党要充分地利用这一新的媒介。可见在当时历史条件许可的范围内，对于口头宣传、文字宣传、实物宣传等各种手段、载体，毛泽东都充分注意到了。

毛泽东还非常重视在宣传过程中对信息流量的控制。他反对强行灌输，而主张讲究分寸。主张根据对象的心理承受能力，慢慢地渗透。他告诫宣传工作者"不要在几个小时内使人接受一大堆材料，一大堆观点，而这些材料和观点又是人们平素不大接触的。一年要找几次机会，让那些平素不大接触本行事务的人们，接触本行事物，给以适合需要的原始材料或者半成品。不要在一个早上突如其来地把完成品摆在别人面前。要下些毛毛雨，不要在几小时之内下几百公厘的倾盆大雨。'强迫受训'的制度必须尽可能废除……要彼此有共同的语言，必须先有必要的共同的情报知识。"在另一篇文章中他又指出："我们共产党要学会一个办法，就是人家不听就不讲了。"

从这两段话中，我们可以看出毛泽东对于读者信息接受过程的基本看法。首先，读者的思想态度、行为方式的改变，是一个复杂的心理过程，用简单的灌输方式是难以奏效的；其次，要使宣传对象具有与宣传者相同的语言和态度，必须使对象具有与宣传者相同的必要的情报资料；第三，要使宣传卓有成效，就得遵循宣传对象的心理规律，变倾盆大雨为毛毛细雨，作长期打算，锲而不舍，水滴石穿。这一见解可以说是对马列主义宣传理论的创造性贡献。

准确地把握时空环境

宣传总是在一定的时间、一定的空间范围内进行的。时间空间的特殊性，往往会给特定历史条件下的宣传活动以鲜明的个性特征。为了宣传的目的，宣传家必须一切以时间地点为转移。这也是毛泽东的重要观点。

从时间上看，毛泽东认为，宣传工作者应注意两点。其一是在不同时间不同的历史阶段，宣传的内容、倾向应有所区别。切不可千篇一律，以不变应万变。解放战争初期，毛泽东就指示我党的新闻工作者："描写美蒋怎么厉害，怎么凶，这在七月以前是必要的，七月以后则不但不必要，且有副作用了。"也就是说，时间变化了，形势不同了，宣传的内容、调子也应该随之发生变化。其二在时效性问题上，宣传家与新闻记者的理解是大不一样的。在记者看来，时效是新闻的生命，新闻的发布要及时，快速，过时的东西则不成其为新闻。所以记者追求的主要目标应该是尽可能地缩短新闻事件发生与新闻报道发表之间的时间差。时间差越短，报道速度越快，就越能引起轰动性效应。

但是对于宣传家就不一样了。在宣传家来说，与其说是追求时效，还不如说是追求时宜。在许多场合，快速的报道并不能带来好的效果，甚至会完全相反。对此毛泽东主张："对具体问题要作具体分析，新闻的快慢问题也是这样。有的消息，我们就不是快登慢登的问题，而是干脆不登。比如土改新闻就是这样，我们在报上不宣传，免得传播一些不成熟的、错误的经验。"1956年北京几天就实现了全行业公私合营，宣布进入社会主义，"本来对这样的消息就要好好考虑，后来一广播，各地不顾本身具体条件，一下子都干起来，就很被动。"可见宣传工作者对时效问题，应有正确的认识。在条件时机允许的范围内，可以追求快速报道，但是一旦快速报道会造成不利的后果，宣传工作者就应该放一放、压一压，等到时机成熟后再予报道。

在空间问题上，毛泽东主张一切宣传应适应客观情况，随着地点、情境的不同而改变。他曾指示红军"每到一个地方，要有适合那个地方的宣传口号和鼓动口号"。在解放战争接近尾声，我党开始全面接管大中城市时，毛泽东又认为："在大城市工作的作风，决不能搬用在乡村工作的作风。在大城市，凡事均须从新仔细考虑，一举一动都要合乎城市的情况。"由此，他主张在平津这类大城市的墙壁上不应该书写空洞的大字标语，而应该张贴有针对性的印刷品。至于在军队中进行实际教育的口号，"不要当作标语写在北平天津这样的大城市里，也不要当做单纯的口号登在大城市报纸的广告上，也不要在我军尚未实行打南京时在天津这类大城市的市民会议上去叫出来"。只有这样因地而异，才能取得预期的效果。

三　毛泽东新闻业务观念

这是毛泽东作为一个新闻工作者，对于具体的新闻传播业务的主要见解。其党报理论、宣传谋略便是在此基础上建立发展起来的。我认为，毛泽东的新闻业务观念可以从新闻本体论、新闻文风论、新闻作风论三个方面去理解。

新闻本体论

新闻本体论，主要是回答新闻的本源和生命所在的问题。这是毛泽东新闻思想的重要内容。新闻的生命力，归根到底也是宣传的生命，在于真实。虚假的捏造的东西，一旦为民众所察觉，就会尽失民心，信誉扫地。因此，真实性是新闻工作的一项根本原则。

坚持报道的真实性，是无产阶级新闻宣传的优良传统，也是毛泽东的一贯观点。早在第一次国共合作时期，毛泽东就指出："我们反攻敌人的方法，并不多用辩论，只是忠实地报告我们革命工作的事实。"他深信事实胜于雄辩，报道事实，就是对谣言的有力反击。在长期的宣传实践中，毛泽东多次重申新闻的真实性原则。在肯定"文字和材料都是要有鼓动性的"同时，又严禁扯谎，"例如，红军缴枪一千说有一万，白军本有一万说只一千。这种离事实太远的说法，是有害的"。1945年，在党的七大上，毛泽东再次强调"不要吹，就是要报实数，'实报实销'"。对于成绩、胜仗是如此，对于错误、自然灾害也要如实报道，"一点也不要隐瞒"。后来他又指出："敢讲真话的人，归根到底，于人民事业有利，于自己也不吃亏。爱讲假话的人，一害人民，二害自己，总是吃亏。"毛泽东的这一原则，表明了共产党人无所畏惧、直面现实的气魄。但遗憾的是，在解放后的一段时间里，这一原则精神被遗弃了，终于导致了大跃进时期各新闻机构争放卫星的局面。十年动乱时期，更是使讲大话、假话、空话成为时尚，给党和国家带来了巨大的灾难。

新闻文风论

毛泽东的讲演和文章，都非常出色，不论是哪一种体裁，均具有准确性、鲜明性、生动性，引人入胜，别具一格。毛泽东非常重视文风的改进问题。他把文风提高到党风学风的高度，认为文风的好坏，直接关系到内容的表达，以至影响全党全国。为了实现党的宣传目的，他强调，"洋八股必须废止，空洞抽象的调头必须少唱，教条主义必须休息，而代之以新鲜活泼的、为中国老百姓所喜闻乐见的中国作风和中国气派。"

根据毛泽东的论述，他所提倡的文风应该具备两大要素。其一，文章必须生动通顺，合乎文法。他曾在一篇按语中批评："我们的许多同志，在写文章的时候，十分爱好党八股，不生动，不形象，使人看了头痛。也不讲究文法和修辞，爱好一种半文言半白话的体裁，有时废话连篇，有时又尽量简古，好象他们是立志要让读者受苦似的。"因而要求新闻工作者写出生动通顺的文章，不要故弄玄虚，如此才能使宣传为广大的群众所接受。

其二，文章要具备尖锐、泼辣、鲜明的特征，表现出无产阶级的战斗风格。"我们必须坚持真理，而真理必须旗帜鲜明。我们共产党人从来认为隐瞒自己的观点是可耻的。我们党所办的报纸，我们党所进行的一切宣传工作，都应当是生动的、鲜明的、尖锐的，毫不吞吞吐吐。这是我们革命无产阶级应有的战斗风格。"

毛泽东认为，要树立马克思主义的文风，表现出中国作风和中国气派，就必须坚决地反对党八股，清除教条主义的影响。因为它们已经变成了一种死硬的、倒退的、阻碍革命的东西。不清除它，"生动活泼的革命精神就不能启发，拿不正确态度对待马克思主义的恶习就不能肃清，真正的马克思主义就不能得到广泛的传播和发展"。他身体力行，多次强调，使得这种具有中国作风、中国气派的马克思主义文风终于得以确立，为党的新闻事业的发展，作出了重大贡献。

新闻作风论

对新闻作风的论述，是毛泽东新闻业务观念的重要组成部分。概而言之，有两个方面的内容，即联系群众，深入实际，它实际上是党的群众路线、思想路线在新闻工作领域的具体体现。

关于联系群众，毛泽东论述较多，但大体可以归纳为三点。其一，要从群众中来，到群众中去。新闻传播就是实现这一过程的重要工具。一定的事实，一定的观点，都不可能是记者凭空的创造，而只能来自于群众创造世界的实践活动。而这种观点，这种报道是否正确，又有赖于群众的检验。其二，以平等的态度对待群众。他要求新闻工作者要向鲁迅学习，"鲁迅的思想是和他的读者交流的，是和他的读者共鸣的"。这正是他赢得读者的重要原因。其三，真心地做群众的朋友，"而不是去做侦探，使人家讨厌"。毛泽东告诫记者，群众在某种场合不讲真话，不能怪群众，而只能怪自己。"要在谈话过程中和做朋友的过程中，给他们一些时间摸索你的心，逐渐地让他们能够了解你的真意，把你当做好朋友看，然后才能调查出真实情况来。"

深入实际，调查研究，不仅是客观报道，也是制定科学的政策的重要途径。毛泽东多次强调，实际政策的决定，一定要根据具体情况，坐在房子里想像的东西，和看到的粗枝大叶的书面报告上写着的东西，决不是具体的情况。"所以详细的科学的实际调查，乃非常之必需。"后来他又指出，"没有调查，就没有发言权。"既然新闻的本源是客观事实，那就只有深入实际，调查研究，才能全面客观地认识，才能准确生动地报道。

四 结论

毛泽东新闻思想在很大的程度上揭示了新闻宣传工作的基本规律。它在过去，曾指导我党新闻宣传工作为抗日战争、解放战争的胜利作出了重大的贡献，对于现在进行的新闻改革也具有重要的指导意义。从理论角度看，毛泽东新闻思想体系为建设具有中国特色的社会主义新闻学奠定了理论基础。

正如历史上一切重大成果都必然存在着时代的局限性，毛泽东新闻思想也留下了时代的印迹。由于毛泽东新闻思想主要形成于战争年代，这就决定了他的某些理论观点可能不适应于战后和平建设时期的客观形势。如毛泽东对新闻功能的认识就偏重于政治作用，把报刊的性质规定为阶级斗争的工具等。这些观点，显然应从历史的意义上去理解。

正是由于存在着某些局限性，发展毛泽东新闻思想也就是历史的必然要求了。但是，发展必须是继承基础上的发展，而不应该是否定毛泽东新闻思想的理由。

毛泽东的早期新闻出版实践[*]

陈昌荣

主编《湘江评论》的巨大成就

《湘江评论》是毛泽东主编的第一个报纸。该报由湖南学生联合会出版，1919年7月14日在长沙创刊，每周出版1号。

从《湘江评论》现存的4号报纸和临时增刊来看，毛泽东既是报纸的主编，又是主要的撰稿人和发行人。除启事、申明、刊误不计外，报纸共刊登稿件84篇（则），其中毛泽东撰写的36篇（则），约占43％。特别是有份量的、带头的政论，绝大多数是毛泽东撰写的。

《湘江评论》有如下几个特点：首先，站在时代前列，传播新思潮，具有先进性。创刊号刊登的"本报启事"明确宣告："本报以宣传最新思潮为主旨。"毛泽东撰写的创刊宣言，对报纸的编辑方针和任务作了详细的阐述。面对"五四"运动在湖南的蓬勃发展，青年毛泽东满怀激情地写道："时机到了！世界的大潮卷得更急了！洞庭湖的闸门动了，且开了！浩浩荡荡的新思潮业已奔腾澎湃于湘江两岸了！顺他的生。逆他的死。如何承受他？如何传播他？如何研究他？如何施行他？这是我们全体湘人最切最要的大问题，即是《湘江》出世最切最要的大任务。"这个办报方针贯彻得很好。纵观报纸文字，无论是长篇大论，还是短小随笔，都张扬时代的主旋律：反帝反封建，倡导科学与民主。特别是毛泽东撰写的《民众的大联合》一文，提出和阐明了必须发动和组织各界民众来进行反帝反封建的思想，见解卓越，高于前人，是"五四"时期旗帜鲜明、影响深远的

---

[*] 本文原载于《毛泽东思想研究》1995年2期。

政论。其次，面向世界，视野广阔，具有开放性。虽为湖南学生报纸，但其宣传报道不局限一隅，而是放眼全国全世界，大力捕捉热点问题。例如创刊号刊登的《各国的罢工风潮》、《陈独秀之被捕和营救》，第二号刊登的《德意志人沉痛的签约》，第二号增刊、第三号和第四号连续刊登的法国通讯等，都是当时的热点新闻。第三，文字通俗，情文并茂，有很强的可读性。实行文学革命，全用白话写作，而且注重文采，具有极强的感染力，引人爱看，看后难忘。第四，编排醒目，便于阅读。主要采用专栏结构，辟有《东方大事述评》、《西方大事述评》、《湘江大事述评》、《世界杂评》、《法国通讯》、《新文艺》、《放言》等栏目。遇有大事，则出增刊。这样，既能扩大报道面，争取时效，又能使稿件编排有序，活而不乱。由于《湘江评论》具有上述优点，创刊一炮打响，受到群众欢迎。第二号刊登的"本报申明"说："本报创刊号两千份，即日销尽。今特重印两千份。因印局甚忙，尚须稍待数日，才能出版。祈索报诸君原谅。"从第二号起，印刷五千份，这在当时是一个很大的发行量。

《湘江评论》指点江山，激扬文字，引起新文化运动著名人士和全国舆论界的极大重视和高度赞赏。《新青年》杂志、《每周评论》、《晨报》、上海出版的日报《时事新报》副刊《学灯》、成都《星期日》周报、湖南旅沪人士在上海出版的《湖南》月刊、长沙明德中学出版的《明德旬刊》等都给予《湘江评论》高度评价。

《湘江评论》坚决反帝反封建的立场，引起了当时统治湖南的军阀张敬尧的恐慌和忌恨。1919年8月上旬，第五号报纸刚刚印出。报社即被查封，第五号报纸也被没收。毛泽东1919年9月5日在致黎锦熙的信中提到，他曾将第五号报纸寄给黎锦熙。① 这说明，有少量《湘江评论》第五号流传千世，可惜至今尚未找到这一号报纸。

马克思说过："理论一经掌握群众，也会变成物质力量。"② 《湘江评论》被查封后，全国各地进步报刊对张敬尧的暴行纷予谴责，对《湘江评论》寄予怀念，并以《湘江评论》所倡导的先进思想和战斗精神继续进行

---

① 《毛泽东早期文稿》，湖南出版社1990年版，第404页。
② 《黑格尔法哲学批判》导言，《马克思恩格斯选集》第1卷，第6页。

斗争,取得了很重要的胜利。

综上所述,可以看出,《湘江评论》存在的时间虽然短暂,但是影响深远,是当时知名度甚高的报纸。主编《湘江评论》是毛泽东早期新闻出版实践中的一座丰碑。

主编《新湖南》——《湘江评论》的化身

《湘江评论》被封禁后,毛泽东接手主编长沙湘雅医学专门学校学生自治会会刊《新湖南》,继续从事革命的新闻工作和宣传鼓动工作。

《新湖南》已佚,现根据一些历史记载对它作简要述评。

毛泽东从《新湖南》第7号开始担任主编,时间在1919年9月。1919年9月5日,毛泽东在致黎锦熙的信中就写道:"《湘江评论》出至第五号被禁停刊。……此间有一种《新湖南》,第七号以后归弟编辑,现正在改组,半月后可以出版。"①

毛泽东担任《新湖南》主编后,发扬《湘江评论》的战斗风格,对刊物进行了刷新。毛泽东撰写的《〈新湖南〉周刊第七号刷新宣言》宣告:"本报第七号以后的宗旨是:一、批评社会。二、改造思想。三、介绍学术。四、讨论问题。……第七号以后的本报,同人尽其力之所能,本着这四个宗旨去做;'成败利钝'自然非我们所顾就是一切势力Authority也更非我们所顾。因为我们的信条是'什么都可以牺牲,惟宗旨绝对不能牺牲!'"②

《新湖南》刷新出版以后,其革命内容和战斗风格引起舆论界的极大反响,特别是对它继承和发扬《湘江评论》的优良传统赞赏有加。

《新青年》杂志、北京《晨报》、上海《星期评论》等都纷纷载文给予很高评价。

《新湖南》同样遭到军阀张敬尧的忌恨和镇压。报纸出至第十号,即被查封。

---

① 《毛泽东早期文稿》,湖南出版社1990年版,第404页。
② 同上书,第408页。文中英文系原有,意为"权势"、"权力"。

一组精采的评论

毛泽东除了自己办报，还注意利用其他舆论工具宣传新思想。

1919 年 11 月，毛泽东应湖南《大公报》的邀请，担任该报的馆外撰述员。同年 11 月 14 日，长沙女青年赵五贞为反抗封建包办婚姻，在花轿内自杀，引起社会的强烈反响。从 11 月 16 日至 28 日毛泽东发表了 10 篇文章（9 篇发表在湖南《大公报》，1 篇发表在长沙《女界钟》周刊），对此事件的方方面面进行了连续和深入的评论，对封建制度展开了一次猛烈的进攻。

毛泽东的评论文章对赵五贞表示深切的同情，对赵五贞自杀的社会原因作了详细分析。指出赵五贞自杀事件，"是一个很大的事件。这事件背后，是婚姻制度的腐败，社会制度的黑暗"。[1] 呼吁社会各界关注女子自立问题。"研究一个拔本塞源的方法，使今后不再发生同类的惨事。"[2]

毛泽东的 10 篇评论，形成一个颇有思想理论深度的系列，收到很好的宣传效果，显示了青年毛泽东跟踪新闻热点，进行系列报道，连续评论的卓越才能。北京《晨报》刊登的署名煊的长沙特约通讯，在综合介绍湖南《大公报》关于赵五贞自杀的讨论情况时，称赞毛泽东写的一系列文章"很好"，"快语很多"，"议论非常彻底"。这篇通讯还透露，毛泽东在《打破媒人制度》一文中所揭露的媒人的各种怪现象，已被人们作为戏剧创作素材使用。通讯说："第一中学已将赵女士底事情编成新剧，名曰《恶姻缘》，前晚已在校中试演一次，闻其最精采者为第二幕底《媒婆》。把那毛君所讲底'媒人怪象'都描摹出来了。"[3]

创办平民通信社为驱张斗争服务

1919 年 12 月 18 日，毛泽东率领湖南赴京驱张（张敬尧）请愿公民代表团到达北京。为了传播驱张消息，加强驱张宣传，毛泽东同请愿团的其他代表罗宗翰、张百龄等组织了平民通信社，毛泽东任社长。通信

---

① 《毛泽东早期文稿》，湖南出版社 1990 年版，第 414 页。

② 同上书，第 421 页。

③ 《晨报》1919 年 12 月 7 日。

社从 12 月 22 日开始，每日向北京、天津、上海、汉口等地的报社发送稿件。平民通信社共编发了多少篇稿件，未见文献记载。各地报纸采用平民通信社稿件，往往也不注明来源。经考证，确系平民通信社所发稿件。

《毛泽东早期文稿》一书收入的有三件①，即《湘人力争矿厂抵押呈总统府、国务院及外、财、农商三部文》，1919 年 12 月 27 日发，1919 年 12 月 28 日北京《晨报》刊登，标题为《湘人力争水口山铅矿事件》；《对于张敬尧私运烟种案之公愤》，1920 年 1 月 2 日发，1 月 6 日上海《申报》刊登，标题为《湘人对张敬尧运烟种之公愤》；《快邮代电》，1920 年 1 月 18 日发，上海《民国日报》5 月 24 日刊登，标题为《湘人罗宗翰等通告旅外各同乡电》。

借助新闻媒介的传播，驱张运动声势迅速壮大，得到各界人士的广泛同情和支持，突破湖南一省范围而成为影响遍及全国的反帝反封建运动。处于全国舆论中心的北京、天津、上海、汉口的报纸，纷纷发表讨张言论。据当年汇集驱张运动资料较为详尽的《蒸阳请愿录》一书记载，当时的天津《京津太晤士报》、北京《唯一日报》、《益世报》、《北京日报》、汉口《大陆报》、《正义报》、上海《申报》就发表了 17 篇评论，揭露张敬尧的罪恶，支持湖南人民的斗争，敦促北京政府撤办张敬尧。全国性和地方性的社团，如全国各界联合会，全国学生总会，北京学校教职员联合会，江苏省教育会，上海、北京、南京、武汉、河南等省市的学生联合会，以及湖南留美、留日和旅居各地的学生，也纷纷发布函电，支持驱张运动。这样，就使张敬尧陷入了"老鼠过街，人人喊打"的境地，加上军阀之间的内部矛盾，使张敬尧在军事上处于劣势，最后不得不滚出湖南。湖南人民驱张运动之所以取得胜利，舆论工作抓得好是一个重要因素。毛泽东创办平民通信社为驱张的政治斗争服务，是他早期新闻工作实践中的又一个成功。

---

① 据安其文著《毛泽东新闻思想研究》（中国新闻出版社出版）称，平民通信社所发稿件现今珍存下来的有 10 件，未说明根据，录以备考。

编辑新民学会会刊为共运史留下珍贵文献

新民学会出版《新民学会会员通信集》和《新民学会会务报告》两种会刊，都由毛泽东负责编辑。《通信集》共出版了三集：第一集、第二集编印于1920年底，第三集编印于1921年初。《会务报告》共出版了两号：第一号编印于1920年冬，第二号编印于1921年夏。两刊主要在会员中发行。作为会刊编辑，毛泽东在《通信集》第一集上发表了自己撰写的新民学会启事和《发刊的意思和条例》一文，通告了会刊的编辑方针和有关事项。他指出：《会务报告》的内容为"叙述会务状况"；《通信集》"为会员发抒所见，相与扬榷讨论的场所"；"通信集之发刊，所以联聚同人精神，商榷修学，立身，与改造世界诸方法"；"集内凡关讨论问题的信，每集出后，总望各会友对之再有批评及讨论，使通信集成为一个会友的论坛，一集比一集丰富，深刻，进步"。①

从两刊的内容看，毛泽东很好地贯彻执行了上述方针。首先，加强通信联络，广泛组织来稿。《通信集》第一集、第二集上，都刊有毛泽东撰写的启事，征求会友与会友之间的往来信稿。在致萧子暲、罗章龙等信中，都请他们把与会友间的往还信稿寄来。② 其次，选编精当，使人爱看。三集《通信集》共刊发信件50封，每封均有重要信息，许多封纵论天下大事，有激情、有见地、有智慧、有哲理，称之为以通信形式写作的政论亦不为过。《会务报告》综合报道会务和会员的学习、工作、生活情况，翔实生动，条理清晰，行文重视现场描绘，使人如临其境、如闻其声、如见其人，读起来饶有兴味，其中，《通信集》第三集刊登的蔡和森、萧子升、李维汉与毛泽东的来往信件7封，《会务报告》第二号刊登的1921年1月，2月长沙会友三次会议情况的报道，内容集中于讨论中国革命和世界革命问题，讨论在中国成立共产党和实行无产阶级专政问题，反映了中国的先进分子寻求救国救民真理的奋斗历程，以及对于马克思列宁主义的学习和接受过程，反映了"山雨欲来风满楼"的中国革命形势。作为编辑的毛泽

① 《新民学会资料》，人民出版社1980年版，第42、43页。
② 同上书，第97页。

东，对此显然有深刻的认识，并把这种认识转化为编辑意图。他为《通信集》第三集加了一个言简意赅的按语："这一集以讨论'共产主义'和'会务'为两个重要点。信的封数不多，而颇有精义。"①

毛泽东在编辑工作中付出的劳动具有重大价值：一批共产主义运动史和中国共产党党史的珍贵文献得以保存下来。

---

① 《新民学会资料》，人民出版社 1980 年版，第 123—124 页。

毛泽东"政治家办报"思想的若干原理探析[*]

杜贤荣

政治家办报，是毛泽东新闻理论中的一个重要观点。这个观点的基本含义是：党的新闻工作者必须是立场坚定、旗帜鲜明、政治敏锐、作风过硬、业务精良的政治家和社会活动家。

50 年代中期，我国生产资料私有制的社会主义改造完成以后，社会主义制度在我国确立起来。在新的历史条件下，新闻战线担负着重要的历史任务。毛泽东从巩固社会主义制度、开辟新的未来的高度出发，提出"政治家办报"的思想。1957 年 6 月 7 日，毛泽东对吴冷西等谈话说：新闻工作者"写文章尤其社论，一定要从政治上总揽全局，紧密结合政治形势。这就是政治家办报"[①]。"要政治家办报，不是书生办报，就得担风险"[②]。1959 年 6 月，毛泽东又进一步指出："报纸办得好坏，要看你是政治家办报还是书生办报"，"搞新闻工作，要政治家办报。"[③] 以后，毛泽东又在不同场合以不同形式表达了同样的思想，并用这个思想指导新闻工作者和参与新闻工作。毛泽东关于政治家办报的思想，既有当时历史条件下的特定含义，又具有社会主义新闻事业的普遍性，是马克思主义新闻理论的发展。这个思想，对于我们今天坚持新闻工作为人民服务、为社会主义服务的基本方针，推动社会主义物质文明建设和精神文明建设，有着重要的现实意义。

---

　* 本文原载于《毛泽东思想研究》1998 年第 5 期。

　① 吴冷西：《忆毛主席——我亲身经历的若干重大历史事件片断》，新华出版社 1995 年版，第 40 页。

　② 同上书，第 45 页。

　③ 同上书，第 141 页。

一 政治家办报，必须坚持社会主义新闻事业的党性原则

我们从事的新闻工作，是社会主义的新闻工作。我们的报纸、广播、电视，是党和人民的喉舌，属社会主义性质，这是勿庸置疑的。"一个新的社会制度的诞生，总是要伴随一场大喊大叫的，这就是宣传新制度的优越性，批判旧制度的落后性"①。作为新制度的代表者无产阶级和广大劳动人民，要通过各种有效的宣传形式，而其中一种重要的形式就是新闻，来宣传自己的主张、理想和功业，反映社会生活，以调动全体人民群众创造新生活的积极性。而作为旧制度的代表，反动阶级决不会甘心自己的失败，他们要竭力进行相反的宣传和煽动。对此，新闻工作者保持清醒的政治头脑，坚持社会主义的党性原则，就显得特别重要了。

社会主义新闻事业的党性原则，是由社会主义新闻的阶级性决定的。毛泽东根据人的意识是社会存在的反映这个马克思主义认识论原理，认为新闻属于意识形态范畴，是上层建筑领域的东西，是一定社会经济基础的反映。因此，存在着无产阶级与资产阶级、社会主义与资本主义两种新闻学。他说："马克思主义新闻学的立足点是新闻有阶级性、党派性。资产阶级新闻学是以资本主义经济为基础。""共产党是把人类有史以来的优秀文化遗产都继承下来，加以发扬光大。但是，我们无产阶级新闻学是以社会主义经济为基础的，这同资产阶级新闻学根本不同。"② 在论及报纸（其他新闻载体也一样）登什么，不登什么的时候，毛泽东说："无产阶级的新闻政策和资产阶级的新闻政策，有一个共同点，这就是新闻有阶级性、党派性。资产阶级报纸只登对他们有利的东西，不登对他们不利的东西。无产阶级和人民大众的报纸也不登对我们有害的东西。这都是阶级利害关系，是普遍规律。"③ 毛泽东的这些极具针对性的论述，揭示了新闻的本质属性，这就是，阶级性或者说党性原则，是社会主义新闻学的核心和精髓。

---

① 《毛泽东新闻工作文选》，新华出版社 1983 年版，第 178 页。

② 吴冷西：《忆毛主席——我亲身经历的若干重大历史事件片断》，新华出版社 1995 年版，第 141 页。

③ 同上书，第 35 页。

但是，对于社会主义新闻的党性原则这样一个重大原则问题，由于国际敌对势力的攻击与诬蔑，国内资产阶级自由化思潮的影响，在一些人的脑子里变得模糊不清了，甚至抛到了九霄云外。他们或者混淆社会主义与资本主义新闻的界限，或者全盘接受西方资产阶级新闻观点，主张"自由化"。这些，都违背了社会主义新闻的党性原则。

作为伟大的革命家和理论家，毛泽东始终对社会主义、共产主义充满信心。他多次强调，生气勃勃的具有伟大创造性的社会主义是人民群众自己的事业，并深刻指出："社会主义制度终究要代替资本主义制度，这是一个不以人们自己的意志力为转移的客观规律。"① 正是抱着这样坚定的信念，所以不论遇到什么困难和曲折，他始终有种一往无前的气势与锐气。这是因为，中国人民经过了几代人奋斗得来的社会主义，是历史上最壮丽的最伟大的事业，主流总是健康的光明的。对于这样的事业，应当宣传、歌颂，让人民群众更好地理解它，为它而奋斗。在这方面，新闻工作者有其独特的责任和义务，其阶级性和党派性是十分鲜明的。

新闻事业的党性原则，实际上是共产党的党性在新闻事业的最高表现。我们所从事的社会主义，是共产党领导的社会主义，就必须在新闻的一切工作中，无条件地宣传党的路线、方针、政策，宣传广大群众贯彻落实的情况，从而推动社会主义事业的前进。除了内容与党的整个活动保持一致以外，形式也要为内容服务。毛泽东指出："报纸同政治关系密切，甚至有些形式、有些编排，就表现记者、编辑有倾向，就有阶级性、党派性了。"② 对于新闻工作者来讲，政治家办报，就是在新闻工作的各个方面，用马克思主义的立场、观点和方法去认识世界和反映世界，而且要按党的政策和策略的要求，去能动地认识世界和反映世界。从这个意义上说，这是新闻工作者最高的党性原则。

二　政治家办报，必须坚持无产阶级新闻事业的战斗风格

我们从事的社会主义事业，是无产阶级奋斗的结果和继续奋斗的社会

---

① 吴冷西：《忆毛主席——我亲身经历的若干重大历史事件片断》，新华出版社 1995 年版，第 36 页。

② 同上书，第 37 页。

理想。而无产阶级是人类历史上最先进的朝气蓬勃的阶级,因此,新闻的风格,就要体现这个风格。毛泽东指出:"我们党所办的报纸,我们党所进行的一切宣传工作,都应当是生动的、鲜明的、尖锐的,毫不吞吞吐吐,这是我们革命无产阶级应有的战斗风格。我们要教育人民认识真理,要动员人民起来为解放自己而斗争,就需要这种战斗风格。用钝刀子割肉,是半天也割不出血来的。"① 毛泽东的这个思想,发展到后来,成为写文章、做新闻工作的"三性"原则,即"准确性、鲜明性、生动性"②。战斗风格,实际上是一种文风。文风体现党风。战斗风格体现共产党的党风。政治家办报,既要讲究党性,又要有生动活泼的马列主义文风。

关于新闻要坚持无产阶级的战斗风格,毛泽东提出了多方面的要求。从主观到客观、从内容到形式、从决策到用人都有深刻的论述,从理论和实践的结合上揭示了无产阶级新闻风格的重要意义。

1959 年,毛泽东谈及报纸时,他说:"报纸办得好坏,要看你是政治家办报还是书生办报。我是提倡政治家办报的,但有些同志是书生,最大的缺点是优柔寡断。"他列举三国时期几个重要人物的特点和作风,来说明办报应具有风格。他说不要做廖化,要做先锋。"袁绍、刘备、孙权都有这个缺点,都是优柔寡断,而曹操则是多谋善断。我们做事不要独断,要多谋,但多谋还要善断,不要多谋寡断,没有抓住要点,言不及义,这都不好。听了许多意见之后,要一下子抓住问题的要害。曹操批评袁绍,说他志大智少,色厉而内荏,就是说没有头脑。办报也要多谋善断,要一眼看准,立即抓住、抓紧。"③ 毛泽东的这些精彩论述,中心是做事要多谋善断,办报也一样,做到及时、准确、鲜明,体现一种让人振奋的战斗风格。他这里说的多谋,实际上指的是眼观六路、耳听八方、勤于思索,从复杂多变的事实中抓住本质和要害,然后给以深刻有力的报道和反映。善断,指的就是决心与雷厉风行的作风。他说的不要书生办报,并不是说不要知识分子办报,而是说办报不要腐儒的书生气。这里有两层含义:一是

---

① 《毛泽东选集》第 2 版第 4 卷,第 1322 页。
② 《毛泽东新闻工作文选》,新华出版社 1983 年版,第 207 页。
③ 吴冷西:《忆毛主席——我亲身经历的若干重大历史事件片断》,新华出版社 1995 年版,第 141 页。

不要教条主义，二是不要保守。

关于文风，毛泽东把它提到党风的高度来认识，坚持不懈地引导全党重视文风、改造文风。他严厉地批评一些文风不正的现象说：看某些文件是一场大灾难，好像立志要让读者受苦似的，"灵台如花岗之岩，笔下若悬冰之冻"，哪一年能使我们少看一点令人头痛的党八股呢？对一些干巴而毫无生气的文字，毛泽东毫不客气，批评近似挖苦："稍稍松动一下，使读者感觉有些春意，因而免于早上天堂，略微延长一年两年寿命。"① 针对报纸及其他方面文风存在的问题，毛泽东指出：报纸要"多载些生动的文字，切忌死板、老套，令人看不懂，没味道，不起劲。"② 毛泽东早年经常为报纸写稿，自己主办过报纸，喜欢读报成为他终生的习惯，对办报纸是很内行的。对报纸的编排和文风，他也提出过切合实际的要求，"报纸的编排和文风，不要刻板，要生动活泼。文章要写得短些，通顺些，标题要醒目些，使读者爱看"。新闻报道是以文字语言与读者见面的，毛泽东把读者是否需要、是否喜欢视为鉴别好坏的标准，这一点，值得我们今天的每一位新闻工作者所记取。毛泽东这里谈到群众爱看，与我们今天的一些人的媚俗行为是根本不同的。

我们常说，言论（或说评论）是报纸也是其他新闻报道形式的旗帜，它对当前舆论的倾向、形势的认识、政策的解释，往往起着引导和旗帜的作用。如何写好报纸的评论，毛泽东有许多精辟独到的见解，他本人更是一位写评论的好手。他指出："写评论要结合形势，结合当时的政治气候。要看得准、抓得快、抓得紧、转得快"；"评论要写得中国化，有中国气派，不要欧化，不要洋八股，不要刻板，要生动活泼。形式要多样化，有编者按语，有短评、时评，有专论、社论，有评论员文章、观察家文章、编辑部文章等等。评论是说理的，但不排斥抒情，最好是情理并茂。"③ 读着这些生动精细的论述，仿佛在听一位学问渊博的老师满怀激情的讲课。

文风问题，说到底是个党风问题。保持党的纯洁性和战斗性，就要有

---

① 转引自《新闻与写作》1996年第2期。

② 《毛泽东新闻工作文选》，新华出版社1983年版，第48页。

③ 吴冷西：《忆毛主席——我亲身经历的若干重大历史事件片断》，新华出版社1995年版，第55页。

与党的性质相适应的文风。这种文风的要求，诚如毛泽东所指出的："洋八股必须废止，空洞抽象的调子必须少唱，教条主义必须休息，而代之以新鲜活泼的、为中国老百姓所喜闻乐见的中国作风和中国气派。"① 这种文风具有一往无前的气势和不屈不挠的精神，这种文风体现革命无产阶级的战斗风格和我们中华民族的自尊心、自信心和自豪感。

三　政治家办报，必须坚持党的根本工作路线群众路线

全党办报纸、群众办报，是毛泽东新闻思想的重要内容，也是社会主义新闻事业的一项基本原则。我们是为人民服务的，我们的事业就需要人民群众的广泛参与与支持。

1948 年毛泽东对晋绥日报编辑人员的谈话中指出："我们向来主张革命要依靠人民群众，大家动手，反对只靠少数人发号施令……我们的报纸也要靠大家来办，靠全体人民群众来办。"② 毛泽东关于群众办报的思想，与列宁的思想是一脉相承的。列宁在论及这个问题时曾说："要把机关报办得生动活泼，生气蓬勃，不仅需要五个从事领导和经常写作的著作家，而且需要五百个、五千个非著作家的工作人员。"③ 列宁谈的五百个、五千个，并不是实指的，而是指更多的人参与办报，指办报的群众性。

全党办报，群众办报，不仅是方法问题，也是个方针和原则问题。从党的新闻历史看，这是我们党的光荣传统。共产党办任何事都离不开人民群众，办报（其他新闻工作）也一样。从根本上来说，人民群众是新闻事业产生和发展的动力。满足人民群众（读者、受众）的需要，是新闻工作的出发点，也是新闻工作的最后归宿。

毛泽东倡导的全党办报、群众办报的方针，既坚持了新闻事业的党性原则，又体现了共产党全心全意为人民服务的宗旨，党性和人民性高度统一起来了。毛泽东谈到报纸的领导与群众的关系时说："报纸是要有领导的，但是领导要适合客观情况。马克思主义是按情况办事的，情况就包括客观效果。群众爱看，证明领导的好；群众不爱看，领导就不那么高明

---

① 《毛泽东选集》第 2 版第 3 卷，第 844 页。
② 《毛泽东选集》第 2 版第 4 卷，1318 页。
③ 《坚持全党办报全民办报》，转引自《新闻出版报》1993 年 12 月 24 日。

吧！有正确的领导，有不正确的领导。正确的领导按情况办事，符合实际，群众欢迎；不正确的领导，不按情况办事，脱离实际，脱离群众。"①这里，毛泽东阐述了一个根本原则：新闻工作的群众性。报纸（其他新闻工作也一样）最根本的是符合群众的实际要求，其优劣由群众自己加以评论。在这一点上，任何专家、权威说了话都是不能算数的。当然，专家、权威的意见如果反映了人民群众的思想和意见，站在人民群众立场上，这就另当别论了。

从报纸（新闻）的实践情况看，不是办报人主观意志的单向独立行为，而是办报者（即新闻传播者）与读者（受众）双向交流的过程。这里，办报者与群众的关系主要表现在三个方面：第一，报人写作的新闻与读者之间不存在强制性关系。这与行政机关的命令、指令、计划、指示是大有区别的。这就是说，读者喜欢或接受报纸，刊载的什么新闻信息，完全取决于他们自己的需要，即他们认可的自身的价值标准。这里，广大读者是主动的，而不是被动的，不管你新闻写作的主观愿望如何。第二，读者是报纸新闻的最终裁判者。每一个新闻工作者发出的信息，都十分关注新闻的最终结果。这就是我们今天说的社会效果。我们的目的是将新闻传达至读者，读者满意了，社会效果就好；读者不满意，效果就不好。一般来说，新闻对于群众是雪中送炭，"正中下怀"，就有了双方满意的效果。第三，实践中体现群众办报的方针。这个问题，报社的主观努力是很重要的。这涉及两个层面，即报社与读者的双向问题：一是报社加强同群众的联系，向群众学习，学群众的思想感情，学群众的语言等。这是毛泽东一贯提倡的。只有了解熟悉群众，才能准确地反映他们的要求和愿望；二是经常地、主动地吸引广大群众参与新闻工作。通讯员和广大群众都是办好报纸的有生力量，而通讯员是群众参与新闻工作的具体代表。报纸通过从群众中来的通讯员，在人民群众这个广袤的土地上，获取"取之不尽，用之不竭"的新闻素材，使报纸更具有浓厚的群众性。

在全党办报、全民办报方面，毛泽东不仅作出了宝贵的理论贡献，而且是一位实践的高手。红军时期，红军编的《时事简报》，毛泽东肯切地

---

① 《毛泽东新闻工作文选》，新华出版社1983年版，第189页。

强调"特别是本地的新闻，一定要是与群众生活紧密关联着的。如牛瘟、禾死、米荒、盐缺、靖卫团、赤卫团、AB团造谣、共产党开会等等，都是与群众生活密切关联着的，群众喜欢看"[①]。在社会主义建设时期的60年代，毛泽东更是一往情深地关心报纸的群众性。例如1964年12月20日，他看了人民日报的消息，掩盖不住喜悦的心情，说："大白菜上了头条，很好。"[②] 他的心始终与人民群众联系在一起。我们说政治家办报，如果脱离了人民群众，将是一事无成的。

毛泽东关于"政治家办报"的思想是十分丰富的。除上面论述的党性原则、战斗风格、群众路线之外，还有如新闻队伍的理论武装、"又红又专"、新闻工作领导者的素质及其决策与用人等等。在新形势下，江泽民同志多次强调了"政治家办报"的思想，这应该是我们今天办报和从事其他新闻工作的根本指针。只要我们坚持了这个指导方针，又能积极主动地投入改革开放的具体实践，我们的新闻事业就会更加健康地发展，为社会主义物质文明和精神文明建设作出更大的贡献。

---

① 《毛泽东新闻工作文选》，新华出版社1983年版，第32页。
② 同上书，第218页。

简论毛泽东舆论监督观[*]

余瑞冬

舆论监督这一概念，近来受到媒体、社会和理论界的广泛关注。其实，这种监督活动并不是媒体的新功能。新闻史上，大众媒介早就被用来对政府或社会进行监测、规范。马克思主义者也很早就意识到了媒介对于社会的监督、引导的功能价值，并在革命实践中加以充分运用，不但积累了丰富的舆论监督实践经验，而且在这方面逐步形成了自己的理论。毛泽东同志在长期的革命实践中发展了自己完整的新闻观。其中关于新闻舆论监督的许多观点，直到今天仍有着巨大的现实指导意义。

笔者认为，毛泽东同志的舆论监督观概括地讲，便是"开，好、管"三个字。

"开、好、管"的提法出现在一九五四年，但应该说，这一思想是在毛泽东等老一辈无产阶级革命家们长期的革命斗争实践和无产阶级新闻宣传实践中总结得出的。

"开、好、管"。即要在报纸（新闻媒介）上开展批评，要开展得好，并且要把这件事管起来。

一、"开"，涉及的是舆论监督的必要性的问题。毛泽东认为："不开展批评，害怕批评，压制批评，是不对的。"批评与自我批评向来是我党工作的一大"法宝"，对于自身工作中的失误和不足，决不能采取回避的态度。党报的批评监督工作是揭露并纠正错误、发挥干部和群众积极性的重要途径之一。发挥这种积极性的具体表现之一就在于"对于领导机关和

---

* 本文原载于《新闻知识》1999 年第 9 期。

领导干部从爱护观点出发的监督作用"①。他认为,公开自己领导工作的缺点,如官僚主义、命令主义、违法乱纪行为,是实事求是的态度,是"实报实销"的做法。因此,正确的批评是受欢迎的,而且是有必要坚持的,它是搞好党建工作的必要手段,是群众参政议政的重要渠道,开展正确的批评也是我们的报纸的一项重要任务。批评监督不但要开展,而且要广泛开展。这也是"全党办报","群众办报"的体现,是合乎党的民主与人民内部民主的要求的。在开展舆论批评这类问题上,要搞"毛毛雨,下个不停"。

二、"好",是指要认真去做批评监督工作,要把它当作一件事去办。这涉及的是舆论监督的态度问题。批评的正确与否,要看是否对人民有利,是否对我们的事业有利。所以,批评应该是慎重的,批评的态度"应该是严正的、尖锐的,但又应该是诚恳的、坦白的、与人为善的。""什么事应批评,什么事不应指名,要经过研究"。② 这样的态度,才对自身的团结有利。决不能任由某些别有用心的人借"开展批评"之名乱批一阵,"冷嘲暗箭,则是一种销蚀剂"③。有问题就应该批评,但怎么开展批评,批评到什么程度,都要以冷静的、实事求是的态度来对待。同时,要消除怕得罪人、怕受批评的顾虑,要创造敢说敢写的环境。④

三、"管",即党委必须在开展好监督批评工作的过程中发挥主动作用,要管起来,"这是根本的关键"⑤。也就是说,在开展批评和对待批评的问题上,各级党组织都要采取积极主动的态度,认真严肃的态度。这涉及新闻舆论的性质问题。在斗争的实践过程中,毛泽东认识到舆论宣传对于政党工作的重要性。他认为,"报纸这个东西是反映和指导政治经济工作的一种武器"。要用抓政治的态度和方法来抓宣传工作。在一九二九年写的《红军宣传工作问题》中他明确地规定,宣传的事情要由各级政治部负责。

在管好舆论的问题上,他还具体地提出了一律与不一律的概念,即在

---

① 《毛泽东选集》(一卷本),人民出版社 1961 年版,第 191 页。
② 《毛泽东新闻工作文选》,新华出版社 1983 年版,第 191 页。
③ 同上书,第 91 页。
④ 同上书,第 198 页
⑤ 同上书,第 115 页。

人民内部实行舆论不一律。对外部则实行舆论一律。

具体说来，一方面，在人民内部开展舆论不一律。目的在于"允许先进的人们和落后的人们自由利用我们的报纸、刊物、讲坛等等去竞赛，以期由先进的人们以民主和说服的方法去教育落后的人们，克服落后的思想和制度。……这样，社会就会不断地前进"。① 因而，"在我们的社会里，革命的战斗的批评和反批评，是揭露矛盾、解决矛盾、发展科学、艺术，做好各项工作的好方法"②。但另一方面，对于反革命分子施以专政，"只许他们规规矩矩，不许他们乱说乱动"③，不仅舆论一律，而且法律也一律，彻底管起来。也就是不给他们以在言论上攻击、在行动上破坏社会主义社会的机会。这是社会主义制度实行人民民主专政的表现。

毛泽东同志关于开展舆论监督的这些观点，其实就是围绕着一个核心原则而来的，这个原则也是他新闻思想的核心内容，即党性原则。关于毛泽东新闻思想中的党性原则问题，已有很多学者的大量论述。归纳地说，要坚持党性原则，首先就得加强党委对报刊的绝对领导，这是确保报纸政治方向的外部条件。它包括新闻工作者要遵循宣传的方针；根据中央政策精神，对新闻宣传工作进行事前或事后的检查；党委第一书记要亲自抓社论，把握宣传基调。其次，作为党的耳目喉舌，党报要自觉地无条件服从党的政策。这是确保报纸政治方向的内部条件。党报工作者一要站稳无产阶级立场，二要克服闹独立的错误倾向，不擅自表态。

舆论监督讲党性原则，才能体现出党报的使命。新闻史告诉我们，近代报刊自问世以来，便一直是阶级的舆论工具。在阶级消灭之前，不管报纸、刊物、广播、通讯社都有阶级性，都是为一定阶级服务的。毛泽东认为，我党的报刊就是要制造革命舆论，反击反革命宣传。"报纸的作用和力量，就在它能使党的纲领路线、方针政策、工作任务和工作方法，最迅速最广泛地同群众见面"④，因而对工作、对人民有极大的组织、鼓舞、激励、批判或推动作用。在延安《解放日报》发刊词中，他更明确提出：

---

① 《毛泽东选集》第五卷，第158页。

② 《毛泽东新闻工作文选》，新华出版社1983年版，第199页。

③ 同上书，第119页。

④ 同上书，第56页。

"中国共产党的使命就是本报的使命。"对新闻舆论监督工作讲求"开、好、管",正是符合了新闻舆论单位作为党的耳目喉舌的要求。

毛泽东同志关于新闻工作的这些论述,"已成为我们党的新闻工作的行为准则和政治宣传纪律"。在当前建设有中国特色的社会主义、建立社会主义市场经济体制并展开新闻改革的新时期,毛泽东的舆论监督观有着积极的现实意义,也存在着一定的局限性。

刘少奇对发展党报理论的贡献[*]

——缅怀百年少奇

陈力丹

在社会主义市场经济的新的历史条件下,我国的新闻事业得到了突飞猛进的发展,许多关于新闻工作的观念,例如客观公正、趣味性、贴近受众、媒介竞争和广告业务、记者聘任制等等,已经习以为常。而在二十多年前,这些观念还被批判为"中国赫鲁晓夫反革命修正主义的新闻路线"。早在四五十年代,作为党的主要领导人之一的刘少奇同志,就已经根据中国从大规模的阶级斗争转向社会主义建设的实际情况,论证了转变新闻工作观念的系列问题,极大地发展、丰富了中国共产党的新闻工作理论。现在的新闻改革,实际上相当程度遵循着刘少奇当年的思路。然而,由于党中央 1957 年以后对政治经济形势的估计发生偏差,刘少奇的许多正确观点被搁置,随后又在"无产阶级文化大革命"中遭到批判。1968 年经陈伯达、姚文元审定的近二万字、44 条注释的"两报一刊"编辑部文章《把新闻战线的大革命进行到底》,全面否定了刘少奇的新闻思想,对他的观点竭尽污蔑之能事。"可惜至今还没有看到有哪篇论文系统地批驳姚文元这刀笔"(吴冷西语)。现在面对刘少奇的许多关于党的新闻工作的论述,不能不令人肃然起敬。历史证明了刘少奇新闻思想的正确和可贵,如果当年能够遵循着他的思路,我们要少走许多弯路。

刘少奇较为集中的关于党的新闻工作的论述有三次。第一次是 1948 年 10 月对华北记者团的谈话。当时中国革命即将胜利,面临着从战争到建

---

* 本文原载于《新闻记者》1998 年第 11 期。

设，从农村到城市的斗争环境的变化，他的谈话提出了一系列适应新环境的论点。第二次是1956年5—6月听取新华社、广播事业局领导汇报时的三次谈话。1956年是中国发生重大转折的年代，国内的主要矛盾"已经是人民对于经济文化迅速发展的需要同当前经济文化不能满足人民需要的状况之间的矛盾"（八大政治决议）。刘少奇的这些谈话提出了不少大胆的、具有创见性的改进新闻工作的意见。第三次是1961年4—5月刘少奇在湖南调查时对《人民日报》领导同志的几次谈话。这是对该报大跃进期间浮夸报道的批评，分析了发生错误的原因，提出了纠正的方法。刘少奇不断地根据中国社会主义革命和建设中发生的新情况，发挥、完善、补充、发展了毛泽东的新闻思想，同时对毛泽东某些不够正确的地方，以妥当的方式予以纠正。作为党的第一代中央领导集体的主要成员，他和毛泽东在新闻工作的某些问题上出现不尽相同的思路，不仅是正常的，而且是必不可少的。

我认为，刘少奇在以下几方面突出地显示出他对发展党报理论的贡献：

一、他创造性地使用了"桥梁"的比喻，说明党的媒介在党和人民之间，不仅在于党通过媒介宣传党的政策，而且也在于媒介是群众向党说话的通道。他对记者们说，党从两方面依靠你们：中央要频繁地依靠报纸、通讯社、广播电台指导各地的工作，同时，人民想和中央、毛主席通通气，也要依靠你们。"人民依靠你们把他们的呼声、要求、困难、经验以至我们工作中的错误反映上来，变成新闻、通讯，反映给各级党委，反映给中央，这就把党和群众联系起来了"。"人民的呼声，人民不敢说的，不能说的，想说又说不出来的话，你们说出来了。如果能够经常作这样的反映，马克思主义的记者就真正上路了。"在党的高级领导人中，将党的媒介联系群众解释为通过记者写的新闻、通讯，如此深刻、真诚地反映群众的呼声，以至通过新闻、通讯直接反映党工作中的错误，刘少奇讲得最为明确。媒介处于党与群众之间双向交流的通道上：党——媒介——群众。

二、他向记者提出了一项新任务，即考察党的政策。由于面临复杂的生产建设、群众利益问题，党的领导机构制定政策不像处理敌我矛盾那样相对简单，所以刘少奇说："我们坐在这里，危险得很哩！搞错了没有？这是我们经常要考虑的问题。"他在1948年和1961年，两次谈到记者考察党的政策的任务。他说："党的政策到底对不对，允许你们去考察。如果发现党的政策错了，允许你们提出，你们有这个权利。"这样，刘少奇就明确提出党的媒介的双重任务——宣传和考察党的政策，从而丰富了中国共产党的党报理论。

三、他强调新闻工作的读者视角。当党领导的媒介面对社会的时候，环境的变化要求更多地考虑受众的接受状态。1948 年刘少奇就强调："你们写东西是为了给大家看的，你们是为读者服务的。看报的人说好，你们的工作就是做好了。"1956 年，他进一步指出："要很好地研究报纸的需要……你们要调查报纸的读者对象，究竟某一家报纸的读者是些什么人，他们的要求是什么。"在党的高级领导人中，刘少奇最早提到调查报纸读者的问题。

他意识到"人民是喜欢看新闻的"，很注意改进新闻的公式化问题，他说："可以不刊登公报，把公报改写成很短的消息发表。关于刊登公报，过去有不少清规戒律要解禁。公报不应各报一律刊登，有一两家报纸登就可以了，其他报纸可以自由主义一些。"刘少奇特别关注媒介对人民生活的报道，同年他在对广播事业局的谈话中说：广播"老是政治大题目，听了没有什么味道。广播要跟人民建立联系，但是总不能只限于政治上的，人民关心的事情是很多的，想听的事情也是很多的。这方面也应该关心到。"他谈到广播可以考虑的内容包括时装、天气、传染病的流行、副食品供应、百货商场购物、听戏等等，"总之，应该从多方面和人民建设密切的联系。"

四、当出现较大的宣传导向错误时，他认为应当从中央领导、媒介领导两方面检查责任、及时纠正，1961 年就人民日报在大跃进中的浮夸风问题，他指出："报纸的威信很高，大家都以为人民日报代表中央，人民日报提倡的东西，大家也以为是中央提倡的，所以，这几年很多事情，中央领导一半，人民日报领导一半。"这并不是平摊责任，而是说明了一种规律性的现象。当党的媒介宣传导向发生普遍问题时，政策本身亦可能有些偏差。这时从两方面检查问题，容易及时调整偏差。就此刘少奇提出的一个基本方法，即经常地"清理口号"，以便及时纠正错误。

五、在处理党的媒介与党的领导机关的关系方面，他主张"要把坚持原则性和坚持纪律性结合起来"。刘少奇接着解释说："一方面要服从党委领导，要坚持纪律性，一方面也要敢于向党委反映问题，提出意见，要坚持原则性。不要怕对党委有争论，有争论不是不服从党委。"在这里，纪律性是必要的组织程序，不得违背，但"原则性"则更是原则：报纸一方要敢于按照组织原则，向党委反映问题；党委一方，则不能将"有争论"视为不服从领导。这其中的具体问题当然很复杂，但如果党内民主生活正常，这一原则对于正确处理党的媒介与党的领导机关的关系，在遵守纪律的前提下尽可能避免少犯错误，应当是有效的。

六、他主张媒介的政策宣传要和实际保持一定距离。这里的"实际"是指中心工作。各种媒介一哄而上，宣传过于集中，或者闻风而动，时间仓促，理解肤浅，很容易出现理论或操作上指导思想的偏差，而真理向前多走半步便是谬误。就此刘少奇1961年说："报道联系实际不要那么紧，联系得紧了，报道了当前的具体工作和斗争，要犯错误。你们要学会既联系实际，又与实际保持一定距离，不要围绕着当前的实际转，也可以报道些与当前斗争关系小些的事情。"邓小平当时也谈到过类似的观点，他说："宣传上不要强调阶级斗争，一般讲讲大道理，但不宜联系当前工作。报纸上阶级斗争讲多了，就会使人紧张，会妨碍调整。"这里，刘、邓实际上指出了一种防止宣传出现偏差的规律性的方法。宣传党的方针政策无疑是党的媒介的基本任务之一，但即使是正确的政策，在宣传上也需要逐渐深入，切忌铺天盖地、连篇累牍，特别在社会主义建设时期，经济政策问题比分清敌我要复杂得多。

七、他主张新闻报道要客观、公正、真实、全面、有兴趣，同时有立场。在革命战争时期，公开表明自己的立场是党的新闻媒介战斗性的表现。取得全国政权后，媒介的报道范围不再只限于党内和党的同情者，报纸和广播面对数亿群众，通讯社要成为世界"消息总汇"。在这种形势下，刘少奇说："新华社的新闻必须是客观的、真实的、公正的、全面的，同时必须是有立场的。和其他通讯社相比，尽管观点不一样，仍是新闻报道是客观的、真实的、公正的、全面的，这就能在世界上建立威信。""不能只强调政治性立场，还应当强调思想性、艺术性和兴趣。"刘少奇的这个思想既体现了党性原则，也体现了对新闻工作规律的尊重。

八、他主张媒介刊登广告。他在 1956 年说："广播电台为什么不搞广告，人民是喜欢广告的。生活琐事和人民生活有切身联系，许多人很注意和自己有关的广告。过去北京有一些电台播广告，你们取消了，是不是怕搞广告？报纸也是要登广告的。我看有些城市电台可以播广告。"从他的谈话中可以看出，当时对于是否播出广告是有分歧意见的。在人们缺乏商品交换意识的那个年代，提倡媒介搞广告，显示出刘少奇的市场经济眼光。

九、他主张党领导的媒介之间的平等竞争。1956 年，刘少奇就新华社准备办一家报纸说："你们办的这家报纸可以公开宣传和《人民日报》竞赛，看看能不能胜过《人民日报》；办得不好，也可以取消。搞自由竞争，搞社会主义竞赛，是必要的。"既然是竞争，就不能赋予哪家以特权，他对新华社领导同志说："你们希望中央下命令，要地方报纸多刊登新华社新闻，这是不行的。"他要求新华社自己做出成绩来打破各报的"封锁禁运"。他所谈的报纸竞争，是中央一级的两家报纸的竞争。换句话说，他实际上赞同同一级别出现两家以上的媒介，都是党领导的。这个思路是富有启示意义的。

十、他提出了改革新闻体制的一些思路。1956 年刘少奇说："新华社做国家通讯社好，还是当老百姓好。我看，不做国家通讯社，当老百姓好；新华社干部不作为国家干部，不受行政级别限制，记者的薪水也可以比毛主席的薪水高。新华社的评论，不是代表国家发言。新华社也不要学塔斯社那样代表政府辟谣。"这并不是要把新华社变成私营公司，他解释道："主要是不要时时强调自己是官办的。现在什么东西都变为官办，连农业合作社也成为官办的。所谓'独立的'只是一种形式，实质是不变的。问题是不要老是强调官方身份，更不要把自己束缚得死死的。"刘少奇在这里既表现了党性原则，也表现了策略的灵活性。如果不以正式的身份出现，新闻和评论就可以相对灵活，群众喜欢，也方便党和政府的工作，不必经常为媒介的些微差误承担责任（同时使媒介本身增强了责任意识），而媒介实际上是代表党和政府根本利益的。

他还考虑到新闻媒介工作人员的管理方式。套用行政级别，是与精神生产的特点相悖的，所以他认为，"应该让记者出名，要他对报道负责；

如果犯了错误，他也要作检讨。""应该要记者在稿件上署名。记者各有个性，各有风格，有些人就喜欢某一记者的报道，只要是他的报道就愿意看。在稿件上署名，这是给予记者荣誉，也是给予压力。"这种强调权利与责任的管理，正是现代企业管理的特征。

刘少奇能够对新闻工作做出符合实际的指示，除了作为思想家的洞察力外，也在于对新闻工作规律的尊重，他把新闻媒介不只是看作党的工作部门，而且也看作一种特殊的社会行业。他对记者说："在整个社会中间，有你们的特殊职务，别人做不好，不能做的，有些专门的人，不做别的事情，或者少做别的事情，专门做这件事情。因为社会上有此必要，因为人民有这个需要。"不言而喻，这样的工作就不仅仅属于党的工作部门，还要考虑它作为社会性工作的规律。

刘少奇几十年前的谈话，仿佛就是为现在的工作发表的，他的许多论述尽管历遭劫难，甚至某些论述至今仍被回避，但是其思想光辉是掩盖不住的，刘少奇不愧为伟大的马克思主义者，党的富有创见的卓越领导人！

论刘少奇新闻思想[*]

徐占焜

刘少奇新闻思想特色鲜明，富有创见，自成体系，务实开放，乃国之瑰宝。

我试将刘少奇新闻思想的特色概括为"四性"：

（1）独创性——独家见解，不人云亦云；

（2）系统性——自成体系，不零零碎碎；

（3）务实性——讲求实际，不尚空谈；

（4）开放性——面向世界，不故步自封。

刘少奇新闻思想具有深远的理论意义和强烈的现实意义。在新闻的基本理论方面，刘少奇新闻思想是毛泽东新闻思想的发挥、补充。同时，刘少奇又有独家见解。

他的新闻思想自成体系，论及新闻理论和新闻实践的主要方面，涉及的范围相当广泛。刘少奇新闻思想的哲学基石是辩证唯物主义和历史唯物主义。在这个坚固的基石上构筑起新闻理论大厦。主要包括：新闻基本规律、真实性原则、新闻工作的宗旨、新闻工作的党性原则、新闻工作的作用和任务、新闻业务、新闻文风、新闻队伍建设、新闻工作者修养等。

刘少奇新闻思想的内涵十分丰富，绝非一篇论文所能包含，而是一系列新闻专著的研究对象。本文只能在力所能及的范围内，在现有资料和背景的范围内，就其主要方面，特色方面作重点论述。不妥之处，敬请指正。

＊ 本文原载于《新闻界》1999 年第 2 期。

一　刘少奇新闻思想的哲学基石

刘少奇新闻思想是建立在深厚的哲学基础上的。这个哲学基础是马克思主义哲学，包括辩证唯物主义和历史唯物主义。在中国的历史条件下，刘少奇新闻思想的哲学基础是毛泽东哲学思想。"实事求是"是毛泽东哲学思想的精髓。毛泽东哲学思想是具有中国特色的马克思主义哲学，丰富和发展了马克思主义哲学宝库。

刘少奇在理论上提倡实事求是，在实践中坚持实事求是。

1962 年 1 月 27 日，刘少奇在中共中央扩大的工作会议上（又称"七千人大会"），将实事求是和党性原则联系起来认识和分析。他深刻地指出：

"必须把树立实事求是的作风，作为加强党性的第一个标准。在工作上不采取实事求是的态度，那是什么呢？那就是反科学的反马克思列宁主义的态度。我们必须坚持马克思列宁主义的实事求是的态度，一切从实际出发，充分估计到客观可能，不要做那些确实办不到的事情，但是必须艰苦努力，千方百计地克服困难，完成那些应该完成和可能完成的任务。只有把我们的工作放在确实可靠的基础上，才能使我们的事业兴旺起来。"[①]

他说："过去我们经常把缺点、错误和成绩，比之于一个指头和九个指头的关系。现在恐怕不能到处这样套。有一部分地区还可以这样讲。在那些地方虽然也有缺点和错误，可能只是一个指头，而成绩是九个指头。可是，全国总起来讲，缺点和成绩的关系，就不能说是一个指头和九个指头的关系，恐怕是三个指头和七个指头的关系。还有些地区，缺点和错误不止是三个指头。如果说这些地方的缺点和错误只是三个指头，成绩还有七个指头，这是不符合实际情况的，是不能说服人的。我到湖南的一个地方，农民说是"三分天灾，七分人祸"，你不承认，人家就不服。全国有一部分地区可以说缺点和错误是主要的，成绩不是主要的。这个问题，可以由各省委、各地委、各县委，实事求是地讨论一下，作一个初步的判

---

① 见刘少奇《在扩大的中央工作会议上的报告》1962 年 1 月 27 日；《刘少奇选集》下卷，第 397—398 页。

断。第二年还可以再讨论一下，又作出一个判断。第三年、第四年、第五年，还可以再讨论、再判断。"①

刘少奇的话尖锐坦诚，振聋发聩。

刘少奇从认识论高度，深入研究了主观和客观的辩证关系。1941年10月，在《人为什么犯错误?》中指出：人类的认识过程是与人类社会发展阶段相适应的，是进步与发展的过程。人类在实践中每一个新的发明，都是使人类认识前进一步，都是主观与客观的矛盾进一步的统一。

人类的认识是受时代条件限制的，人在认识客观世界的过程中，不断地犯错误，又不断地改正错误。人的认识，就是这样在不断犯错误和改正错误的过程中发展起来的。人只有在不断地犯错误，不断地碰钉子的过程中，才能逐渐懂得事情。

我认为，研究刘少奇新闻思想的哲学基石，是研究刘少奇新闻思想的出发点。像是研究一棵大树，要从树根研究起。

二 新闻报道基本要求：客观、真实、公正、全面

刘少奇从辩证唯物主义的高度，观察新闻报道的基本要求。

世界是物质的世界，物质永远按照自己固有的规律运动着、发展着。这是辩证唯物主义世界观的出发点。新闻是客观世界的及时反映，必须尊重客观世界的固有规律，使主观和客观统一。因此，新闻必须是客观的、真实的、公正的、全面的。

1956年5月28日，新华社编委会向中央汇报了新华社的工作情况和问题，刘少奇作了《对新华社工作的谈话》②。他说：

"新华社要成为世界性通讯社，新华社的新闻就必须是客观的、真实的、公正的、全面的，同时必须是有立场的。和其他通讯社相比，尽管观点不一样，但是新闻报道是客观的、真实的、公正的、全面的，这就能在世界上建立威信。"

"外国记者强调他们的新闻报道是客观的、真实的、公正的报道；客

---

① 见刘少奇《在扩大的中央工作会议上的报告》1962年1月27日；《刘少奇选集》下卷，第421页。

② 见《新华社文件资料选编》第3辑，第417—425页。

观的、真实的、公正的报道，是他们的口号。我们如果不敢强调客观的、真实的报道，只强调立场，那末，我们的报道就有主观主义，有片面性。如果这样做，就是下决心要片面性。新华社的报道，如果有了片面性，就会丧失一切，对自己不利，对人民不利，就不能成为世界性通讯社。"

"要学习资产阶级通讯社记者的报道技巧。他们善于运用客观的手法、巧妙的笔调，既报道了事实，又挖苦了我们，他们的立场站得很稳。人们从他们的新闻报道中能够看到一些真实的情况。人家在什么时候、什么地方和怎样骂我们的，是否可以报道？应该怎样报道？只是客观地公正地作报道是否好？我们的新闻报道不能超阶级，不能有客观主义；要有坚定的人民立场。阶级立场，要有马克思列宁主义观点和方法。新闻报道要客观、真实、公正，同时要考虑利害关系，看看对人民和无产阶级事业是否有利。"

刘少奇强调新闻的客观性，同时认为新闻必须是有立场的，阐明了两者之间的辩证关系。

刘少奇把客观、真实、公正、全面，看成是新闻报道的基本要求、基本规律、普遍要求、一般要求。不论东方与西方，中国与外国，社会主义与资本主义，无产阶级与资产阶级，只要进行新闻报道，都必须遵循这个规律，否则就建立不起威信。而各个国家、阶级的立场，则反映了不同的利害关系，表现出不同的倾向性。这就从理论上回答了实际问题：为什么外国记者的口号"客观的、真实的、公正的报道"，我们也要强调？为什么要学习资产阶级通讯社记者的报道技巧？这是一个普通的真理、朴素的真理，几乎像"人必须吃饭"的命题一样朴素。然而在"文化大革命"年代，在基本理论混乱不堪的年代，刘少奇的这个正确命题，却被批判为"资产阶级"、"修正主义"新闻观点。实在是连基本理论、基本常识都不顾了。试问：如果把"客观、真实、公正、全面"都送给"资产阶级"，那么"无产阶级"还剩下什么呢？难道留着"主观、虚假、私心、片面"吗？看起来是基本理论、基本常识问题，似乎不会在这儿犯错误，然而新闻界的历史事实多次告诉我们，错误犯得最严重的问题，恰恰是基本理论，基本常识问题。因此必须警钟长鸣！

刘少奇一贯强调新闻的真实性原则，他在《对华北记者团的谈话》

中说：

"你们的报道一定要真实，不要加油加醋，不要戴有色眼镜。群众对我们，是反对就是反对，是欢迎就是欢迎，是误解就是误解，不要害怕真实地反映这些东西。唯物论者是有勇气的，绝不要添加什么，绝不要带着成见下乡。党的政策到底对不对，允许你们去考察。如果发现党的政策错了，允许你们提出，你们有这个权利。如果你们看到党的政策大体上是对的，但是还有缺点，也要提出来。这是不是不相信党的政策呢？不是的。党的政策是否正确要在群众实践中考验。你们要把党的政策执行结果如实告诉我们，中央时刻在准备考验自己的政策。中央是这个样子，各级党委也应该是这样子。如果政策有错误，就修正它，如果它是不完全的，就把它补充得完全起来。马列主义的领导，应该如此。因之，鼓励你们去考察，依照你们的材料、看法提出问题来，如果政策正确，就说正确，如果政策错了，就说错了。你们不仅可以这样做，而且你们的任务就是如此——在群众中考察党的政策执行得怎样。你们不要怕反映黑暗的东西，当然，有的是不宜发表的。你们要从各方面去考察，用各方面的材料证明自己的判断。第一是真实，不要过分，再就是全面、深刻。"

三　报纸工作人员是调查研究的专业工作人员

刘少奇不是孤立地、就事论事谈新闻工作者的调查研究，而是把调查研究放在主观世界和客观世界的关系中去考察，放在认识世界和改造世界的关系中去考察。

1961 年 4 月 28 日，刘少奇同新华社、人民日报同志谈调查研究时说：

"要了解真象，了解一个问题一个问题的真象，是不容易。就是人的主观世界要反映客观世界很不容易。要了解客观世界，要经过一个过程，很曲折的过程，有时需要很长的时间，短了不行。"①

"干部的三大纪律八项注意的第一条，不是'一切从实际出发'吗？

---

① 　见《刘少奇同新华社、人民日报同志谈调查研究》1961 年 4 月 28 日；《新华社文件资料选编》第 5 辑，第 1 页。

你对客观实际没有调查研究清楚,一切从实际出发,你从哪里出发?就没有地方出发。因此,你就要真正把客观实际弄清楚。"①

刘少奇考虑问题很实际,很务实。他说:

"为什么要调查研究?是为了解决问题而调查研究,不是为调查而调查。调查的目的不明确,问题都没有,调查就没有边。每次调查要有目的,调查的目的有三个:一个是了解中央已经实行的政策是否正确,比如现在公社实行的粮食政策,供给制,公共食堂,等等。调查的目的就是首先看这些政策是否正确,可能是正确的,也可能不正确。二是已实行的政策已经不够好,要根据新情况来修改政策。调查的目的就是要了解出现了一些什么新情况,过去的政策那些不正确,那些不完善。三是脑子里原来没有考虑过的问题,在调查中新提出来的问题。调查的目的就是要发现问题,要根据新问题提出应订些什么新政策。"②

这里将调查研究的目的,讲得很具体、很细致。

刘少奇还敏锐地感觉到,"现在"(1961年)调查研究碰到的困难是农村基层干部对上封锁消息,搞假的一套给上面。他说:

"现在调查研究不那么容易。现在的情况,和毛主席当年在湖南作调查研究时情况不同,比那个时候调查恐怕更困难一些。现在常常遇到这样的公社、这样的大队,他们护短,生怕你发现他们的缺点,你去调查,他们有一套办法封锁消息,不让你了解到真实情况,搞一套假的给你。有多少大队,家丑不怕外扬,不怕告状,给你讲好的,也讲坏的?这样的单位恐怕不多。多数的单位是你一来调查,警惕性就高了,封锁真实情况,有的还给你准备一套假的。"③

"毛主席说,调查研究要诚心诚意,甘当小学生,就可以了解情况。仅仅只有当小学生的精神,仅仅只有诚心诚意的态度就行了吗?不行。要经过曲折的斗争。要采取另外的办法,不然就了解不到真实情况。天华大队对你们不客气,对我也不客气。我到这里一接触,就感到他们不敢讲心

---

① 见《刘少奇同新华社、人民日报同志谈调查研究》1961 年 4 月 28 日;《新华社文件资料选编》第 5 辑,第 2 页。

② 同上。

③ 同上书,第 3 页。

里话。

湖南有一股不敢说真话之风，很严重。人家话都不敢讲，你还能调查出什么真情况？"①

刘少奇谈到了解真实情况的一些方法。如回老家找亲戚、熟人谈，提出问题，启发群众，摸群众的真意。"你提出问题，要看群众是笑脸还是苦脸，是鼓着眼睛还是眯着眼睛，是昂头还是低头，群众的真意是可以摸到的。这样，你就可以了解他们的心理。"②

1961 年 5 月 1 日，刘少奇在对新华社、人民日报负责人的谈话中，深刻地分析了调查研究，了解真象，提倡讲真话，反对讲假话。尖锐地批评报纸刮浮夸风，宣传高指标、放卫星，使整个党都陷于被动，结果是祸国殃民。刘少奇说：

"你们《人民日报》上登的新闻，有多少是真的？你们天天用大字登头条新闻，今天说那里生产如何好，昨天说那里的公共食堂办得好，究竟有多少是真的？你们想用这些典型事例来指导实际工作，典型本身就不真，怎样能指导实际工作呢？你们报喜不报忧，只登好的，不登缺点、错误。我就不看你们那些头条新闻，我不看，报纸来了只看七、八版。

现在农村干部有一套办法，不让你们记者了解真实情况，给你弄虚作假。我也没有办法。

你们一两个记者下去，人少，力量小，农村干部人多，力量大，是优势。他们知道上面有人去了解情况，可以把那些有意见、敢说真话的人事先调走，可以先开积极分子会作布置，不准讲真话。那些搞独立王国的人不全是坏人。

新华社《内部参考》上登的东西，大都是表面现象，并不是真正的实际情况。总之，我看你们秀才下乡，毫无办法。你要了解真实情况，不只是县委干部抵抗，公社、大队干部也抵抗。

《人民日报》应该好好总结一下三年来办报的经验。三年来，报纸在宣传生产建设成就方面的浮夸风，在推广先进经验方面的瞎指挥风，在政

---

① 见《刘少奇同新华社、人民日报同志谈调查研究》1961 年 4 月 28 日；《新华社文件资料选编》第 5 辑，第 3 页。

② 同上书，第 4 页。

策宣传和理论宣传方面的片面性，这些，对实际工作造成了很大恶果。你们宣传了很多高指标，放卫星，在这个问题上使我们党在国际上陷于被动，报纸宣传大办万猪场，结果是祸国殃民。"①

"你们登那么多高指标，一宣传，使整个党都陷于被动。很多数字是从哪里来的？是逼供信来的。你们登那么多数字，有多少是真的？

要好好总结三年的经验教训，但是当前报纸就要有所改进。你们每天一个头条，大标题，到底真不真？这样做，到底是做了好事，还是做了坏事？你们记者写了那么多放卫星的新闻，要那些记者亲自到他写新闻的地方去，看当时那个卫星究竟是怎样放的。要亲自去发现真象，才知道以前怎样不切实际，不经过亲身的核对、考查，就不懂当时是怎样搞浮夸的。"②

最后，刘少奇提出报纸工作人员是调查研究的专业人员的著名观点。这一观点已为我国广大新闻工作者普遍接受、身体力行。刘少奇说：

"报纸工作人员是什么人？是调查研究的专业工作人员。报上的一切文章都应当是调查研究的结果。调查研究是一门学问。在这方面，我看你们学问不深，对调查研究还很不行，要了解真实情况很不容易。你们记者和编辑是调查研究的专业工作者，对调查研究都那么不行，怎么行呢？我看你们对调查研究，还是初小学生，高小学生也说不上。记者和编辑认真做调查研究工作，要从初小到高小，从初中到大学，要决心作一个实事求是的、马列主义的新闻工作者，要努力搞一辈子。"③

1961 年 5 月，刘少奇与胡乔木谈大跃进时期的报纸宣传时，也批评了不真实的宣传和错误的口号，录之如下：

"胡：报纸宣传不真实、不正确的方面很多，在群众中的威信就降低了。

刘：很多是假的，人家不愿看，当然就没有威信了。

胡：报纸登了很多错误口号，如'人有多大胆，地有多大产'……

刘：反对条件论，反了很多，对什么是条件论，也没有弄清楚。马克

---

① 见《刘少奇对新华社、人民日报负责人的谈话》1961 年 5 月 1 日；《新华社文件资料选编》第 5 辑，第 5—6 页。

② 同上书，第 7 页。

③ 同上书，第 7—8 页。

思主义的原则是，一切决定于时间、地点、条件。所谓条件，一是客观条件，一是主观条件。承认条件是马克思主义，反对条件是唯心主义。"①

刘少奇和胡乔木的谈话，与他和新华社、人民日报的谈话精神是完全一致的。

四 报纸是党联系群众的主要桥梁

刘少奇怎样看报纸的作用？他从历史唯物主义的高度，去观察党和群众的关系，去判断报纸的作用——报纸是党联系群众的主要桥梁。

1948 年 10 月 2 日，刘少奇在《对华北记者团的谈话》中说：

"列宁说，党要通过千百条线索和群众联系起来。是的，我们党要通过千百条线索和群众联系起来，而你们的工作、你们的事业，就是千百条线索中很重要的一条。报纸每天和群众见面，每天把党的政策告诉群众。军队是党联系群众的桥梁，人民代表会、合作社等也是党联系群众的桥梁。没有这些桥梁，党和人民群众的联系就断了，党和人民之间就有了鸿沟，因此必须有这些桥梁。千座桥，万条线，主要的一个就是报纸。"②

"党依靠你们的工作，指导群众，向群众学习。因此，你们做得好，对党对人民的帮助就大；做不好，帮助就不大；如做错，来个"客里空"，故意夸大，反映得不真实，就害死人了。"③

"我们党必须和广大群众保持密切的联系，如果和群众联系不好，就要发生危险，就会象安泰一样被人扼死。共产党也会被人扼死的哩！党什么也不怕，就怕这一项。"④

"我们就是怕脱离群众。因此，我们到处宣传这一点，每个共产党员都要宣传这一点，在任何地方、任何时候，都要和群众密切联系，而且不断地巩固扩大这种联系。现在，我们和群众是有联系的，但是还不够；要说已经联系得够了，工作做好了，那比一万美国军队还可怕，因为不再要

---

① 见《刘少奇与胡乔木谈大跃进时期的报纸宣传》1961 年 5 月；《新华社文件资料选编》第 5 辑，第 9 页。
② 见刘少奇《对华北记者团的谈话》1948 年 10 月 2 日；《刘少奇选集》上卷，第 398 页。
③ 同上书，第 399 页。
④ 同上书，第 397 页。

求不断巩固扩大同群众的联系了。甚至有人说，老百姓算什么，有点官僚主义算什么！这就比一百万美国军队更可怕。"①

"报纸办得好，就能引导人民向好的方面走，引导人民前进，引导人民团结，引导人民走向真理。如果办得不好，就存在着很大的危险性，会散布落后的错误的东西，而且会导致人民分裂，导致他们互相磨擦。因此，新闻工作的影响是很大的。你们的工作做得好，就很好；做得不好，就要受历史的处罚。"②

刘少奇从"桥梁论"出发，引申出新闻工作者要靠广大人民吃饭，靠真理吃饭。他说：

"不靠广大人民吃饭，不靠真理吃饭，你的事业就靠不住。如果你的事业建筑在人民利益与真理上面，那才是可靠的。这样，即使你批评了别人，吃了人家一顿骂，也不要怕。只要我们的工作建立在党的路线、方向上，即便一时不得彩，也不要怕，要能坚持，要有点硬劲，要有点斗争性，要象鲁迅那样有骨头，没有骨头，是硬不起来的。为了人民的事业，你们要经得起风霜，要经得起风浪，要受点锻炼，要学得经验。你们不受多次波折，怎么能锻炼出来！"③

五 宣传工作的根本任务

1951年5月23日，刘少奇在中国共产党第一次全国宣传工作会议上作总结报告《党在宣传战线上的任务》。

他对宣传马列主义的成绩作了高度估计：

"从马克思主义产生到现在已一百多年。在这一百多年中间，马克思主义不断地取得胜利。俄国十月革命的胜利是马列主义一次伟大的胜利。十月革命胜利后中国革命的胜利，是世界共产主义运动中又一次伟大的胜利。对于过去我们宣传马列主义的成绩和效果，我想应该这样来估计。"④

接着提出党的宣传工作的根本任务，是用马列主义教育人民：

① 见刘少奇《对华北记者团的谈话》1948年10月2日；《刘少奇选集》上卷，第397页。。
② 同上书，第396—397页。
③ 同上书，第400页。
④ 《党在宣传战线上的任务》1951年5月23日；《刘少奇选集》下卷，第79—80页。

"用什么东西教育人民呢？就是用马列主义的思想原则，用马列主义的思想原则在全国范围内和全体规模上教育人民，是我们党的一项最基本的政治任务。我们要向社会主义、共产主义前进，首先就要在思想上打底子，用马列主义的立场、观点和方法来教育自己和全国的人民。这就是今天在新形势、新条件下，党的宣传工作的任务。这个任务是伟大的、艰苦的和光荣的，是需要很长时期才能完成的。"①

然后将宣传工作分为两大项：

"宣传工作可以分作两项：一项是当前中心工作，时事政策的宣传；一项是马列主义基本理论的宣传。"②

刘少奇一贯强调理论工作的重要性，他说："理论是实际工作的指针，没有理论，工作就是盲目的，没有前途的。没有理论的人容易被'俘虏'，被人家天花乱坠的话所迷惑。掌握了理论才能正确地指导工作。"③

六 鲜明的读者观点

刘少奇的思想是活跃的，思路是开阔的。1948 年 10 月 2 日，他在《对华北记者团的谈话》中说：

"你们写东西为了给人家看的，你们是为读者服务的。看报的人说好，你们的工作就是做好了。看报的人从你们那里得到材料，得到经验，得到教训，得到指导，你们的工作就是做好了。"④

"我们有个要求，希望你们能成熟起来，我作为一个读者把这个要求提出来。你们的任务是写给读者看，读者就是你们的主人，他说你们的工作没做好，那就等于上级说的，你们没有话讲。"⑤

"你们写东西要考虑对象。这就是说每写一篇稿子，就先考虑这篇稿子大体上是写给谁看的。要区别全国与地方。你写给新华社的稿子，是面向全国的，包括蒋管区，而且还有外国人。你们就要考虑，他们需要什

---

① 《党在宣传战线上的任务》1951 年 5 月 23 日；《刘少奇选集》下卷，第 82 页。
② 同上书，第 87 页。
③ 见《学习态度和学习方法》1950 年 9 月 10 日；《刘少奇选集》下卷，第 48—49 页。
④ 见《对华北记者团的谈话》1948 年 10 月 2 日；《刘少奇选集》上卷，第 396 页。
⑤ 同上书，第 401—402 页。

么，哪些东西多了，哪些又少了。如果你写一篇太行的通讯，要给各解放区看，就要估计到他们对太行需要知道些什么，怎样写才使他们更有兴趣。如果是报道经验，就要考虑太行的某一经验有无一般性。各解放区都适用的经验，哪怕只是一个村的，他们也要看的。有的经验并没有一般性，只适合太行用，那就不要详细介绍，人家不看，因为他们那里没有这个问题。"[①]

在这里刘少奇提出了鲜明的读者观点，要"为读者服务"，"读者就是你们的主人"，"写东西要考虑对象"。这些都是难能可贵的。

七　记者应具备的基本条件

1948 年 10 月 2 日，刘少奇在《对华北记者团的谈话》中，提出记者要具备四个条件：

为了把工作做好，要具备一些什么条件呢？

第一，要有正确的态度。你们是人民的通讯员，是人民的记者，要全心全意为人民服务。

你们要了解人民群众中的各种动态、趋向和对党的方针政策的反映。人民包括各阶层，要加以区别。要善于分析具体情况，看各阶层人民有什么困难、要求和情绪。要采取忠实的态度，把人民的要求、困难、呼声、趋势、动态，真实地、全面地、精采地反映出来。"精"，就不是拉杂，"采"，就是漂亮，挂点"采"，读起来爱读。你写得不"精"，人家看不了那么多，你写得不"采"，人家不愿意看。所以要拣重要的写，重要的就是"精"的。要做到真实，就要全面，缺一面就不是真理。

你们的笔，是人民的笔，你们是党和人民的耳目喉舌。你们不能采取轻率的、哗众取宠的、"客里空"式的态度，而应当采取负责的、谨慎的、严肃的态度去做工作。

第二，必须独立地做相当艰苦的工作。凡不愿独立地做艰苦工作的人，任何事情也做不好。你们要切记这一点。艰苦工作，首先思想上要艰苦，要做理论的，系统的工作，而且是独立地大做。人家叫你们去做什么

---

① 见《对华北记者团的谈话》1948 年 10 月 2 日；《刘少奇选集》上卷，第 402 页。

就做什么是不行的。你们要真实地反映情况，独立地去作判断，就要到处去看，去问，就要读马列的书，做许多研究工作。

第三，要有马列主义理论修养。要做马克思主义记者，却不大懂马克思主义，基本问题就在这里。你们不提高理论修养，工作是做不好的。

要提高理论水平，要熟悉马列主义，特别要学习唯物史观、认识论，学习阶级分析的方法。你们学习这些，不是看一遍书就行，而是要不断地学，直到能够运用，有能力看出别人用得对不对。那时，写东西就自由了。不熟悉马列主义，就不自由，你们现在还没有获得这种自由。共产党记者最可宝贵的知识，是理论知识，在这方面，你们特别缺少。所以，要继续学习，不只要三个星期，要三个月、三年、三十年，努力把马列主义学好。

第四，要熟悉党的路线和政策。为了及时地正确地宣传党的路线和政策，就要经常学习、研究，时刻注意党的各项方针政策的执行情况。自己不懂的问题，应当勤问，可以写信问你们的上级。不懂得党的路线，是搞不好工作的。你们还要懂得两条战线的斗争，善于用两条战线斗争的方法来办报。坚定地执行党的正确路线，既批评左的倾向，又批评右的倾向。这是基本的方法，马列主义的方法。不否定左和右的谬误，就没法肯定真理，要确定真理，就得否定谬误。

你们不仅要宣传党的政策，还要在群众的实践中去考察政策是不是正确，有没有缺点，这里就表现出你们的创造性了。你能了解群众的真正情绪，他就不能；你能有力地宣传党的政策，他就不能；你写得真实、精采，他就不能；你能发现党的政策的缺点，他就不能。你的创造性就表现在这里，党不是限制而是鼓励这种创造性。

具备了以上四个条件，工作就可以做好。[1]

1956 年 5 月 28 日，刘少奇在对新华社工作的谈话中，谈到了记者素养，他说：

"新闻记者第一要有老实态度，第二要深入观察问题。光有老实态度不行，必须能够深入观察问题，不是皮毛地而是系统地了解事物的发展规

---

[1]　见《对华北记者团的谈话》1948 年 10 月 2 日；《刘少奇选集》上卷，第 402—407 页。

律，看出事物的本质。

新闻记者要能够善于跟人家商量。这里只是说商量，不一定要取得人家同意。最好能取得人家同意，但决不是说人家不同意的事，你就不能报道。

新闻记者要坚持真理，要有斗争性，头上要长角。不要怕人家报复，不要怕人家把你赶走。如果你报道正确，人家把你赶走了，这是你的光荣。如果在 1955 年春天，在粮食问题上，你报道了某个地方的真实情况，说明那个地方绝大多数人的粮食是够吃的，只有极少数人真正缺粮食，你因此被赶走了，那么你最光荣，而现在你在全中国是最有名的记者，赶走你的人也会承认错误，请你回到他那里去。

做一个无产阶级记者和编辑，做一个马克思主义的记者和编辑，应该具备什么条件，要有那些修养，应该提得完全一些，不能光从技术着眼。

新华社记者除写新闻以外，应该写些通讯、评论，写各种文章。"①

总之，刘少奇新闻思想是创造性的现代新闻思想，对现在的新闻工作具有强烈的现实意义，值得我们深入研究。

----

① 见《刘少奇对新华社工作的谈话》1956 年 5 月 28 日；《新华社文件资料选编》第 3 辑，第 424—425 页。

周恩来与新闻工作(上)[*]

戴　邦

周恩来同志是伟大的马克思主义者，是卓越的无产阶级革命家，是受到全国人民尊敬的党和国家领导人。敬爱的周总理不仅在政治、军事、经济、文化、教育、科学技术、文化艺术、知识分子论述和统一战线等方面有伟大的贡献，而且在新闻工作方面也有杰出的成就。他在开创中国无产阶级新闻事业方面，在结识中外记者开展统一战线方面，特别是在国民党地区成功地创办共产党的机关报《新华日报》方面，都在中国新闻事业史上创造了光辉的业绩，为赢得中国革命的胜利作出了卓越的贡献。

当前，全党都在学习和贯彻执行党的十三届四中全会、五中全会精神，总结经验教训，新闻界也在反思。人们认为，坚持社会主义新闻事业的方向，必须坚持无产阶级党性原则，旗帜鲜明地反对资产阶级自由化。新的历史时期，新闻事业必须不断提高新闻队伍的素质，才能更好地为人民服务，等等。我认为学习毛泽东、周恩来、刘少奇等老一辈无产阶级革命家新闻思想和新闻实践，学习党的新闻事业的优良传统，对于我们坚持党性原则提高新闻队伍的素质都有现实的意义。本文介绍周恩来同志新闻实践中的高尚品德作风，供参考。

一　光辉的新闻经历

周恩来从 15 岁到 76 岁，在他一生的 60 年的岁月里都和新闻、新闻工作有着密切的关系。1913 年，15 岁的周恩来考入天津南开学校，当时正

---

* 本文原载于《新闻与写作》1990 年第 1 期。

值辛亥革命之后，中国人民正处于政治觉醒的年代，他就接触到有影响的报刊，如《民权报》、《民立报》、《大公报》等，立即被卷入孙中山先生倡导的民族主义运动的思潮中。在南开学习的第二年，周恩来成为一名学生领袖，当他被推选为南开敬业乐群会会长时，就兼任《敬业学报》的主编。他撰写的文章，一开始就站在时代的前列，旗帜鲜明地抨击帝国主义瓜分中国的阴谋，痛斥袁世凯妄图恢复帝制的梦想，并且把办报纸和从事革命活动联系在一起。1917 年 9 月，周恩来东渡日本，行前写了"大江歌罢掉头东"反映他救国抱负的著名诗篇。在日本，因为他能直接阅读英文和日文书籍，潜心阅读了许多马克思主义著作。1919 年周恩来从日本留学回国，回到天津后，立即被学生联合会领导人推上《天津学生联合会会报》主编的岗位。当时正值"五四"运动反帝反封建思想的高潮，到处是一片要求变革的呼声，周恩来提出了"革心"、同"革新"精神的办报宗旨，被广大读者注视，《会报》很快就成为全国著名的学生报纸。为了统一领导学生运动，天津学生联合会和天津女界爱国同志会组成觉悟社，出版了不定期刊物《觉悟》，周恩来担任主编，他发表了经觉悟社成员讨论的"觉悟"宣言和"觉悟"两文，指出要本着"革心"、"革新"的精神，以求大家"自觉"和"自决"。觉悟社是进步青年学习和谈论新思潮的一个团社，周恩来是这个团体中了解马克思主义思想较多的一个人。1920 年 1 月，天津警方镇压抵制日货的爱国运动，查封了学生联合会等爱国群众团体，觉悟社决定发起抗议示威，周恩来等率领群众示威，他与二十名学生代表被反动当局逮捕入狱，关押了六个月，在狱中他撰写了《检厅日录》，记载了他在狱中学习马克思著作和思考的一些问题。出狱后，他在一封谈到自己共产主义信念的信中说，"思想颤动于狱中"。他已从一个关心国家命运和改造社会参加进步活动的学生，逐步走上职业革命家的道路。1920 年 12 月，为了探索救国真理，周恩来赴欧洲勤工俭学，经与天津《益世报》商定，作为该报驻欧洲的记者，一年时间里写了 50 个题目的长篇通信，向湖南报道战后欧洲的危机，工人运动的风潮，及留法勤工俭学学生的斗争生活。周恩来在旅欧期间，有两个明确的目的，研究马克思主义，寻求治国良方。在欧三年多的时间，他如饥似渴地读书，经过反复的学习和思考，确立了共产主义信念，意识到马克思主义是解决中国问题的钥匙。1921 年 7 月以前，中国共产党在国内外已有了八个共产主义小组，旅欧支部就是其中的一个。1921 年，周恩来经张申府、刘清扬介绍加入中国共产党，并且在柏林介绍朱德同志入党。1922 年 3 月，周恩来从德国柏林写信给天津觉悟社社员，在广泛研究欧洲一些工人政党报刊后，评价了欧洲劳动阶级的动向，研究社会主义发展的趋势，信中说："觉悟社的信条自然是不够用、欠明了，但老实说来，用一个共产主义也就够了。"反映了周恩来思想上的巨大变化，从一个激进的民主主义者成为坚定的共产主义者，完成了无产阶级世界观的转变。

1922 年 6 月旅欧中国青年共产主义组织在法国巴黎召开大会，成立旅欧中国少年共产党，选出中央执行委员会，周恩来被选为宣传委员，会议决定出版机关刊《少年》，周恩来成为刊物的主要领导人，并发表了《共产主义与中国》一文，鲜明地指出"共产主义在全世界，尤其在中国，实负有变更经济制度的伟大史命"。1924 年 2 月，中共旅欧支部机关刊《赤光》半月刊出版，周恩来主编前十期，共发表 30 余篇文章，系统地分析了帝国主义本质及国际革命形势，精辟地阐述了中国革命的性质、对象、任务，给中国革命指明了方向。1924 年 11 日回国，就任黄埔军校政治部主任，在他的指导下，创办了黄埔青年军人联合会出版的《中国军人》。1926 年 1 月，领导创办《岭东民国日报》，这是两广地区的一份共产党的报纸。1927 年 12 月，兼任中共中央机关刊物《布尔塞维克》编委会委员。1930 年 1 月，周恩来兼任中央军事部部长，主持中共中央军事委员会主办的机关刊物《军事通讯》。刊登了陈毅的《关于红四军历史及其情况的报告》，编者在按语中指出："这是很值得我们宝贵的一个报告"。要求各地红军和地方党组织学习朱德和毛泽东在红四军创造的经验。1937 年 3 月，中共中央成立党报委员会，周恩来为委员。同年 12 月，中共中央代表团和中共中央长江局会议决定在长江局下设党报委员会，周恩来具体领导《新华日报》和《群众》周刊，在国民党地区创办党的机关报，在九年多的时间里，经历了无数风险，取得了伟大成就。1940 年 3 月，中共中央决定建立广播委员会，周恩来为主任，开创了中国无产阶级的广播事业。新中国成立后，周恩来身为国务院总理，忙于党和国家的重大公务，虽然没有直接主持报刊工作，但在指导人民日报、新华社、广播事业方面特别是审查重大稿件方面做了大量的工作。

综上所述，周恩来同志在新中国成立前主持和领导了 12 种党的报刊，在 30 多家报刊中发表了几百篇文章，特别是主持和领导《天津学生联合会会报》、《赤光》、《新华日报》创造的成就，对中国革命事业产生了巨大作用。他对中国无产阶级新闻事业的开创性精神；把马克思主义普遍真理同革命新闻实践、同革命群众运动相结合的方法；以及他在办报实践中认真负责、勤奋刻苦的工作精神，是中国无产阶级新闻事业的宝贵财富，是我们学习的榜样。

二 重要的新闻文献

"五四"时期，学生报刊的大发展是我国革命报刊的一大特点，其中影响最大的是毛泽东主编的湖南学生联合会机关报《湘江评论》和周恩来主编的《天津学生联合会会报》。《会报》1919 年 7 月 21 日创刊，对开一大张日报，第 63 号、64 号改为对开一张半，三日刊，以后恢复为日刊，共出 100 多期，每期销售五千份，最多时达二万份。辟有主张（社论）、时评、新思潮、国民常识、函电、文艺、翻译等栏目。其中主张和时评很有特色。

《会报》旗帜鲜明地宣传反对帝国主义及其走卒军阀的统治，反对封建主义思想，无情地揭露日本帝国主义侵略中国和北洋军阀政府卖国的罪行，号召青年学生及各界人士再接再厉地同旧势力作斗争，猛烈抨击孔孟的封建旧礼教，提倡科学民主和改革等方面，起到了重要的作用。

《会报》的言论、时评很多都是周恩来撰写的，如《会报》创刊的主旨和改造旧社会，革除旧思想和"革心"、"革新"的办报宗旨；如 15 号上《评现今舆论界并问〈益世报〉》，抨击军阀收买报纸，批评《益世报》对和约签字、山东戒严等重大事件采取回避态度；17 号上发表的《讨马良》，声讨山东济南镇守使马良镇压爱国运动，杀害回教领导人罪行；60 号上发表的《杨以德又要兴风作浪》，揭露天津警察厅长杨以德镇压天津学生爱国运动罪行等等。这些时评旗帜鲜明，切中要害，对提高人民觉悟，开展对封建军阀斗争起到了重要的作用。

周恩来为《会报》起草的办报旨趣书一文，阐明了他的办报思想，是一篇很重要的新闻文献。

《会报》旨趣书首先发表在 1919 年 7 月 12 日出版的《南开日刊》第 35 期上，全文共 20 条，其中除事务性的说明外，有关政治的，学术性的、新闻学的内容有：本革心同革新的精神为主旨；本民主主义精神发表一切主张；学术研究，不分派别，但以稿件合于社会的进步作标准；对于政府的政策有指导同监督的责任；新闻的记载以有关于社会生活、人类进步为范围，并且力求敏捷；对于社会生活同各种学术，用哲学的眼光、科学的解析，不明白正确的批评；介绍国民必须的常识；介绍现在最新思潮；文艺的登载以切合人生为范围；联络各新闻纸同通讯社交换新闻消息；联络各地方团体同个人，征求各种稿件；联络各地学者，求其学术上的辅助；代表全体学生的舆论；职员由学生联合会新闻科随时聘请，职员的学生们积极的研究，不加间断。（天津学生联合会新闻科周恩来执笔），这份旨趣书全面地阐述了办报宗旨，不仅适合机关报的属性，也适合于非机关报的属性要求，是一张适合时代要求的综合性机关报。它在和社会关系方面体现了社会舆论机关的思想，它在和政府关系方面体现了社会舆论监督的思想；它在和人民的关系方面体现了为促进社会进步的思想；它在和新闻界、学者的关系方面体现了办报群众路线等等。旨趣书在新闻理论上提出了不少新的见解，是一份新闻学科的宝贵文献，对研究新闻学的理论和实践具有重要的意义。

据当时参加《会报》工作的潘述庵老人回忆：周恩来不仅全盘负责学生联合会会报的编审工作，白天还要出去开会，从事革命宣传活动。报纸编辑部只有我们两个人，没有采访、编辑、发行之类的分工，从搜集新闻到写文章，从编排版面到校对，甚至卖报，都由周恩来主持，我只从旁协助。他每天下午四五点钟，有时三四点上班工作，一直到深夜一二点把版面搞好。周恩来是主编，社论和主要文章都是由他主笔。从上述回忆，我们可以体会到周恩来从事新闻工作就成功地把革命活动与革命的新闻工作以来有机地结合在一起，他的认真负责、勤奋刻苦、忘我的工作精神是十分令人敬佩的。

三 优秀的驻外记者

被天津地方审判厅宣布因领导天津各界抵制日货游行示威被捕的周恩

来在拘留期满释放后1920年10月，立即决定赴欧洲勤工俭学。周恩来从1920年岁末出国，到1924年8月回国。在旅欧期间，他进行了大量的调查考察，读了很多马克思主义著作，进行了许多革命活动，除为《益世报》撰写旅欧通信外，还主办了中国共产党旅欧支部机关刊物《少年》、《赤光》刊物。

周恩来在天津期间，曾主办过南开校刊《校风》、《敬业学报》、《天津学生联合会会报》，他虽然没有学过新闻专业，但在新闻实践中已熟悉新闻业务，并在新闻理论上有所创新，所以他一旦出国，就能成为一名出色的驻外记者。

周恩来从1921年3月到1922年5月1日，一年多的时间里，共在天津《益世报》上发表了50个专题的150篇通信，平均两天多一点时间就发出一篇通信，共约24万字。《留法勤工俭学生之大波澜》一组通信，从1921年5月9日到5月18日，十天之内连续发出17个小题目，约二万多字的长篇通信，其工作效率之高和勤奋刻苦的工作精神是很惊人的。

旅欧通信内容涉及第一次世界大战后的各方面问题，但主要是英、法、德等国家的经济、政治问题，欧洲各国政府之间的问题，工人和资本家之间的问题。他的观点从开篇伦敦通信到最后欧洲通信诸文生动地反映了他的考察成果。开篇通信《欧战后之欧洲危机》一文中说："吾人初旅欧土，第一印象感触于吾人眼帘者，即大战后欧洲社会所受巨大之影响，及其显著之不安现状也，影响为何？曰生产力之缺乏，经济界之恐慌，生活之穷困。凡此种种，均足以使社会上一般人民饥寒失业交困于内外，而复益之以战争中精神文明所得间接之损失，社会之现状，遂乃因之不安"。一开篇就抓住社会生活中的核心问题，劳动力及劳动人民生活问题，这是用马克思主义观点考察社会的成功方法。旅欧通信最后文章《劳动世界之新变动》一文中说："劳动问题和社会主义在欧洲各国已结成不解之缘，这是稍知欧事者皆能相信，……社会主义之不可悔，实已成必然之趋势。然而大致的趋势，总是由右向左的。"把劳动问题和社会主义制度联系在一起，是思想认识上的大飞跃。旅欧通信反映了世界发展的趋势，也反映了周恩来无产阶级世界观的形成和他在考察社会中运用马克思主义的成功，周恩来的新闻观在《留法勤工俭学生之大波澜》一文中已有表述。他说："于此事纯立客观地位，据实直书，或能免去一切囿于局部观念，是投身历其境者减去偏见不少"。此文有三层意思：一客观公正；二据实直书；三全面。此三点说明周恩来的新闻观之已较《会报》旨趣书的办报宗旨有所前进，这是他一年新闻实践的总结，也是他新闻思想的科学阐述，他的新闻工作者品德的概括。

有了认真负责、勤奋刻苦的工作精神，马克思主义世界观考察社会的科学方法和他的科学的新闻观，这是马克思主义新闻记者的重要素养，是周恩来旅欧通信成功的重要经验，也是后人学习他的新闻生涯的精髓所在。

周恩来与新闻工作(下) *

戴　邦

四　理论上的成就

1923 年 2 月 17 日，旅欧中国少年共产党临时代表大会在法国巴黎举行，会议改选领导机构，周恩来被选为书记。因为当时留法勤工俭学学生界中有无政府主义出版物《工余》杂志和基督教《青年会星期报》散布种种错误思潮，以及为适应不能阅读外国文书报的勤工生及华工的需要。于是决定继续出版《少年》月刊，1924 年 2 月 1 日改名为《赤光》半月刊。《赤光》在宣言中说："我们诚恳而忠实地给大家指出救国的唯一道路，我们认定唯一的目标是："反军阀政府的国民联合，反帝国主义的国际联合"，"我们要以科学的方法，综合而条理出各种事实来证明我们的主张无误。"本此，便是我们改理论的《少年》为实际的《赤光》的始意，同时也就是《赤光》的新使命了。"

《赤光》是半月刊，每月 1 日和 15 日出版，是油印的小册子版本，周恩来在主持中共旅欧支部工作期间，负责主编这个刊物，当年在法国勤工俭学的邓小平也曾参加该刊物的编辑和油印刻字工作。

《赤光》是时事理论性刊物，具有鲜明的无产阶级党性和理论联系实际的风格。它宣传反帝反封建的思想，宣传马列主义理论，宣传社会主义思想，批判各种反动的思潮，引导勤工生及华工，团结在国民革命的旗帜下，促进国民革命的成功，受到了读者的欢迎，对团结教育勤工生及华工发挥了重要作用。

---

* 本文原载于《新闻与写作》1990 年第 2 期。

《赤光》共出版 33 期，周恩来主编了 1 至 10 期。从已经搜集到的前 10 期中，周发表了 37 篇论文。这些论文的内容大体上分四个方面：（一）揭露帝国主义侵略本质。（二）关于中国革命的性质、任务等的论述。（三）批判各种反动思潮。（四）有关国际共产主义运动的论述。从这些论述中，可以看出年轻的周恩来经过在欧洲三年多的考察学习，他已经是一位成熟的马克思主义者，他运用马克思主义的立场、观点、方法对许多问题作出了马克思主义的科学分析，而且经过历史的检验，证明他的分析是正确的，他对帝国主义侵略本质和殖民地中国革命的对象、任务、动力等的论证是他论文写作的主要部分。他认为国际帝国主义对中国的侵略，已发展到全面共管中国的形势，帝国主义侵略本质和相互争夺，及其不可避免地要发生争夺战争；他认为中国正处在一个帝国主义和封建军阀互相勾结，共同宰割的专横的局面，非革命不足以图存，必须革命救国；他还指出，中国革命的任务是：反军阀的国民联合，反帝国主义的国际联合；中国革命必须是武装夺取政权，严格摧毁旧国家机器；真正的革命非要有极坚强极有组织的革命军不可，没有革命军，军阀是打不倒的；他认为中国革命只能分两步走，第一步以孙中山先生领导的国民革命，是与中国共产党第一个目标一致，不走第一步何能走第二步，国民革命后还有无产阶级向有产阶级的阶级革命；他还运用马克思主义阶级分析方法，对中国工人阶级、农民阶级、海外华侨、知识界、新兴工商业等五个阶级分析之后指出，中国资产阶级是国民革命的一种力量，但它不可能作中国革命的领导阶级；他认为只有在一个革命的政党正确领导下将全国的工人、农民、商人、学生联合起来，组成最广泛的革命统一战线，加上中国共产主义者能以国际的关系促进国民革命，则中国的国民革命一定能获得成功；他认为中国革命不是资产阶级领导的民主革命，而是无产阶级领导的包括所有的革命阶级、革命派别参加的反帝反封建的民主主义革命，而无产阶级又是国民革命的最可靠的主力军；他认为革命的政党绝不是以往的国民党，而是以孙中山为代表的，经过改组的，并有中国共产党参加的，实行国共合作的真正实行国民革命的国民党左派；如此等等。在 1924 年以前第一次国共合作期间，周恩来在国外发表这些鲜明准确的论文，说明周恩来同志是一位坚定的马克思主义者。一个激进的民主主义者，掌握了马克思主义理论,是他成为共产主义者的重要途径。

五 一张出色党报的决策者

《新华日报》是抗日战争时期,在国民党地区公开出版的中国共产党的报纸。它是在中国共产党和毛泽东思想走向成熟,在中国人民革命运动的关键时刻,对中国人民革命事业发挥了巨大作用的一张党报,它是在党中央特别是周恩来同志直接领导下工作的,《新华日报》的重大决策都是由他亲自制定的。《新华日报》全社同志在团结一致、艰苦奋斗革命精神的鼓舞下,办出一张出色的党报,这是无产阶级新闻事业史上光辉的一页。

《新华日报》名义上是公开合法的出版物,但它受到了国民党新闻检查机关的无理限制,受到了国民党军警的长期包围、监视,受到了国民党特务的破坏和对其工作人员的毒打、拘捕或囚禁。总之,国民党让共产党办报,但又不让共产党的报纸讲真话、讲真理,不让共产党的报纸正常发行。《新华日报》在九年多的时间里,是在中国共产党抗日民族统一战线战略方针指导下,对国民党又统又战,又公开又秘密,公开和秘密斗争相结合的特殊条件下公开出版,并且受到广大读者欢迎的一张党报。当时重庆地区的人民和进步的新闻界称《新华日报》是"北斗星",毛泽东同志赞扬说:"《新华日报》如同八路军、新四军一样,是党领导下的一个方面军。"

1939年7月7日,抗日战争两周年时,中共中央发表了《七七宣言》,提出了坚持抗战,反对投降;坚持团结,反对分裂;坚持进步,反对倒退的政治主张。这是抗日战争时期党的一贯主张。周恩来要求《新华日报》的同志,坚决贯彻执行中央的政治主张,并提出具体的斗争艺术。他说:新华日报要敢于说出真理,善于说出真理,敢于对敌进行斗争,善于对敌斗争;要使《新华日报》真正成为人民的喉舌和号角。编辑部根据周恩来讲话的精神,又提出了"编得好,印得清、出得早、销路多"的口号。他提出的斗争艺术,明确了办报的指导思想,极大地鼓舞了全社同志,在实践中得到了极大的成功。

周恩来不仅为报社提出了具体的办报方针和斗争艺术,而且对报纸实行具体的政治、思想、业务的领导。他经常召开报纸负责人的会议，传达中央的指示精神，研究贯彻中央精神的具体方案，每天都要亲自审阅报纸社论和重要文章，并且一字不苟地修改稿件。他还经常亲自撰写社论、代论和专论。据统计，从 1938 年 12 月到 1946 年 6 月，用周恩来名字写的文章就有 37 篇，在《群众》等杂志上发表的文章有 13 篇，经他修改审阅的稿件就无法统计了。

周恩来在武汉、重庆期间，除担任中共代表团和中共长江局的领导工作外，还担任国民革命军事委员会政治部副部长的职务，工作十分繁忙，但他对《新华日报》的领导工作非常深入细致具体周到。他善于掌握全局的形势，对《新华日报》的报道作出具体的安排。例如武汉失守后，他及时明确地指出，敌人占领广州、武汉以后，其政略与战略都有了改变，针对这种形势，我们也应该有所改变，政治重于军事，这点已经越来越明显了。他要求报社加强对敌人的政治揭露。1941 年发生了震惊中外的"皖南事变"，国民党发动第二次反共高潮，在安徽南部包围袭击新四军军部，并宣布新四军为"叛军"，取消新四军番号。周恩来听到这个消息后，立即交代任务，"这次我们必须跟顽固派斗智抗检，寸步不让"。交代后，他就愤然挥笔，写下了"为江南死于国难者志哀"，"千古奇冤，江南一叫，同室操戈，相煎何急？"举世闻名的诗篇，揭露了国民党反动派的罪行。

为了应付日益尖锐复杂的斗争环境，他一再勉励全社同志"要团结一切可以团结的力量，结成最广泛的统一战线，最大限度地孤立反动派，才能有效地冲破新闻封锁和种种限制，做好党报工作"。他不断提醒："团结工作首先要从新闻同业中做起，多多争取友军。"他的策略思想在实践中发挥了很大作用。重庆当时有二十多家报纸，其中有国民党各派系的报纸，有中间性的报纸。民主同盟的报纸是《新华日报》的公开盟友，中间性报纸常常在重大问题上和新华日报采取共同的立场，就连国民党一些派系报纸中也有一些地下党员和一些统战关系，在和国民党反动派的斗争中发挥不同的作用。因此，以《新华日报》为主的舆论声势，常常是压倒国民党反动派的反动气焰的。

《新华日报》第四版设有各种副刊或专页，有些副刊和专页是在周恩来的具体指导下设置的。《新华日报》先后设有"团结""文艺之页"、"青年生活"、"工人园地"、"经济讲座"、"自然科学"、"妇女之路"等副刊，在周恩来的倡议下又设置了"日本研究"、"戏剧研究"、"时代音乐"、"木刻阵线"、"科学专页"等专页和"友声"专栏。周恩来经常亲自邀请各界人士为《新华日报》副刊提供稿件，对其中有价值的文章给予高度的肯定。《新华日报》信箱设置了大大小小的专栏，为读者服务。如"简复"、"小问题"、"书评专页"、"杂志摊上"、"电影"、"拆散的百科全书"、"科学新话"、"新事物"、"医药问答"、"法律顾问"、"代邮"、"大众广告"、"社会服务"等，尤为群众所欢迎。《新华日报》副刊特别重视发表剧评文章，剧评是在周恩来的直接领导下工作的，他亲自组织剧评，指导剧评，修改剧评。他对编辑同志说："戏剧演出需要通过评论文章才能吸引观众和教育观众，才能把观众的意见传达给艺术家，使他们得以改进"。

在周恩来的指导下，新华副刊还开辟了"读者园地"、"工人之页"、"生活的海"、"生活一页"等形式多样的专页，专门反映劳动人民的生活，影响很大。周恩来说："宣传只能起到原则启示和一般推动的作用，最主要的还靠群众自己切身经历来证明。"《新华日报》在长期实践中认识到党的、人民的报纸，要尽量刊登读者自己所写的东西，让人民自己讲话。为密切联系群众，努力反映人民的生活和愿望，真心实意地为读者服务，才能受到人民的拥护。

1943年周恩来从延安回到重庆，按照中央整风精神和中央宣传部关于改造党报通知的精神，亲自主持了《新华日报》改进编辑部的工作。编辑部根据周恩来的指示，对读者进行了调查，发现《新华日报》的读者百分之七十是工人，其次才是知识分子和工务人员。于是编辑工作上采取了通俗化、大众化的方针，把报纸文字水平放到初中毕业的程度，全部新闻都用白话文改写。同时根据"编得好、印得清、出得早"的要求，制定了编辑、排字、浇版、印刷到发行整个工作过程的规章制度，使报纸内容丰富，形式多样，受到广大读者的欢迎。特别值得一提的是，印刷部的同志，用破旧的平版机战胜了国民党官报的轮转机，交通员用自行车战胜了官报的小汽车，在雾大的重庆几乎每天都是最早响起《新华日报》的叫卖声。

周恩来对报社具体业务的领导，也很深入细致，每逢记者有重要的采访活动，他总要找本人谈话，帮助记者作好充分准备，甚至提供采访线索，交代采访方法和途径。他专门找总编辑吴克坚和采访科主任陆诒谈采访科的工作计划，要求明确《新华日报》特派员的职责范围，不仅要做好采访报道工作，而且还要负责向同情我们的各界人士约稿，征求意见和搜集各种参考资料。有时因时局沉闷，新闻线索少或报道枯燥无味，读者不愿看，他就要求记者深入群众，了解群众的愿望和要求，着眼于群众，到茶馆里去坐坐，听听群众谈些什么，想些什么。他还告诉记者要虚心向人民群众学习语言，只有在这方面下一番功夫，才可能写出生动活泼、反映实际生活的文章来。

为了扩大《新华日报》在国民党地区的影响，周恩来不仅亲自撰写社论，增设各种副刊栏目，丰富报纸内容，提高印刷质量，而且还关怀发行工作，力争最快最早地把报纸送到读者手里。《新华日报》在发行工作上反对国民党的封锁斗争，是报社对敌斗争的一个重要组成部分。报社依靠广大群众，组织、教育报童队伍，经历了激烈艰苦的战斗，创造出许多可歌可泣的英勇事迹。

《新华日报》从筹备出版，到最后被国民党反动派封闭为止，存在的九年零四十九天，一直遭到国民党反动派对发行工作的封锁。国民党寻找借口，查封了在贵阳、自贡等地的营业处，逮捕分处的工作人员；邮局扣留订户的报纸；国民党反动派还采用了控制派报工会、威胁读者、抓捕报童等办法，但报社的发行工作照常进行，发行量虽然有时下降，但总的趋势是上升的，最多时可达五万多份。

报社的报童是一支贫苦出身、懂得《新华日报》是为穷苦人说话、有政治觉悟的队伍，他们每天步行几十里，甚至乘汽车走一二百里把报纸送到读者手中。他们每天都要和国民党反动派的警察、宪兵、特务进行面对面的斗争，人们称赞他们是发行战线上的"尖兵"。周恩来对《新华日报》报童队伍的成长给予了极大的关怀，他经常询问报童的情况，如果有人被打被捕，总要设法和国民党交涉释放，有时他还直接打电话给国民党重庆警备司令，斥责这种罪行，要求制止这种行为。周恩来要求报社加强对报童的教育，组织他们学文化，学政治，组织报童交流经验，提高对敌斗争的艺术，要求《新华日报》成为培养报童的大学校。历史事实证明，经过长期的教育和斗争锻炼，许多报童，已经成为有觉悟的有文化的革命战士。

《新华日报》是在特殊环境下，采用特殊的办法，对中国革命事业有着特殊贡献的党报，它教育了一代人，培育了大批党的新闻工作者，积累了丰富的经验，是党报史上光辉的篇章。

周恩来新闻工作的事迹是生动感人的，他的成长和成熟的经历以及他的工作方法和新闻理论观点等都给人以启示和教育。本文只记述了他的新闻生涯的主要部分，我们可以从他的新闻经历中学到许多宝贵的东西。

周恩来具有政治家的稳健慎重，思想家的透彻明了，外交家的敏锐风趣，军事家的果断准确等品格。作为党的统一战线工作的领导者，他善于同各行各业的人交往，他也乐于同文艺界、体育界的人做朋友。尽管他长期担任党和国家领导人的职务，但他同新闻界的交往始终保持着新闻记者的本色。例如，他的勤奋、刻苦、忘我的工作精神，尽管他公务繁忙，每天工作十多个小时，只要你有事找他，他从来都不拒绝回答你的问题；他的细致周到认真负责的工作作风，凡是送请他审阅的稿件，他从来都是一笔一划地用毛笔在你的稿件上加上标点符号，或改正你的错误；他善于掌握全局形势，对形势作出精辟的分析，又能对具体事务作出深入的指导，或亲自动手解决问题；他好学、好问、诚挚、亲切、友好、平等待人，凡是和他交往过的人，都能马上叫出你的名字等等。学习他的这些优良品格，对所有新闻工作者提高素质，特别是对提高新闻工作的领导者的素质都会有莫大的教益。在改革开放的年代，加速提高我们的新闻工作素质，就能更好地为四化作出更大的贡献！

论周恩来的新闻思想*

夏文蓉

在中国共产党的领导人中，周恩来同志是一位杰出的马克思主义者，而且，也是我党新闻事业的卓越领导人和活动家。他的一生中，不仅有丰富的新闻实践经验，而且对我党的新闻宣传工作多所论述。遗憾的是，由于种种原因，有关周恩来的新闻实践经验以及他的新闻思想至今仍如散金碎玉；未能得到很好的整理和总结。周恩来的新闻思想是马克思主义新闻理论的重要组成部分，他的新闻观和新闻实践活动对我党新闻事业的发展产生过重要影响，对于在社会主义市场经济条件下继承和发扬党报的优良传统，改进党报工作也仍有很大的指导意义。

一

周恩来是新闻实践经验最丰富的我党领导人之一。从青年时代起，周恩来同志就开始用新闻手段宣传和组织群众投身革命，并且自觉地运用新闻规律来指导其新闻实践。从一开始，他的新闻活动就带有鲜明的政治色彩，表明了新闻事业不可或缺的主体立场。他的早期新闻活动虽然还缺乏成熟的马克思主义的指导，但已自觉地体现出作为中国先进知识分子的进步性。

1919 年，天津学生联合会为了进一步宣传、组织群众投入五四运动，由周恩来负责主编了《天津学生联合会报》。《会报》一问世，就有力地指导和推动了当时天津的爱国运动。周恩来亲自为《会报》撰写了发刊词

* 本文原载于《南京大学学报》（哲学社会科学版）1996 年第 4 期。

《〈天津学生联合会报〉发刊旨趣》一文，发表在 1919 年 7 月 12 日出版的《南开日刊》第 35 号上。在发刊词中，周恩来同志初步阐述了其进步的新闻宣传思想，对报纸的性质、社会属性、办报的宗旨、报纸的舆论监督功能、新闻稿件的选择标准、新闻报道的方式、范围、新闻报道的语言要求以及报纸的管理等方方面面的问题都提出了明确的主张。他指出，报纸是求得"社会同情"的"利器"。这里的"社会同情"即是指全社会对一种思想观念的理解、支持，它表现为一种社会整合力量。他认为，报纸没有完备的组织，则"求社会同情的利器终究不算完全"，必须组织起来，办一张报纸，把"我们的意见贡献于社会，与大家讨论"。《会报》是天津学生联合会的"舆论机关"，在立场上"必须与联合会一致始终"，代表天津全体学生的舆论，它的办报宗旨是表现"革心"和"革新"的精神。在发刊词中，周恩来明确提出，新闻报道的范围是"以有关于社会生活、人类进步为范围"。本着"民主主义的精神发表一切主张"；"学术研究的发表不分派别，但以稿件适合于社会的生活作标准"，报纸"对于政府的政策有指导同监督的责任"；对"联合会有建议的责任"；"对于社会生活同各种学术用哲学的眼光科学解析，公允正确的批评"；报纸要介绍国民必备的常识于社会；向社会介绍最新的思潮；登载以切合人生为范围的文艺作品；报纸要联络各新闻和各通讯社，交换新闻消息；联络各地团体和个人，征求各种稿件；联络各地学者，求其学术上的辅助；新闻报道应"力求敏捷"；文字以浅白为主。这一时期，周恩来还为《天津学生联合会报》撰写时评，针砭时弊，揭露当时的军阀政治，产生了广泛积极的影响。1919 年 8 月 9 日，周恩来同志根据当时斗争需要，以《天津学生联合会报》为核心，推动当时天津各校的刊物共同组织了"天津报社联合会"。参加报社联合会的，除了《天津学生联合会报》外，还有《醒世周刊》《南开日刊》、《北洋日刊》、《师范日刊》等。他们经常开会，统一行动，密切了解各校宣传舆论工具的联系，促进了学生运动的发展。

民主革命时期，周恩来的新闻思想始终贯彻在他对党的新闻工作的直接领导和他丰富而具体的新闻实践中。周恩来十分重视新闻舆论工具在对敌斗争中的强大力量，尤其是对我党在"国统区"的新闻工作的战略和策略更是悉心指导，并经常亲自撰写时评、社论，使《新华日报》等成为我党在当时的政治斗争中打击敌人，引导群众、教育群众，建立统一战线的有力武器之一。

《新华日报》1938年1月11日创刊，1947年2月28日被国民党当局封闭，共出版9年多时间，是中国新民主主义革命时期出版时间最长的一份中共中央机关报。抗战开始，以周恩来为首的中国共产党代表团到达南京，和国民党政府谈判国共两党合作抗日的问题，其中一个重要问题就是共产党在国民党统治区公开出版自己的机关报，在国民党统治区创办公开的中共中央机关报刊，具有重大的政治意义。这不仅是国共两党合作的重要标志，也使中国共产党由此可以更直接、更广泛、更及时地对国民党统治区的人民群众宣传共产党抗日救国的各项政治主张。在《新华日报》出版的大部分时间里，时任中共中央南方局书记的周恩来兼任《新华日报》的董事长，亲自过问《新华日报》工作，及时给予重要指导，在政治上业务上都抓得很紧；他及时向报社传达中共中央的重要指示和决定，经常召集报社领导人研究报纸工作，并给予重要指示，还经常审阅和修改社论和重要新闻，并亲自撰写社论和专论，亲笔答复读者来信。

由于国民党当局对进步新闻事业不断施压、迫害，《新华日报》处境十分艰难。为保证《新华日报》等革命报刊在"国统区"的生存和发展，周恩来表现出高超的对敌斗争艺术，充分利用国民党在一个时期内被迫容许的一点"新闻自由"，领导我党在国统区的新闻工作者与国民党进行了机动灵活艰苦卓绝的斗争，使《新华日报》遍地开花，我党的力量到达哪里，哪里就出现我们的党报。"重庆谈判"期间，国民党多次查封《新华日报》。周恩来多次亲自出面交涉，据理力争，最终赢得胜利。1939年初，国民党破坏国共合作，封闭了《新华日报》在西安、桂林等地的翻印点、代售点，禁止《新华日报》广泛传播。1939年1月25日，周恩来在致蒋介石的信①中，以《新华日报》拥护抗战、拥护国共合作却屡遭查封，而一些反动报刊如《抗战与文化》恶毒攻击中共及其领导人，却仍然出版不误的事实为依据，严词驳斥了国民党破坏抗日民族统一战线的种种藉口，

① 《周恩来书信选》，第149页。

重申中国共产党愿与国民党长期合作、巩固发展抗日民族统一战线的一贯立场，但绝不放弃对马克思主义的信仰，绝不将共产党的组织合并于其他任何政党，同时指出，绝不应当让国共磨擦现象继续发展，致陷国家民族于不利。同年5月6日，重庆《新华日报》被迫暂行停刊。周恩来亲自撰写了"《新华日报》启事"①，就停刊一事布告天下，体现了我党顾全大局，维护团结的正确立场。在周恩来领导下，经过《新华日报》社工作人员的努力，该报得以在1939年6月13日正式复刊。1940年12月，周恩来致信当时任国共谈判代表的张冲。信中指出："《新华日报》被扣被删之稿件、文句，常至极无理地步，如本月七号中要文化协会之妇女晚会特写上有'团结打日寇，团结打汉奸'字句，亦被删去"②。另一方面，重庆几家民间报纸已经奉命公开反共，《商务日报》更公开揭载所谓中共脱党分子之宣言以示挑衅。周恩来信笔直书，用事实说话，揭穿了国民党的反共面目。同时又体现了他有理、有利、有节的斗争艺术。报纸是重要的舆论工具，是群众运动的号角，因此，在当时的国民党统治区，新闻界的斗争显得特别尖锐而激烈。周恩来直接领导我党机关报《新华日报》，坚持抗日民族统一战线的一贯立场，高举抗战、团结、进步的旗帜，为广大人民群众指明了方向。当时的《新华日报》充分发挥了报纸的舆论监督和社会控制功能，取得了良好的宣传效果。《新华日报》曾被毛泽东誉为如同八路军、新四军一样，是党领导下的又一方面军。

此外，周恩来也十分注意团结社会各界倾向进步的报纸和新闻界人士，从而扩大抗日民族统一战线，粉碎了国民党孤立《新华日报》的企图。1941年5月21日，周恩来在重庆《新华日报》发表致当时《大公报》总编辑张季鸾和重庆《大公报》总编辑王芸生的一封公开信。③ 在信中，周恩来一方面肯定了《大公报》的爱国立场，一方面又以事实为根据，批评了《大公报》的不实报道，通过分析事实、陈述利害，指出"美国报纸论断通信社消息，却不能尽据为信"，事实不容抹杀，报纸应当"一本大公"，新闻报道应忠于事实，揭穿了敌人的谣言。抗战初期，我党以《新

---

① 《周恩来书信选》，第173页。

② 同上书，第189页。

③ 同上书，第198—204页。

华日报》为中心，紧紧团结靠拢我党，倾向进步的报纸，而国民党在几次反共高潮中，则压迫和夺取这些报纸，企图把《新华日报》孤立起来，斗争呈现了犬牙交错、错综复杂的形势。《商务日报》是重庆市商会主办的有悠久历史的机关报，这份报纸一度被国民党势力控制，疯狂反共，造谣生事，影响极坏。国民党第三次反共高潮之后不久，商务日报内部不同派系的国民党势力之间争权夺利，互相倾轧，冲突激化。周恩来等领导同志决定利用敌人的弱点，把我党的力量打进去，从内部改造这张报纸首先从组织上夺取商务日报，把我党的力量挤进去，把国民党势力从编辑部、采访部、经理部的要害岗位上迅速挤出去。其次，针对商务日报是商会的报纸，提出"在商言商"的编辑方针，用这个编辑方针排斥反共的政治宣传。从经济上揭露国民党，广泛宣传这一方针，组织报社内部、特别是社会上站中间立场的经济学家以及民族资本家，形成舆论，形成力量，以此团结中间派、孤立反共派。这样，在周恩来和董必武等同志的策划和领导下，我党新闻工作者陆续进入商务日报，夺取了这张报纸的领导权。

从1944年到1949年重庆解放为止，《商务日报》始终掌握在我党手中，有力地揭露了国民党经济上的贪污、腐败和政治上的阴谋、黑暗，巧妙地配合了我党的宣传工作和统战工作。建国以后，周恩来在回顾重庆商务日报当年的情况时说："重庆商务日报这段工作做得很不错。1941年我党在重庆还比较孤立，只有文化教育界人士敢于接近我们。商务日报动员工商界反对四大家族，工商界开始靠近我们，扩大了我党的统一战线。"[①]

第二次国共谈判破裂前后，周恩来又在南京直接或间接地指导民间报纸《新民报》的工作，他指出，中间道路已不存在了。国民党在一个时期内被迫允许的一点"新闻自由"，极可能因军事上的失利而日渐伪装不下去。《新民报》是同人的集合，不同于我们的党报新华日报。国民党不让新华日报在南京、上海出版，但党的力量到达哪里，哪里就会立刻出现我

---

① 参见中国社会科学院新闻研究所编辑《新闻研究资料》，新华出版社1980年版，第35—42页。

们的党报。同人报纸则不同，报纸一停出，人就散了，再集合很困难。新民报有五社八版，对国内外舆论有一定影响，应该好好办下去。报纸应当较多地反映社会真实，反映广大人民的要求和愿望，这样，报纸才有较大的生命力。对民间报纸，周恩来倾注了很大的热情和诚意，并从政治斗争的战略高度，团结了一大批进步报纸和报人。

建国以后，周恩来肩负重任，工作繁忙，仍非常关注新闻工作，对社会主义时期的新闻宣传工作多次具体指示，特别是对新闻实践中出现的新问题提出过许多建设性意见。1964年5月24日，周恩来致信廖承志，李一氓等，针对当时我国在国内外有关图片、照片和新闻电影片的展览，赠送和摄制多而重，水平不够高、人员重复的情况，提出应"在统一事权、各守专责、互相协助、避免重复、集中人力、节约器材、提高水平、发挥时效的要求下，订出一个全面分工计划。"① 为实现这个计划，可以提出购置器材和调配干部、培养技工的方案。对国内生产器材，要求文化部在五年计划中提出一个全面方案。1964年10月，我国爆炸第一颗原子弹，有关原子弹的宣传和政治斗争的工作，周恩来亲自策划、布置，决定对我国这次试验采取公开宣传办法，以便主动地击破一切诬蔑和挑拨的阴谋，并有利于今后的斗争。结合冷战时期的外交工作，周恩来多次与新华社记者谈话，具体指示外事报道应注意的问题。

综观周恩来一生的新闻实践，突出地体现了我党新闻事业的致胜法宝之一——政治家办报的立场和风格。周恩来的新闻实践给后人留下的丰富经验是中国共产党新闻事业发展过程中的珍贵遗产。他的政治家办报的立场和风格即使对今天的党报改革也具有相当的借鉴意义。

二

由于周恩来长期活跃在新闻宣传工作的第一线，他对新闻工作的指导常常非常直接、具体和细致，他对新闻工作的论述也体现出相同的特点，有很强的针对性和可操作性。

在新闻工作的指导思想方面，周恩来十分强调新闻宣传工作要讲求真

---

① 《周恩来书信选》，第577页。

实性；要"说真话，鼓真劲，做实事，收实效"；[①] 要注重调查研究，实事求是调查研究，实事求是是世界观，也是方法论，必须以辩证唯物主义和历史唯物主义的观点来认识它。周恩来同志严格遵循并具体阐释了毛泽东同志调查研究，实事求是的思想。[②] 事物的好坏，要从客观存在出发，不能从主观想象出发。进行调查研究必须实事求是到基层调查，必须对事物进行分析、综合和比较，在具体方法上，周恩来指出，事物总存在内在的矛盾，要分别主次，深入分析，解剖事物的各个侧面；要克服个人所处环境的局限性，从多方面观察问题；要克服个人认识能力的有限性，多听不同意见，辩证、综合地认识问题；事物是发展的，并且有进步和落后、一般和特殊、真和假之别，因此必须进行比较，在比较中认识事物，才能透彻地把握事物的本质。我党的调查研究工作，不能畏难苟安，必须坚守毛泽东同志的三条原则：从群众中来，到群众中去；集中起来，坚持下去；坚持真理，修正错误。这就是民主集中，它不但是组织原则，也是工作原则。针对 50 年代后期党风不纯以及社会上普遍存在的浮夸现象，周恩来提出，毛泽东所倡导的实事求是精神，具体说来就是"说真话，鼓真劲，做实事，收实效"。在 1962 年 2 月 3 日发表的一次讲话中，周恩来指出，讲真话，是一个党风问题，要大家讲真话，首先要求领导上喜欢听真话，反对说假话。要是领导乱压任务，乱戴帽子，下面做具体工作的同志就会准备两本帐，看领导的脸色说话，说假话；鼓真劲，就是要求新闻宣传必须依据客观实际，把主观能动性和客观可能性结合起来，提倡鼓干劲，不是鼓假劲，而是鼓真劲，要实事求是；在谈到做实事时，他批评当时的《人民日报》宣传了许多不恰当的口号，指出，做了实事，就有实效，否则强迫命令，就会搞一些不实在的东西，他还特别强调，要做到说真话、鼓真劲、做实事、收实效，首先要通过认真的调查研究，而要取得调查研究的成功，调查者必须与老百姓真诚地平等地相待，真正地联系群众，消除隔阂。周恩来关于调查研究，实事求是的论述，反映了周恩来对新闻宣传工作的一贯要求以及我党新闻宣传工作的基本原则。

---

① 《周恩来选集》（下卷），第 349 页。
② 同上书，第 313 页。

就新闻记者的采访工作，周恩来指出，新闻记者的工作职责不限于写写通讯稿，而应把通讯、搜集参考资料、供给编辑材料、建议等均视为记者的一般职责。新闻记者的工作还包括代约投稿、写专论等。对报社内部的业务管理，他认为应规定收集处理稿件的方法，如登记、分类、送阅、发表或收回、类存等，这些工作应有专人负责处理；报社采访部门应注重资料管理，并与图书资料部门保持密切联系，懂得运用资料。

关于新闻报道的写作。解放初期的对外新闻报道中经常出现一些表示敌意的刺激性词语，以致国外报刊和广播方面很难转载或转播，在很大程度上影响了传播效果。周恩来指出，新闻写作应注重事实的描写，记者应简短扼要地揭发事实，申述理由，暴露和攻击敌人的弱点。重要的是忠于事实，用事实说话。新闻稿件应避免使用不必要的刺激性词语，如"匪类"、"帝国主义"、"恶魔"、"法西斯"等。不仅对外宣传时要注意这个问题，对国内进行宣传时也应采取同样的方针。

关于如何做好外事报道。周恩来多次与记者交谈，作具体指示。① 他指出，首先，记者要有丰富的知识，要有分析能力。要做到这一点，对新闻记者而言并不容易。因为新闻记者接触的事情很多，很难事事皆通。因此，新闻记者就要多学习，多钻研；要向社会的各方面学习，这就是记者的体验生活。外事新闻记者必须掌握丰富的国际知识，对世界大事了如指掌。透彻通晓时事这一点应该是外事记者所必备的。其次，新闻报道的事实要合乎逻辑，就是说，事情要交待得很清楚，要条理分明，不能牵强附会，不能乱拉乱扯，要使人看来合乎道理，但是又绝不能使新闻报道变成了形式逻辑，还必须辩证地看问题。许多事情从现象上看是简单的，但却常常包含着许多非常复杂的问题，有很多微妙的地方。客观事实的发展本来就是微妙的、曲折的。但如果不会辩证地看问题，把事物的发展看得很直，象个直筒子，许多事情就常常弄得事与愿违，得到与主观愿望相反的结果。因此，新闻记者不能看见什么现象、听到什么话就照写照录，而应该有所选择。记者对报道的每一件事情都应保持冷静头脑，经过自己的深刻考虑，有所选择，"特别是外交报道，要慎重，要懂得政策，要考虑它

---

① 参见中国社会科学院新闻研究所编辑《新闻研究资料》，新华出版社1980年版，第25页。

的国际影响"。他还指出："关于外交报道是不能争鸣的。"同时，他又指出，外事新闻记者也不应缩手缩脚，而应该活跃起来，大胆活动，大胆写，记者完全不出错是不可能的，重要的是注意改进。周恩来对记者的报道既很放手，又抓得很紧。他曾一再强调记者要独立思考，独立负责，但有关重要的政策性问题、外交问题应向有关方面请示，这样有助于避免发生自己难以发现的错误。请示是为了把事情搞清楚，而不是为了交差和推卸责任。这也就是说，记者既要大胆负责，又要多向别人请教；既不能缩手缩脚，也不能自以为是。周恩来曾批评50年代中期我国外事新闻报道的公式化、老一套，批评报纸新闻除了一大堆名单和"在热烈友好的空气中进行"外，见不到一点现场活动和任何变化。周恩来还用解剖麻雀的方法，对记者的采访、写作、工作态度、思想作风、加强请示和独立负责的关系作过中肯、具体的分析，他的分析切中了当时新闻宣传工作的要害，对外事新闻报道的改进起到了切实的指导作用。

广播是新闻宣传工作的重要组成部分，特别在战争时期，广播更是新闻宣传最有力的武器。广播的覆盖面和穿透力都是报纸宣传所无法比拟的。周恩来十分重视广播电台的宣传工作。1947年2月10日，周恩来在给廖承志、范长江的信中指示他们多听各方面意见以办好中文专播节目。周恩来多次就办好广播的问题发表意见。他指出，广播新闻应有自己的特点。广播新闻中要有具体生动的动态性的综合报道，又应有重要的头条独立新闻；要有对于各方面情况的一般的综合性报道，要生动具体，又要有个别的典型报道，后者更加重要；要全面地报道政治、经济、文化、社会改革和建设情况，要特别注重事实的描写；既要有国内新闻，又要有国际新闻；除了播送动态性消息，还应播发报纸的重要社论、评论、发言人谈话或者记者评论；还应播送就某一时期军事、政治、国际形势发表的述评；此外，还应有一定数量的文艺动态或文艺作品。综合上述这些内容，其特点就是便于用社会实态以及我党的立场观点有系统地教育人民群众。周恩来对广播新闻的要求，对我国广播事业的发展产生了深远影响。此后二、三十年间，我国的广播新闻基本上遵循着这样的思路发展起来，并逐步形成相对固定的节目模式。

三

正如前文所述，周恩来的新闻宣传思想较多地体现在他对新闻业务的具体指导中。他对新闻宣传工作的有关论述，既是对新闻宣传工作一般规律的总结，又具有很强的操作性和现实指导意义。他对毛泽东同志提出的调查研究、实事求是思想的阐述，就是针对特定历史时期的工作实际提出的具体化的要求，使宏观的抽象的指导思想与现实的具体工作完美地结合起来。因此，周恩来同志对新闻宣传工作所产生的实际影响远远超出了其有关论述的寥寥数语本身。周恩来的新闻思想不仅给我党的新闻工作者提供了基本立场，也提供了有效的贯彻党的基本原则的一系列方法。尽管周恩来关于新闻工作的许多论述发表于建国以前对敌斗争时期和建国初期，有特定的时代特色，他的新闻思想在今天仍然有着很高的指导价值。

周恩来的新闻思想是党报思想的有机组成部分，无论在什么时候，周恩来都十分强调新闻必须忠于事实，新闻报道应注重事实的描写，这是新闻的基本规律，即使是在我党对敌斗争十分尖锐的历史时期，周恩来也特别强调这一基本点，而反对使用不必要的刺激性语句。由于历史的原因，在我党的新闻宣传中，标语、口号式的"从观念到观念"的新闻报道在不同时期时有出现。一些新闻工作者对党的路线、方针、政策认识不深，把握不准，从而使对党的大政方针的宣传易于停留在表面，口号满天飞，却缺少与具体事实的结合，这就背离了新闻工作应用事实说话的基本要求。这也是今天党报工作中仍须引起关注的重点。在本质上，新闻是描述世界的一种方式，其主要的构成要素是事实。长期以来，我们的党报在读者眼中有着一副严肃的面孔，新闻报道习惯于板着面孔说教，令读者敬而远之。其中最重要的原因是党报的报道常常"观念先行"，把本来合乎逻辑的事实演绎成了周恩来同志曾批评过的"形式逻辑"式的推理，观念说教多，事实描写少。近年来，在激烈的报业竞争中，党报已充分认识到这一不足，并已开始寻找一种用有说服力的事实表明权威立场的有效途径，其走向愈来愈贴近新闻本身的规律。

党报不仅是一般地用事实说话，而且是用经过选择的事实说话，这样，才能做到既忠于事实，又坚持立场。从周恩来关于外事新闻的论述可以看出，新闻选择是党报用事实说话，表明立场，传播观念的主要途径之一。因此，对事实深刻思考，正确选择就成为对党报新闻工作者的一项基本要求。对于选择事实的过程，周恩来同志的论述对今天党报工作尤具现实意义。他曾指出，报纸应当较多地反映社会真实，反映广大人民的要求和愿望。这样，报纸才有较大的生命力。党的实事求是作风就是要"说真话，鼓真劲，做实事，收实效"，新闻宣传脱离了客观真实性，也就脱离了最广大的群众，脱离了最广大的读者。若此，党报就会削弱其影响，失去其活力源泉。

周恩来曾在不同场合分别论述过的三个问题，即党报必须用事实说话，坚持立场；党报必须密切联系群众；党的宣传工作有教育、引导人民群众的责任，十分切合今天的党报宣传工作。改进党报工作就是要改善党报与读者的关系，处理好思想宣传与新闻规律、贴近读者与教育读者的关系。总之，改进党报工作就是要使党报不仅成为党的机关报，而且，也成为广大读者自己的报纸。因此，继承和发扬我们的党报传统在改革开放的今天，也仍然是十分必要的。当然，时代在前进，客观世界发生了巨大变化，党报工作也面临着许多前所未有的新情况、新问题。在新形势下，党报思想必然需要不断丰富、充实和发展。从周恩来留给我们的宝贵的思想遗产中，党报工作者们能够汲取的最重要的养分还是他的唯物主义观点和辩证思维方式。

从《新华日报》谈周恩来的新闻思想*

廖永祥

　　为了纪念与缅怀周恩来这位伟大的无产阶级报刊活动家，在抗日战争时期与解放战争初期领导《新华日报》在坚持抗战、团结、进步、坚持和平、民主、独立等方面的丰功伟绩，本文将集中就他的新闻思想，他对新闻学基本理论的贡献，作一论述。由于当时白色恐怖的政治环境，他的讲话一般都不允许笔记，文字资料留下来的不多。本文是根据《新华日报》版面资料和报馆一些老战士的回忆文章整理与综合的。

　　1. 革命的喉舌。周恩来为《新华日报》创刊的题辞："坚持长期抗战，争取最后胜利"，是他对这张报纸的出版宗旨的提示。《新华日报》的酝酿、筹备到创刊，正是抗日民族解放战争开始的时候。这一时期共产党的总路线，就是抗日民族统一战线。党中央和毛泽东提出了"动员千百万群众进入抗日民族统一战线，打倒日本帝国主义"的号召，周恩来把《新华日报》作为中共中央在国统区的政治机关报来办，并在题辞中赋予报纸这样的宗旨，使这张报纸成为抗日民族革命战争的喉舌，为党的总路线、总方针服务，正确地解决了新闻与政治的关系问题。表明了报刊与政治不可分离的主体立场。

　　《新华日报》在《章程》中规定："本报以报道新闻、发扬文化、巩固抗日民族统一战线为宗旨"。并在《发刊词》中宣布："本报愿在争取民族生存独立的伟大斗争中作一个鼓励前进的号角"、"成为全国民众的呼声。"这表明：《新华日报》不仅肩负传播信息、文化、知识的任务，更重要的

　　* 本文原载于《天府新论》1998 年第 1 期。

是要为抗战这个当时最大的现实政治服务，这是符合周恩来关于党报是"革命的喉舌"这一新闻思想的。

在《新华日报》出版9年多的岁月里，它经历了抗日战争和解放战争初期这两大阶段。两个阶段敌我友几方面的情况是很大不同，国内外阶级力量的对比和形势的变化也很复杂，周恩来领导《新华日报》，特别注意正确掌握政治大方向，把握住主要矛盾和矛盾的主要方面。在整个抗战时期，《新华日报》始终将斗争矛头对准日寇和汉奸卖国贼，对蒋介石则支持其抗日的一面，斗争其反共、反人民的一面。即使三次反共高潮中，《新华日报》被迫不能不进行反击，但都保持一定的限度，有理、有利、有节，使国共之间的关系没有达到完全破裂的程度，这就有利于抗战。日本投降后，蒋介石的方针改为：或以和平谈判方式迫使中共"放弃武力"，或以"放手动员便作战"的办法来消灭中共及其领导的人民力量。《新华日报》根据中共中央"以打对打，以谈对谈"的方针，对谈判及其达成的有利于人民的协议，报道、宣传都持积极态度；反之，对蒋介石破坏谈判、协议的揭露、抨击也是严肃的。《新华日报》始终把斗争矛头针对国民党顽固派，直到蒋介石本人，这就有利于团结国民党内民主派，分化、争取其中的中间派，最大限度地孤立以蒋介石为首的一伙顽固分子。

2. 党的旗帜。"皖南事变"后，周恩来就对留下坚守阵地的报馆同志说过："宁愿全体人员殉职，也绝不自动放下这一面旗帜！"1947年2月26日，国共第二次合作已经破裂，周恩来在延安仍致电中共四川省委书记吴玉章，指示"坚持非赶不走的原则"，再一次嘱咐《新华日报》绝不能"自动放下旗帜"。周恩来强调《新华日报》是党的旗帜，正确地解决了党报与党的关系问题。在当时的国民党统治区，共产党的组织，包括武汉时期的长江局和重庆时期的南方局，都处于秘密状态，不能公开活动，只有《新华日报》作为党在国民党统治区的公开论坛，被广大人民群众作为共产党的具体形象看待。周恩来认为，党的旗帜，也是人民的前锋；它是党的报纸，也是人民的报纸；党报既不能偏离党的路线、政策轨道，又不能违背人民的意志。共产党是为全中华民族和全中国人民谋利益的政党。因而党的利益，无产阶级的利益，和社会、历史发展方向是一致的；党报的党性和人民性也是一致的。《新华日报》既是党的事业，也是人民的事业。

它的出发点，不是为个人或限于一党一派，或某一政治集团的狭隘利益。它站在民族立场、人民立场，这是它与国民党报刊或其他民营报刊的根本差别。

特别是经过1942年周恩来亲自领导《新华日报》进行整风与改版后，大家更进一步加深了对党报作为"党的旗帜"这一新闻思想的认识。这次党报党刊的改版，是毛泽东作为党报党刊整风的内容而提出来的。毛泽东要求延安《解放日报》和重庆《新华日报》，就是"党报，还是社报"问题进行深刻检查，达到报纸"增强党性和反映群众"的目的。《新华日报》办在远离党中央的国民党统治区，具体负责报纸领导的周恩来，特别注意这张报纸同党中央的关系。他非常重视党中央、毛泽东指示的传达学习与贯彻，经常召集南方局、八路军驻渝办事处和《新华日报》的干部会、党员会，及时传达党中央、毛泽东的文件、指示。尤其是对报馆的领导骨干、采编人员，他不管自己工作怎样忙，有时甚至深夜，也会抽出时间迅速传达来自延安的精神、信息、动向。大家经常都有一种感觉，即："我们是在党中央、毛泽东领导下工作，党中央、毛泽东就在我们身边！"

3. 人民是报纸的主体。在《新华日报》筹备过程中，周恩来就告诉潘梓年等报馆的负责同志，说："报纸要大家来办，靠群众办，不能只是少数人关起门来办；办好一种报纸不仅有办报人的责任，也有看报人的责任。"因而报纸还在试版过程中，潘梓年等就遵照周恩来的指示，将试版发到社会各界，广泛征求意见。根据各种不同阶层人士意见，编辑部对版式、内容编排、印刷、发行等，反复进行修改。报馆董事会还在创刊前夕举行招待会，邀请中外文化界、报刊界著名人士50多人征集意见，并在《副刊》举办《读者信箱》专栏和在《群众》周刊登载《新华日报征求通讯员词》，使报纸一创刊就和各界群众，特别是基层群众沟通起来。报纸发表专文，表示"希望每一个读者都是本报的作者"，"凡是看本报的人，都是给本报写文章的人"，并号召："做工的，做庄稼的，店铺里的伙计，军队中的兄弟"，都来给本报写稿。报纸创刊不久，就有了一批工人、学生、教师、机关职员等来自基层的作者，为报纸供稿。报纸充满了生活气息和群众的声音，这是国统区的其他报刊所没有的。

《新华日报》出版一个半月，就在报纸上刊登《征求读者意见启事》，还发放表格对读者成份进行调查。编辑部根据周恩来的指示，提出了"为读者服务"的方针，成立了专门的"读者服务部"，在联系读者、吸收读者意见改进报纸方面，是做得不错的。然而读者是分不同的成份的，这一次的调查，发现读者对象学生（占 24％）、工人（占 19％）、机关职员、店员和救亡团体的工作者（占 28％）等，加在一起占 71％，这说明《新华日报》在国统区基本群众中影响是很大的。调查使报纸对新闻事业与人民革命事业的关系有了进一步的认识。编辑部也由此找到了一条把新闻舆论与群众舆论结合起来的渠道。因此，《新华日报》从 1939 年 1 月 11 日开始，照例每年要在创刊纪念这天，邀请各方面读者、朋友参加座谈，当面征求改进报纸的意见，并事先刊登启事，发动广大读者，就报纸的新闻、言论、副刊、广告、印刷、发行等，提出批评、建议。报馆各部门则对照读者来信、建议，分门别类进行工作总结，针对读者意见，一一作出公开答复，还公布改进的计划、措施。报纸把原来有点单一的副刊，开辟了《工人园地》、《青年生活》、《妇女之路》等六个专刊，变成了一个依靠工人，并兼顾青年、妇女、文化界、科技界的园地，团结面越来越广。在周恩来亲自领导下，报纸确定以工人为核心，坚持面向中下层读者，实行通俗化、大众化的方针。周恩来提出的"人民是报纸的主体"的新闻思想，得到全面贯彻，报纸更加注意社会生活和群众呼声。1945 年和 1947 年报馆两次大规模征求读者意见，通过工作总结，提出了"我们是人民勤务员"的奋斗目标，强化了全心全意为人民服务的"新华精神"，进一步确认人民是新闻、报刊主人翁的地位。周恩来关于"人民是报纸主体"的新闻思想，就是马克思主义唯物史观在新闻领域的具体运用。

4. 通过统一战线开展党报活动。周恩来一再嘱咐报馆编辑部、采访部的负责人，要通过党的统一战线来开展报纸的各项活动，又通过党报的活动来宣传、加强党的统一战线工作。周恩来这一新闻思想，是从检查《新华日报》记者工作中提出来的。新诞生的《新华日报》，老记者都是从资产阶级报刊转过来的。他们在资产阶级报刊任职多年，只知当记者就是采访、写稿报道，记者与采访对象和报道的事物，一个是主体，一个是客体，彼此没有切身的利害关系，自己作为第三者，处于观察、评价的地位。这种资产阶级记者的单纯业务观点，就是为一篇稿子而奋斗。周恩来告诫他们说，作一个人民的记者，"决不能单纯为了完成报道任务而去采访"。他规定记者的活动范围，"应不单限于做好采访报道，而且还要搜集参考资料，供给编辑部材料和建议，向同情我们的社会闻人，代约投约、写专论、征求意见等"。周恩来要求报馆人员，特别是记者、编辑，要把做好党的统战工作，作为开展报纸一切活动的前提。《新华日报》采、编人员，根据周恩来这些指示，开展统战工作的方式，一是参加到各种群众组织、群众运动中去，如投入工人运动、青年运动、妇女运动等，同这些组织、团体的实际工作同志、群众打成一片；二是参加到各种重大事件、重大斗争中去，如反对国民党当局破坏政协路线和抗议美军暴行的爱国民主运动等。他们与群众深入结合，一起受难，一起战斗，在此基础上，通过新闻、言论，来反映、支持群众舆论。

5. 言论是报纸的灵魂。周恩来一再强调党报要十分重视言论，要把它放在办好报纸的首要地位。言论是代表一张报纸立场的集中形式。党报是靠言论集中反映党的理论、纲领、路线的。《新华日报》作为中共中央在国统区办的政治机关报，它是代表共产党发言的舆论阵地，言论就是报纸党性的集中表现。周恩来常说，一张党报没有言论，就等于没有灵魂。所以他领导《新华日报》的主要精力放在抓言论上。来自党中央的声明、宣言、权威人士的评论、观察家谈话和毛泽东等领导人的文章、著作，以及党中央驻国统区代表团的重大文件、延安《解放日报》与新华社社论、重要新闻等，构成《新华日报》言论的主要部份，哪些该登载，什么时候见报，在版面放什么位置，周恩来都要亲自过问。报馆的"社论委员会"也是周恩来主持，重大的言论稿由他亲自管。言论班子写的社论、文章，大致可分为三类，一是周恩来出题目，或授意先写什么，后说什么，分哪些段落，由被指定执笔人写出草稿，由他修改；二是撰稿人自己拟题，自己写，或集体研究选题，推定一位同志写，最后交周恩来裁夺；三是周恩来亲自执笔，撰写社论、署名的评论、重要新闻、戏剧评论、声明、谈话等。在《新华日报》出版的 9 年多的岁月里，周恩来写的这些文章，加上为报纸题辞、发表的讲演稿、函电答记者问、备忘录等，总计有 108 篇，24 万余字，这还不包括他在《群众》周刊发表的 13 篇文章在内。仅以社论来说，从《新华日报》版面可以看见，写得最多的就是周恩来。《新华日报社论集》一书，其中选载周恩来写的社论就有 18 篇。这些社论所涉及的，都是有关时局或国共关系中的重大问题。不少文章、谈话，都是针对国民党顽固派的反动理论、路线、政策的，在驳斥、反击顽固派的种种谬论、暴政、暴行的同时，周恩来旗帜鲜明地宣传、贯彻了我党坚定的无产阶级立场和马克思主义的正确路线、方针、主张，从而教育广大群众，发展了进步势力，争取了中间势力，孤立了顽固势力。周恩来正是这样以身作则，真正把言论当做报纸的灵魂，当做办报的首要工作来做。

6. 新闻必须忠于事实。周恩来对《新华日报》的领导，特别强调："用事实说话，摆事实，讲道理。"他一再教导报馆的采、编人员："要讲真理，我们靠真理吃饭。"廖沫沙《新华日报是我的老师》一文回忆，周恩来检查编辑部的工作，要求最严厉的问题之一，就是新闻的真实性。那时候编辑部的负责同志，每礼拜要向南方局汇报一次工作。有一次，一条政治新闻发生了错误，文不对题。新闻中并没有指明谁的主张，标题却说某方面的主张，影响很不好。周恩来对有关同志进行了严肃的批评，不仅讲了这个错误会产生的后果，还指明了今后应如何注意这样的问题。

1945 年 10 月 8 日，周恩来的外事秘书李少石从曾家岩周公馆用汽车送柳亚子回沙坪坝寓所，归来经小龙坎至红岩村途中，被国民党兵枪击牺牲。此事发生在毛泽东来重庆谈判的时候，地点又在红岩村八路军驻渝办事处附近，司机将李少石送进市民医院后，又下落不明。这就不能不令人怀疑是国民党特务有意破坏国共谈判的阴谋。《新华日报》于次日在二版刊登《本报特讯》，标题是"李少石同志突遭暗杀"，并称：周恩来于当晚 8 时 50 分，偕宪兵司令张镇前往医院察看，顿时泪下如雨，说："二十年前廖仲恺先生遭反革命暗害，其情景历历在目，不料二十年后，他的爱婿又遭凶杀。"到 10 日，案情经过国共双方反复查证，为了在社会上澄清事实真相，周恩来当即指示《新华日报》照登了有关此事的中央社讯，还刊登了八路军驻渝办事处处长钱之光的谈话，说明"这是一件非常悲痛的偶然事件"，"感谢宪警治安机关、医院、法院的努力及各方人士的关心"。

谈话如实地说明了事实的经过。周恩来和《新华日报》这种尊重事实，在事实面前是一就是一，是二就是二，并严于律己的光明磊落态度，在国统区产生了很好的影响，连国民党的军警人员也深受感动。直到解放后几十年，周恩来还严厉批评过有个别同志写回忆录时仍说李少石是被特务暗杀的，嘱邓颖超转告这样写的同志一定要改正。

邓小平关于新闻舆论监督思想初探*

周建明

舆论监督是社会主义民主监督的重要形式

　　早在建国初期的 1950 年，邓小平同志就明确地提出："办好报纸要有三个条件：结合实际、联系群众、批评与自我批评。"① 1957 年 4 月，邓小平同志更进一步地明确提出："共产党要接受监督"，"党要受监督，党员要受监督"，"如果我们不受监督，不注意扩大党和国家的民主生活，就一定要脱离群众，犯大错误"。② 改革开放以来，邓小平同志又多次重申，要坚持社会主义民主和法制建设，并把发展社会主义民主，健全社会主义法制作为中央坚定不移的基本方针，明确指出："我们要坚持共产党的领导，当然也要有监督，有制约。"③

　　1949 年，随着新中国的建立，我们党确立了执政党的地位，并先在《中国人民政治协商会议共同纲领》中继而在《中华人民共和国宪法》中做出明确的规定。作为无产阶级先锋队成员的共产党员，在国家和政府的各级权力机构中担负起了重要的领导工作。我们的党代表了最广大的人民的利益，在领导社会主义事业的过程中，需要经常不断地倾听来自于人民群众的呼声，需要不断地提高和改进我们的工作。在社会主义时期我们党

---

* 本文原载于《华中理工大学学报》（社科版）1999 年第 1 期。

① 《邓小平文选》第 1 卷，第 146 页。

② 同上书，第 270 页。

③ 《邓小平文选》第 2 卷，第 332 页。

内和社会上不可避免地会产生消极腐败现象，阻碍社会的发展进步。因而为了保证社会健康发展，需要不断地健全和发展社会主义民主，需要不断地改善和加强民主监督。民主监督的形式和途径是多种多样的，如共产党内的民主监督，《中国共产党章程》第四条第四款规定，共产党员有权"在党的会议上有根据地批评党的任何组织和任何党员，向党负责地揭发、检举党的任何组织和任何党员违法乱纪的事实"。第八条规定，每个党员都要"接受党内外群众的监督"，不允许有任何"不接受党内外群众监督的特殊党员"。这些规定，是开展正常的党内监督的基本依据，但是仅有党内监督是不够的，我们社会主义民主监督还包括群众监督、法律监督、行政监督等多种形式。新闻舆论监督也是其中一种行之有效的民主监督形式。由于新闻传播具有广泛性和群众性，可以快捷迅速公开地传播新闻信息，并且可以迅速地产生社会影响力，因而，新闻舆论监督必然会成为一种有效的群众民主监督形式。邓小平同志历来是反对那种所谓的"大民主"的，早在 50 年代就明确指出："我们是不赞成搞大民主的，大民主是可以避免的，这就要有小民主"，"我们的办法就是使群众有出气的地方，有说话的地方，有申诉的地方"，"要让群众能经常表达自己的意见"。① 新闻舆论监督，就是群众表达自己意见的一种有效途径，因而，新闻舆论监督，是社会主义民主的一种重要形式，正确而有效地开展新闻舆论监督，可以有力地促进社会健康的发展。

改革开放二十年来，我国的新闻舆论监督不断得到改善和加强，对解决热点、难点、疑点问题起到了积极的促进和推动作用，也对消除社会腐败现象起到了一定的推动作用。主要表现在以下几个方面。

1. 对国家和各级权力的监督有了较大的进展，主要体现在人民的知情权逐步扩大。例如，新闻媒介对各级人民代表大会的报道日益全面和充分，人民群众通过新闻媒介可以及时了解各级人民代表大会会议的进程、会议的内容，在现场直播时可以即时了解情况。越来越多的新闻媒介开辟专栏，及时沟通政府与群众的联系，将政情及时转达给群众，将群众的意见呼声及时反映给政府，解答群众的疑难问题，如"市府与市民"这样的

---

① 《邓小平文选》第 1 卷，第 273 页。

电视专栏。新闻媒介对权力机构中的腐败现象和腐败分子也进行了大量的揭露。

2. 对涉及公众利益问题的新闻舆论监督也有了很大的进展。如质量问题，打击走私、保护消费者合法权益、环境保护等等，新闻媒介都积极地参与，并且起到了积极的推动和促进作用。

3. 对社会丑恶现象的揭露和谴责。如对封建迷信、社会上的"黄、毒、赌"等等典型的社会丑恶现象的揭露和谴责。

新闻舆论监督的定位和范围

新闻舆论监督并不等同于新闻媒介监督，新闻舆论监督也不仅仅限于批评性和揭露性报道。

新闻舆论监督是一个过程，即新闻舆论被监督对象（新闻舆论监督客体）的行为通过新闻媒介（桥梁、纽带或载体）传递给监督者人民群众（新闻舆论监督主体），人民群众通过对被监督客体行为信息（这种信息不仅仅通过新闻媒介一种渠道获取）的判断、评价，形成舆论，再通过媒介反馈（也不仅仅是媒介一种渠道）给被监督客体，从而达到监督的目的。

舆论是众人之言，新闻媒介是舆论的重要载体，它向公众提供信息并通过对重要信息的评价，形成议题，从而引导舆论。舆论的主体是人民群众，人民群众通过多种渠道了解信息，其中新闻媒介是一个重要的渠道。

新闻舆论监督的客体是有一定范围的。

首先，新闻舆论监督的客体是指国家和各级权力机构及其工作人员

邓小平同志指出："要有群众监督制度，让群众和党员监督干部，特别是领导干部。"[1] 江泽民同志也指出：在加强党内监督的同时，"要拓宽党内外监督渠道，发挥群众监督和舆论监督的作用"[2]。我国宪法第四十一条明确规定："公民对于任何国家机关和国家工作人员，有提出批评和建议的权利。"第二十七条规定："一切国家机关和国家工作人员必须依靠人民的支持，经常保持同人民的密切联系，倾听人民的意见和建议，接受人

---

[1] 《邓小平文选》第3卷，第256页。

[2] 《邓小平文选》第2卷，第390页。

民的监督。"

邓小平、江泽民同志的有关论述,我国法律的有关规定不仅为新闻舆论监督提供了重要的依据,同时也明确了新闻舆论监督的基本范围和对象。

为什么国家机关和国家工作人员成为舆论监督的客体呢?因为国家机关和国家工作人员行使职权的行为已不是团体或个人行为,它关系到国家的利益和人民的利益。我国宪法第二条规定:"中华人民共和国的一切权力属于人民","人民依照法律规定,通过各种途径和形式,管理国家事务,管理经济和文化事务,管理社会事务"。国家机关及其工作人员所履行的职权是人民赋予的,作为权力主体当然有权了解其行使职权的行为过程。新闻媒介作为中介,既要将舆论监督客体的行为过程及时告诉舆论监督主体,又要及时将舆论监督主体的意见反馈给舆论监督客体,使得双方互相沟通。

第二,新闻舆论监督的对象和范围还包括公共事务和公共人物。

所谓的公共事务,又称作公众性事务。它是指关系到公众切身利益的各种事务,即宪法中所规定的"经济和文化事务","社会事务"等,在办理这类事务的过程或行为中一旦违反法律和社会道德,就会直接损害和影响公众的利益,甚至人身安全。例如,环境问题、商品质量和商业服务问题、交通安全、公共设施的建设使用管理,等等。

公共性人物,也叫公众性人物。指那些被公众所熟知、对社会事务有着频繁参与行为的人物,他们对社会参与的频繁度越高,这种公共性就越强。他们的言行会给公众带来直接的影响,这种影响或是积极的,或是消极的。在某种意义上说,这些人物是公众的榜样。因此,为了消除他们对公众可能带来的消极影响,需要新闻舆论监督。

新闻舆论监督的基本原则

首先要求新闻工作者要树立对党和人民事业负责的态度和高度的社会责任感。

目前,在新闻舆论监督中有某些被监督者以消极的态度抵制、回避、拒绝采访,扣压记者证,毁坏采访设备,甚至殴打辱骂采访人员,更有甚者竟然向记者开黑枪。这种现象说明,开展新闻舆论监督并不是一件容易事，更需要新闻工作者一身正气，有着对社会高度负责的精神和勇气。

批评错误，揭露腐败现象，是新闻舆论监督的重要内容之一，批评的目的是为了改进工作，揭露的目的是为保证社会健康的发展，是为了促进问题尽快妥善解决。"报纸搞批评，要抓住典型，有头有尾，向积极方面诱导，有时还要有意识地作好坏对比。这样的批评与自我批评才有力量，才说明是为了改进工作，而不是消极的"。"我们有的批评往往只是把问题摆出来了，没有下文"。① 我们衡量批评性报道是否起到应有的社会效果，归根结底就是是否有利于问题的解决。因而，新闻舆论监督并不是仅仅把错误现象和消极腐败现象摆出就了事，而是应该一追到底，追踪报道，直到有解决的结果为止。这不仅仅是新闻报道的要求，也是对社会负责的做法。

第二，要实事求是，用事实说话

"无论是开会发言、写文章，都要进行充分的说理和实事求是的科学分析"，"绝不能以偏概全，草木皆兵，不能以势压人，强词夺理"。② 实事求是要求新闻舆论监督要坚持真实准确客观公正的基本原则。

真实准确是新闻舆论监督的生命。真实准确包括事实的真实和准确性，也包括分析论断评价的准确性，以及分寸把握的准确尺度，按实质分析，是什么就是什么，既不能不关痛痒，说一些无助于问题解决的空话，也不能把个别和局部夸大为普遍和整体。

客观公正，就是报道事实不带有偏见，要坚持把报道事实同评论事实分开。更不能主观臆断，夸大其词，着意渲染，追求轰动效应。要依据事实进行评论，"批评的方法要讲究，分寸要适当"③。

第三，对不符合事实的批评要予以更正

邓小平同志认为，对于批评要给予鼓励和支持，但是，"对有些与事实不符的批评，必要时也要提醒和说明"。④ 新闻舆论监督应尽可能地做到真实准确，一旦出现失实，应该及时予以更正。即使是完全真实准确的，也应该给被批评者以申辩的机会和条件，让群众判别是非。

---

① 《邓小平文选》第 1 卷，第 150 页。
② 《邓小平文选》第 3 卷，第 47 页。
③ 江泽民：《领导干部一定要讲政治》1995 年 9 月 27 日；《人民日报》1996 年 1 月 17 日。
④ 《邓小平文选》第 3 卷，第 10 页。

第四，要依法开展新闻舆论监督活动

邓小平同志指出："为了保障人民民主，必须加强法制。必须使民主制度化、法律化"，"做到有法可依，有法必依，执法必严，违法必纠"。[1]

目前，新闻界对新闻法尽快出台的呼声很高。其实，新闻法作为一个体系，不仅仅是一个单项法，我国从根本大法宪法到基本法刑法、民法，还有大量的单项法律、法规、立法司法解释等等，已经基本构成了一个新闻法律的基础框架，具有比较具体的可操作性。这个法制体系可以说既赋予了新闻媒介权力，同时也规定了新闻媒介的义务和责任。权力和责任是一致的，不能只有责任，而没有权力义务；也不能只要权力，而不负责任。新闻媒介在开展新闻舆论监督中，要加强法制观念，带头遵守法律。

新闻媒介机构设立专门的法律专家，对报道的内容进行审查，把好法律关。这一点在一些国家的媒介机构已经有比较成功的经验，减少了许多麻烦。

第五，要继续建立健全我国的大众传播法制体系

应该说，我国大众传播法制体系的基本框架已经形成，但是还不够完整，不够具体，可操作性较差，因此尚需要不断地完善，使之更加有效地既保护大众传播媒介的权利，又保护公众的利益，使新闻舆论监督能更加健康地开展，发挥更有效的作用。

---

[1] 《邓小平文选》第 2 卷，第 146—147 页。

第二部分

原著解读

马克思、恩格斯著作中的新闻概念*

陈力丹

在马克思和恩格斯的著作中，"新闻"（德文 Neugikeit Neue 或英文 news）以及与这个概念相近的消息、情报、通告、公报、趣闻等等词汇，出现的频率相当高。在他们的通信中，"这里有许多新闻"、"没有什么新闻"、"告诉你一件新闻"① 等等一类话，随处可见。尽管他们频繁地使用"新闻"这个概念，但对它含义的把握，是严谨、持恒的，并多次用唯物主义说明了新闻传播现象。

如果回顾"新闻"概念的历史，可以追溯到古代社会。恩格斯曾经特别指出《圣经》中的"新闻"一词。当年使徒保罗到雅典传道，人们所以听他讲道，只是因为他讲的与人们所知的不同。《圣经·使徒行传》中说："雅典人和住在那里的客人都不顾别的事，只将新闻说说听听。"恩格斯转而观察经过中世纪黑暗后生活在都市柏林的人们，情形与一两千年前极为相似，因而称他们为新"雅典人"。他写道：他们不也是只顾听听看看有什么新闻么！就到你们的咖啡馆和糕点铺去随便看看吧，新雅典人是怎样忙于看报纸，而圣经却搁在家里，积满灰尘，无人翻阅。听听他们见面时的相互寒喧吧："有什么新闻吗？""没什么新闻吗？"如此而已。他们总是需要新闻，需要前所未有的消息。② 恩格斯将古代与现代的新闻传播现象联系起来，说明了新闻传播的一种历史螺旋的上升。古代社会少量城市中发生的现象，经过中世纪的否定，在世界交往的大

---

* 本文原载于《北京广播学院学报》1991 年第 2 期。

① 《马克思恩格斯全集》第 28 卷，第 40 页；第 27 卷，第 131 页；第 41 卷，第 588 页。

② 《马克思恩格斯全集》第 41 卷，第 287—288 页。

形势下，变成了一种极为普遍的传播现象。然而，也许由于新闻过于自然、频繁地存在于生活之中，人们反而很少对新闻本身进行哲理性的思考。

在社会交往中，新闻的存在是以人们"不知"为前提的。1853 年，英国枢密院院长罗素勋爵，就英国和俄国的谈判在议会中讲了许多话。他最后说，政府还没有授予它的大使谈判的全权。马克思在罗素兄长的演说中抓住了这最后一句话作了报道。他说："后面这句话也就是罗素告诉下院议员的唯一新闻。"① 这说明，并非传播中的内容都可以成为新闻。罗素的演说中绝大部分内容是人所共知的旧闻，因而能够作为新闻报道的东西就很少了。1854 年，恩格斯写了一篇军事通讯，由于时间上被延误，这篇通讯从新闻变成了旧闻。恩格斯就这件事说："《每日新闻》的这些家伙这么一拖延，使得我的一部分资料在这段时间里被德国报刊所传布而为人所共知了。"② 正由于"人所共知"，恩格斯的这篇文章最终失去了发表的价值，作为"遗稿"收入《马克思恩格斯全集》。

事实上，"不知"只是产生新闻的先决条件，但还不是最关键的条件。1881 年，马克思在给大女儿燕妮的信中，介绍了美国一份周刊所披露的一件事情。他说："《爱尔兰世界》周刊，其中载有一个爱尔兰主教反对土地所有制（私有制）的声明这是一个最新新闻，我告诉过你妈妈，她认为你也许会把这个新闻刊登在某家法国报纸上。"③ 在这里，由于所讲事变与通常情况不一致，因而才成为新闻。当时的爱尔兰主教们一般都支持私有制，如果报道某位主教支持私有制，是不会被承认为新闻的，因为它在人们认识的常理之内。马克思所以强调这是"最新新闻"，在于事实发生了与一般情况不同的变动。在这个意义上，可以去深入理解马克思或恩格斯讲的许多很平常的话。马克思说："除了施蒂纳的死，没有别的新闻。"恩格斯说："这里除了可怕的寒冬外，没有什么新闻，天气一天要变几次。"④（当时为三月中旬）讲话的人已知道了这些情况，但还是把德国著名哲学

① 《马克思恩格斯全集》第 11 卷，第 5 页。
② 《马克思恩格斯全集》第 28 卷，第 341 页。
③ 《马克思恩格斯全集》第 35 卷，第 233 页。
④ 《马克思恩格斯全集》第 29 卷，第 71、288 页。

家施蒂纳去逝、天气异常变化看作标准新闻。除了这些情况对其他人可能是"不知"的外，更在于这些情况属于非常规变动之列。在一般情况下，告之施蒂纳活着或三月份初春已至，是毫无意义的。

新闻的这些特点，一般人在生活中是无形之中把握的。有一次，马克思谈到他的小女儿爱琳娜（杜西）的熟人莱·蒙蒂菲奥里对新闻的认识。他说："昨天小蒙蒂菲奥里先生来我这里，他前往柏林去；他对杜西的一段话，十分突出地表现出英国的，特别是伦敦的青年文人的特色：'但愿普鲁士人使我如愿以偿，把我拘留一两天！这是给杂志投稿或给《泰晤士报》写信的多好的材料呵！'① 这位青年人显然懂得，给报刊写稿的内容必须是变动的事实，而非正常发生的事实。他去柏林的旅行，报刊绝不会作为新闻发表；但普鲁士当局若拘留了他，这种异常事件自然可以成为新闻的材料。"

但是，这位英国青年对新闻的把握又是不自觉的，类似的追求轰动效应的想法，关键在实际新闻工作中造成对新闻把握的偏差。1881年，马克思的夫人去逝。法国《正义报》的新闻栏里发表了一篇文章，说由于马克思有犹太血统，因而燕妮当初与他结合，最大的困难是克服种族的偏见。马克思气愤地说："这种事是纯粹的臆造；当时用不着克服任何偏见。"他还指出，这是一种"文艺的'夸张'"。② 马克思强调了文艺和新闻区别。如果是文艺作品，当然可以以某人的犹太血统去构想情节；但作为新闻，则只能遵循事实，不能有这类作者的臆想，即使逻辑推理也要有充分的事实根据。

马克思和恩格斯多次谈到事实的变动对新闻产生的意义。1849年初，恩格斯来到瑞士。作为《新莱茵报》的编辑，他苦恼写不出新闻，原因如他对马克思所说："这在个讨厌的瑞士，哪怕发生一点什么可以写的事情也好！然而没有，全是些无聊透顶的地方上的争吵。"③ 地方上的争吵对瑞士来说也许算得上新闻。但对于德国和欧洲来说，这种情况是人们早就了解了的瑞士的特点，过于一般而无法对外成为新闻。马克思在给《纽约论

---

① 《马克思恩格斯全集》第34卷，第82页。
② 《马克思恩格斯全集》第35卷，第234页。
③ 《马克思恩格斯全集》第27卷，第150页。

坛报》撰写时也常遇到这类情况。有一次他对恩格斯说："现在给报纸写东西非常困难，因为英国本地没有发生什么事情，经济情况的变化还很不明显。"① 他实际上谈到了新闻对事实变动幅度的要求。事实变动幅度愈大，愈可能在较大范围内成为新闻，而变化不明显的事实，只能作为地方新闻，甚至无法作为新闻。

事实的变动是自然发生的，重大新闻出现的频率不可能均衡，所以在新闻报道中会出现所谓"淡季"，这是新闻与其他精神交往形态的不同点。1842 年 8 月，作为《莱茵报》柏林通讯员的恩格斯曾谈到过这种情形。8月正值大学放假时期，社会上的各种活动骤减。恩格斯说："这里实在没有什么可报道的。上帝可以作证。现在，正如这里人们所说的，已经进入通讯员的淡季。什么新闻也没有，确实没有！"② 对于新闻的"淡季"，马克思把它看作是一种规律，事实的变动对新闻产生的制约的规律，1859年，他以《纽约论坛报》柏林通讯员的身份对此作了说明，写道："德国有句谚语：'如果周围空无一物，皇帝也失去自己的权力。'既然连皇帝这样的大人物都受这条空无一物的规律的支配，本报通讯员当然更无法逃避这条规律了。如果没有事件就没有什么可说的，这就是那迫使我好几个星期停止从'精神之都'、从这个即使不是世界力量的中心至少也是'世界精神'的中心寄发通讯的极重要的原因。"③

当然，生活中事实的变动是永不停顿的，因而新闻层出不穷。在一般情况下，由不大的事实变动而产生的新闻居多数，重大新闻的出现是不多的，这就表现出新闻的相对层次差异。为此，恩格斯曾讲到曼彻斯特的新闻层次变化。他写道："我们这里刚刚发生盗窃，铁路上火车碰撞，血肉横飞。这里的庸人们被最近一星期来的一些非常事件吓呆了。幸好棉花跌价，因此交易所里没有发生什么事，公众得以专心议论这些重大事件。"④在这里，由于经济上没有发生什么大事，于是人们便把社会新闻拿来谈论，这些事相形之下显得"重大"了；如果经济危机来临，那么危机将成

---

① 《马克思恩格斯全集》第 29 卷，第 15 页。
② 《马克思恩格斯全集》第 41 卷，第 390 页。
③ 《马克思恩格斯全集》第 12 卷，第 726 页。
④ 《马克思恩格斯全集》第 28 卷，第 223 页。

为重大新闻，而那些社会新闻会被忽略。

作为思想家的马克思，他对新闻的认识比一般人看得高，他反对单纯追求耸人听闻，把"当日惊人消息"只看作原始意义上的新闻。他写的新闻通讯，以中肯的分析、准确的预见著称，使原始新闻变得丰满而有思想性。1857 年，马克思凭着谙熟的经济学知识，敏锐地觉察到法国经济中隐藏着巨大的亏空，连续写了五篇通讯指出这一点，但是《纽约论坛报》却不采用。当 1857 年法国的经济问题突然暴露出来成为重大新闻时，报纸才慌了手脚。马克思对该报进行了批评，并表明了自己的新闻观。他说："《论坛报》的蠢驴们会看到，他们不刊登我在半年前寄给他们的多次推敲过的有关这个问题的文章是多么聪明。这是些地地道道的蠢驴；凡不是最原始意义上的"当日惊人消息"，他们就当作无趣的东西抛在一边，等以后这同一个问题被提到议事日程上来时，再就这个问题发表根据别人作品拼凑起来的最愚蠢的胡话。"①

从事实变动的宏观历史角度看新闻，马克思认为某时某地发生的事实变动，往往是过去同类事实变动的再现，当然这是在一个更高层次上的再现。因而，新闻在这个意义上便不是新闻，而是旧闻。这种辩证的思想在他分析新闻现象时表现得十分清晰。1856 年 7 月，西班牙马德里发生人民起义，工人在两天的起义中被领导他们的资产阶级自由派出卖，起义失败。马克思报道这一事件时使用了海涅的诗句："这是一个老故事，但永远是新闻。"② 1874 年，英国诗人坦尼森写了一首歌颂爱丁堡公爵未婚妻亚历山大罗夫娜公主的诗，每句诗的结尾用的是"亚历山大罗夫娜"这个名字。马克思的女儿爱琳娜感到很新奇。马克思建议她将此事写个稿给《奇谈怪事杂志》，同时用《圣经·传道书》中的话告诉她："已有的事，后必再有，已行的事，后必再行，日光之下并无新事。"③ 因为这类诗近百年前的沙皇保罗一世也写过。马克思引证的这两段话，含有历史事件发生的深刻哲理。生活中具体事实的重大变动似乎是无规律可循的，但若站在一个宏观历史的角度观察，那么它们又是有一定规律可循的。旧闻与新闻，已

①　《马克思恩格斯全集》第 27 卷，第 298 页。
②　《马克思恩格斯全集》第 12 卷，第 45 页。
③　《马克思恩格斯全集》第 33 卷，第 627 页。

有的事与现行的事，在辩证法的照耀下，被贯通了。马克思所写的新闻通讯所以使人感受到一种无形而巨大的历史感和思想力量，也许就在于他对新闻的认识经过了这种锤炼。

马克思和恩格斯讲的"新闻"概念，除了在小范围的生活圈子内使用外，主要是以大范围的社会为背景的，特别是指世界交往这样一种大背景。因此，他们特别重视新闻的时效。商品经济向世界的拓展，遇到的直接困难是距离的加大，于是在资本的运动中产生了如马克思所说的"用时间去消灭空间"① 的冲动。正是这种冲动刺激着各种交往媒介的急速变革，新闻的数量也急速膨胀。与封闭的中世纪相比，一切社会关系在不停地动荡，生活和工作频率加快，恩格斯谈到这种情形时说："在我们的时代，事件以惊人的速度一个跟着一个地发生。"② 自然，由事实变动而产生的新闻及其传播，必须跟上这种变动的速度。这时，新闻的传播比起昔日的马拉邮车不知快多少倍，以致马克思经常用"报刊的闪电"、"电讯立刻闪电般的传遍整个大不列颠"来形容它。

现代社会的时间观念比任何时代都强烈。马克思用现代观念叙述蒙昧时代的生产时曾写道："野蛮人由于对时间的浪费漠不关心，还犯了一个严重的经济上的罪行。例如，象泰罗所说的，他往往用整整一个月来制造一支箭。"③ 而社会化大生产的时代，情形完全不一样了。恩格斯说："那里时间就是金钱，那里商业道德必然发展到一定水平，其所以如此，纯粹是为了节约时间和劳动。④ 整个社会对时间的重视，对本来就以时效为特征的新闻来说，更添加了几分紧迫感，一切与新闻有关的传播形态同样要求时效。1859 年，恩格斯计划写一本时事性小册子，马克思得知后要求他："你应当立即动手，因为在这里时间就是一切。因为这和报纸文章是一样的，不能耽误时间。"⑤

新闻（包含一切时事性文体）的生命都是短暂的，时过境迁，就会失

---

① 《马克思恩格斯全集》第 46 卷下册，第 16 页。
② 《马克思恩格斯全集》第 8 卷，第 248 页。
③ 《马克思恩格斯全集》第 24 卷，第 490 页。
④ 《马克思恩格斯全集》第 21 卷，第 292 页。
⑤ 《马克思恩格斯全集》第 29 卷，第 383、388 页。

去价值。对此，马克思和恩格斯都很清楚。1852 年，马克思致信一位刊物编辑说："时事性的文章，如果收到以后不马上发表，就会失去任何价值。"① 1891 年，恩格斯准备为法国《工人党年鉴》临时写一篇时事性文章，他询问道："我必须知道你们的《年鉴》何时出版。不然，这篇文章就可能过时，或者由于事态的发展，根本就不需要了。……撰写有关时事问题的文章，如不立即刊用和发表，是不行的。"② 与科学著作相比恩格斯把新闻看作是一种"形式华丽但只是靠手边的辅助材料写成的应时作品"。③ 作为新闻载体的报纸，自然也由于新闻的时效要求而时刻处于紧张状态，所以马克思说："报纸的一般性质——经常的战斗准备、对于急需报道的耸人听闻的当前问题的热情关心。"④

就每个国家的新闻时效而言，它会受到这个国家的经济、政治体制和历史传统的影响。19 世纪的德国，政治上实行的所谓"宫廷民主"，专制主义的色彩还比较浓厚，生产的社会化程度也不够高。因而，德国的新闻时效总体上远不及英法等国。由于这个原因，当有人对一位从事经济学研究的青年人要做报纸工作表示担心时，恩格斯说："对于一个新闻工作者说来，他是非常迟钝的，但是，归根到底，这一点在德国并不是很重要的。"⑤ 1848 年的三月革命，曾一度使普鲁士的政治制度迅速民主化，但这并不能很快改变专制时代官僚主义的惰性。例如议会新闻的发布在普鲁士24 小时以后才可能见报。就此，恩格斯作过比较，批评官方的《国家通报》。他说："英国议会开会经常开到早晨 4 点钟。可是 4 小时以后会议的速记记录就刊登在《泰晤士报》上，传遍伦敦的每个角落。法国议会往往要在下午一点钟才开会，到五六点钟才结束，可是到晚上 7 点钟，《总汇通报》就已把会议速记记录的版样送到巴黎各报的编辑部了。为什么可敬的《国家通报》不能以这种速度进行工作呢？"⑥

马克思和恩格斯是从世界交往的高度认识新闻时效的，因而他们能够

---

① 《马克思恩格斯全集》第 28 卷，第 493 页。
② 《马克思恩格斯全集》第 38 卷，第 174 页。
③ 《马克思恩格斯全集》第 37 卷，第 319 页。
④ 《马克思恩格斯全集》第 1 卷，第 120 页。
⑤ 《马克思恩格斯全集》第 37 卷，第 181 页。
⑥ 《马克思恩格斯全集》第 5 卷，第 239 页。

在新闻实践中冲破传统的德国惰性，表现出一种新闻工作的朝气。他们主持《新莱茵报》，抢新闻的意识十分强烈，把建立各方面的联系、获取新闻视为报纸工作的基础。报纸设有"最新消息"栏，电头经常出现"晚十时"的字样。有一次，《新莱茵报》秘密地准确获知国王当天的讲话内容，并赶在付印之前抢排。第二天，马克思和恩格斯得意地说："昨晚过于匆忙地向《新莱茵报》读者披露的御前演说，使《科伦日报》万分恐慌和苦恼；现在证明已披露的御前演说是与原话无异的。"① 1870年普法战争爆发，恩格斯接连为《派尔—麦尔新闻》写了59篇战争短评，提供了许多独家新闻，恩格斯从此有了"将军"绰号，这些独家新闻，是在马克斯帮助下"抢"出来的。例如第三篇短评中报道的普鲁士作战计划，是恩格斯通过私人途径搞到的，他立即从曼彻斯特写信给伦敦的马克思，信的第一句话就是："附上普鲁士的作战计划。请你立即乘马车把这篇文章送到《派尔—麦尔新闻》，以便使它能在星期一晚上见报。文章大大提高《派尔—麦尔新闻》和我的声望；……丧失时机对这类文章来说是致命的。"②

马克思对自己的新闻工作在时效上要求相当严格，追求的是"分针"的运动。1842年他在《莱茵报》工作时曾致信另一位刊物主编："您在哲学和神学新闻的中心，所以我很希望从您那里听到一些有关局势的消息。在这里固然可以看到时针的运动，但是却看不到分针的运动。"③ 这种"分针"意识，也表现在他和恩格斯对党的报纸的指导方面。1876年，当俄国方面的新闻还没有引起欧洲注意时，马克思就指示德国社会主义工人党的《前进报》注意那里的动向，他说："现在的《前进报》，也能够触及一下东方问题的要害，那会是及时的。"④ 果然，《前进报》在这方面抢在了其他报纸前面，恩格斯曾多次批评过德国社会民主党机关报《人民国家报》主编威廉·李卜克内西缺乏新闻时效观念。他认为延误时间是丢脸的事，对马克思说："威廉的报纸实在丢脸，我姑且不说自由公理会牧师的废话，而关于他们自己的联合会等等的一切消息往往都要过了八天到十四天才能

---

① 《马克思恩格斯全集》第6卷，第175页。
② 《马克思恩格斯全集》第33卷，第15—16页。
③ 《马克思恩格斯全集》第27卷，第430页。
④ 《马克思恩格斯全集》第34卷，第194页。

见报。""他的 2 月 19 日报上的最新新闻是：汉诺威是——1 月 13 日的；
寥拉赫——1 月 23 日的；慕尼黑—1 月 25 日的；恩斯特塔尔——1 月 17
日的！"①

　　鉴于新闻的时效特点，对新闻工作者提出的要求也就同其他从事交流
工作的人有所不同。恩格斯就此进行过多次论证。1892 年，他的朋友肖莱
马去逝，恩格斯在十分有限的时间里写出一篇出色的悼文发表在报纸上。
就此他谈到记者工作的时效特点："我是在安葬前的那天下午，在没有任
何参考材料的情况下匆匆忙忙写成的，假如我能等到返回伦敦再写，我可
能会写得详细一些。在那种情况下，必须像一个真正的记者那样写作。就
是说，写得快，手头有什么材料就写什么。"② 对于报纸的编辑，恩格斯提
出的要求也具有时效特点，他指出："对于编辑报纸来说学识渊博并不那
样重要，重要的是善于从适当的方面迅速抓住问题。"③

　　恩格斯晚年使用了"新闻学"（Journalistik，又译"报学"）的概念。
对这个概念的说明，表现了他对新闻时效特点的全面认识。他写道："新
闻学，特别对于我们这些天性不那么灵活的德国人（因此犹太人在这方面
也"胜过"我们）来说是一个非常有益的学校。人们会在各方面变得更加
机智，会更好地了解和估计自己的力量，更主要的是会习惯于在一定期限
内做一定的工作。但是，从另一方面看，新闻学使人浮光掠影，因为时间
不足，就会习惯于匆忙地解决那些人们知道还没有完全掌握的问题。"在
这里，恩格斯毫不留情地指出了德国传统的迟缓习性，对新闻学对此的冲
击给予了高度评价，同时也指出了新闻学强调时效可能带来的问题。这一
论述对中国的新闻工作不是很有启示吗？

---

① 《马克思恩格斯全集》第 32 卷，第 382、438 页。
② 《马克思恩格斯全集》第 38 卷，第 409 页。
③ 《马克思恩格斯全集》第 35 卷，第 176 页。

马克思著作中有关传播的名词略考[*]

陈 力 丹

　　新闻学研究中的基本名词术语，马克思（包括恩格斯）著作中大都出现过（除了他们那个时代没有的广播电视），有的出现频率相当高。研究马克思对这些名词术语使用的情况，有助于更深入、准确地理解他的传播思想。

　　一、交往。这是马克思和恩格斯考察人们之间关系的最基本术语之一，指的是相互的物质、精神交流。德文原词是 Verkehr，英文对应词是 intercourse，法文对应词是 commerce。马克思在 1844 年的著作中开始使用它，在 1845—1846 年他和恩格斯合著的《德意志意识形态》中，它成为一个既定的广泛说明人们之间物质、精神关系的用语。在谈到人们的精神交流时，他们使用过"精神交往"（geistiger Verkehr）这个概念。在恩格斯晚年的著作和书信中，仍可以经常看到"交往"这个术语。这个术语的使用说明马克思习惯于从更广泛的社会意义上考察人类的传通现象。

　　二、世界交往。这是马克思在 19 世纪世界市场形成时期对当时交往程度和发展趋势的一种概括性用语，德文原词是 Weltverkehr。有时他和恩格斯又称它为"普遍交往"，意思是一样的。它首先出现在《德意志意识形态》中，以后在马克思为《纽约每日论坛报》写的通讯中又出现过。他们认为，只有当交往发展成为世界交往，已经创造出来的生产力才可能不被毁灭，不需要重新开始，一个人的精神财富取决于他与外部世界联系的多寡。这个术语成为马克思衡量一种传播行为或观念进步与否的内在尺度。

---

　　* 本文原载于《新闻研究资料》1993 年第 2 期。

三、传播。即现代传播学中的 communication 一词。译成"传播"是约定俗成造成的，其实它很不准确，译为"交流"、"沟通"、"传通"较好些。马克思著作中文版中有许多"传播"这个词，但原文几乎都不是 communication，而是多个不同的词，如德文原著中是散布（ausbreiten）、扩散（Ausdehung）等词，或者只是个介词 zu（相当于英文中的 to）。但马克思的确经常使用 communication（德文对应词是 Kommunikation）。由于中文版大都译为"交通"，使人们看不出来了。例如《共产党宣言》中的"交通"即是 Kommunikation。在马克思的著作中，Kommunikation 有时指信息通讯，有时也包括物质的交换，这时它的意思与 Verkebr 几乎等同，经常在一段话中交替使用，但指具体的物质与精神交往多一些。

四、新闻。马克思和恩格斯著作中文版里出现"新闻"一词约有 100 多处，除个别情况外，德文原词基本上都是 Neue 或 Neuigkeit；英文原词是 news。从他们使用"新闻"概念的情况看，有两种含义：一种是以自己"不知"为前提，把获知的某一事实称为"新闻"；另一种是指社会上发生的与常规不大相符的事实。

五、舆论。马克思和恩格斯著作中"舆论"一词出现的频率较高，有300 多处。他们著作的中文版有三种译法：舆论、社会舆论、公众舆论。除个别中译文在原著中没有对应词，是译者加进去的外，其德文原词都是Öffentliche Meimung，英文原词是 public opinion。中文的"舆"，即公众。因此，社会舆论、公众舆论的译法是同义反复。另外，将 offentlich（公开、公众）译为"社会的"，亦不符合马克思的用词习惯。他著作中的"社会的"一词，通常的对应词是 gesellschaftlich，如"人的社会关系的总和"中的"社会的"即是。

六、宣传、鼓动。马克思和恩格斯著作中文版里的"宣传"一词，除少数原词是扩散、传达、说教等外，对应的德、英文原词是 propaganda；但中文版里的"宣传鼓动"一词，绝大部分原词只是德文 Agitation（鼓动），无 Propagada 与之组合。宣传和鼓动这两个词他们使用频率很高，大约有 400 处，其中宣传一词的使用又比鼓动多一倍左右。这两个词不像在列宁那里分得十分清楚，意思是差不多的。但鼓动用于指具体的宣传行为较多一些。马克思使用宣传一词，含义较广，讨论、交谈、通信，以及某种重大事实产生的影响，在总体上都被理解为宣传的形式。

七、灌输。我国现在流行的"灌输"一词，其最初的根据是列宁引证的考茨基 1901 年 11 月使用的那个德文词组 von aussen hineigetragenes（从外面带入）。马克思和恩格斯著作中文版里的"灌输"一词约有 50 处，原著中的对应词是 20 多个不同的德、英文词，如给予、提供、教练、掌握、培养、浸染、导读、教授（动词）、接纳、做、强加、使牢记、欺骗、指示、移植、进入、安排、填鸭式教授、物理上的灌注等等，没有一处与考茨基使用过的词相同。其中只有填鸭式教授（einpaukten）和物理上的灌注（eintrichtern）与中文的"灌输"可以完全对应，大约七八处。马克思和恩格斯使用这两个词均为贬义，或不赞成传播的内容，或嘲讽受传者的愚笨。

八、报刊。马克思和恩格斯著作中的"报刊"一词，使用频率多得无法统计，仅《泰晤士报》就被提及约 1000 次，他们提到的报纸和杂志共约 1500 种。报刊的对应词是 Presse（德）或 press（英），他们著作的中文版一般译为"报刊"，有时也被译为"刊物"、"出版物"。马克思 1842 年在《莱茵报》上首次发表的文章《第六届莱茵省议会的辩论》（第一篇论文），将 Presse 几乎全部译为"出版物"，从上下文看，许多地方应该译为"报刊"。马克思使用这个词有时泛指报纸和杂志，有时特指某家报刊。报纸名称中的 Presse 或 press，中文版一般译为"新闻"，如《新闻报》（《Die Presse》），《自由新闻》（《The free Press》）。中文版里的"报纸"，其对应词一般是 Zeitung（德）、newspaper（英），有时是"日报"（Tagespresse）或其他特指报纸的词。马克思在使用报刊一词时，还常常加一些定语，较常见的是自由报刊、人民报刊、独立报刊这三个词，它们都有比较固定的含义。

九、喉舌。以往由于我们常用这个词比喻报刊的政治作用，因而对马克思著作中的喉舌一词颇为重视。马克思和恩格斯著作中文版里有"喉舌"大约 40 处，与中文完全对应的只有两处，如马克思说的"艾莫斯这头蠢驴——英国官吏在埃及的喉舌"[1] 中的"喉舌"便是。它的对应词即德

---

[1] 《马克思恩格斯全集》中文版第 35 卷，第 111 页。

文 Sprachrohr，由 Sprach（言语）＋Rohr（管子）组成。经核对原著文字，中文版中的"喉舌"情况有以下几种：1. 大约有五六处没有对应词，是译者加进去的。2. 大约有一半原词是 organ，即机关报。当指出某家商业报刊为某个党派的机关报时，马克思使用这个词带有一定的贬义。3. 原著中的对应词是多个不同的词，如代表、角色、发言人等等，有的带有明显的贬义，有的中性。4. 有两三处使用的是法文 Moniteur，这是当时波拿巴政府机关报《总汇通报》中的"通报"一词，马克思这样做表示了对所指报刊的蔑视。5. 马克思正面阐述中有"喉舌"三处。第一处在《马克思恩格斯全集》中文版第 1 卷 50 页："出版物是历史人民精神的英勇喉舌"。第二处在第 6 卷 275 页：报刊是"热情维护自己自由的人民精神的千呼万应的喉舌"。第三处在 7 卷 3 页：报纸"成为运动的喉舌"。它们的德文对应词依次是 Sprache（表达方式）、Mund（嘴巴）、Sprechen（发言）。Mund 这个词无法直接用到译文里去，只能勉强用"喉舌"替代，但与德文的喉舌（Sprachrohr）有明显区别。这三句话是从俄译文转译来的，与德文原著有些对不上，似乎应依次译为"报刊是历史的人民精神的毫无顾忌的表达方式"、报纸"就运动直接发表意见"、报刊是"警觉地捍卫着自己的自由的人民精神的无所不在的喉舌"。

论马克思的人民报刊思想与党报思想[*]

郑保卫

近年来，在探讨无产阶级新闻事业的党性和人民性问题时，许多文章都涉及马克思早期的人民报刊思想以及他所提出的"人民性"概念。由于文章作者各自理解的不同，导致在分析和评价马克思的人民报刊思想以及它与马克思后来的党报思想的联系时存在着一些分歧意见。有的同志认为，马克思早期的人民报刊思想是他一生报刊思想的高峰，因而否定马克思后来的党报思想所达到的理论和思想高度；有的同志则把马克思早期的人民报刊思想完全归于资产阶级的、唯心主义的范畴，因而否认它所具有的真理性，以及它同马克思后来的党报思想的内在联系；也有的同志主张把马克思早期的人民报刊思想作为马克思一生报刊思想发展过程中一个必经的历史过程来看，既肯定其中具有真理性的精华部分，又指出其中带有唯心主义思想印记的部分，同时承认它同马克思后来的党报思想的内在联系，将其看作是马克思后来党报思想的基础。

能否正确地分析和评价马克思早期的人民报刊思想以及它与马克思后来的党报思想的联系，直接关系到能否对无产阶级新闻事业的党性和人民性之间的关系作出全面理解和获得正确认识。因此，很有必要对此问题从历史的角度进行实事求是的科学分析和客观评价。本文力图在这方面作些尝试。

马克思人民报刊思想的提出及其内容

人民报刊思想是马克思 1842—1843 年在《莱茵报》工作期间所阐述的

＊ 本文原载于《中国广播电视学刊》1992 年第 3 期。

报刊思想，这一时期，青年马克思作为一个决心为人类幸福献身的激进的革命民主主义战士，自觉地利用报刊向封建专制制度开火，向旧世界宣战。他把目光投向备受旧制度迫害的贫穷群众，把报刊看作是为被压迫群众辩护的"英勇喉舌"。他正是根据自己在《莱茵报》的实践，对报刊的一般规律进行了理论概括，同时阐述了他的人民报刊思想。可以说，人民报刊思想是马克思早期报刊思想的核心。

马克思是针对当时在普鲁士政府新的书报检查令颁布（1841 年）后自由出版的一部分民主报刊提出"人民报刊"这一命题的。他认为，人民报刊是与官方报刊相对立的报刊，它是一种精神不受阉割的"自由的报刊"，而只有这种报刊才是一种"真正的报刊"。

1842 年 4 月，马克思在为《莱茵报》撰写的《第六届莱茵省议会的辩论（第一篇论文）》中，首先提出了"自由出版物的人民性"观点，并指出其实质在于"它的历史个性以及那种赋予它以独特性质并使它表现一定的人民精神的东西"①。随后，在当年底和次年初撰写的《〈莱比锡总汇报〉的查封》等一系列文章中，马克思又提出了"人民报刊"的概念，并且具体阐述了人民报刊的内容和实质。其主要观点如下：

1. 人民报刊是人民日常思想和感情的表达者，是人民精神的喉舌

马克思认为，人民报刊的实质就在于它体现"人民精神"，表达"人民日常思想和感情"，并且"生活在人民当中"，"真诚地和人民共患难、同甘苦、齐爱憎"②；人民报刊的记者应当"极其忠实地报道他所听到的人民的呼声"，"多描写些他和人民来往时人民的贫困状况所给他的直接印象"③。

2. 人民报刊是将人民同国家和整个世界联系起来的有声的纽带，它通过报告事实向人民揭示世界的真实景象

马克思认为，人民报刊最主要的功能和作用就在于，它通过报告事实向人民群众揭示周围世界的真实景象，并用这些真实景象去戳穿官僚者们散布和制造的假象，使人民群众真正意识到自己的存在和力量。

3. 人民报刊是治人者与治于人者之间的"第三个因素"

---

① 《马克思恩格斯全集》第 1 卷，第 49 页。
② 同上书，第 187 页。
③ 同上书，第 210 页。

马克思认为,人民报刊作为一种纯理性的东西,应当具有"公民的头脑和市民的胸怀"①,它不依附于任何社会集团和个人力量,始终按自己的运行法则独立地发挥自己的功能和作用,成为治人者与治于人者之间的"第三个因素"②。

4. 人民报刊的本质是真实的

马克思用"真实"和"纯洁"来概括人民报刊的本质,并且以是"根据事实来描写事实",还是"根据希望来描写事实",是"表达社会舆论",还是"歪曲社会舆论"作为区别是否是"真正的人民报刊"③,是"好"报刊还是"坏"报刊的标准。

5. 人民报刊的品质是诚实的

马克思认为,人民报刊的可贵品质就在于它是"诚实"的,它从不讳言自己的缺点和失误,也无须别人给它施行外科手术,它是:"自己的医生"④,它会自觉纠正自己的缺点和失误。

6. 人民的信任是人民报刊赖以生存的条件

马克思认为,"人民的信任是报刊赖以生存的条件,没有这种条件,报刊就会萎靡不振"⑤,他在报刊实践中,总是把争取人民的拥护和信任作为追求的目标。

7. 人民报刊具有自己内在的规律性

马克思认为,"要使报刊完成自己的使命,首先不应该从外部施加任何压力,必须承认它具有连植物也具有的那种为我们所承认的东西,即承认它具有自己的内在规律",而且"这种规律它不能而且也不应该由于专横暴戾而丧失掉"⑥。他还认为,只有通过斗争,才能真正维护人民报刊的存在权利,才能防止专横手段摧残人民报刊这朵"现代荆棘丛中"的"伦理精神的玫瑰花"⑦。

① 《马克思恩格斯全集》第1卷,第231页。
② 同上书,第230页。
③ 同上书,第188页。
④ 《马克思恩格斯全集》第27卷,第434页。
⑤ 《马克思恩格斯全集》第1卷,第294页。
⑥ 同上书,第90页。
⑦ 同上书,第188页。

8. 人民报刊是一个有机的活动群体

马克思认为，人民报刊是一个有机的活动的群体，这个群体中的各个具体报刊是整个人民报刊的"必要的组成部分"。他还把人民报刊看成是一个"类"的概念，并把体现出"真正的伦理精神"，看作是人民报刊的"类本质"，只有人民报刊的每个有机个体都根据自己的不同分工承担不同的任务，表现出各自相异但却又相互补充的特征，整个人民报刊群体才有可能成为和谐地融合了人民精神一切要素的真正意义上的人民报刊。他还用一个形象的比喻作解释：每家报纸就像蔷薇花的每片花瓣，都发出自己的芬芳和表现自己的特质，那么整个人民报刊就像整朵蔷薇花便有可能完全表现出自己真正的特质——"体现出真正的伦理精神"①。这是马克思对报刊的专业分工的一次集中论述。按他的想法，各个报刊应有不同的分工，应当办出自己的特色，应当为整个报刊群体表现出共同的特征发挥自己的作用。

从以上的概括介绍中可以看出，马克思的人民报刊思想几乎涉及了报刊理论中的全部重要问题，如报刊的使命、作用、实质、社会地位、本质特征、基本品质、内在规律性，等等。因此可以说，马克思的人民报刊思想是他早期报刊思想的完整表述，也是他一生报刊思想中对新闻一般规律性的最集中的概括。

对马克思人民报刊思想的客观评价

马克思的人民报刊思想是他早期报刊思想的集中概括。那么，它在马克思一生的报刊思想中到底占有什么地位，它同马克思后来的党报思想又有什么联系，这是马克思主义新闻学研究中的一个重要课题，也是我们今天全面理解和认识无产阶级新闻事业的党性与人民性关系所必须解决的一个理论问题。

要正确认识和评价马克思的报刊思想，必须从认识马克思的政治思想入手。因为一般说来，一个人的报刊思想总是他政治思想的反映，并且是他政治思想的重要组成部分。同样，马克思早期的人民报刊思想正是他这

---

① 《马克思恩格斯全集》第 1 卷，第 190 页。

一时期政治思想的反映，是他这一时期政治思想的重要组成部分。

如果用历史唯物主义的观点看问题，我们首先应当承认马克思这一时期尚处在由唯心主义向唯物主义、革命民主主义向共产主义的转变过程中，他的政治思想和哲学思想的主要观点不可避免地显露出唯心主义和民主主义的思想印记。这时的马克思，其政治思想和哲学思想的主要观点还囿于黑格尔的客观唯心主义和费尔巴哈的人本主义的范围内。正是从这种观点出发，马克思崇尚理性和国家精神，提出了报刊是"理性"的出版物。应该体现"国家精神"的唯心主义观点，并且把出版自由寄托在封建国家制定的出版法上。在许多论述中，他反复使用"历史精神"、"国家精神"、"人民精神"等字眼，而这种种"精神"都只是一种理性的概念，缺乏具体内容和固定含义。甚至连"人民报刊"和"自由报刊"这两个概念本身也是不太确定的概念。在马克思眼里，"人民"并不是指某一具体的社会阶级和阶层，而是指在法律意义上享有平等权利的政治生活参与者的统一体。因此，他所使用的"自由出版物的人民性"的概念也是缺乏实实在在的具体阶级含义的东西。马克思自己对这一时期他的思想的评价很能说明问题。他在与恩格斯合写的《德意志意识形态》一文中写道："当时由于这一切（指刚刚诞生的新世界观——引者注）还是用哲学词句来表达的，所以那里所见到的是一些习惯用的哲学术语，如，'人的本质'、'类'等等，给了德国理论家们以可乘之机去不正确地理解真实的思想过程并以为这里的一切都不过是他们穿旧了的理论外衣的翻新……"[1]。很显然，马克思自己也认为当时他的思想尚未完全脱出黑格尔、费尔巴哈等德国理论家们的认识范围。

然而，马克思并没有完全停留在他的老师黑格尔和费尔巴哈所筑起的思想樊篱内。政治上的坚定的革命民主主义立场，促使他以自己坚持真理的决心和同情人民的热情冲出这道樊篱，大步跨入了一个新的天地中。马克思涉取了黑格尔和费尔巴哈思想中革命和科学的方面，而摒弃了其中保守和反科学的方面。他不是象黑格尔等人那样，总是站在国家和统治者阶级的立场，去阐述报刊的功能和作用，而是更多地从劳动群众的立场为报

---

① 《马克思恩格斯全集》第3卷，第261—262页。

刊确定使命和任务。促使他产生这种思想飞跃的正是他的报刊工作实践。在《莱茵报》工作期间，他在"第一次遇到要对所谓物质利益发表意见的难事"之后，开始通过"研究经济问题"①去寻求对这些问题的新的政治解答。他开始发现制约报刊立场的真正奥秘——报刊是一定社会集团力量的代表者，它总是反映自己所代表的社会集团的利益，因此，作为与官方报刊相对立的人民报刊，自然要站在与官方相对立的劳动群众一边，要忠实地倾听他们的呼声并真实地加以报道。这一点可以从这一时期《莱茵报》所发表的一些文章中得到证实。在马克思的主持下，《莱茵报》日益明显地表现出贫苦劳动阶级的意识和倾向，成了莱茵地区贫苦群众的忠实代言人。到1844年与卢格共同创办《德法年鉴》时，马克思已经明确提出了"在批判旧世界中发现新世界"的战斗任务，并强调，"这种批判不怕自己所作的结论，临到触犯当权者也不退缩"②。这已是一个共产主义战士的政治立场和行动决心了。而到了《新莱茵报》时期，马克思已完全通过现实的阶级关系来认识和分析报刊。

这里需要特别说明的是，报刊是"第三种因素"的观点同样是在马克思对报刊的政治性质的认识尚未完全和无产阶级的阶级意识直接联系起来的情况下提出来的，他当时还没有能够完全运用阶级分析的方法来论证报刊所处的社会地位。实际上，在当时的社会中，报刊根本无视封建专制国家的权力和法律是不现实的。《莱比锡总汇报》和《莱茵报》的命运本身就是最好的证明。它们都因触犯反动当局或遭到查封或被迫停刊。显然，封建专制政府是绝对不允许任何以批判者面目出现的"第三种因素"——报刊存在的。在封建专制条件下，乞盼报刊能成为介于统治者与被统治者之间的"第三种因素"只能是一种理想主义的空想。

在此还需说明的是，后来，1850年，马克思在已经成为一个坚定的共产主义战士之后，在他所写的《1848年至1849年的法兰西阶级斗争》一文中，在批判法国由秩序党炮制的出版法时，又提到报刊是国家的"第三种权力"③。在这里，马克思强调的是报刊作为一种社会舆论工具的作用。

---

① 《马克思恩格斯全集》第13卷，第7—8页。
② 《马克思恩格斯全集》第1卷，第416页。
③ 《马克思恩格斯全集》第7卷，第117页。

马克思把报刊看作是"社会舆论的纸币",它通过反映和传通社会舆论,可以形成一种无形的、巨大的精神力量,对社会发挥强大的制约和影响作用,这种力量之大甚至连握有司法、行政大权的统治者也无法抗拒。他还指出,报刊之所以具有这种巨大力量前提是不署名,否则它便成了个别知名人物的作品集,根本不可能广泛代表社会舆论。显而易见,马克思在这里主要阐述的是报刊在反映社会舆论方面所具有的特殊功能,强调它是一种重要的舆论力量。从此以后,马克思在关于报刊社会地位和作用的论述中再没有使用过"第三种因素"、"第三种权力"这类概念。因此,不应把这一观点作为马克思关于报刊社会属性和地位的一贯思想,更不该以此来抹煞报刊在阶级社会中的阶级属性。

实事求是地评价马克思早期的人民报刊思想,应当明确承认并充分肯定这些思想中含有不少精华,具有真理性。如报刊应当站在人民的立场,表达人民的思想和感情,反映人民的呼声和愿望,永远与人民在一起,共患难、同甘苦、齐爱憎;应当真实地陈述客观事实,报告真实情况;应当自己纠正自己的错误以及报刊具有自己的内在规律,等等,都是一些极为深刻的科学论断。这些观点有许多是马克思对报刊一般规律的真实理性认识,是他整个报刊思想的重要组成部分。

马克思本人后来对他这一时期的报刊思想所持的态度也是积极的。1851年,已成为共产主义坚强战士的马克思,特意请他的战友海·贝克尔出版自己1842年的主要论文(当时仅出了第一分册,都是论述报刊问题的)。1873年,马克思第二次和出版商洽谈出版他的"全部早期著作文集"。如果马克思认为他这一时期的思想(包括报刊思想)不值一提的话,显然他是不会采取这种做法的。而恩格斯对于马克思这一时期的思想更是给以很高评价。1895年,当他准备再次出版马克思1842年以来的论文集时,他指出"这些东西的确有巨大价值"①。

因此,在评价马克思早期的人民报刊思想时,我们既不应该将它视为马克思整个革命报刊思想完全成熟的标志,甚至将其推崇为马克思报刊思想的高峰,并以此来贬低和否定马克思后来的报刊思想,也不应该把它完

_____

① 《马克思恩格斯全集》第39卷,第341页。

全划入唯心主义的圈子里孤立起去，切断它与后来马克思的报刊思想的内在联系。正确的态度是，既实事求是地指出它的唯心主义的欠科学的成分，又肯定其中的一些至今仍具有生命力的精华部分。总之，要把它作为马克思报刊思想发展史上的一个必经的历史过程来看待，并且把它看作是马克思后来的党报思想的基础。

马克思后来的党报思想同人民报刊思想的关系

从以上分析和评价中可以看到，在《莱茵报》时期，由于当时社会环境、思想基础、理论氛围和报刊实践等历史条件的限制，马克思所提出的人民报刊思想还含有不少唯心主义和理想主义的成分，但它毕竟探讨了报刊工作的一些基本问题，阐述了报刊工作的一些一般规律。特别是后期马克思在思想感情上和工作实际中同劳动群众的不断接近，使他的报刊思想日益体现出明显的革命倾向，开始具有了共产主义的思想因素，从而为他后来的党报思想提供了直接的源头。可以说，马克思后来的党报思想是在他早期人民报刊思想的基础上发展起来的。

创办一种真正能够代表人民意志，体现人民精神，反映人民呼声的人民报刊是马克思的终生夙愿。无论是在早年主编民主报刊《莱茵报》时期，还是在后来创办和指导党报党刊时期，他都希望自己所编辑出版和指导的报刊，能够成为这种他早年理想中的报刊。因此他一生倾注了巨大精力为之奋斗。1948年，他在创办《新莱茵报》时就明确表示，《新莱茵报》愿意热情"为周围左近的被压迫者辩护"[1]，他希望《新莱茵报》能够成为"人民精神的千呼万应的喉舌"[2]。马克思在"喉舌"前面所加的这个"千呼万应"的形容词，强调了《新莱茵报》对人民的忠实程度，就是说它必须十分忠实地表达人民的思想和利益，十分积极地反映人民的呼声和要求，做到有呼必应，千呼万应，心甘情愿，主动热情地充当人民群众的保护者和代言人。这些思想同他《莱茵报》时期的人民报刊思想是一脉相承的。

---

① 《马克思恩格斯全集》第 6 卷，第 275 页。
② 同上。

当然，我们又不能因此将马克思后来的党报思想同他早期的人民报刊思想完全混为一谈。因为，马克思后来的党报思想决不是对其早期人民报刊思想的简单继承，而是在继承基础上的一种带根本性质的升华和发展。这主要体现在，这时的马克思已经完全站在无产阶级这一最革命、最进步、最富有斗争精神的阶级的立场，运用阶级分析的观点来阐述党报党刊的人民性特征了。而且，他利用创办《新莱茵报》的机会对这些思想进行了全面的实践，并获得了巨大成功。

《新莱茵报》是在 1848 年德国革命高潮中创办的。鉴于这场革命的资产阶级性质，报纸公开是以民主派机关报名义出版的。但实际上它却是世界上第一个马克思主义指导下无产阶级政党组织——共产主义者同盟的中央机关报，马克思以同盟中央主席的身份兼任该报总编辑。这就决定了《新莱茵报》在整个出版期间，总是"在各个具体场合"都强调自己的"特殊的无产阶级性质"，总是站在无产阶级一边"去参加并推动运动前进"①。《新莱茵报》，不仅坚决代表和捍卫德国无产阶级的利益，而且高举无产阶级国际主义的旗帜，热情声援欧洲各国无产阶级的斗争事业。法国工人的六月起义自始至终都得到《新莱茵报》的道义支持。六月起义失败后，"当各国小资产阶级和小市民对战败者施加龌龊诽谤的时候"，正如恩格斯所指出的，"在德国，并且几乎是在全欧洲，我们的报纸（即《新莱茵报》——引者注）是高高举着被击溃了的无产阶级的旗帜的唯一报纸"②。《新莱茵报》总是以自己作为无产阶级利益代表者的身份感到自豪。在报纸因反动当局的迫害而被迫停刊时，编辑部在《致科伦工人》的告别文章中说："《新莱茵报》编辑部在向你们告别的时候，对你们给予他们的同情表示衷心感谢，无论何时何地，他们的最后一句话始终将是：工人阶级的解放！"③

以工人阶级的解放为奋斗目标，《新莱茵报》体现的这种彻底革命精神，显然是马克思《莱茵报》时期的人民报刊思想中所不可能具有的。

马克思在《新莱茵报》以及后来的党报实践中，还十分重视工人及其

---

① 《马克思恩格斯全集》第 21 卷，第 19 页。
② 同上书，第 24 页。
③ 《马克思恩格斯全集》第 6 卷，第 619 页。

他劳动群众对党报党刊的信任和支持，并把吸收工人及其他劳动群众直接参加报刊工作，直接利用报刊表达自己的思想和利益，作为党报工作的重要内容。在《新莱茵报》时期，马克思就非常注意在工人及其他劳动群众中培养和选拔通讯员，鼓励他们给报纸反映情况，撰写稿件，并尽可能在报纸上发表通讯员及劳动群众的来信来稿，使他们真正成为报纸的主人。马克思的这些新实践、新思想，大大丰富和发展了他早期的人民报刊思想，同时也为他的党报思想注入了重要内容。

马克思的党报思想是在他创办《新莱茵报》的实践中开始形成的。后来随着他指导第一国际报刊以及德国和欧美一些国家工人党报刊的大量实践，不断充实。发展和成熟起来，经过几十年不断的总结积累，马克思的党报思想逐渐形成了自己的理论体系，包含了十分丰富的内容，上面提高的只是其中的一部分。除此之外，还包括：党报党刊是党的重要的思想武器和政治阵地，是党存在和发展的标志；党报党刊必须站在党的立场，代表、阐述和遵守党的纲领和策略原则，按照党的精神进行工作；党报党刊要成为开展党内批评的强大思想武器；党报党刊必须在党的领导和监督下开展工作；党组织要关心、支持和监督党报党刊的工作；党报党刊工作者必须对党负责，对人民负责，等等。从上述内容看，马克思后来是作为无产阶级革命运动和共产主义运动的导师和领袖，从无产阶级及其政党的政治需要出发来阐述党报党刊的性质、功能和任务的。他根据自己长期的党报工作实践，确立了无产阶级党报的许多工作原则，开创了无产阶级党报的许多工作传统，为无产阶级党报理论的形成做了大量奠基性的工作，从而为后来各国无产阶级党报提供了理论指导和思想指南。因此可以说，马克思的党报思想是他一生报刊思想发展的高峰，是马克思对无产阶级新闻学的最重要的贡献。

我们分析和评价马克思的党报思想，既要看到它在马克思一生报刊思想中特殊的重要地位，又要看到它同马克思早期报刊思想的内在联系，看到马克思的报刊思想从初步形成到深入发展、完全成熟的整个历史过程，而不应将其割裂开来，采取实用主义的态度，作任意的分析和评价。

坚持无产阶级新闻事业党性与人民性的统一

近些年来，党性与人民性的关系问题成了新闻界争论的一个焦点问题。争论者们各执已见，相持不下，似乎很难找到一个令大家都能接受的结论。其实，在弄清了马克思的人民报刊思想和党报思想之后，再来实事求是地探讨这个问题，结论应当是十分明显的，即：无产阶级新闻事业的党性与人民性是统一的。

"报刊的人民性"这一概念虽然是马克思在参加民主报刊《莱茵报》工作期间提出来的，但报刊应当具有人民性（即代表人民意志、体现人民精神、反映人民呼声、充当人民喉舌），这却是马克思的一贯思想。他后来的党报思想中就包含着这一明确的思想。他在创办和指导党报工作的过程中，不但实践了他早期阐述的这些思想原则，而且还为党报党刊更好地体现这些思想原则探寻了有效途径，提供了切实的办法。如：在党报上发表人民群众来信，开设人民群众论坛，培养工人通讯员，吸引人民群众直接参加党报工作，等等。

根据马克思主义的原理、无产阶级党报党刊坚持人民性原则，自觉充当人民的耳目喉舌，这是由无产阶级政党的性质所决定的。因为无产阶级政党总是把无产阶级和广大人民群众的利益作为自己的利益，以全心全意为人民服务作为自己的最高宗旨。这一点，马克思和恩格斯在《共产党宣言》中就作了阐述。《共产党宣言》明确指出："共产党人并不是同其他工人政党相对立的一个特殊政党。"从阶级性来说，共产党是无产阶级的政党，从代表的阶级利益来说，共产党除了代表整个无产阶级的利益外，"没有任何同整个无产阶级的利益不同的利益"[1]。无数历史事实说明，无产阶级党报党刊自诞生以来，始终把启发和引导无产阶级和广大人民群众认识自己的利益，并自觉地为实现这些利益而斗争作为自己的主要工作任务，它们时刻不脱离群众，全心全意为人民的利益而工作，这正是它们具有人民性的最好证明。

根据马克思主义的原理，无产阶级党报党刊要坚持党性原则，自觉充当党的耳目喉舌，这也是不容置疑的。党报党刊作为党的事业的一部分当然要坚决宣传党的纲领和主张，执行党的原则和纪律，在党的领导和监督下积极完成党所赋予的新闻宣传任务，为实现党所提出的奋斗目标而努力

---

[1] 《马克思恩格斯全集》第4卷，第479页。

工作，否则，它就失去了作为党的报刊资格。马克思的党报思想中对此有许多明确的阐述。

不过，马克思并没有直接使用过"报刊的党性"这一概念。他在阐述这一问题时是用"阶级性"和"党派性"来代替的。在无产阶级党报史上，第一个使用"党性"概念并对党报的党性原则作全面而又系统论述的是列宁。

列宁在 1905 年 11 月发表在《新生活报》上的《党的组织和党的出版物》一文中，第一次提出了出版物（包括报刊）的党性原则问题。他明确指出，党的报刊是无产阶级总的事业的一部分；党的报刊应当成为党组织的机关报；党的报刊要自觉接受党的领导和监督；要反对党报工作中的"无党性"现象，清除党报队伍中违背和破坏党性原则的成员，等等。从列宁关于党报党性原则的论述看，其内容与马克思党报思想中的许多观点是相吻合的。只不过，列宁根据当时俄国党内的实际情况（一部分机会主义分子借党组织出版公开合法报刊之机向党要"言论自由和批评自由"，鼓吹"无党性"），对一些问题的提法更明确、更尖锐，论述得也更系统、更全面。

综上所述可以看出，无产阶级新闻事业的党性和人民性有许多相互联系的地方，党性包含着人民性，高于人民性。但它们又不是完全等同的两个概念，它们之间存在着区别和差异。从不同的角度认识党性和人民性会得出一些不同的结论。譬如，若从机关报性质的角度认识党报，往往主要强调党报必须做好党的耳目喉舌，在政治上、思想上和组织上保持同党的一致性，绝不允许党报背离党的纲领和路线，违反党的原则和纪律，这就需要党报严格坚持党性原则；而若从办报宗旨、工作方针的角度认识党报，就要强调党报必须做好人民的耳目喉舌，努力维护人民的利益，反映人民的呼声，全心全意为人民服务。但这也是党的宗旨和工作方针，也是党性包含的内容。总之，对党的新闻事业来说，应当坚持对党负责与对人民负责的一致性，把坚持党性与坚持人民性完美地统一起来，真正做党放心、人民满意的新闻舆论工具。任何将党性与人民性相对立的做法都是错误的。

马克思的人民报刊中介说[*]

刘建明

　　马克思没有直接用"中介"概念论述人民报刊的作用，但在其新闻著述中确实把报刊视作一种社会中介。他使用的"纽带"、"镜子"、"纸币"、"第三个因素"等语汇，说明了报刊应具有的中介属性。这一思想对我们认识报刊（包括今天的广播电视）在社会结构中的地位，拓宽了视角。

　　中介是哲学概念，是把两种不同事物连接起来的中间环节，具有转换性和过渡性。任何两个不同事物发生联系，都需要中介物的信息沟通或物质手段的衔接。报刊的中介性和其他媒介的中介性一样，被马克思视作新闻传播的特殊功能，因为报刊是社会意识载体，它的中介作用是载体的内化。

　　马克思说："自由报刊不通过任何官僚中介，原封不动地把人民的贫困状况送到国王宝座的阶梯前面，送到国家权力前面，在这种权力面前，没有治人者和治于人者的差别，而只是些不分亲疏的公民而已。"（第 1卷，第 231 页）这里提到的官僚"中介"的对立面，则是报刊"中介"，即不是通过"官僚中介"，而是通过自由报刊中介全面真实地反映人民的贫困状况。

　　作为意识载体，报刊总是国家和人民之间的一种交流场所。越是人们苦苦思索的现实社会问题，越需要这种交流，如果要为这种交流选择一种场所，这就是报刊。国家是上层建筑，它的权力机关面临人民和社会现状两种实体，报刊把社会现状的信息输送给国家或人民，它的中介作用在这两种沟通中体现出来。马克思认为，在这两种沟通中，报刊"不是从观念

　　* 本文原载于《新闻研究资料》1993 年第 2 期。

出发来解释实践，而是从物质实践出发来解释观念的东西"（第 3 卷，第 43 页）。

他还指出，更重要的是人民报刊应充当官方和人民之间的中介，官方和公民在报刊上不具有"从属关系"，而只是些"不分亲疏的公民"。报刊把人民的批评反映给官方，官方同样也可以批评对方。马克思把这种公正的"中介"性理解为"理智力量"，是"合理的观点的体现者"（第 1 卷，第 230—231 页）。

不言而喻，报刊中介带有客观性，否则，它不能公正，也无法避免从属于哪一方。为此，马克思指出："在研究国家生活现实时，很容易走入歧途，即忽视各种关系的客观本性，而用当事人的意志来解释一切。"（第 1 卷，第 216 页）报刊对生活的解释，是社会客观状况的反映，不是某些当事人——主要是操纵报刊的人的主观愿望。

马克思把"中介性"作为"真正的"报刊的尺度，因为"中介性"具有的客观性使报刊能正确反映社会，从而使人们也正确认识社会。由此，他进一步指出，判断报刊的标准在于"谁是根据事实来描写事实，而谁是根据希望来描写事实"，"谁在表达社会舆论，谁在歪曲社会舆论"（第 1 卷，第 191 页）。报刊"中介性"的基本内涵是反映客观存在的事实，这种反映要做到客观，才能体现"中介"的要素。

不以事实做报刊的中介内容，而以个别人的观点代替这一内容，报刊中介的客观性就丧失了。个别人的观点总是带有主观色彩，"在片面的和随意拉来的观点的影响下，现实被歪曲了"（第 1 卷，第 224 页），这往往发生在官僚控制报刊或强制报刊按其意志行事的时候。在实际生活中，报刊一旦被少数人操纵，就将失去公允，用官僚在办公室里的想象代替客观现实，把报刊的中介属性变成纯喉舌的属性。真正的马克思主义报刊，以唯物主义为思想基础，它的报道内容必然是客观的，即使把它称作喉舌，也不能改变它的中介性。如果中介性在喉舌的口号下消失了，它就不是真正的马克思主义报刊。

为了启动报刊的中介属性，使之滋润、灵活起来，马克思曾把报刊的使命归结为倾听生活、公开报道和判决是非。他写道："它把它在希望与忧患之中从生活那里倾听来的东西，公开的报道出来；它尖锐地、激情地、片面地（像当时激动的感情和思想所要求的那样）对这些东西做出自己的判决。"（第 1 卷，第 187 页）显然，报刊中介的核心，是全面地、真实地反映社会生活的真相，并作出直接的解释。

人民报刊体现"中介"的属性，还必须承担解释社会的任务。但这种解释，不能成为社会统治意识的囊中物，完全主观地解释社会，变成自己判决自己、自己解释自己。中介作用不只意味着介绍事实，还要"作为合理的观点的体现者"对社会现状作出客观的说明，阐明公正的看法。当然，这应当是人民的看法，因为报刊是"历史人民精神的英勇喉舌和它的公开表露"（第 1 卷，第 50 页）。报刊把现实的趋向和上层建筑连结起来，加强了它的中介地位。

要做到这一点，人民报刊必须保持相对的独立性，不从属于哪一方，更不从属于社会统治阶级一方。报刊要"用事物本身的语言来说话，来表达这种事物的本质的特征"（第 1 卷，第 8 页）。思想具有普遍独立性，这种独立性按照事物本质的要求去对待各种事物。如果报刊从属于操纵者的纯主观意识，特别是从属于政府的主观臆断，中介的作用只能化为乌有。

对此，马克思曾作出精湛的诠释："我们判断一个人不能以他对自己的看法为根据，同样，我们判断这样一个变革时代也不能以它的意识为根据，相反，这个意识必须从物质生活的矛盾中，从社会生产力和生产关系之间的现存冲突中去解释"（第 13 卷，第 9 页）。报刊对生活的解释，应从现实的物质活动中寻求答案，而不是僵化地依据预定的社会意识进行自我解释。

社会意识主要是社会统治者的意识。用这种意识说明社会，就象个人评价自己一样，是很不可靠的。可是，许多报刊被社会统治者抓在手里，进行自鸣得意的自我说明，全力阐发权力机构的偏爱，并千方百计地证明这种偏爱的合理性。他们借助报刊把生产力停滞说成经济繁荣，把人民群众的不幸说成天堂，把不合情理的政策说成天经地义。……这种自我意识的判断，使报刊总是陷于荒谬。报刊作为社会意识的中介，应由"许多个别意见的集合点转变为一个具有统一的理性的机关"（第 1 卷，第 212 页），它不是唯心地替社会上层建筑的意识和行为辩护，而是客观地说明社会真相，冷静地裁决是非，让上层建筑运行得更正确。

可是，权力机构控制的报刊总是以自己的意识说明社会，惟我独尊地表达自己的意见。马克思把这种现象概括为："政府只听见自己的声音，它也知道它听见的只是自己的声音，但是它却欺骗自己，似乎听见的是人民的声音，而且要求人民拥护这种自我欺骗"（第1卷，第78页）。充当中介物的报刊真实地反映各种意见和社会状况，揭露国家中真实存在的弊端。无视报刊中介性的官员总是指责这种报刊出了毛病。马克思批驳道：请不要把那种只是国家的毛病，说成是报纸的毛病吧！（第1卷，第194页）

报纸充当中介物并遵循客观报道原则，将永远不会出毛病，它的毛病不过是国家毛病的反映。

马克思把人民报刊的中介作用，归结为"把个人同国家和整个世界联系起来的有声的纽带"（第1卷，第74页）。它将社会各部分在观念上促成一体，以实现社会信息和观点的整合。否则，就不会出现充满广泛交往和密切联系的社会。报刊不成为中介，这种联系就难以建立起来。

在马克思看来，报刊中介还使其成为一面镜子，这是人民自己观察自己的精神镜子。因为人民也有缺陷，需要推进自己对社会和对自身的认识。从报刊上，人民看到自己的误解、错觉、幼稚、粗浅和不慎，也能看到自己的成就和喜悦。报刊对人民也绝不护短，它的中介作用不断显示："自由报刊是人民在自己面前的公开忏悔"（第1卷，第74—75页）。人民借助这一中介，把自我的不同认识联系起来，以便看清自己前进的方向。

试析马克思、恩格斯的党报思想[*]

吴廷俊

一

这里所说的"党报思想"是指马克思恩格斯中老年时期的新闻思想，即 19 世纪 60 年代在参与和指导第一国际机关报，特别是 70 年代以后帮助和指导德国社会民主党机关报的实践中所形成的新闻思想。

虽然早在 1843 年，马克思恩格斯的著作中，就曾经出现过"机关报"、"党刊"的说法，但是，当时的"党"，是指站在他们一边的一派人而言，即一批政治观点相同的人，或者说是"第一批拥护共产主义的人"，不具备严密的组织形式，和我们今天所指的政党含义不相同。恩格斯甚至把马克思早期主编的激进的民主主义报纸《莱茵报》也称作"党的政治刊物"。马克思恩格斯在《莱茵报》时期形成的报刊思想还只是基本属于资产阶级民主报刊思想范畴内的"人民报刊思想"。

马克思恩格斯在完成了从唯心主义到唯物主义，从民主主义到共产主义的两个转变，并从理论上制定了唯物史观的基本原理之后，他们便把建立无产阶级政党的任务提到了重要地位。恩格斯说："要使无产阶级在决定关头强大到足以取得胜利，无产阶级就必须（马克思和我从 1847 年以来就坚持这种立场）组成一个不同于其他政党并与他们对立的特殊政党，一个自觉的阶级政党。"于是，他们首先于 1846 年初在布鲁塞尔建立了共产

---

　　* 本文原载于《华中理工大学学报》（社会科学版）1992 年第 1—2 期。

主义通讯委员会，1847 年又着手将"正义者同盟"改组成为"共产主义者同盟"，并为之起草了"一个准备公布的周详的理论和实践的党纲"——次年二月发表的《共产党宣言》。也就在 1847 年 9 月，在同德国小资产阶级政论家卡尔·海因岑的论战中，恩格斯第一次明确而集中地论述了党的报刊的任务："党刊的任务是什么呢？首先是组织讨论，论证、阐发和捍卫党的要求，驳斥和推翻敌对党的妄想和论断。"由于一方面马克思恩格斯这一时期着手建立的党是一个无产阶级国际性组织，另一方面无产阶级独立地登上政治舞台还不久，在许多场合还是作为资产阶级的政治附庸向封建势力作斗争，因而，这一时期的"党"在组织上还不够完善，同时，马克思恩格斯这时所说的"党报"、"党刊"有的是指打着民主派旗帜的无产阶级革命报刊，如《新莱茵报》，有的简直就是民主派报刊的同一语，如《德意志——布鲁塞尔报》等，所以《新莱茵报》时期，马克思恩格斯的报刊思想虽已进入马克思主义新闻思想的范畴，但还只是"无产阶级革命报刊思想"。

历史进入 60、70 年代，形势发生了很大变化。一方面欧洲各大国的民族统一均告完成，另一方面第一国际的建立及其活动大大地促进了工人运动在各国的发展，于是在各民族国家范围内建立独立的无产阶级政党已成为日益迫切的任务。1865 年恩格斯在《普鲁士军事问题和德国工人政党》一文中首先向德国工人阶级提出了上述任务。1869 年版，第一个民族国家范围内的无产阶级政党德国社会民主工党（即爱林纳赫派）宣告成立。1871 年 2 月，恩格斯在代表国际写给西班牙国际联合会的信中，初步总结了德国党的建党经验，他指出，要使工人运动摆脱旧政党的支配而独立发展，"最好的办法就是在每一个国家里建立一个无产阶级政党"。同年 9 月，在国际伦敦代表会议和次年的海牙会议上，马克思恩格斯根据巴黎公社由于缺乏马克思主义政党领导而遭到失败的教训，进一步阐明了各国建立独立的无产阶级政党的重要性，指出各国工人阶级必须建立有自己目的和自己政策的独立政党，才能在阶级斗争中作为一个阶级来行动，才能保证以消灭阶级为目标的社会革命的胜利。于是到了 70 年代中期，即第一国际解散之后，国际共产主义运动进入到了各国建立独立无产阶级政党的新时期，与此同时，马克思恩格斯的报刊活动也随之进入了一个新时期。由于种种原因，60—70年代之后，马克思恩格斯虽然没有如40—50年代那样，亲自创办、主编某一个具体报刊，但他们从指导国际共运发展的高度，从帮助各国无产阶级建立政党的高度，积极参与第一国际机关报工作，热情关怀和具体指导各国工人政党的尤其是德国党的报刊工作。如果说，"共产主义者同盟"还是一个不完全的无产阶级政党的话，那么70年代以后各国建立起来的党则是一批完全的无产阶级政党，如果说《德意志——布鲁塞尔报》、《新莱茵报》作为无产阶级国际性组织的机关报，还只是处于初期党报阶段的话，那么这一时期创办起来的如德国社会民主党的《社会民主党人报》、《新时代》等，就是国际共运史上第一批形态完备的无产阶级政党报刊。马克思恩格斯正是在指导各国工人政党创建过程中，在指导这些形态完备的党报的创办、出版过程中，形成了他们中老年时期的新闻思想，即无产阶级党报思想。

二

马克思恩格斯的"党报思想"是他们的建党学说与建党实践相结合的产物，是他们关于无产阶级建党理论的有机组成部分。

首先，关于党报的性质，马克思恩格斯认为党的报刊是党诞生、发展的标志，是党指导无产阶级革命运动的武器，是党内斗争的阵地。

无产阶级政党的诞生和成长需要报刊，而党报的创办和发展反过来又是无产阶级政党成长壮大的标志和证明。马克思恩格斯在指导工人阶级政党的创建过程中，十分重视报刊的宣传作用和组织作用，他们认为党报的数量和质量往往是和该党的成熟度和素质紧密联系的，恩格斯在《1877年的欧洲工人》一文中说："工人阶级有觉悟的组织迅速发展的最好证明，就是它的定期报刊的数量不断增加。"按着他举了德国社会民主党的例子：因为德国无产阶级建党活动走在国际无产阶级前面，故到1877年年底，用德文出版的为工人政党服务的定期报刊，总共不下75种，这比用其他文字出版的工人报刊加在一起还要多。1888年，法国工人党机关报《社会主义者报》停止出版了，恩格斯对此提出了严厉批评，他在1889年4月1日写给法国党的领导人拉法格的信中说，党报党刊的存在证明了党本身的存在，即使是最弱小的党也应有自己的周刊。《社会主义者报》的停办，就意味着法国工人党从地平线上消失。恩格斯希望说："如果你们有一张哪怕是很小的报纸，能表明你们的存在就好了。"法国工人党遵照恩格斯的指示，经过努力，使《社会主义者报》于 4 月 20 日又以周刊形式复刊了，恩格斯十分高兴。后来，他又进一步提出了党报的发展与党的成长同步的观点，1894 年 12 月在《就〈工人报〉改日报事给奥地利工人的贺信》中说：在每一个党、特别是工人党的生活中，第一张日报的出版总是意味着党自身大大地向前迈进了一步。

认为党的报刊是党进行工人运动的武器，是马克思恩格斯的一贯思想。早在 40 年代后期，他们就提出，党报应为工人运动探讨斗争策略；50 年代，他们又进一步指出，党的报纸要每日每时地"干预运动"；到了 60 年代工人运动高涨的时候，他们更明确地说："没有一种机关报，要在这里搞运动自然是不可能的。"因此，不论是在创建国际性党组织时期，还是在创建民族国家范围内独立党组织时期，他们都十分注意利用党的报刊来联系群众，指导工人运动。

社会在急剧变动，工人阶级政党在蓬勃发展，资产阶级要破坏工人运动，必然会在工人政党内部寻找他们的代理人，同时，社会上各种错误思潮也必然会反映到党内来。党内斗争是不可避免的，并且这种斗争主要在党的思想中心党报党刊上进行。因此，马克思恩格斯认为，党的报刊是党内斗争的阵地，党内马克思主义者，尤其是领导集团中的马克思主义者要战胜机会主义者，最重要的是必须牢牢地把握住最重要的阵地——党的报刊，并利用这个阵地同全党保持联系，同机会主义者进行不懈的斗争，丢掉了党报，就等于解除武装，等于被动挨打。

其次根据党报的基本性质，马克思恩格斯又提出了党必须履行三项使命。

其一，作为党诞生、发展的标志，党报首要的任务是阐发党的政治主张，宣传党的政治纲领，捍卫党的政治原则，也就是说，党的政治机关必须"打着党的旗帜前进"！这一点，丝毫不能含糊：第一国际总委员机关报《蜂房报》在宣传中经常歪曲总委员的决议内容，马克思恩格斯提议与之决裂，并指出："即使完全没有喉舌，也要比利用《蜂房报》更好些。"德国社会民主党机关报《社会民主党人报》在筹备时，针对"苏黎世三人团"(即卡·赫希拍格、爱·伯恩施坦、奥·施拉姆)为报纸拟定的资产阶级办报纲领,马克思恩格明确表示:如果报纸在这种纲领指导下出版,如果党的新机关报糟蹋党的理论、党的主张,那么我们将拒绝撰搞,拒绝与它发生任何联系。

其二,作为党指导工人运动的武器,党报必须用科学的革命理论武装干部、广大党员和教育工人群众。一方面是各国工人运动迅速发展建党活动蓬勃进行;一方面是各种机会主义派别的理论从左的或右的方面不断袭来,就使得加强党的干部队伍建设,提高他们的理论水平和同机会主义作斗争的能力,成了当时一个亟待解决的问题。因此,马克思恩格斯要求党报要公开地系统地阐明一些理论问题,揭露"有教养者"之徒的谬论,廓清工人群众的思想,只有这样,党的机体才不会被机会主义思潮所腐蚀,无产阶级革命运动才不会走入歧途。

其三,作为党内斗争的阵地,党报有责任监督党的领导人,随时批评他们发生的缺点和错误。马克思恩格斯向来重视报纸的批评监督功能。他们的"人民报刊思想"认为,人民报刊是社会舆论的产物;他们的"无产阶级革命报刊思想"认为,无产阶级报刊一方面要无情地抨击资阶级当权者,保护劳苦人民不受官吏逞凶肆虐之害,一方面抨击工人运动中的错误思潮,保证运动健康发展;而他们的"党报思想"则把批评监督的重点放在党内,放在党的领导集团内,认为允许党报批评、监督党的领导人,是党坚强有力的表现,是无产阶级政党不同于其他阶级政党的显著标志之一。恩格斯说:"我们是唯一能这样做的政党。"并说,一个能进行无情的自我批评的党"该具有多么大的内在力量呵"!马克思恩格斯进一步认为,党报对党的领导人进行监督是一种神圣职责,任何人都不能剥夺,如果阻止党报批评党的领导人,就是在党内实行"非常法"(1878 年—1892 年,德国俾斯麦政府为打击社会主义工人党,在全国实施反动的《取缔社会民主党企图危害社会治安的法令》,简称"非常法"),是不得人心的,广大党员和工人群众是不会答应的。当然,马克思恩格斯又认为,党报对党的领导人进行批评监督,决不是说党报不要服从党的领导,而是恰恰相反,正是维护党的领导,维护党的根本利益。如果机会主义的领导人践踏党的纲领、党的原则,那么,党报就有充分权利,给他们以有力打击,将其卑鄙的言论以及更加卑鄙的行为公诸于众，以"挽回党的荣誉。"在长期指导党报工作的实践中，马克思恩格斯还提出了党报工作必须遵守的一些基本原则，主要有：

无产阶级党报在组织上必须接受党组织的监督，这包括任免党报编辑、制定编辑方针。在这个问题上，马克思恩格斯一方面提出党报编辑部要自觉地接受党组织的监督，不能在编辑部内筑起反对党的执行委员会的"街垒"；另一方面提出党的组织对党报的这种监督要力求正确，否则，会造成很大的危险性。

无产阶级党报在政治上必须同党站在同一观点的立场上，必须同党的政治纲领、党的既定策略、党的道德范围保持一致。党报的政治纲领必须是党的政治纲领，党报的办报方针必须符合党的政治路线。1879 年 9 月，马克思恩格斯在给德国社会民主党领导人的《通告信》中，谈到《社会民主党人报》的办报方针时说："近四十年来，我们都非常重视阶级斗争，认为它是历史的直接动力，特别是重视资产阶级和无产阶级之间的阶级斗争，认为它是现代社会变革的巨大杠杆。所以，我们决不能同那些想把阶级斗争从运动中勾销的人们一道走。在创立国际时，我们明确规定了一个战斗口号：工人阶级的解放应当是工人阶级自己的事情。所以，我们不能和那些公开说什么工人太缺少教育，不能自己解放自己，因而应当由博爱的大小资产者从上面来解放的人们一道走。如果党的新机关报将采取适合于这些先生们的观点的立场，……那么很遗憾，我们只好对此公开表示反对。"

无产阶级党报在经济上必须由党掌握"钱袋"。因为钱袋问题，不仅仅是一个经费问题，而且是一个政治问题，是关系到报纸的政治方向和编辑方针的大问题，因此，马克思恩格斯多次明确指出，无产阶级党报的经济命脉不能操纵在资产者手中，决不能让那些靠捐资入党的人掌握党报的"钱袋"。在参与第一国际总委员会机关报工作时，马克思恩格斯坚决主张，工人协会会员自己出钱建立股份公司，从而掌握报纸的所有权；在指导德国党的机关报《社会民主党人》创刊时，马克思恩格斯坚决反对由捐资入党的赫希柏格借助自己的"钱袋"对党报发号施令。90 年代，恩格斯在总结《社会民主党人报》斗争经验时说，在"非常法"时期的困难情况下，广大工人在 12 年的过程中都非常认真地出钱维护自己的报纸，使得编辑部、发行处和订户之间的关系安排得如此出色的协调！

无产阶级党报编辑部内必须实行主编责任制，主编在党的政治纲领的范围内应当有充分的自主权。让主编仅仅充当一个"傀儡的角色"是不能容忍的。马克思恩格斯深知一个不能对报纸的编辑方针负责的党报主编的痛苦，所以在德国《社会民主党人报》创办时，当时行使党中央领导权的莱比锡救济委员会决定由希尔施担任主编，同时又成立了由"苏黎世三人团"组成的监督委员会，并规定希尔施必须在"三人团"监督下办报，马克思恩格斯对此十分愤怒，他们明确支持希尔施拒绝担任这种"只是傀儡的角色"的主编，在这个问题上，马克思恩格斯一方面强调党报主编应有独立自主权，另一方面又坚决认为，党报主编必须由站在党的中心和斗争中心的无产阶级战士担任，因为这样的人立场坚定、斗争坚决，最能维护党的利益，最能掌握斗争策略，因而，也最善于用科学理论来指导党的建设，指导无产阶级革命运动，那种"在理论上一窍不通，在实践上毫不中用"的人是决不能充任党报编辑的。

作为马克思恩格斯建党理论的有机组成部分的"党报思想"的一个显著特点，就是强烈的实践性，因而，在指导各国无产阶级政党的创建过程中，在指导各国党报工作的实践中发挥了巨大作用。正是在马克思恩格斯建党理论指导下，继德国社会民主党成立后，从 70 年代至 90 年代在欧美有美国、法国、英国等近 20 个国家先后建立了工人政党或马克思主义工人小组，形成了无产阶级政党史上前所未有的蓬勃发展的局面。同样，在马克思恩格斯"党报思想"的指导下，各国无产阶级政党报刊也迅速发展起来。以德国为例，从 1864 年 12 月全德工人联合会正式机关报《社会民主党报》创刊，到 1868 年德国工人协会联合会机关报《民主周刊》创刊，到 1876 年统一的德国社会主义工人党机关报《前进报》创办，到"非常法"实施前夕，德国党拥有政治报刊达 47 种之多。1890 年"非常法"被废除，德国工人政党报刊再次进入一个大发展时期，以新的中央机关报《前进·柏林人民》为中心，德国社会民主党形成了一个完整的党报体系。其他各国的工人政党，都出版了自己的机关报。

三

在如何看待马克思恩格斯的"党报思想"上，历来存在两种错误倾向。其一是虚无主义，借口马克思恩格斯关于党报的某些观点对我们今天的新闻工作实际不太适用而全盘否定马克思恩格斯的"党报思想"；其二是教条主义，不区分时代背景，地点场合而把马克思恩格斯关于党报的每个观点和做法都机械地套用到我们今天的新闻工作中。这两种错误倾向都是十分有害的，前者从理论上动摇了马克思恩格斯"党报思想"的根本原则，后者则在实践上使我们社会主义新闻事业的发展脱离四项基本原则的轨道。笔者认为正确的态度是：在充分肯定马克思恩格斯的"党报思想"和他们的整个建党学说一样，是普通真理，它在整体上、精神上永远是我们无产阶级党报工作的政治原则与指导思想的同时，还必须指出，马克思恩格斯的党报思想主要是在德国建党与德国工人运动这个特定历史环境下提出来的，并具体分析其中某些观点的局限性与片面性。

巴黎公社失败以后，马克思恩格斯把精力更多地放在指导德国工人运动和德国工人政党的建设上。这不仅因为德国是他们的祖国，而且因为德国无产阶级最早建立起自己的政党，主要还因为普法战争和巴黎公社后，欧洲工人运动的重心由法国移到了德国。马克思恩格斯期望自己祖国的工人政党和工人阶级能很好地肩负起这一新的历史重任，为国际共产主义运动作出更大的贡献。

然而，德国社会民主党和工人运动在 70 年代后，面临着十分严峻的考验：70 年代爱森纳赫派与拉萨尔派的合并、80 年代"反社会党人非常法"的实施、90 年代"非常法"取消。在这一次又一次考验中，拉萨尔派一直在顽固地活动着，拉萨尔主义也一直在产生严重的影响。在哥达合并大会上产生的党的执行委员会由 3 名拉萨尔派头目和 2 名爱森纳赫派领袖组成，实权控制在拉萨尔分子手中。爱森纳赫派的领袖们又仿佛得了软骨病似的，在许多重大问题上摇摆不定，甚至采取投降主义态度，致使在合并大会上通过了全面接受拉萨尔主义观点的党纲《哥达纲领》。同时，一些资产阶级和小资产阶级分子、富商子弟、莫明其妙的发明家和改革家也混进党内，来自学术界的人物和一些有激进主义传统的大学生也声称"转向社会主义"，这些人企图用资产阶级世界观来改变党的无产阶级性质。以至到 80 年代，工人运动内出现了杜林的猖獗活动和党内反马克思主义思潮的泛滥，以及左右倾机会主义分子兴风作浪，90 年代又出现了改良主义倾向的增长和企图把党引入歧途的《爱尔福特纲领草案》。在分析德国党内机会主义再三猖獗的原因时，恩格斯指出："在德国这样一个小市民的国家里，党也必然有一个小市民的、有教养的"右翼"。在这种情况下，德国社会民主党和德国工人运动要沿着马克思主义道路健康地向前发展，就必须同党内和工人运动内的形形色色的机会主义进行尖锐的斗争，尤其要同党的右翼领袖们作顽强的斗争。马克思恩格斯"党报思想"的某些观点就是基于这种斗争的特殊性而提出来的。比如他们再三强调党的机关报的独立性，主张党报编辑部与党的执行委员会是党内"两种同等的力量"；再三强调党报对于党的领导人的监督作用，甚至主张创办一种不直接从属于党的执行委员会甚至党代表大会的"形式上独立的党的刊物"。主要用以监督党的领袖。他们多次讲过，德国的工人群众比"领袖先生"好得多。不止一次地指示党报编辑广泛发动工人通讯员来对抗领袖的"号叫"，等等，当然，党报工作不同于党的一般工作，应该有某些特殊的规律，党报也应该有它相对的独立性，也应该在党内生活中充分地发挥舆论监督作用，但是，由于马克思恩格斯囿于当时德国党的特殊情况，有些观点难免出现偏激之处。比如在论述党报的使命时，要求"阐述党的政治纲领"这方面则讲得很少，而要求"监督党的领导人"这方面则讲得很多；在论述党报工作原则时，要求"党报必须在组织上服从党的领导"这方面讲的很少，而要求"党报上必须实行批评自由"这方面则讲得很多；在论述党报与党组织的关系时，认为党组织对党报只有监督权，而没有"支配权"，只能实行"道义上的影响"即政治思想上的领导；在论述党报与党的领导集团的关系时，则强调党报不能充当党的领导集团的"简单传声筒"，有时甚至讲些过激之词，讲些叫我们今天的人费解的话。

所以，对马克思恩格斯的"党报思想"，既要充分肯定它精神上的普遍指导意义，坚持其中揭示了无产阶级党报一般规律的原则，又要用历史唯物主义方法，分清一些在特定的历史环境中针对某些具体问题提出来的、一些我们今天党报工作实际不适用的观点，千万不可用教条主义的方法，不顾具体环境，不分时间、地点和场合机械搬用。比如关于党报监督党的领导人的观点，主要是为了遏制当时德国党的右翼领袖的活动提出来的，恩格斯指导伯恩斯坦在《社会民主党人报》上所采取的一系列措施，也是从这一目的出发的。今天，如果我们不去领会这一观点的精神实质，不去分析它的历史背景，只是机械去搬用一些具体做法，就必然会犯错误。

马克思、恩格斯和巴黎公社新闻政策[*]

童 兵

　　今年三月是巴黎公社 120 周年纪念。马克思和恩格斯在世的后期，有幸经历这次伟大的无产阶级专政的预演。他们对巴黎公社新闻政策的指导和评价，成为自己生平事业和报刊思想的又一个闪光点。

　　1871 年 3 月 18 日，在世界工人运动的中心法国巴黎，爆发了工人武装起义。起义者夺取巴黎的政权，建立了自己的政府——巴黎公社委员会。公社摧毁了旧的国家机器，采取一系列重大的社会改革措施。在公社存在的七十二天中，新人新事，层出不穷。在报刊活动和新闻政策方面，也有许多启迪人心的创举。

　　马克思和恩格斯以极大的热情关注公社的事业，对于公社的新闻政策和民主作风表示热烈的赞赏和支持，也对那些过于"仁慈"的做法提出中肯批评。马克思从 3 月 18 日开始，从几十种英、法报刊中详细摘录关于巴黎公社的消息报道，有的还加以简短评语或注解。利用这些报道和通过其他渠道获知的情况，马克思写出了《法兰西内战》。5 月 28 日，公社的最后一批战士在伯利维尔斜坡一带由于寡不敌众而殉难，公社失败了。两天以后，6 月 30 日，马克思向第一国际总委员会宣读了自己的著作。在这部以报刊材料为主要论据的著作中，他把公社的历史意义用简短而有力的几笔描绘了出来以致后来所有关于这个问题的全部浩繁文献都望尘莫及。

　　巴黎公社是马克思和恩格斯在世时唯一的一次无产阶级专政实践。公社的新闻政策以及马克思恩格斯对它的评价，反映了他们对于无产阶级专

*　本文原载于《新闻知识》1991 年第 3 期。

政的历史条件下新闻政策及民主生活原则的设想。这些思想，对于今天的民主建设和社会主义新闻自由，不无有益的启示。

马克思和恩格斯高度评价公社实施真正的新闻自由。在1871年3月21日的总委员会会议上，恩格斯就刚胜利的巴黎起义发表热情讲话。他通报说，领导革命的中央委员会已经宣布，必须保证出版自由，但不包括腐朽透顶的波拿巴报刊。在公社，既有各个阶级的报刊，有公社的报刊，又有各派的报刊，它们都享有出版自由。《法兰西共和国公报》是公社机关报，《人民呼声报》反映各个政治派别的观点，而《杜歇老爹报》是布朗基派的报纸，《公社报》是普鲁东派的报纸，新雅各宾派也有自己的《人民觉醒报》和《复仇者报》等机关报。此外，在巴黎的各种俱乐部、国际支部、工会都有相应的报刊作为自己的喉舌。一些资产阶级的报刊，比如雨果的《号召报》、昂·罗什福尔的《口令报》，前者为资产阶级自由派报纸，后者为资产阶级激进派的报纸，都可以正常工作。在公社领导下，只要不持反对公社的立场，一切报刊都有出版和发行的自由。

马克思和恩格斯十分赞赏公社的这种做法：利用报刊公开报道公社的会议和公社委员的工作。他们认为这一做法是人民当家作主、参加社会事务管理的有效途径。

3月19日，即革命胜利的第二天，中央委员会就陆续派出委员前去接管军、政、财、文部门，其中派了英罗到《法兰西共和国公报》报社和国家印刷厂。该报从3月20日至5月24日，共出版66期，此外还发行60期晚刊。从4月15日开始，《公报》逐日公布公社会议的记录，马克思在《法兰西内战》初稿中对此曾专门作了记载。公社希望自己的工作和行为能为人民所了解，并且动员群众监督公社的事业。他指出，公社"不是借助于寡头俱乐部和阅读《泰晤士报》来管理国家的那种政治自治。它是由人民自己当自己的家"。①

马克思和恩格斯特别赞赏公社公布自己的缺点和错误的做法。马克思将凡尔赛政府对官员和公社对自己的干部的两种截然不同的态度作了对比。波拿巴的将军们惯于打败仗、签降书，可是凡尔赛政府的头目梯也尔

---

① 《马克思恩格斯全集》第17卷，第565页。

却授予他们荣誉军团大十字勋章,而公社却在自己的将军们稍有失职嫌疑时就予以撤职和逮捕。马克思指出:"公社并不像一切旧政府那样,自以为永远不会犯错误。公社公布了自己的言论和行动,它把自己的一切缺点都告诉民众。"①

公社报刊和赞成公社革命的报刊的新闻报道,一般说来是客观和真实的,而凡尔赛方面的消息都是靠不住的。马克思说,巴黎全是真理,凡尔赛全是谎言。对于凡尔赛的造谣,马克思进行了无情的抨击和辛辣的嘲笑。他还特别有力地鞭挞了这个反动政府的造谣头目梯也尔,说这个议会小丑从来没有写过和谈过正经事,在梯也尔看来,事物只是供他动笔杆耍嘴皮的因由,除了对高官厚禄和自我炫耀的渴求之外,这个人身上没有任何真实的东西,这就是这个"庸俗的职业报人的本色"。②

马克思指出,梯也尔的凡尔赛除了力图用"谎言的城墙",还拼命用"思想封锁和警察封锁"破坏巴黎公社革命。他揭露,梯也尔是镇压自由报刊的老手,1835年颁布的取缔报刊和结社权利的九月法令,就是他一手干的。这个人还是阴险丑恶的两面派:当他置身于反对派之列时,喋喋不休地重复着他那必不可少的自由的陈腐说教,轮到他上台时,便压制这些自由。巴黎公社期间,梯也尔下令:凡是在巴黎刊行的报纸,不问其倾向如何,一律予以没收,并当众销毁,"与神圣的宗教裁判所鼎盛时期的做法一模一样"。③ 马克思摘录的公社报刊资料中,搜集了大量凡尔赛政府压制出版自由的材料。

同凡尔赛形成鲜明对照的是,如前所述,巴黎公社实行了最广泛的出版自由。在敌人的重重包围和猛烈炮火中,巴黎每天有几十种报刊正常出版和自由发行,其中包括几家资产阶级报刊。直至4月18日,鉴于持敌对立场的资产阶级报刊公开攻击公社。公社才第一次决定查封四家敌视公社的反动报纸。以后,又分别于5月5日、11日、18日三次查封取缔共23家敌对报刊。5月18日公社社会拯救委员会的法令还规定:在战争结束之前禁止发行任何新的政治性期刊,攻击共和国和公社的罪犯均送军事法庭

---

① 《马克思恩格斯全集》第17卷,第368页。
② 同上书,第557页。
③ 同上书,第568页。

审判，违抗本法令的印刷厂主均以同谋犯论处。公社之所以作出如此严厉的规定，主要是由于一些被取缔的敌对报刊改头换面，重新出版，变本加厉地攻击公社。其实，公社早就应该这样做了。

马克思竭力为公社的这些公安措施辩护，指出，凡尔赛以极其残忍的手段对付公社，它在法国各地压制一切言论自由，甚至禁止召开大城市代表会议；它在凡尔赛和法国其他各地遍设暗探，其规模远胜第二帝国时代；它的宪兵检察官焚毁一切在巴黎出版的报纸，拆阅一切寄自巴黎和寄往巴黎的信件；在国民议会中，只要谁稍微想替巴黎说句话，就立刻被疯狂的呵叱声把它压下去，这种情况甚至在1816年的"无双议院"也未曾有过。凡尔赛的恶棍不仅对巴黎进行了惨无人道的战争，而且还千方百计地在巴黎内部进行收买和阴谋活动。在这种情况下，公社若不愿可耻地背叛自己的使命，能像在太平盛世那样遵守自由主义的程式吗？如果公社政府的性质和梯也尔政府一样，那么巴黎方面就没有理由查封秩序党的报纸，而凡尔赛方面也没有理由查封公社的报纸了。

马克思和恩格斯不仅旗帜鲜明地支持公社查封反动报刊的公安措施，而且还对公社迟迟作出这种决定，对反动派过分"仁慈"，提出过尖锐而中肯的批评。他们的批评是切中公社要害的。公社对于敌人和敌人的喉舌——反动报刊，采取了过分宽大的政策。公社的机关报《法兰西共和国公报》的发行业务掌握在敌视公社的私人手里，他们别有用心地把《公报》发行数额控制在每天3500份，从而缩小了它的影响。一些被公社取缔的报刊可以改名易姓重新复刊，而公社竟能容忍它们再次攻击公社的政策。公社对报刊报道的内容也缺乏必要的新闻禁载规定，即便在严重的军事对抗紧要关头仍听便这些报刊自由传播各种新闻。马克思1871年4月12日在致路·库格曼的信里就指出：如果公社将来战败了，那只能归咎于他们的"仁慈"。

从马克思和恩格斯对公社新闻政策和报刊实践的评述可以清楚地看到，在他们看来，对人民实行普遍的自由，对敌人和敌对报刊实行包括查封等公安措施在内的"自由的剥夺"，应该成为无产阶级专政下新闻统制的不可偏废的两个基本内容。这一对于公社新闻政策的总体评价与精辟的理论概述，对于整个社会主义运动特别是当代社会主义国家的国事建设，具有纲领性的指导意义。

列宁作为世界第一个社会主义国家的奠基人,明确确立了社会主义出版自由原则。列宁在批驳格·米雅斯尼柯夫关于出版自由的错误观点时指出,只要一提到它,首先必须弄清楚是什么样的出版自由,为了什么?为了哪一个阶级?列宁申明:我们不相信"绝对的东西",我们嘲笑"纯粹的民主"。列宁所设计和实施的苏维埃社会的出版自由的基本思路是:封闭资产阶级报纸、剥夺敌人复辟旧世界的思想武器;从政治和物质上最充分地保障工农群众享有出版自由,在无产阶级专政保护下,所有那些被资产阶级文化创立起来欺骗人民和维护资本家的东西,统统把它们拿过来满足工人和农民的政治需要。列宁的这一思路,无疑是对马克思恩格斯对于公社新闻自由思想的继承与发展。

毛泽东关于社会主义出版自由的基本思路不仅同马、恩、列的观点保持一致,而且具有鲜明的中国特色。他的基本思路借用他人的话加以概括,显得既准确,又形象,即在人民民主专政的历史条件下,实行"舆论一律"和"舆论又不一律"的政策。所谓"舆论一律",从法律上说,就是剥夺反动分子的言论出版自由,只许他们规规矩矩,不许他们乱说乱动。这种"一律",体现了人民在工人阶级和共产党领导之下对于反革命的专政。所谓"舆论不一律",是指人民享有批评的自由,发表各种不同意见的自由,宣传有神论和宣传无神论(即唯物论)的自由,是指先进的人们和落后的人们自由利用我们的报纸、刊物、讲坛等等去竞赛,以期由先进的人们以民主和说服的方法去教育落后的人们,克服落后的思想和制度。显然,毛泽东的这一思路同马、恩、列所主张的基本精神是完全一致的。

总之,从120年前的巴黎公社无产阶级专政的第一次演习到当代广泛的人民民主专政实践,马克思主义关于社会主义新闻自由的基本范畴是对人民的广泛民主和对敌人的严厉专政,对前者开放新闻自由,对后者剥夺新闻自由,不管时代怎么发展,国情如何不同,这个马克思主义的基本立场是不允许违背的。重温和再申这一马克思主义的原则立场,应该成为制定、讨论和通过新闻出版立法的必要前提。

谈谈恩格斯的报刊业经营管理思想[*]

——纪念恩格斯逝世100周年

陈力丹

1895年恩格斯逝世的时候，列宁曾引用俄国诗人涅克拉索夫的诗句表达他对这位伟人的敬仰："一盏多么明亮的智慧之灯熄灭了，一颗多么伟大的心停止跳动了！"整整一个世纪过去了，各种新的理论层出不穷，当我们回首恩格斯百科全书式的著作时，仍然感受到他思想的辉煌。在这里，我只谈谈以往人们不大注意的恩格斯报刊思想的一个方面——他的报刊业经营管理思想。

最早指出党的报刊必须走企业化道路

19世纪40年代以前的各种工人报刊或社会主义派别的报刊，其经营方式还处于原始阶段。出版报刊主要依靠信徒们或同情者的捐款，报刊免费散发，不是商品，或者，由党的章程规定其成员必须订阅，以解决出版费用问题。随着资本主义市场经济的逐步完善，这样的报刊越来越难以维持，往往昙花一现。恩格斯有过几十年从商的经验，是最早清醒地意识到工人报刊必须按市场规律经营的人之一。他多次讽刺过空想社会主义者们"企图不依靠资本"^①出版报刊的窘况。

1846年，正义者同盟成员克利盖跑到美国去宣传他的"爱"的共产主义，办了一家《人民论坛报》，仅一年时间就倒闭了。恩格斯颇有些同情

---

* 本文原载于《新闻记者》1995年第8期。

① 《马克思恩格斯全集》第6卷，第670页。

地谈到这位昔日的朋友:"他以无比宽广的胸怀经营了财务。《论坛报》是赠送的,不是出售的,收入是靠自愿的捐款,一句话,他们是想重演《使徒行传》三至六章,同时也遇到了不少亚拿尼亚和撒非喇,结果弄得满身是债。"① 看看《新约》就知道,使徒彼得在耶路撒冷传道,奇迹般地免费医治好了许多病人,于是人们纷纷将自己的全部财产献给主,"那许多信的人,都是一心一意的,没有人说,他的东西有一样是自己的,都是大家公用"。但有一个叫亚拿尼亚的人和他的妻子撒非喇,在献出自己的财产时私下留了一些。彼得早有洞察,当他们否认这一事实时,先后在彼得脚下扑倒断气。恩格斯讲到这个典故,是要说明:在那种虔诚的氛围中尚不能保证人们都出以公心,还出了亚拿尼亚和撒非喇这样的人,那么在市场经济的条件下,企图仅仅依靠人们的道德自觉经营报刊,这种理想化的做法是注定要失败的。

马克思和恩格斯创办自己的报刊时,在经营方面不同于他们以前的和同时代的其他工人报刊或社会主义派别的报刊。他们明确提出:"我们应当努力来办一个有收入的文字事业。"② 他们创办报刊一向有两个目的,首先要取得政治上的成功,第二要有经济上的收入。对第二点,他们同样很重视。他们共同参与起草的《新莱茵报评论召股启事》这样写道:"只有编辑部能够以后一期跟着一期间隔时间更短地出版,这个企业才会完全达到自己的目的——经常而深刻地影响舆论,而在经济方面也才会有很大的希望。"③ 恩格斯逝世前夕,当他得知奥地利社会民主党的《工人报》在这两方面都取得成功时,兴奋地写道:"关于报纸的情况使我们很高兴。政治上的成功是主要的,财政上的收获会随之而来,而且容易得多、迅速得多,只要前者有保证的话。"④

事实上,使工人报刊走上企业化经营的道路并不是一件容易的事情。恩格斯在几十年指导工人报刊的工作中,不断地批评过种种忽视报刊经营的表现。1871年,住在德国小城市克里米乔的德国社会民主党领袖李卜克内西,张口要恩格斯在伦敦为他们办一家报纸。对这种幼稚的想法,恩格

---

① 《马克思恩格斯全集》第 27 卷,第 73 页。
② 同上书,第 159 页。
③ 《马克思恩格斯全集》第 7 卷,第 600 页。
④ 《马克思恩格斯全集》第 39 卷,第 415 页。

斯告诫说："你要求我们在这里创办报纸的那种命令口气，很使我们感到可笑，……伦敦比克里米乔大多少倍，在这里创办报纸就要困难多少倍，为此需要的经费就要多少倍。如果你能提供约 1 万英镑给我们使用，我们就能为你效劳。"① 法国工人党也经历过这样的认识过程。1881 年，该党的领导人盖得和拉法格弄到了 5000 法郎，他们头脑发热，马上就创办了一家大型报纸，很快又垮了台。恩格斯指出："我事先就同他们讲过，他们的5000 法郎（如果有那么多的话）只够出 32 号。如果盖得和拉法格硬要在巴黎得到个报纸的葬送者的名声，我们也没法阻止他们，……但绝对必要的是让这些先生们最后学会好好使用自己的经费。"② 为了使党的报刊学会经营，恩格斯有时亲自出面指导或组织。1852 年，原共产主义同盟成员魏德迈在美国创办《革命》杂志，没有经营经验，恩格斯对马克思说："魏德迈在生意经方面，似乎还有些'嫩'，在这方面我将给他一些必要的指点。"③ 1894 年，74 岁高龄的恩格斯在伦敦组织了一个党外人士的银团，贷款 5000 佛罗伦给奥地利党的《工人报》，他亲自起草了《创办〈工人报〉日报的借款条件》，交代如何使用这笔款项经营报纸。

马克思逝世后，在恩格斯的指导下，欧洲的几个较大的马克思主义工人政党，都形成了相当庞大的企业化的党的报刊体系。例如，德国社会民主党的中央机关报《前进报》，在恩格斯逝世那年就给党提供了 5 万马克的利润。后来发展到每年提供几十万马克，成为该党的重要财源之一。

最早论证精神劳动应列入生产费用

在市场经济条件下，报刊是一种包含精神劳动的商品。恩格斯 1843 年在他的第一篇经济学论文《政治经济学批判大纲》（读到该文是马克思研究政治经济学的动因之一）中，就提出了精神劳动应当获得报偿的问题。他写道："合理制度下，精神要素当然就会列入生产要素中，并且会在政治经济学的生产费用项目中找到自己的地位。"④ 基于这种认识，恩格斯在

① 《马克思恩格斯全集》第 33 卷，第 247 页。
② 《马克思恩格斯全集》第 35 卷，第 219—220 页。
③ 《马克思恩格斯全集》第 27 卷，第 414 页。
④ 《马克思恩格斯全集》第 1 卷，第 607 页。

报刊和出版工作中，总是理直气壮地为自己争取应有的报酬。他和马克思写的新闻通讯和著作，都是有政治倾向的，但作为精神劳动的产品，他很注意将它们变成交换价值。在谈到他和马克思的手稿时，恩格斯说："这些手稿放在那里不动，每个月每印张都要损失 5—10 法郎的交换价值。"①谈到出版不久的《资本论》第 1 卷时，恩格斯提醒马克思注意："现在正是该书刊登广告的最好时机，……这样，交换价值就会源源而来。"②

恩格斯的话也是促使马克思成为《纽约每日论坛报》通讯员的主要因素。当时马克思想写一部评蒲鲁东的书，而恩格斯告诉他："这桩可以稳拿到钱的美国生意比蒲鲁东的书更紧迫些。"③ 在为报刊撰稿时，要求支付文章的"生产费用"是恩格斯提出的条件之一。在他自荐为英国《每日新闻》撰写军事通讯时，他对该报编辑这样说："我则将为我的劳动和开支保证有一个公正的报酬。您自然很了解，要撰写军事活动的文章，必须拥有许多昂贵的地图和书籍，这都应该计算在内，因为这些都包括在生产费用里面。"④ 在这个领域，与物质产品的交换是一样的，他要求等价交换。他有一句很俏皮的话："只要能够换来成色足的加利福尼亚的黄金，我们提供'成色足'的知识。"⑤

也许是出于对资本主义的仇恨，在当时工人政党的报刊工作中，要求正当的报酬有一种"不道德"的嫌疑。1890 年，恩格斯得知法国工人党的领导准备同意办一家不给工作人员报酬的报纸，恩格斯生气地写道："办一份编辑不领报酬、记者不领报酬、任何事情都不给报酬的日报，这是一开始就注定要失败的，如果你为你的工作索取报酬，马上就会被由你办的报纸踢出去！……说真的，如果我们的朋友单凭幻想和痴想办事，谁也不能使他们免于失败。"⑥ 一次，马克思的女儿劳拉校订了恩格斯的著作《家庭、私有制和国家的起源》的法译文，却在清样上删去了自己的署名，也没有主动要报酬。恩格斯为此感到遗憾，他对她说："你没有必要为自

---

① 《马克思恩格斯全集》第 27 卷，第 91 页。

② 《马克思恩格斯全集》第 32 卷，第 140 页。

③ 《马克思恩格斯全集》第 27 卷，第 358 页。

④ 《马克思恩格斯全集》第 23 卷，第 609—610 页。

⑤ 《马克思恩格斯全集》第 29 卷，第 124 页。

⑥ 《马克思恩格斯全集》第 37 卷，第 331—332 页。

己出色的工作感到不好意思，……这样的工作应该使你得到酬金……我不懂你为什么播了种子而不应该收获。"① 恩格斯为党的报刊撰写的文章，其稿酬大都交给了德国或奥地利的党，但他坚持要自己的"名义"；要求党的会计处记在自己交党费的名下。

基于报刊工作规范或惯例的管理思想

报刊业的企业化，同时意味着遵循一系列公认的行业工作规范或惯例（现在这些规范或惯例大部分变成了成文的职业要求或自律，甚至成为法律条文）。恩格斯是工人运动中最早意识到这个问题的人之一。遵循这些规范或惯例，常常被人认为是小问题。其实，正是在这些职业工作的规范上，体现出恩格斯的现代管理意识。

任何报刊工作都应有明确的责任和权利意识。恩格斯 19 岁时就谈到过这个问题。1845 年他作为一家刊物的创办人归纳了这样三点："我们保证在任何情况下为作者保守秘密，我们只要求我们的撰稿人对他们所报道的事实的准确性负责。至于发表的责任由编辑部承担。"这里涉及编辑都的隐匿权、作者的责任和编者的责任。

作品在报刊上发表，除了消息以外，一般都存在一个版权问题。恩格斯的版权意识是很强烈的。党内一些同志往往只考虑宣传需要，很少想到是否侵犯版权，而恩格斯对此一向非常认真。有一次，俄国社会主义者克里切夫斯基擅自翻译出版了马克思和恩格斯的一些著作，恩格斯得知后抗议道："那些文章，根据伯尔尼协定，版权都归我所有。……即使涉及不属于伯尔尼协定规定的作品的翻译，也要征得作者的许可，借以维护对作者的尊重。"②

隐私权在当时的报刊工作中已经得到公认。恩格斯多次谈到如何行使这种权利。1883 年，德国社会民主党人菲勒克未经同意，就在他报纸的"信箱"栏发表并歪曲了党内同志、化学家肖莱马请他转交给一位工程师的信。恩格斯对此气愤地说："这种完全是私人的通信怎么到了报纸上而

---

① 《马克思恩格斯全集》第 39 卷，第 150 页。
② 同上书，第 237 页。

不是投进真正的信箱呢？菲勒克又怎敢在自己的报纸上公开刊登私人信件呢？"尽管他们政治上是同志，但恩格斯在他不承认错误的情况下，决定"同这类猪猡断绝任何关系"①，并把情况通报给党的领导人。当然，隐私权的问题较为复杂，例如社会活动家的隐私权就小得多。恩格斯就此专门论证过，政治家的私事如果涉及公共利益，那么报刊就有义务进行报道。他以法国国王路易十五和他的两个宠姬的关系、西班牙女王伊萨伯拉和她的情夫的关系为例，写道：谁要写那段历史而"有意不向自己的读者提供这段情节，他就是伪造历史"②。

报刊工作中遇到最多的问题是如何行使更正和答辩权，这往往反映出一家报刊的现代意识和文明水平。恩格斯无论在私人事务上还是在政治观点方面，都是坚持在完全对等的基础上行使更正和答辩权。他与杜林的论战很著名，而他在《反杜林论》序言里的一段话可能被人们忽视了，他说："我的良心也不允许我作任何修改，本书是部论战性的著作，我觉得，既然对方不能修改什么，那我这方面理应不作任何修改。我只能要求有反驳杜林先生答词的权利。"③ 恩格斯这样做并不是道德上的宽容，而是严格履行论战中双方的义务，给对方，也给自己以权利。1891 年，一个叫吉勒斯的人在私人生活方面诽谤英国工人运动领导人艾威林，后者为维护他的名誉，在恩格斯的秘书路易莎作证下打了吉勒斯两拳，吉勒斯理屈而没有回手。但在德国党的中央机关报上，他却为了面子而声明他也打了艾威林。艾威林和路易莎的反驳声明报纸没有发表。恩格斯为此批评报纸说："我，作为一个编辑，可以不赞成他们的作法，但却必须承认他们有权按照自己的意愿来维护自身的利益，而你们那里恰恰相反，编辑部承担起书报检查官的职责，自认为永远是最内行的裁判者，并禁止他们诉讼。……如果艾威林和路易莎以他们自己的名义采取行动，编辑部就无权……剥夺自己朋友讲话的机会。"④ 在这里，我们又一次领会到了伏尔泰的那句名言"我反对你所说的，但我将誓死捍卫你说出它的权利"。

---

① 《马克思恩格斯全集》第 35 卷，第 440 页。
② 《马克思恩格斯全集》第 18 卷，第 591 页。
③ 《马克思恩格斯全集》第 20 卷，第 11 页。
④ 《马克思恩格斯全集》第 38 卷，第 161 页。

从马克思论商品看新闻的商品性[*]

童 兵

随着社会主义市场经济体制的确立和改革开放的深化,我们面临着建设健全的新闻市场的紧迫任务。其中,首要的是建立对新闻商品性的共识,以此为突破口带动一系列新闻观点的更新。

新闻是不是一种商品?根据马克思的商品价值学说,对这个问题给予肯定的回答应该是没有困难的。因为新闻作为一种商品,它具有一般商品共有特点。第一,新闻能够满足人们特定的需求,它具有使用价值。马克思说,商品首先是一个外界的对象,一个靠自己的属性来满足人的某种需要的物。新闻就是依据自己的独有的信息与舆论特质,满足人们对于新闻市场与意见市场需要的"一个外界对象"。第二,新闻是为交换而生产的,它具有交换价值。马克思指出,商品是为交换而生产的劳动产品。新闻工作者日夜忙碌,都在为他人作"嫁衣裳"。第三,商品交换是通过市场实现的,流通阶段是生产的继续。在一般情况下,新闻通过买卖形式交换,借助流通领域而进入消费领域,从而实现其使用价值。

比照上述商品的共性,新闻显然是一种商品。然而在我国,有人否认新闻是商品。之所以出现不同的看法,个中原因是多方面的。其中有一条,即新闻又是一种特殊的商品,它呈现不同于一般商品的独特的商品价值形态和生产、流通、消费机制,这也许是某些人反对新闻商品性的"主要理由"。因此,有必要分析新闻有哪些不同于普通商品的个性,而这些个性会不会从根本上动摇新闻的商品性。

---

* 本文原载于《新闻研究资料》1993 年第 2 期。

新闻作为特殊商品的个性主要表现在以下各点：第一，新闻是以意识为主呈现的商品。任何商品，都由两种形态组合而成，一是物质形态，二是意识形态。劳动者制作商品时，不仅改变对象的形象，而且把自己的意识（比如美感）凝聚于商品之中。所不同的，只是有些商品以物质为主，比如供食的面包，供穿的服饰；而有些商品则以意识为主，比如供欣赏的雕塑，供视听的新闻。有人认为，报纸有商品性，而新闻没有，新闻不是商品，因为报纸是一种物质形态，而新闻没有。这些人不了解，报纸只是新闻的载体，是新闻的物化形态，是新闻借以面世的躯壳。报纸上面如果没有新闻，那只是一白纸或者其他什么，而不是报纸。没有新闻的白纸是不会具有报纸的使用价值的。马克思所研究的商品，一是以物质为主呈现的商品，但他从来没有否定以意识为主呈现的产品不是商品。他曾经提到各种艺术和科学的产品，提到书籍、绘画、雕塑，提到消息（即新闻）、书信、电报等等，这一切，在马克思看来，都是商品。

第二，新闻是以智力劳动为主生产的商品。商品之所以拥有价值，是由于它是人类劳动的表现。这种劳动，又分为体力和智力两种。任何商品，都同时是体力与智力两种劳动的产物，所不同者，有的以体力劳动为主所生产，有的则以智力劳动为主所生产。一个商品的价值，是由其中包含的形成价值实体的劳动量测量的。体力劳动具体可测，而智力劳动测起来则不易不便。如报纸者，需排版、印刷，有人视之为商品，而如新闻者，采访写作，运作心思，不易为人所测，故常被人视之为非商品。

第三，新闻是以信息服务为功能的商品。商品有使用价值，实用性是其重要特点。但商品分为生产型和劳务型两种，生产型为多，其实用性强；劳务型少，实用性不甚显明。劳务型商品，有些人常否认为商品，因为它缺少"物化"形态，即"物的效用"。但是，各种服务也是一种商品。马克思说，这种服务的买者和卖者的关系，就像纱的卖者和买者的关系一样。新闻向买方提供的不是实用的、物的满足，而是一种信息的服务。而这种由人所购买的服务形式，也是一种商品。

第四，新闻使用价值的实现有着特殊的作用机制。一般商品的使用价值，很少受社会制度等因素的制约，而以意识为主的商品则不然。比如新闻，它的使用价值，包括新闻价值、宣传价值、审美价值诸种，无一不受到一定时期社会环境的影响，因而常常出现这样的情况：一条新闻，在此看来有价值，在彼看去则无意义，在一国显得十分重要，在另一国则不值得传播。这同面包任何人都可食之，房屋各国居民皆可住之截然不同。新闻的这种独特的作用机制，也常使人误以为不是商品，而视之为政治的附属品。

如果我们能从上面四点误释中解放出来，在新闻是商品这一点上建立起共识，接着就会发现我们今天所置身的新闻市场是太狭小、太匮乏了，社会对新闻市场的管理又太无规则。当前，为建设一个发育完全、充满活力的新闻市场，应充分利用改革开放的大气候，根据新闻的商品性要求，先着力抓好以下几件事：

一、商品交换的前提是，商品所有者甲需要商品所有者乙的商品，后者又需要前者的商品。新闻单位既要推销自己的产品，就要了解受众的所思、所需、所求，力争最大程度地实现新闻生产适销对路。

二、新闻应该花色品种齐全，能够满足社会方方面面的需要，为此要扩大报道面，加大信息量，不断开拓新闻报道的领域，为新闻记者广开获取新闻的渠道，不断增强新闻的透明度。

三、商品应以质量为第一，新闻要讲究实际效用，必须持之有据，言之有物，富有切实内容，不能空洞说教，老生常谈，没有新意，也不能以大量平淡的会议报道、领导人日常活动消息和长篇讲话充斥新闻市场。

四、新闻要新鲜及时，是刚刚发生或正在发生的事实的报道，它奉献给受众的，应是一束束露珠闪烁的鲜花，一条条活蹦乱跳的鲜鱼，而绝不应该是"死鱼"、"咸鱼"、"臭鱼"。

五、新闻经营者应强化竞争意识，提高竞争能力，千方百计争夺受众，争发新闻，扩展新闻覆盖面，有计划有步骤地走向全国，走向世界。

六、新闻单位要引入企业机制，并最终办成经济实体，在坚持社会效益的前提下，强化经济效益意识，以强有力的经济实力参与竞争，占领市场。

七、加强法制意识，建立新闻市场必备的各种规则，新闻经营者、党和政府主管部门以及社会各界都应以共同规则推动和监督新闻市场运行，减少以至废止对于新闻市场的不合理的行政干预。

八、坚持不懈地反对右的特别是"左"的错误思潮的影响。在对待新闻市场问题上，"左"的影响根深蒂固，不反对"左"的影响，不推翻强加于新闻市场的各种不实之词，不否定利用马克思《资本论》的旗号对新闻商品性的各种讨伐，真正的新闻市场是建立不起来的。

马克思的"报刊规律"与对规律的探讨 [*]

陈力丹

看到《新闻知识》组织讨论"新闻普遍规律与党报特殊规律",我想到了大家经常引证的马克思关于报刊规律的那段话。由于《马克思恩格斯全集》第二版有了新译文,借比较新旧译文,顺便谈一下关于讨论"规律"的意见。

原来的译文如下:

"要使报刊完成自己的使命,首先不应该从外部施加任何压力,必须承认它具有连植物也具有的那种为我们所承认的东西,即承认它有自己的内在规律,这种规律它不能而且也不应该由于专横暴戾而丧失掉。"①

现在的译文如下:

"要使报刊完成自己的使命,首先必须不从外部为它规定任何使命,必须承认它具有连植物也具有的那种为人们通常所承认的东西,即承认它具有自己的内在规律,这些规律是它所不应该而且也不可能任意摆脱的。"②

旧译文是从俄译文转译的,不够准确,新译文从德文原著直接译出,较为准确地表达了马克思的原意。根据新译文,显然马克思从外部、内部两方面谈到如何保障报刊按照自己的内在规律工作。关于外部,他说不能为报刊规定使命,而旧译文是"不应该从外部施加任何压力"。"压力"的

---

　*　本文原载于《新闻知识》1997 年第 5 期。
　①　《马克思恩格斯全集》中文版第 1 卷,人民出版社 1956 年版,第 190 页。
　②　《马克思恩格斯全集》中文第二版第 1 卷,人民出版杜 1995 年版,第 397 页。

内容含糊，而它的对应德文词"die Bestimmung"就是"使命"的意思，与前一句中的"使命"是同一个词，旧译文没有译出来．却变成了莫名其妙的"压力"一词。新译文将外部对报刊的干扰，正确地译为"规定使命"（"规定"的对应动词"vorzuschreiben"，直译是"事先添加"）。关于内部，马克思认为报刊不应该不照自身规律办事，旧译文没有译出这个意思，而是说"这种规律线不能而且也不应该由于专横暴戾而丧失掉"，似乎仍然讲的是外部干预。"专横暴戾"的对应德文名词是"Die Willkur"，有专横，任意两个基本意思："丧失"的对应词是"sich entziehen"，作为一般动词它的意思是"丧失"，但现在它是反身动词，就应该译为"摆脱"（或"逃避"）。在这种情况下，"Willkur"就不是"专横"的意思了，新译文准确地译为"任意摆脱"，从而表达了马克思的本意。

考证这些词句是要说明，我们原来关于马克思报刊内在规律的理解，由于译文的关系，出现了偏差，即只理解为外部不应干扰报刊的正常工作。而马克思的原意是，为了保证报刊遵循自己的规律运作，不仅外部不应规定使命以外的内容，而且报刊自己也不应摆脱这种内在规律。

马克思自从使用了报刊的内在规律这个概念以后，一直没有为它具体讲过什么。这不是他的疏忽，而是涉及他对"内在规律"的认识。这个词汇后来经常出现在他探讨价值规律问题的论述中，从他对"内在规律"这个概念的说明，可以看出他对这个概念的理解。他认为，规律不是一目了然的、明摆着的，而是在事物的矛盾运动中以各种偏离形式表现出来，规律表现为宏观上的特点。所以他说："一般规律作为一种占统治地位的趋势，始终只是一种极其错综复杂和近似的方式，作为从不断波动中得出的，永远不能确定的平均情况来发生作用的。"①由于规律是以隐蔽的、不知不觉的方式发生作用，因而马克思把认识规律视为一种科学的工作。他说："把可以看见的、仅仅是表面的运动归结为内部的现实运动是一种科学工作"，而"不是反过来，从偏离出发说明规律本身。"②

根据这个认识，讨论报刊规律（或新闻规律）时要意识到，现实中所

---

① 《马克思恩格斯全集》中文版第 25 卷，人民出版社 1975 年版，第 181 页。
② 同上书，第 349—350、209 页。

谓规律的纯粹表现是不多见的，因为报刊活动摆脱不了各种因素的影响，如经济利益、阶级和党派利益、文化传统、自身的智力水平等等。但是从许多报刊工作的偏离中，人们确实可以隐约感到报刊应当有自己的内在规律。我认为，作为一种感觉到的意识，报刊规律的概念存在是需要的，它鼓舞我们不断地探索、接近它，但不要轻易把自己的一些工作经验、从不同角度对于新闻工作的认识，使用"规律"这个大字眼来谈论，更要防止把现实的偏离当作规律强加于人。恩格斯修订的黑格尔那句充满辩证法的话，对于我们的思维可能是有用的："凡在人类历史领域中是现实的，随着时间的推移，都会成为不合理的，因而按其本性来说已经是不合理的，一开始就包含着不合理性；凡在人们头脑中是合理的，都注定要成为现实的，不管它和现存的、表面的现实多么矛盾。"①

就现实需要而言，现在新闻工作中，似乎受利益的诱惑而自动摆脱"规律"的事情更多些，讨论的重点应当集中于此。市场经济的机制给社会带来了十分活跃的因素，但是商业操作的介入往往使我们的报刊或其他媒介被"套"了进去。例如各种商业性的新闻陷阱，对方提供的事实可能具有相当的吸引力，甚至是十分高尚的东西。但不论是客观报道，是批评还是赞扬，只要进入广告的话语系统，就变成了变相的广告。例如批评，这时就不再是否定，而是以另一种方式对相关事物的肯定。它可以接受任何批判，然后化为一种引起注意的方式迅速扩散，产生批评所意料不到的相反效果。即使是对高尚的赞誉，也会成为广告，就此，法国社会学家布尔迪厄写道："真、善、美具有可以转化为赢利的发挥物"，"真，善，美不仅是润滑剂，不仅是艺术市场上的交换价值，它还是包装，可以包装形形色色的混合体。"② 看来，对于现实的媒介工作而言，来自商业操作造成的媒介对自身"规律"的偏离，是一种对"规律"的最大威胁。

就此，我想强调的是马克思新译文中的后半句话：报刊"具有自己的内在规律，这些规律是它所不应该而且也不可能任意摆脱的。"这一点对于党报来说，显得更有现实意义，因为党报通常被视为纯洁与高尚的代言人。

---

① 《马克思恩格斯全集》中文版第 21 卷，人民出版社 1965 年版，第 307 页。
② 皮·布尔迪厄、汉·哈克：《自由交流》，生活·读书·新知三联书店 1996 年版，第 139 页。

马克思、恩格斯的传播心理观*

陈力丹

人们的各种信息传播，始终伴随着看不见的心理活动，认知、情感和意志这些心理因素相互联系，推动着同时亦制约着传播的广度和深度。马克思和恩格斯在创立历史唯物主义的时候，用新的世界观解释了各种传播中的心理现象，特别是认知过程中的感觉、知觉、记忆、思维和想象等等诸问题，论证得更多些。他们的传播心理观，奠定了我们现在研究传播心理的唯物主义的理论基础。

一　外部环境与传播心理

马克思和恩格斯从不把传播心理看作是人脑的某种神秘不变的能力表现，而把它看作是人脑在社会联系中不断完善的产物，看作是一种社会实践。在世界现代化进程（16世纪前后）开始以前，社会发展缓慢，人们公开的传播心理表现出长期处于受压抑状态，于是，心理学研究提上了日程。在这个意义上，马克思指出："工业的历史和工业已经产生的对象性的存在，是一本打开了的关于人的本质力量的书，是感性地摆在我们面前的人的心理学"。① 在这里，他强调了现实外部环境是心理活动的基础。他与恩格斯分析传播心理，主要是确定心理活动与外部环境的关系，一定的心理表现如何依存于外部环境，又如何作用于外部环境。

他们经常从阶级、党派的角度分析各种传播心理现象，但他们同时也

---

　　* 本文原载于《北京广播学院学报》1994年第3期。
　　① 《马克思恩格斯全集》第42卷，第127页。

意识到，不同阶级、党派的传播活动，由于处于同一民族、国家的外部环境而会表现出相同的传播心理。因此马克思认为，一个国家的报刊工作者，通常可以"反映公众心理的一般状态"①。他写道："在英国，出版物是同它的历史和特殊环境连生在一起的，荷兰和瑞士的情况也是一样。"②他和恩格斯对各国工人政党传播活动弊病的批评，在相当程度上也是它们所在民族、国家传播心理的反映。

外部环境对传播活动的影响，通常需要某种心理因素作为中介。恩格斯讲过："在社会历史领域内进行活动，全是具有意识的、经过思虑或凭激情行动的、追求某种目的的人。"③ 其中"情感"这一心理要素的中介尤为明显。马克思对此的体验是很直接的。1853 年，英国政治活动家帕麦斯顿谋求首相职位，为报道和分析这件事，他查找了许多有关这位贵族的材料，连续用一个月时间写出了轰动英国的揭露性小册子《帕麦斯顿勋爵》。促使他进行写作的直接原因是新发生的事实，而心理中介则是由事实激发的一种愤怒的情感，不写出来不快。他当时说："我已经连续不停地工作了三十个小时，……我已经被写作激情，甚至'高度的'激情所控制。"④

环境感染这一心理中介也对传播效果有较大影响。综合性的环境感染与单一的环境感染的效果是不同的，例如写文章和在公众面前演说，前者人们是通过眼睛而转为一种思维性的接受或拒绝；后者会受到直接感觉的综合性影响，通过环境的感染而接受或拒绝，因此往往会有立竿见影的效果，但不稳定。恩格斯谈到过这种体会，他说："站在真正的活生生的人面前，直接地、具体地、公开地进行宣传，比起胡乱写一些令人讨厌的抽象文章、用自己的'精神的眼睛'看着同样抽象的公众，是完全不同的两回事。"⑤ 从这里，我们可以看到人们在传播和接受报刊和影视信息时的心理差异。

在外部环境与传播心理的相互关系中，心理因素有时会表现为一种强大的不可抵御的力量。19 世纪，俄国及东欧斯拉夫地区，曾经弥漫着泛斯

① 《马克思恩格斯全集》第 12 卷，第 658 页。
② 《马克思恩格斯全集》第 1 卷，第 47 页。
③ 《马克思恩格斯全集》第 21 卷，第 341 页。
④ 《马克思恩格斯全集》第 50 卷，第 417 页。
⑤ 《马克思恩格斯全集》第 27 卷，第 24 页。

拉夫主义，这是一种民族沙文主义的心理表现。在这种心理状态下，从报刊到沙皇，即使认识清醒，也不得不服从它。1886 年，正是这种社会心理表现的高涨时期，恩格斯讲到了它的力量所在。他说："沙文主义的浪潮高涨，政府对于这种日益高涨的运动不去制止，反而连自己也越来越被卷了进去，所以在沙皇回到莫斯科后，不得不让莫斯科市长在他的献词中大叫占领君士坦丁堡。受将军们影响和庇护的报刊公开说，它们等待着沙皇对他的障碍物奥地利和德国采取行动；而政府却缺少勇气迫使报刊不说话。归根结蒂，斯拉夫主义沙文主义比沙皇更强有力，后者只好让步。"①从这里可以看出，一旦形成一种大范围内的心理现象，它也常常影响到外部环境的变化，影响当权者的决策。

二 传播中的认同心理

把自己看作别人，或希望别人把自己看作与他某方面相同，这是传播行为得以实现与持续的一种基本的心理活动，即认同。马克思就此曾讲过这样一个常见的例子："人起初是以别人来反映自己的。名叫彼得的人把自己当作人，只是由于他把名叫保罗的人看作是和自己相同的。"② 这里讲的是人在同类方面的认同。事实上，人们的传播行为得以实现，必然会在各种不同的层次上有不同程度的心理认同。马克思的名言"只能用爱来交换爱，只能用信任来交换信任"③，即讲的是人们传播活动中的同质（当然不一定同量）要求，这种同质要求在心理上便是一种对认同的希冀。

认同需要凭借一种标尺，马克思称它为"内在的尺度"④，即主体内部设立的一种客观的心理标准，用来自我审视，度人度事。这是一种传播活动中须臾不可缺少的（有时可能未被意识到）的标尺。马克思说："在衡量事物的存在时我们应当用内在的思想实质的标尺。"⑤ 例如报刊与读者的关系，这通常需要双方有比较明确的内在尺度（观点、兴趣爱好、风格等

---

① 《马克思恩格斯全集》第 36 卷，第 548—549 页。
② 《马克思恩格斯全集》第 23 卷，第 67 页。
③ 《马克思恩格斯全集》第 42 卷，第 156 页。
④ 同上书，第 97 页。
⑤ 《马克思恩格斯全集》第 1 卷，第 61 页。

等），以便相互衡量。马克思认识一位法国医生，因为他大学生时代参加过二月革命，是一个共和主义者，这一青年时代的政治立场使他一生都与共和主义的报刊产生认同感。1881年，他向恩格斯介绍说："1848年时他是斯特拉斯堡大学的学生；作为政治家，他把《时报》看作是适合自己气质的机关报。"①

人们在传播自己的信息时，认同表现为趋同愿望，即希望别人接受自己的内在尺度。不论这种传播成功与否，人们总是顽强地抓住外界对象，表达自己的情感、观点、志趣等等。马克思形容过这种心理表现："摒除一切障碍，让自己内心深处的思想任意翱翔，并使世界（哪怕是只在口头上、文字上）服从于自己内心的愿望。"② 虽然每个人的这种心理活动的强烈程度不同，但每个人在一定的条件下，都会有马克思所说的体会："满腹衷情在任何情况下总是一吐为快。"③

在群体传播中，一定的场合会造成互不相识的人在某一方面实现认同，这种认同带来的传播的力量往往是令人震惊的。1855年，一队资产阶级人士及其家属的豪华马车，不巧遇上了在伦敦海德公园游行的下层群众的队伍，人们立即包围了车队，霎时间出现了马克思所描述的情形："大声讪笑、发嘘声、呼哨声、嘶哑的叫喊、跺脚声、喃喃的埋怨、咆哮声、高声尖叫、呻吟声、呐喊、哭诉、咬牙切齿声，所有这些声音结合成一个什么样的魔鬼的音乐会啊！这是一种足以使人发狂、使顽石点头的音乐。"④ 长期压抑的对资产阶级的仇恨，在这种特殊的气氛中相互感染，终于酿成了成千上万的下层阶级的群众在这一点上的高度认同。

人的自我认知是一种自身传播，即现在所处的环境及其观念与已有的观念之间的碰撞。为了使过去的"我"与现在的"我"达成一致（认同），自身传播便表现为内心斗争。如果是用新的内在尺度替代旧的，内心斗争是十分痛苦的，因为这时"一个人的主观愿望起来反对他的理性的客观观点"。马克思深有体会，他说："至于掌握着我们的意识、支配着我们的信

① 《马克思恩格斯全集》第35卷，第60页。
② 《马克思恩格斯全集》第6卷，第411页。
③ 《马克思恩格斯全集》第42卷，第184页。
④ 《马克思恩格斯全集》第11卷，第367页。

仰的那种思想（理性把我们的良心牢附在它的身上），则是一种不撕裂自己的心就不能从其中挣脱出来的枷锁；同时也是一种魔鬼，人们只有先服从它才能战胜它。"①

既然认同是传播的心理前提，是否没有认同感各方就没有传播活动了呢？当然不是。这种传播是以对立的形式进行的，各方之间的真正沟通比较困难，造成的误解比理解要多。但只要各方之间的传播活动存在，就会发生相互影响，认同会不知不觉地起作用。马克思和恩格斯曾与德国小资产阶级流亡者多次进行过论战，恩格斯就讲到过这种情形："真不管他们怎样顽强和疯狂，还是不知不觉地受着这些作品（指马克思和恩格斯的作品——引者注）的影响。"②

事实上，传播中的相互认同在大多数情况下不会是一拍即合，而是信息能量较强的一方不断变化自己内在尺度的表现形式，促使其他各方趋向于自己。例如作者和读者的关系，通常作者是信息能量较强的一方，有经验的作者能够通过自己的表达艺术而培养读者。就此恩格斯引证了海涅的话，写道："海涅关于他的庸俗的德国读者说过一句最轻蔑不过的话：'作者终于和他的读者搞熟了，好像读者是有理性的生物了。'"③ 撇开对德国小市民的轻蔑含义，这里讲的是作者与读者如何实现心理认同的问题。

三 传播中的心理障碍

任何一种心理障碍都有可能造成人们传播关系的扭曲、松弛和中阻。研究这类心理障碍，是马克思和恩格斯经常考虑的问题。

影响传播实现的最大障碍是各种偏见，它使传播或难以进行，或处于信息失真的状态中。例如1848年时法国农民的偏见，便造成了他们同巴黎工人之间长时期无法沟通。恩格斯在与数百个农民交谈后描述了这个阶级的心理："农民本来就看不起城里人，由于今年的事件（指二月革命和六月起义——引者注），这种蔑视的心理就更加厉害了，而且认为是理所当然的了。农民和农村必须拯救法国；农村生产一切，城市吃的是我们的面

---

① 《马克思恩格斯全集》第 1 卷，第 134 页。
② 《马克思恩格斯全集》第 27 卷，第 323 页。
③ 《马克思恩格斯全集》第 25 卷，第 1012 页。

包，穿的是我们的亚麻和我们的羊毛织成的衣服，我们必须恢复应有秩序。"① 果然，路易·波拿巴在农民的支持下统治了法国，用农民的这种偏见"恢复了秩序"，以至法国在以后的二十年里社会停滞不前，社会精神交往的频率下降到最低水平。

由于生活的狭隘和教育程度的低下，早期工人也存在不少偏见，特别是早期自发的共产主义，偏见尤为明显，马克思曾指出过这方面的多种表现。例如把工人的范畴推广到一切人身上以实现平等，用公妻制来反对婚姻，抽象否定一切文化和文明，消灭一切无法公有的私人财产，用强制的方法把才能舍弃等等。这些偏见使早期的工人运动得不到广泛的同情和支持。恩格斯说，先进的工人政党的任务之一，便是"站在进步的立场上来反对工人的反动欲望及其偏见"。②

马克思和恩格斯感受最深的是党派偏见造成的传播障碍。1848年革命失败后，反共的社会意识占统治地位，马克思受到德国自由派报纸编辑察贝尔的攻击，由于党派偏见而加重了公众与马克思之间的隔阂，他不得不花时间写专门的小册子反击。当时的情形就如马克思所说："在那些因怀有党派偏见而轻信荒唐透顶事情的读者面前攻击我……这些读者根本缺乏判断我这个人的标准。"③

即使在一般的作者和读者的关系中，偏见也会影响传播信息的真实程度。作为读者，可能会出现恩格斯所说的情况："可以指责任何一个作者蓄意歪曲事实，但这通常都是当作者的叙述不符合读者的偏见时的做法。"④ 如果作者带有偏见，往往因先入之见而无所察觉。就此恩格斯评论过德国经济学家洛贝尔图斯，写道："他失去了一切批判的第一个条件——不抱偏见。他为事先确定的目标全力以赴，成了一个有偏见的经济学家。"⑤

动机对知觉的影响，也是使传播产生偏差的重要原因。人们的知觉本

① 《马克思恩格斯全集》第5卷，第563页。
② 《马克思恩格斯全集》第28卷，第38页。
③ 《马克思恩格斯全集》第14卷，第675—876页。
④ 《马克思恩格斯全集》第41卷，第9页。
⑤ 《马克思恩格斯全集》第21卷，第219页。

能地习惯于接受肯定性的信息，以最大程度满足自己（或本党派、阶级、民族）的方式解释信息，使形势总是看起来比实际情况更有利于自己一方，同时回避知觉中那些令人不愉快的方面。例如从民族的动机出发发布消息，当事人往往会有一种强烈的虚荣心，因而使信息可能失真。对此恩格斯有一句格言："无知和民族虚荣心在编造英雄事迹和民族战功方面是同样起作用的。"① 工人政党在对外传播时常常有一种报喜不报忧的做法，这也是动机对知觉的影响所至。马克思和恩格斯多次批评过，例如谈到德国社会民主党领导人李卜克内西时恩格斯说："他不仅把一切消息以他惯用的美妙口吻加以渲染，而且把一切不愉快的事情向我们隐瞒起来。"②

传播者的传播行为过分，会造成一种不利于传播者的受传者方面的心理障碍，即逆向心理。马克思和恩格斯从不同角度论证过这种心理的表现。例如强行禁止某种信息的传播，会迫使人们对被迫失去的增进好感，于是施加这种压力者和受传者之间的隔阂加大。这即是传播中的"禁果效应"，马克思对此论证说："如果自由永远不会被人所珍视，不自由的一般状态的例外就更加可贵了。一切秘密都具有诱惑力。对社会舆论自身来说是一种秘密的地方，形式上冲破秘密境界而出现在报刊上的每一篇作品对于社会舆论的诱惑力就不言而喻了。"③ 恩格斯的几本书遭到德意志帝国的查禁，而他却感到十分高兴，因为"被禁的书两倍、三倍地畅销"。④ 在这里起作用的正是禁果效应。

若传播的信息过于虚假，效果也是相反的。马克思多次以法兰西第二帝国的机关报《总汇通报》为例说明这个问题。那时法国的经济十分糟糕，而《通报》却经常发表经济如何繁荣的报道，并警告其他报纸不要"妖言惑众"。马克思就这种做法的效果写道："警告是发生作用的，不过恰好是发生相反的作用"。⑤

在表达情感或立场时，过分的热情或过分的执拗，效果也可是相反的。

---

① 《马克思恩格斯全集》第10卷，第595页。
② 《马克思恩格斯全集》第36卷，第24页。
③ 《马克思恩格斯全集》第1卷，第74页。
④ 《马克思恩格斯全集》第20卷，第10页。
⑤ 《马克思恩格斯全集》第12卷，第465页。

1857 年英国大选时，候选人帕麦斯顿被吹捧到无以复加的程度，马克思告诫宣传者记住达莱朗的一句名言："不要太殷勤。"因为这种宣传已经使英国人"对颂扬帕麦斯顿的热狂产生了反感"。① 1862 年美国内战时，英国大部分报刊过分偏袒南部同盟，以致那里的美国人对这些报纸也表示冷淡。就此马克思说："英国报刊比南部还要'南'。在英国报刊上，北部的一切都是黑的，阴暗的，而'黑鬼'地区的一切全是白的，美妙的，但畜奴州本身，人们却不用《泰晤士报》所吹嘘的'胜利的凯旋'来安慰自己。"②

四 传播中"注意"的形成

传播要有对象，吸引对象的第一步是引起注意，使对象朝向和集中于一定的事实、问题、知识、观点、形象、声音等等。只有打开"注意"这道门，才谈得上认同、联系和保持传播状态。马克思和恩格斯对如何形成"注意"是很有研究的。

形成"注意"的首要因素是事实的变动。1848 年马克思阅读一家地方报纸时，被它的报道所吸引，原因不在于写作技巧，而在于报纸提供的事实。他说："在这里看到的只是平铺直叙地叙述事实，叙述中仅仅偶尔带几句简短的伤感的结束语。这些直率的报道，正由于没有矫揉造作，所以能够给人以强烈的印象。"③

一般地说，引起矛盾冲突的传播活动更能引起注意。在 1847 年的一次会议上，为了活跃气氛，马克思和恩格斯有意进行争论，引起注意，马克思并因势利导，发表了著名的关于贸易的演说。40 多年后，恩格斯还很清楚地记得这件事，他回顾说："在布鲁塞尔的德意志工人协会中，辩论显得很沉闷，于是我就和马克思说好，装作开始争论，他主张自由贸易，我则主张保护关税。在场的人发现我们突然互相攻击起来时的那一幅幅惊奇的面孔，至今仍然历历在目。"④ 关于《资本论》出版后的宣传，也是利用了人们的这种心理。当时他们发表了许多文章，用不同的观点评论这本

① 《马克思恩格斯全集》第 12 卷，第 171 页。
② 《马克思恩格斯全集》第 15 卷，第 596 页。
③ 《马克思恩格斯全集》第 1 卷，第 235—236 页。
④ 《马克思恩格斯全集》第 38 卷，第 16—17 页。

书,仿佛不少人围绕着它在进行论战,把人们的注意力吸引了过去。马克思就此说:"整个事情就在于'制造轰动',这比文章怎样写或写得如何有内容更重要。"恩格斯也指出:"只要是把它当作值得注意的重要现象,那么在这以后整个那一伙人自己就会喧嚷起来。"①

批评也是一种引起矛盾冲突的形式,因而批评性的信息一般会比中性的和赞扬的信息更易于引起人们的注意。正是在这个意义上,马克思在他的《政治经济学批判》出版后说:"我期望的是攻击或批评,只是不要完全不理,完全不理也会大大影响销路。"②

同样的内容,甚至同样的用语,讲话人的不同,引起注意的情况会大不一样。出于一种信任感,专家或领袖进行的传播往往会引起注意。法国激进党在一段时间里曾与工人党对立,它的机关报对工人党的最低纲领不屑一顾,而当这些要求从自己党的领袖人物的口中讲出来时,却立即引起了注意,并加以积极传播。就这种心理马克思写道:"说来好笑,仅仅作为'工人党'的口号出现的东西,激进党的机关报总是要加以轻视或嘲笑,而现在当他们从克列孟梭嘴里听到时,却当作奇妙的启示为之惊叹不已。"③

在人们的传播活动中,内容和形式大都是很平常的,但如果在传播的风格特点和表现方式上有一些与众不同,便可以在一定程度上引起注意。马克思和恩格斯要求文章或发言尽量有新鲜的内容和形式,若没有很多新奇之物,那么要在表达上具有独特的风格;若传播的内容很难做到独具特色,那么使人感到传播的清新、明快、真诚,也可以吸引人们的注意;就每一具体的传播而言,集中传播比分散传播更会引起注意。

他们所论证的各种引起注意的方法,其心理依据有两点。第一,刺激物的对比关系。传播的内容、形式、风格反差大,便容易引起人们的无意注意。例如马克思和恩格斯为《资本论》作广告,就意识到这一点。当时正是圣诞节来临之际,大量书的广告都借着节日涌出,每本书之间的反差减小,于是马克思和恩格斯商量,宁可晚一些,也要使广告引起注意的程

---

① 《马克思恩格斯全集》第 31 卷,第 364、569 页。
② 《马克思恩格斯全集》第 29 卷,第 604 页。
③ 《马克思恩格斯全集》第 34 卷,第 452 页。

度大一些。恩格斯说:"这东西可在新年后登报,否则会淹没在圣诞节书籍广告的浪潮中。"①

第二,人们在传播中特有的好奇心。千篇一律、刻板化、公式化的信息,不易引人注意。而任何新奇的信息却会激发起人们的探询欲望。马克思引证过亚里士多德的名言:"惊奇是发议论的开端。"② 顺应公众的好奇心,是马克思经常使用的一种引起人们注意的方法,1852 年,普鲁士当局制造了科伦共产党人案件,这件事"成了全欧洲报刊注意的中心,而公众猜疑的好奇心达到顶点"。③ 马克思及时写成小册子《揭露科伦共产党人案件》。他要求朋友们"在报刊上预先登广告,以便引起读者的好奇心"④,通过这种方法声援了自己的同志。

在多数情况下,注意是由于刺激物的突发性或相对突出而引起的;还有一些注意不是由于与众不同,而是连续轻度刺激而形成的,这即是重复引起的注意。1893 年德国社会民主党领袖倍倍尔的演说引起的注意,便是这样形成的。恩格斯曾兴奋地说:"倍倍尔的演说散发了 350 万册。现在他们要把辩论的全部内容印成小册子(售价 5 苏),本来已经很强烈的印象,还将双倍地加强!"⑤ 但是,重复引起注意是有条件的,必须经常变化传播的形式和方法,并且要适度。简单的重复引起的不是注意,而是厌烦。马克思很重视这一点,他在报道英国罢工时,就曾揣摩读者的心理,写道:"我每个星期都得到各种罢工的消息,如果我在每一篇文章中都把它们一一列举出来,那会令人感到厌烦。因此我今后只是不时地报道其中一些有特别值得注意的特点的罢工。"⑥

五　流言

流言(谣言是它的一种表现形式)是一种畸形的传播形式,也是传播心理的表现。由于马克思和恩格斯经常处于各种流言的包围之中,对这个

---

① 《马克思恩格斯全集》第 31 卷,第 407 页。
② 《马克思恩格斯全集》第 1 卷,第 133 页。
③ 《马克思恩格斯全集》第 8 卷,第 463 页。
④ 《马克思恩格斯全集》第 28 卷,第 563 页。
⑤ 《马克思恩格斯全集》第 39 卷,第 41 页。
⑥ 《马克思恩格斯全集》第 9 卷,第 325 页。

问题论证得很透彻。

流言在邻里或规模不大的群体中传播，由于范围很小，几乎可以视为一种正常的现象，但若超出这个范围而成为社会流言，往往一发不可收拾。马克思和恩格斯可以容忍许多小范围内的关于他们的流言，但不能容忍社会流言对他们的包围。马克思说："谣言就像森林的火灾。"①

他们发现，战争、灾害、政变、经济危机等等重大事变是流言产生的土壤，因为这时人们的情绪很不稳定，加上信息传播的阻塞，流言的传播速度极快，范围也很广。例如1857年法国动产信用公司将破产的消息传开后，就出现了马克思所说的情形："关于动产信用公司的令人不快的流言到处传播，大家都奔向交易所，竭力要把自己的股票脱手。"②

具体环境下的具体人群的不安或激昂的情绪，不仅是接受流言的心理因素，更是传播流言的鼓风机。克里木战争期间，一种渴望胜利的民族情绪使英国公众往往不加思索地相信并传播任何有利于自己一方的消息，因而多次关于攻占俄国要塞塞瓦斯托波尔的假消息都被人们大力传播。马克思和恩格斯就此写道："英国公众确实表现了空前的轻信态度"，"消息实在太好了，不能不相信它，因此人们就相信它了。"③

在社会革命中，流言本身甚至就是革命爆发的导火索。问题不在于流言的真假，而在于流言反映了当时人们的激昂情绪。马克思分析西班牙1820年和1848年革命时，曾论述过这个问题。他写道："西班牙的革命形势已经成熟到连假消息都足以引起革命的程度了。要知道，1848年的大风暴也完全是假消息引起的。"④

显然，人们的某种强烈愿望是造成流言产生和扩散的重要原因。这种情形在报刊的报道中也程度不同地存在着。1849年匈牙利战争期间，普鲁士的《科伦日报》过于强烈地站在奥地利一方反对匈牙利的民族解放斗争，因而它的有关报道经常成为不准确的流言。恩格斯以该报4月17日的报道为例，描述了流言的传播过程以及编辑的心理因素对传播的影响。他

---

① 《马克思恩格斯全集》第33卷，第196页。
② 《马克思恩格斯全集》第29卷，第218页。
③ 《马克思恩格斯全集》第10卷，第555、557页。
④ 同上书，第508页。

写道:"昨天,《科伦日报》又说俄国人和普赫纳(奥地利将军——引者注)已经开进去了。这一消息出自《布加勒斯特报》,从那里传到《维也纳日报》,最后传到《科伦日报》。但是,他们只讲到了普赫纳和俄国人在贝姆占领海尔曼施塔持之后和他们逃过罗特图尔姆山口之前所占领的阵地。《科伦日报》可以和我们一样清楚地知道这点,但是,他们看到帝国军队终于又在某一点上向前推进而兴高采烈,于是就落入了圈套,准确无误地翻印这一故事登载在《维也纳日报》上以迷惑读者的老掉牙的新闻。历史就是这样创造出来的。"①

从流言的有意无意的始作俑者方面看,"私人利益立即会遭到损失的恐惧心理"②,是他们进行这种传播的主要动因。例如关于各种革命者的流言,往往与反革命方面的心理恐惧有关,恩格斯在说服母亲不要听信关于巴黎公社的流言时这样写道:"你在自己的一生中也曾听说过,有不少人,例如老拿破仑统治时期的道德协会会员、1817年和1831年的蛊惑者、1848年的人们,都曾被诽谤为真正的食人生番,而后来总是证实,他们根本不是那么坏,由于出自私利的迫害狂,起先给他们编造了各种各样骇人听闻的故事,但后来这些故事都烟消云散了。"③

从流言的接受者和再传播者方面看,这样的人群一般属于小市民阶层,生活环境狭小、分散,文化水平不高,缺乏判断能力。德国的小市民、英国的小店主是这样,中国的市民百姓也容易听信和传播流言。马克思在报道太平军攻占宁波时,曾注意到他们是怎样利用市民的这种心理取胜的。他写道:"他们先派出探子秘密探路,散布惊人的流言,到处放火。……直到清朝官吏同城市的居民一起逃出城市……在探子散布了惊慌消息之后便出现了故意从乡下赶出来的难民,他们也夸大就要到来的军队的人数、实力和凶猛。当城里起火,城市守军在这种可怕的场景下出动的时候,远远就看到,一些吓人的五色相杂的怪物,吓得他们魂不附体。"④

流言的流通与整个社会的信息流通成反比。依靠封闭的环境保持某种

---

① 《马克思恩格斯全集》第43卷,第376—377页。
② 《马克思恩格斯全集》第11卷,第205。
③ 《马克思恩格斯全集》第33卷,第307—308页。
④ 《马克思恩格斯全集》第15卷,第547页。

流言传播的代价往往是致命的，一旦社会信息通畅，真相暴露，统治者的地位便会动摇。在法国皇帝路易·波拿巴统治的中期，马克思就曾预言过他依靠封闭的环境和谎言保持统治的后果。指出：“《通报》上的弥天大谎，皇帝的御用文人所编造的无聊的小册子，以及被迫扮演狮子的狐狸所表现出来的动摇、惊慌失措以至恐惧的明显迹象，——这一切再也不能令人容忍了，它们把普遍的憎恨变成了普遍的蔑视。”① 正是这种情况，奠定了1870年法兰西第二帝国顷刻瓦解的社会心理基础。

说明：

按照马克思和恩格斯的用词习惯，人们之间的信息联系应当是“交往”（Verkehr），即双向的。传播学里的 Communioation，也应作双向理解。考虑到现在的习惯用语，我使用了“传播”一词，这是在双向交流的意义上用了，特此说明。

---

① 《马克思恩格斯全集》第13卷，第312页。

马克思与密尔顿、杰弗逊、穆勒传播思想的联系[*]

陈力丹

1980年新华出版社出版的《报刊的四种理论》一书，是改革开放后出版的第一本西方新闻学著作，因而引起了新闻学界的广泛注意。在这本书中，17世纪英国政论家和诗人密尔顿、18世纪美国政治家杰弗逊、19世纪英国学者密尔，被视为这三个世纪中西方新闻传播思想发展的主要代表人物。1982年召开第一次全国传播学讨论会时，不少同志希望了解马克思、恩格斯、列宁对这几位历史人物有什么评价，以及他们之间的思想联系。但是，若有根有据地回答这个并不大的问题，在当时却十分困难，因为这必须以熟悉他们的全部著作为基础。十几年过去了，由于对马克思主义传播思想研究的进展，回答这个问题已经变得很容易了。我现在写这篇文章即为了还1982年的"旧债"。浮光掠影，光阴似箭，想起做学问的艰难，颇有感慨。

在马克思和恩格斯的著作里，这三位历史人物均被提到；在列宁的著作里，没有提到密尔顿和杰弗逊，只提到过密尔（列宁著作的中译文为"穆勒"），共五次。三次出现在他早期的经济学论著中，把他作为庸俗政治经济学的代表人物；两次出现在他的哲学著作《唯物主义和经验批判主义》中，把他作为不可知论的代表人物。所以，这里只要把马克思和恩格斯与他们的思想联系讲清楚，问题就解决了。

一 抨击书报检查的逻辑中约翰·密尔顿的影子

约翰·密尔顿（John Milton，1608—1674）是英国大革命时期的政论

---

* 本文原载于《北京广播学院学报》1995年第3期。

家和诗人，在他众多的政论著作中，最著名的是《为英国人民声辩》，而他于 1644 年发表的《论出版自由》则相对次要些，后来他更以诗作闻名于世，如《失乐园》、《复乐园》、《力士参孙》等等，他在英国诗人中的排位，仅次于莎士比亚。但在西方新闻传播思想史上，又因为他的《论出版自由》是近代自由主义传播思想的滥觞，而被视为第一位重要的思想代表人物。这本小册子虽然只有近 4 万字，但确实对后来几代人争取出版自由都产生了重大影响。马克思和恩格斯在其著作中共有九次提到他（马克思六次、恩格斯三次），七次是谈论或引证他的诗作《失乐园》。所以，至今尚没有人谈到马克思或恩格斯与密尔顿的《论出版自由》有什么关系，但是，密尔顿在现代启蒙思想中的先驱地位，对他们来说是不言而喻的。在谈到 18 世纪的法国启蒙学者伏尔泰、卢梭、狄德罗、达兰贝尔的思想时，恩格斯曾两次提醒说，他们的思想先驱是 17 世纪的一批英国人，其中第一位便是密尔顿。他写道："我们决不能因为密尔顿……有了更为出色的法国继承者便忘记了他们。"① 而恩格斯发表这段话的文章，是由马克思编辑的。

从马克思和恩格斯早期抨击书报检查制度的文章中，我们可以很清晰地发现密尔顿当年批判书报检查的思路，但找不到他们读过《论出版自由》的根据。有一次我仔细地阅读马克思的《第六届莱茵省议会的辩论》（第一篇论文），其中有这样一段话："把书报检查制度看作我们优秀出版物的基础，这是多么不合逻辑的奇谈怪论！法国革命最伟大的演说家米拉波的永远响亮的声音直到现在还在轰鸣；……必须亲自听一下这只狮子的吼声。"② 奥·米拉波响亮的狮子般的声音指的是什么呢？我特地翻阅了一下法国大革命史，一下就明白了马克思的所指。正是米拉波在大革命爆发时将密尔顿的《论出版自由》翻译成了法文！在这里，马克思实际上明白无误地说出了他对密尔顿《论出版自由》的肯定意见。

密尔顿的《论出版自由》，主要内容是通过对书报检查制度不合理性的批评，论证出版自由的合理性。马克思和恩格斯对书报检查制度的抨

---

① 《马克思恩格斯全集》第 4 卷，第 425 页；第 42 卷，第 393 页。
② 《马克思恩格斯全集》第 1 卷，第 44 页。

击逻辑，思想来源的最初源头是密尔顿，密尔顿思路的逻辑是：以个别人的思想方式作为标准来取舍全社会的思想方式，是非理性的、非法的。从这个思路出发，马克思和恩格斯对专制主义的书报检查制度进行了全面的批判，许多观点与密尔顿很相似，但论证得更为深刻。在密尔顿那里，他抨击书报检查是为了争取有教养人的出版自由，对那些社会上流行的"新闻书"，他是看不起的，认为这类东西不配享有出版自由。马克思和恩格斯继承的是密尔顿关于出版自由的观念和抨击书报检查的论证逻辑。他们抨击书报检查制度，是要争取全体人民的出版自由。在这个问题上，马克思和恩格斯还从德国民主主义者路·瓦勒斯罗德和约·雅科比、德国资产阶级自由派代表人物汉泽曼、法国博物学家布封、古罗马历史学家塔西陀的著作中，接受了其中反对书报检查或追求思想自由论述。

二　报刊社会地位论述中托马斯·杰弗逊的影子

托马斯，杰弗逊（Thomas Jefferson，1743—1826）是美国《独立宣言》的起草人之一，美国总统（1801—1809），他在思想理论上以其丰富的宪法思想著称。由于国务活动繁忙，他留下的论著不多，主要是一些书信和文件。由于他的报刊政策是自由主义理论的实验场，并且有一些理论对后来的报刊政策影响很大，因而在西方新闻传播思想史上，他占有重要的地位。特别是他在 1787 年的一封信里关于报刊社会地位的论述，在后来传播得较为广泛，即所谓"第四权力"说。在马克思和恩格斯的著作中，也有类似的说法。这不是一种巧合。

1850 年，法国立法议会通过的新出版法强行规定报刊的文章必须署名、缴纳高额保证金等。马克思和恩格斯在评论这件事时写道："当报刊匿名发表文章的时候，……它是国家中的第三种权力。"[①] 在这里，不署名只涉及当时欧洲大陆一些国家（包括法国）报刊的工作习惯，45 年后恩格斯重新发表这段话时，法国和英美等国一样，署名成了常规，当时法国只有总统（行政权力）和立法国民议会两种权力，尚没有美国式的司法权

---

① 《马克思恩格斯全集》第 7 卷，第 523 页。

力,因而报刊被他们称为第三种权力。在谈到英国舆论的作用时,恩格斯实际上把舆论视为第四种权力。在批评英国舆论不能完全发挥自己的权力时,他写道:"难道议会不是在不断践踏人民的意志吗?舆论在一般问题上能对政府发生一点影响吗?舆论的权力不是仅限于个别场合和仅仅对司法和行政的监督吗?"① 舆论有时被人们等同于报刊界,在这个意义上理解恩格斯的话,他是把报刊视为英国的第四种权力的。

现在没有直接的材料可以证明马克思和恩格斯知道杰弗逊的观点,但间接的材料证明他们思想上与杰弗逊有联系。马克思在他的著作中八次提到他。其中在 1847 年和 1861 年两次以肯定的口气提到杰弗逊的同一多卷本著作集《回忆、通信和私人文件》(1829 年伦敦版)②。这两次都是在为报刊写的文章里讲的,他不可能花时间去专门查找,而是利用了头脑里现成的材料。这说明马克思对杰弗逊的著作,特别是私人通信是熟悉的,记忆犹新。即使没有读过杰弗逊的通信,当时英美社会关于第四权力之说也是较为流行的,马克思和恩格斯不会不知道。他们的报刊"第三权力"说或恩格斯的舆论"第四权力"说,显然同已经存在的说法有联系,并且从总体上是承认报刊的这种社会地位的。

但是,分析一下他们谈到第三或第四种权力时的论述,就可以看到他们讲的并不是这种社会地位的稳固性,而是在指出这种地位的脆弱性。1861 年,《泰晤士报》的编辑罗·娄写了一篇文章《〈泰晤士报〉在政府中的作用》,认为英国人民可以靠阅读《泰晤士报》参与国家的管理。马克思专门写了一篇评论文章《伦敦〈泰晤士报〉和帕麦斯顿勋爵》,揭露了该报如何与独裁政府勾结,并受制于政府的许多事实,说明报刊的独立性在资本主义制度下是有限的。报刊整体上所以会产生所谓"第四种权力"的作用,与当时英美出版自由的特点有关。恩格斯曾谈到这些大国出版自由的特点,即"报纸都反映自己党派的观点,它永远也不会违反自己党派的利益;而这种情况也不会破坏论战自由,因为每一个派别,甚至是最进步的派别,都有自己的机关报"。③ 由于各派报纸的观点在流通中相互抵

① 《马克思恩格斯全集》第 1 卷,第 547 页。
② 《马克思恩格斯全集》第 4 卷,第 338 页;第 15 卷,第 324 页。
③ 《马克思恩格斯全集》第 6 卷,第 209 页。

消，其结果就像恩格斯讲的那样："总起来说，它们是无党派的，因为它们属于不同的党派。"① 也就是说，资本主义制度下报刊的第四种权力，是报刊界内部运动后的一种整体作用。马克思和恩格斯承认存在这种作用，但认为这种作用会受到各种政治、经济力量的牵制。

三　并不存在的"马克思对米尔的旧论辩"

谈到出版自由，1956 年出版的《报刊的四种理论》从当时苏联共产主义报刊的理论与西方理论的差异，推导出 19 世纪马克思对米尔有过一场论辩②。这是指在出版自由理论上，共产主义者马克思与当时的自由主义者米尔③进行过论辩。这完全是一种想象出的虚构的历史事实。

米尔，是指 John Stuart Mill（1806—1873），新华出版社《报刊的四种理论》译本译为"米尔"，严复曾译为"穆勒"，商务印书馆《论自由》的译本译为"密尔"，《马克思恩格斯全集》中文版译为"约翰·斯图亚特·穆勒"。他与马克思和恩格斯是同时代的人，是英国的一位正直的多学科发展的学者，在经济学、政治学和逻辑学方面均有许多著名著作，《论自由》不过是他许多著作中的一部。马克思和恩格斯在他们的著作中提到他约有 100 次之多，但无论是马克思还是恩格斯，都未提到他的《论自由》一书，也没有同他在"自由"问题上有过论辩。他们一直把他作为一位经济学家来谈论，与他在经济学方面有过许多论辩，有批评也有肯定。穆勒在《论自由》里对"自由与真理"的哲学推论，与马克思或恩格斯的有关论点是相似的，例如马克思关于"探寻真理本身应当是合乎真理的"的论述、恩格斯关于"真理是包含在认识过程本身中"④ 的论述。因而，他们不大可能与穆勒发生这方面的论辩。在经济学方面，马克思认为他比李嘉图后退了一步，但对他的评价仍较高。在《资本论》第 1 卷跋里称他属于"那些还要求有科学地位、不愿单纯充当统治阶级的诡辩家和献媚者的人"⑤。穆勒的经济学著作是马

---

① 《马克思恩格斯全集》第 22 卷，第 119 页。
② 《中文》新华出版社 1980 年版，第 159、181 页。
③ 1859 年他出版了一本书《论自由》，后来被视为西方自由主义报刊理论的经典之作。
④ 《马克思恩格斯全集》第 1 卷，第 8 页；第 21 卷，第 307 页。
⑤ 《马克思恩格斯全集》第 23 卷，第 17 页。

克思经济思想的一个次要的来源之一。1851 年，他的秘书皮佩尔向恩格斯谈到马克思读穆勒著作的情形："马克思过着非常孤寂的生活，他唯一的朋友就是约翰·斯图亚特·穆勒。"（指读他的著作——引者注）[1] 在马克思写的通讯里，几次肯定了穆勒作为议员在议会上关于经济问题的发言。当杜林在经济学方面攻击穆勒时，马克思和恩格斯曾维护过他。

穆勒在政治上是接近工人运动的，马克思曾专门提到他是国际工人协会机关报《蜂房报》的订户、协会 1870 年普法战争宣言的拥护者。他和恩格斯在整理国际工人协会的记录时，还指出穆勒在土地国有化问题上"向工人党靠拢"[2]。

总之，无论从哪个角度，马克思和恩格斯对穆勒都持有一定程度的尊敬，因为他是当时英国的著名学者。在政治上，把他看作一位不大紧密的同盟者，而不是敌对者。

---

① 《马克思恩格斯全集》第 27 卷，第 188 页。
② 《马克思恩格斯全集》第 44 卷，第 538 页。

郭士立与马克思、恩格斯[*]

陈力丹

  郭士立,当年的普鲁士传教士,中国第一份现代报刊《东西洋考每月统记传》的创办者和编者,他与马克思有什么关系吗?1959年我国出版了《马克思恩格斯全集》中文版第七卷,新闻界本应该从中了解他们之间有思想联系这件事。但是,由于《全集》中提到的郭士立,采用的是他的德文姓的汉语普通话音译"居茨拉夫",书后的人名索引注明的他的德文姓名"Karl Friedrich August Gutzlaff"(卡尔·弗里德里希·奥古斯特·居茨拉夫);而"郭士立"则是他的英文姓的汉语粤语谐音(另有郭实猎、郭实腊、郭甲利、郭施拉、吉士笠等等,但他本人的中文签名是"郭实猎",而现在已约定俗成的是"郭士立"),加上我国的新闻学者,从戈公振起,都只注明他的英文姓名"Charles Gutzlaf",而不是德文姓名,于是尚无人注意到马克思和恩格斯说的居茨拉夫,就是我国新闻史上的著名人物郭士立。数年前我注意到此事,只在同行中交流过,无暇写文章;经方汉奇老师指点,我看到了霍达女士近年的一篇随笔《吉士笠街随想》,这是我知道的唯一提到马克思与郭士立思想联系的文章。

  马克思1842年初写他的第一篇政论《评普鲁士最近的书报检查令》时,就注意到中国的报刊,当时他把中国古代报刊视为专制报刊的典型,因为是至高无上的皇帝办的报刊,所以讽刺为不会有错误的完善的报刊。^①对中国古代报刊性质的这种认识,可能来自一些启蒙学者关于中国的著

---

  * 本文原载于《国际新闻界》1999年第1期。

  ① 《马克思恩格斯全集》中文版第1卷,人民出版社1956年版,第25页。

作,例如孟德斯鸠的《论法的精神》,谈到"大逆罪"时,列举的就是中国 1726 年何遇恩、邵南工二人因在邸报上发表假新闻而被雍正皇帝下令斩首的事①,因为邸报是皇帝的报纸,出现错误自然犯了大逆罪。马克思 19 世纪 50 年代关于中国的一系列通讯中,还引征过《京报》和香港出版的《中华之友》。②

自中国发生鸦片战争后,马克思和恩格斯开始注意到中国事态的发展。最早就中国事态发表意见,是在 1847 年 11 月 30 日他们共同参加的伦敦德意志工人教育协会的一次会议上,恩格斯谈到资本向全世界的拓展时,肯定了英国资本在亚洲发展所起到的客观上的革命作用。他说:"我们看到,在中国这个一千多年来一直抗拒任何发展和历史运动的国家中,随着英国人及其机器的出现,一切都变了样,并被卷入文明之中。"③ 这个观点在当时他们写的《共产党宣言》中也有体现,《宣言》指出:"资产阶级,由于一切生产工具的迅速改进,由于交通的极其便利,把一切民族甚至最野蛮的民族都卷到文明中来了。它的商品的低廉价格,是它用来摧毁一切万里长城、征服野蛮人最顽强的仇外心理的重炮。"④ 在这里,他们提到中国的长城,是在现代资本主义文明的对立面意义上使用这个概念的。1848—1849 年欧洲爆发民主革命,暂时使他们的注意力完全集中到欧洲。

随着革命的失败,他们于 1849 年下半年分别流亡到伦敦,筹备创办《新莱茵报评论》杂志。这时,郭士立正在欧洲休假,游历各国(在英国、德国、俄国、瑞典、奥地利、法国、意大利均作过演讲),大谈他使中国耶稣教化的计划。12 月,郭士立在伦敦大学和不同的协会做了多场关于中国的演讲,马克思或恩格斯是否听过他的演讲,现在没有留下确切证明材料,但正是郭的讲演,促使马克思和恩格斯开始撰写一系列有关中国的通讯。他们于 1850 年 1 月 31 日,共同完成了为《新莱茵报评论》写的第一

---

① 孟德斯鸠:《论法的精神》上册,商务印书馆 1961 年中文版,第 194 页。

② 《马克思恩格斯全集》中文版第 13 卷,人民出版社 1962 年版,第 569 页;第 12 卷,人民出版社 1962 年版,第 150、585 页。

③ 《马克思恩格斯全集》中文版第 42 卷,人民出版社 1979 年版,第 472 页。

④ 《马克思恩格斯全集》中文版第 4 卷,人民出版社 1958 年版,第 470 页。

篇《国际述评》的主要部分。而在 1849 年 12 月 22 日，恩格斯就把正在与马克思写这篇东西的事通报给了一位瑞士书商。① 由于当时的文体尚不重视标题，这篇述评实际上是由多篇可以独立的小文章组成的，其中由郭士立的讲演而引发的述评，完全可以视为一篇独立的小文章。

他们注意到郭士立的演讲，是由于郭士立介绍的中国事态很像欧洲正在发生的革命危机。述评说："最后，再谈一谈有名的德国传教士居茨拉夫从中国回来后宣传的一件值得注意的新奇事情。"接着是他们转述的郭士立讲演的要点："在这个国家，缓慢地但不断地增加的过剩人口，早已使它的社会条件成为这个民族的大多数人的沉重枷锁。后来英国人来了，用武力达到了五口通商的目的。成千上万的英美船只开到了中国，这个国家很快就为不列颠和美国廉价工业品所充斥。以手工劳动为基础的中国工业经不住机器的竞争。牢固的中华帝国遭受了社会危机。税金不能入库，国家濒于破产，大批居民赤贫如洗，这些居民开始愤懑激愤，进行反抗，殴打和杀死清朝的官吏和和尚。这个国家据说已经接近灭亡，甚至面临暴力革命的威胁。但是，更糟糕的是，在造反的平民当中有人指出了一部分人贫穷和另一部分人富有的现象，要求重新分配财产，过去和现在一直要求完全消灭私有制。"② 这里概括了当时中国国内经常发生局部起义的事实，历史考证版《马克思恩格斯全集》的相关注释只谈到 1845—1848 年洪秀全、冯云山组织拜上帝会和建立庄园武装的事情③。其实还有许多民众反抗官府的起义，例如 1842 年的湖北钟人杰起义、1843 年湖南曾如炷起义。1844 年台湾洪协起义和湖南杨火鹏起义、1846 年湖南王宗献起义和金德润起义等等。这段中译文中的"成千上万只英美船只"（Tausende von……Schiffen），应为"数千船只"；郭说的殴打和杀死"清朝官吏和和尚"，其中的"和尚"（Fohi's Bonzen），可能对人民造反的对象

---

① 《马克思恩格斯全集》中文版第 27 卷，人民出版社 1972 年版，第 542 页。

② 《马克思恩格斯全集》中文版第 7 卷，人民出版社 1959 年版，第 264 页。并参见 Karl Marx Friedrich Engels Gesamtausgabe, Erste Abteilung Band 10, pp219, Dietz Verlag Berlin 1977. 苏联共产党中央委员会马克思主义—列宁主义研究院与东德统一社会党中央委员会马克思主义—列宁主义研究院编。

③ Karl Marx Friedrich Engels Gesamtausgabe, Erste Abteilung Band 10, pp832, Dietz Verlag Verlin 1977.

理解有误。

郭士立早先是受荷兰布道会的派遣，1827 年来到东南亚的，先后在印尼、新加坡、泰国、马来西亚活动。1829 年起转而为英国布道会服务。1831 年起到中国活动，是个中国通，会说中国官话、广州话、潮州话、闽南话和客家方言。早在荷兰学习神学时，就会见过已在中国传教多年、《察世俗每月统记传》的创办者马礼逊（当时马正回欧洲休假），并从此建立了合作关系。郭多次随英国船只沿中国海岸线考察，然后在广州创办了中国领土上第一家现代中文报刊。1834 年娶英国驻华外交官巴夏礼的表姐为妻，其妻在澳门开办过一家育儿院。1835 年起担任英国驻华商务监督的中文秘书之一，1843 年起直至 1851 年在香港逝世，一直担任港英当局的中文秘书，以至现在香港还有一条街是以他的名字命名的，即吉士笠街。他还担任过一些职务，例如是 1834 年在广州成立的中华益智会成员和中文秘书之一。由于他熟悉中文和中国国情，短期内担任过英国占领浙江沿海几个地方时的行政长官。在中英南京条约谈判中担任英方中文翻译之一。香港被英国占领后，第一任总督璞鼎查还给了他一个"抚华道"的虚衔。

鉴于郭士立在中国的经历，他对中国的了解程度是较为深入的，他显然知道鸦片战争后的七八年内，中国发生的许多局部人民起义的情况，特别是太平天国的前期准备活动，这些活动竟同他的布道有关，不知郭有何作想。郭所概括的情况基本属实，当然，其观点是反对人民革命的。马克思和恩格斯依据郭士立所提供的中国内地不断出现局部人民起义的情况，开始关注中国的革命，例如这年 11 月、12 月马克思在笔记中就摘录道："在中国（来自香港），起义获得成功，广州方圆 120 英里有 5 万强大的军队，皇帝的军队被打败了。"① 随后他们撰写了一系列通讯，分析西方列强打开中国门户后引发的中国社会经济结构和人的观念的变化、中国和欧洲革命的关系等问题。

接着，马克思和恩格斯评论了郭听到别人为他解释欧洲人谈论的社会主

---

① Karl Marx Friedrich Engels Gesamtausgabe, Erste Abteilung Band 10, pp832, Dietz Verlag Verlin 1977.

义后的表现。"他便惊叫起来：'这么说来，我岂不哪儿也躲不开这个害人的学说了吗？这正是中国暴民中的许多人近来所传布的那一套啊！'"① 这段直接引证的话，至今没有查到出处，这是由于郭的讲演属于当时各种协会团体的经常性活动，一般不会被综合性的大报纸所注意，而协会或团体保存下来的记录又很少。柏林出版的半官方报纸《新普鲁士报》，于1850年1月9日报道了郭于1849年12月在伦敦统计协会的讲演，该报记者谈到郭关于中国社会问题时，报道了郭的话："伴随这一运动的还有其他一些带有明显特征的现象：共产主义，这一欧洲国家可怖的景象，中国人对它也不陌生，在中国，到处都是无政府主义者。他们宣传：穷人日渐贫困，富人日渐富有……"② 这从侧面映证了马恩所转述和引证的郭的观点，确实大体如此。

马恩显然不同意郭的观点，但是，正由于郭将欧洲与中国联系起来，于是他们得以接着论证道：一旦欧洲发生社会革命，欧洲的反动分子逃往亚洲，最后到达最反动最保守的堡垒的大门——万里长城，他们说不定会看到上面有这样的字样（这里从使用德文改为法文，马恩的意思显然是指，中国将发生法国式的大革命）：

中华共和国
自由，平等，博爱③

由于当时信息沟通还较为困难，像郭士立这样的在中国的传教士，就成为联系中国与欧洲的重要桥梁。马克思和恩格斯后来论述中国现实问题的通讯，其材料来源，主要是传教士们有关中国的论著、一些在中国出版的外文报刊和外国驻华人员的报告。不论其观点如何，只要所介绍的事实大体准确，他们完全可以从中得出自己的独立观点。而郭士立，无形中成

---

① 《马克思恩格斯全集》中文版第 7 卷，人民出版社 1959 年版，第 264 页。译文根据历史考证版德文原著有所改动。

② Karl Marx Friedrich Engels Gesamtausgabe, Erste Abteilung Band 10, pp832, Dietz Verlag Verlin 1977.

③ 《马克思恩格斯全集》中文版第 7 卷，第 265 页。

为这样为他们提供材料的第一人。这里有一定的必然性，正如马恩所说，这是由于郭当时已经是"有名的德国传教士"。郭的有名在于，他已经出版了许多关于中国的论著。郭于马恩引证他的第二年在香港逝世（享年48岁），郭士立出版的英文论著61篇（部）、德文7篇、荷文5篇、日文2篇、泰文1篇，而数不清的中文论著，则全部存于慕尼黑大学图书馆。他编辑的《东西洋考每月统记传》，在美国哈佛—燕京学社图书馆、英国图书馆、美国耶鲁大学图书馆和康乃尔大学图书馆等，均有收藏。英文著作中，《中国史略》（2卷，1834年）、《中国沿海三次航行记》（1834年）、《开放的中国，或中华帝国地理、历史、风俗、生活方式、艺术、手工业、商业、文学、宗教、法律等等的概述》（2卷，1838年），以及逝世后出版的《道光皇帝传》（1852年），较有影响。

前苏联和东德的历史考证版《马克思恩格斯全集》谈到马恩的这篇通讯时解释道："这一乌托邦农民社会主义的准备者和代表者，在1845年以后是洪秀全，他是一个有学问的农民，在居茨拉夫的影响下接受了基督教的主要方面，后来成为太平天国的首脑。"① 既然这里谈到郭士立，就强调了他，其实对洪秀全产生影响的还有马礼逊、梁发等，其中一些小册子，亦是郭士立与马礼逊合写的。不过，把洪秀全作为乌托邦农民社会主义的代表人物，这种说法恐怕是他们单方面的认识。郭对中国的影响不仅在宗教方面，《东西洋考每月统记传》的世界意识和历史地理知识，对中国一代新型知识分子也有很大影响，例如魏源的《海国图志》、徐继畬的《瀛环志略》等著作，都大量引证、采用了该刊的材料。

当然，也正是由于欧洲与亚洲之间的沟通不够，马克思和恩格斯将中国发生的各种起义以及"均贫富"的观念，与欧洲出现的社会主义等同看待，是有些误差的。但是，他们关于西方列强打开中国门户，对中国现代进程带来影响的论述，是很深刻的。同时，他们也表述了对中国人民遭受苦难的同情和对他们反抗的声援。

关于郭士立，他政治上显然是站在西方列强一边的，但毕竟不是决

---

① Karl Marx Friedrich Engels Gesamtausgabe，Erste Abteilung Band 10，pp832，Dietz Verlag Verlin 1977.

策者，他毕生是一位牧师，传教是他的主要事业。从郭士立引发马恩论中国看，郭在中西文化交流方面是有贡献的。黄时鉴评价《东西洋考》时写道："在文化交流的历史运动中，哪怕有人自一方向另一方揭起一层帷幕，传播一些新的信息，它也往往在历史上具有不同寻常的意义。总的说来，《东西洋考每月统记传》的价值，当可作如是观。"[1] 我想，郭士立本人，如果不谈他的政治立场，他在东西文化交流方面的价值，亦可作如是观。

---

[1] 黄时鉴：《〈东西洋考每月统记传〉影印本导言》，《东西洋考每月统记传》合集，中华书局 1997 年版，第 32 页。

更深刻地理解马克思的新闻思想[*]

——马克思《莱茵报》时期论著新旧中译文对比和分析

陈力丹

　　根据中共中央的决定，《马克思恩格斯全集》中文第二版的出版工作已于 1995 年启动，先行出版了第 1、11、30 卷。这是一项党的理论建设的跨世纪工程，将历时 20 多年，出版 60 多卷。已出版的第 1 卷，发表了马克思在《莱茵报》时期（1842 年 1 月至 1843 年 3 月）写的全部论著的新译文。这对研究马克思的新闻思想，具有重大意义。

　　1980 年，首先是复旦大学新闻系的教师，接着是中国社会科学院新闻研究所和中国人民大学新闻系的研究生，不约而同地对马克思《莱茵报》时期的新闻思想进行了认真的探讨。这项研究对我国的新闻学产生了较大的影响，后来一些论文中常用的话语，有些就是从马克思那里借用来的。

　　那时的研究，遇到的问题之一，即是中文版《马克思恩格斯全集》有的地方难以理解，或者明显地逻辑上不通。这个中文版是从俄文版译过来的，而俄文版又是从原著的各种文字（德、英、法、拉丁等多种文字）译出的，信息几经传递，必然发生较多的失真现象。于是，出现了对马克思论述的误读误用，有时花费了不少功夫进行"探讨"，最后才发现是翻译的差误。《马克思恩格斯全集》中文第二版第 1 卷，解决了大部分当年研究中的困惑问题。阅读新译文，就像阅读一本崭新的著作，再次领悟到马克思新闻思想的深邃。

　　下面仅就一些常被人引用，而新译文变动较大的马克思的话，进行一

---

　　* 本文原载于《新闻与传播研究》1996 年第 2 期。

些对比分析：

1. 从认识报刊形成"类"到提出"报刊的内在规律"。

旧译文中有这样一句话："检查官是个别人，出版物却体现了整个人类。"① 我在 1981 年写的论文中，曾指出这是错译。② 这里"人类"的对应词是"die Gattung"，完全不是"人类"，而是类别的"类"。新译文纠正了这个错误，译为："书报检查官是特殊的个体，而新闻出版界却构成了类。"③ 后半句的德文原句是："aber die Presse erganzt sich zur Gattung"。其中"erganzen"（补充）与"sich"相配，变成反身动词，意思是"互为补充"。所以，这句话拟译为："而报刊互为补充形成类。"

这不是有意挑毛病。马克思当时多次谈到报刊的"类"和"种"，并认为"类"的共同特征高于"种"。④ 这种思维可能受到黑格尔的启发，黑格尔说："真正讲来，普遍性才是个体事物的根据和基础，根本和实体。譬如，我们试就卡尤斯、提图断、森普罗尼乌斯以及一个城市或地区里别的居民来看，那么他们全体都是人，并不仅是因为他们有某些共同的东西，而是因为他们同属于一类（Gattung）或具有共性。要是这些个体的人没有类或共同性，则他们就全部失掉其存在了。"⑤ 正是意识到报刊形成了类，马克思才进一步谈到报刊的内在规律，其逻辑顺序是：人民报刊是一个整体（类），它分成具有不同特征的报刊（种），它们相互补充，各向一面发展，于是和谐地融合了人民精神一切要素的人民报刊体系便形成了（回到"类"）。接着便是那一段关于报刊规律的话："要使报刊完成自己的使命，首先必须不从外部为它规定任何使命，必须承认它具有连植物也具有的那种为人们通常所承认的东西，即承认它具有自己的内在规律，这些规律是它所不应该而且也不可能任意摆脱的。"⑥

---

① 《马克思恩格斯全集》第一版第 1 卷，第 19 页。

② 《马克思〈莱茵报〉时期的报刊思想及其历史地位》，《中国社会科学院研究生院硕士论文选》，中国社会科学出版社 1985 年版，第 277—278 页。

③ 《马克思恩格斯全集》第二版第 1 卷，第 123 页。

④ 参见《马克思恩格斯全集》中文第二版第 1 卷，人民出版社 1995 年版，第 167、171、190、201、397 页。

⑤ 黑格尔：《小逻辑》中文版，商务印书馆版，第 350 页。

⑥ 《马克思恩格斯全集》第二版第 1 卷，第 397 页。

这段新译文比旧译文更清晰地表明了马克思的观点：他从外部和内部两方面谈到如何保障报刊按照自己的内在规律工作。关于外部，马克思说不能为报刊规定使命，而旧译文是"不应该从外部施加任何压力。"① "压力"的内容含糊，而它的对应德文词"die Bestimmung"就是"使命"，与前一句中的"使命"是同一个词，旧译文没有译出来，却变成了莫名其妙的"压力"一词。新译文将外部对报刊的干扰正确地译为"规定使命"（"规定"的对应动词"vorzuschreiben"，直译是"事先添加"）。关于内部，马克思认为报刊不应该不按自身规律办事，旧译文没有译出这个意思，而是说"这种规律不能而且也不应该由于专横暴戾而丧失掉"②，似乎仍然讲的是外部干预。"专横暴戾"的对应德文名词是"Die Willkur"，有专横、任意两个基本意思；"丧失"的对应词是"sich entziehen"，作为一般动词它的意思是"丧失"，但现在它是反身动词，就应该译为"摆脱"（或"逃避"）。在这种情况下，"Willkur"不是"专横"的意思了，新译文准确地译为"任意摆脱"，从而表达了马克思的本意。

2. 从报纸与哲学的对比中，显现出报纸的时效性和内容常新的特点。

人们经常引用马克思关于报纸特点的那段话，同时又有一种说不出的怀疑，因为这句话的旧译文是这样的："报纸的一般性质——经常的战斗准备、对于急需报道的耸人听闻的当前问题的热情关心"。③ 其中"耸人听闻"一词，汉语中现在是明显的贬义词，马克思会说这样的话吗？新译文解答了疑问。这句话是马克思将哲学与报纸的特点进行比较时讲的，他写道："哲学同报纸那种反应敏捷、纵论时事、仅仅热衷于新闻报道的性质形成鲜明对照。"④ 显然，新旧译文的差距较大。原著德文中并没有"耸人听闻"、"急需报道"、"热情关心"这些词，而是这样的："die sie dem schlagfertigen, tageslauten, nur in der Mitteilung sich geniessenden Charakter der Zeitungen"。新译文基本准确，但没有译出"sich geniessenden"（自身享有的），马克思强调报纸的这些性质是报纸生来具有的，而且同哲学的性质完全不

---

① 《马克思恩格斯全集》第一版第 1 卷，第 190 页。
② 同上。
③ 同上书，第 120 页。
④ 同上书，第 219 页。

同。因此，这段话可拟译为："哲学同报纸自身具有的那种……性质形成鲜明的对照。"人们在引用时，往往没有注意到马克思讲这句话是强调新闻与哲学的区别。哲学要说明本质，而报纸说明不了本质，它的特点是敏捷地报道时事。

正是基于对报纸性质的这种认识，马克思又进一步谈到人民报刊的特点。人们经常引用他的这样一句话："如同生活本身一样，报刊始终是在形成的过程中，在报刊上永远也不会有终结的东西。它生活在人民当中，它真诚地和人民共患难、同甘苦、齐爱憎。"① 人们引用这段话的目的是说明报纸和人民群众的关系，其实这段话主要是说明报纸的工作特点。新译文对此表达得较为清晰："如同生活本身一样，报刊总是常变常新，永远也不会老成持重。它生活在人民当中，它真诚地同情人民的一切希望与忧患、热爱与憎恨、欢乐与痛苦。"② 由于报刊的工作是报道生活中的事实，生活是变化的，因而马克思强调报刊内容的永远常新。旧译文将"immer werdend"（经常变化的）译为"始终在形成过程中"，是不大准确的；将"nie fertig"（不会完成的）译为"在报刊上永远也不会有终结的东西"；添词释义过多了。报刊和人民生活的关系不是共同怎样，而是报道与被报道，旧译文没有译出马克思的本意，新译文比旧译文好些，没有译为二者同甘共苦，而是报刊"同情"人民的各种生活表现。与"同情"对应的德文动词是"fuhilen"，应当是"感受"。若译为报刊"感受"人民的生活，就更准确了。

由于译者不了解报纸的时效性特点，造成旧译文中有几处令人无法理解。例如这样一段话："对德国报纸来说，只应该有法、英、土、西的时代，而不应有德国的欣欣向荣的时代，只应该有德国的停滞不前的时代。相反地，那些强使人们的全部注意力、全部炽热的兴趣和戏剧性的紧张情绪（这一切都随着每个形成过程，首先是现代历史的形成过程而出现）从外国转向祖国的报纸，难道不应该受到赞扬?"③ 这段莫名其妙的译文前面，讲的是当局指责《莱比锡总汇报》报道经常不准确。马克思接着反驳

---

① 《马克思恩格斯全集》第一版第 1 卷，第 187 页。
② 《马克思恩格斯全集》第二版第 1 卷，第 352 页。
③ 《马克思恩格斯全集》第一版第 1 卷，第 193—194 页。

说，这种为抢新闻而造成的不准确，全世界的报纸都有这种情况，为什么可以容忍外国报纸的这种毛病，而不能容忍德国报纸呢？旧译文里的"时代"，对应德文词是"die Zeit"，有"时代"、"时间"两个主要的意思，这里讲的是报纸工作的特点，应译为"时间"。一旦译为"时代"，就完全不通了。"die Zeitlosigkeit"（脱离时间性）变成了"停滞不前的时代"，与它对应的"有时间性"，只好译为"欣欣向荣的时代"。基于对报纸报道对象的认识，马克思把正在发生的事实，视为"正在发生的当代史"，而旧译文则写成"现代史的形成过程"。

新译文相当准确地译道："对于德国报纸来说，应该存在法国、英国、土耳其、西班牙的时间性，而不应该存在德国的时间性；对于德国报纸来说，只应该存在德国的无时间性。可是，那些使人们把对于一切正在发生的时事、特别是对于正在发生的当代史的注意力、炽热的兴趣和戏剧性的专注心情从外国转向祖国的报纸，难道不应该受到赞扬"？[①] 在这里，马克思实际上谈到了早期欧洲新闻史上的一种情况：专制主义的国家为维护统治，只允许本国报纸报道外国政治，不允许报道本国政治；而国内政治愈来愈与自由的市场经济密切相关，这种禁区开始被突破，一些自由报刊努力报道一再被当权者遮掩的国内政治方面的事实。然而这些报道显然不会很准确，于是又成为当局查禁自由报刊的理由。马克思充分肯定了这些报纸的历史功绩，因为它们使人民对外国时事的注意力，转向了祖国，"唤起了人们对国家的真正关心"。[②]

3. "die Presse"新译为"新闻出版"。

原来旧版中出现频率很高的"出版物"、"出版"、"出版自由"、"出版法"等词，大都被改译了。这些词的对应德文词或词根是"die Presse"。它广义上包括报纸、书籍，或者指它们的出版，少数特指书籍的，则仍然保留，例如"神圣的出版物——圣经"。[③] 旧译文中的"自由出版物"（die freie Presse），则根据上下文改译为"自由报刊"或"自由的新闻出版"。

旧译文中的"出版自由"（die Pressfreiheit），全部改译为"新闻出版

---

① 《马克思恩格斯全集》第二版第 1 卷，第 402 页。

② 同上。

③ 同上书，第 154 页。

自由"。例如马克思说："你们从你们那一伙人中招募一帮官方作者，那是肯定实现不了新闻出版自由的。""没有新闻出版自由，其他一切自由都会成为泡影。"① 旧译文中的"出版法"（das Pressgesetz），全部改译为"新闻出版法"。例如马克思说："没有关于新闻出版的立法就是从法律自由领域中取消新闻出版自由。""新闻出版法就是对新闻出版自由在法律上的认可。"②

4. 书报检查制度仅仅是"无用"吗？是"思想方式"还是"思想"。

在批判书报检查制度的旧译文里，有一段话经常被人引用："凡是不以行为本身而以当事人的思想方式作为主要标准的法律，无非是对非法行为的公开认可。"③ 其中"思想方式"一词，在旧译文的其他地方也常出现，例如"惩罚思想方式的法律"、"没有一部法典、一所法庭是为思想方式而存在的"④ 等等。它的对应德文词是"die Gesinung"，就是"思想"之意。译成"思想方式"，在汉语里变成一个偏正词组，主词是"方式"，"思想"仅仅说明"方式"，这就可能造成对马克思论述理解上的差误：似乎专制主义的书报检查制度只是限制表达的方式，而不是强制人们只能具有一种官方钦定的思想。新译文将"思想方式"全部改译为"思想"，那句话的新译文是："凡是不以当事人的行为本身而以他的思想作为主要标准的法律，无非是对非法行为的实际认可。"⑤ 其他的地方也相应地改译为"追究思想的法律"、"没有一部思想法典和一所思想法庭"⑥ 等等。

与上面的问题相关的是马克思彻底否定书报检查制度的理由。我们经常引用马克思的这段话："治疗书报检查制度的真正而根本的办法，就是废除书报检查制度，因为这种制度本身是一无用处的，可是它却比人还要威风。"⑦ 令人奇怪的是，难道仅仅因为书报检查制度"一无用处"，就要这样严厉地否定它吗？与"无用"对应的德文形容词是"schlecht"，它的意思是"恶劣"、"坏"，完全没有"无用"的含义。新译文消除了这个令人费解

① 《马克思恩格斯全集》第二版第 1 卷，第 195、201 页
② 同上书，第 176 页。
③ 《马克思恩格斯全集》第一版第 1 卷，第 16 页。
④ 同上书，第 192 页。
⑤ 《马克思恩格斯全集》第二版第 1 卷，第 120 页。
⑥ 同上书，第 121、401 页。
⑦ 《马克思恩格斯全集》第一版第 1 卷，第 31 页。

的问题："整治书报检查制度的真正而根本的办法，就是废除书报检查制度，因为这种制度本身是恶劣的，可是各种制度却比人更有力量。"①

但是，新译文中仍然有不大顺的地方："这种制度本身是恶劣的，可是各种制度却比人更有力量。"怎么后面成了"各种制度"？译文前面的"制度"对应词是"das Institut"（单数），后面的"制度"对应词是"die Institutionen"（复数），这是两个词根相同的不同名词。前者没有"制度"的含义，后者作为复数是指国家机关等。所以，似乎可以试译为："因为其基本原理是恶劣的，而各执行机关却比人更有力量。"

5. 从争取新闻出版自由的历史斗争中，总结出"自由报刊的人民性"。

马克思关于自由报刊人民性的论述，曾经常被人引用，但旧译文有的地方实在令人费解。这段话如下："自由出版物的人民性（大家知道，画家也不是用水彩来画巨人的历史画的），它的历史个性以及那种赋予它以独特性质并使它表现一定的人民精神的东西——这一切对诸侯等级的辩论人说来都是不合心意的。"② 这里似乎谈到三个并列的要点：人民性、历史个性和某个"东西"。问题在于译者对原著的几个复合从句，哪个说明哪个没有弄清楚，我在过去的几篇文章里指出过这一点。③ 新译文是："自由报刊的人民性（大家知道，就连艺术家也不是用水彩来画巨大的历史画卷的），以及它所具有的那种使它成为体现它那独特的人民精神的独特报刊的历史个性——这一切对诸侯等级的辩论人说来是不合心意的。"④ 显然，马克思谈到的是两个并列的要点：人民性和赋予自由报刊人民性的它的历史个性。在这段前面，马克思论述了英国、法国、荷兰、比利时等国"新闻出版自由的历史形态"⑤，谈到这些国家的自由报刊为争取新闻出版自由进行长期斗争的历史。正是在这种斗争中，自由报刊形成了它们的历史个性，成为体现独特的人民精神的独特报刊，因而也就具有了人民性。

在这段话里，人民性与"艺术家也不是用水彩来画巨人的历史画卷

---

① 《马克思恩格斯全集》第二版第 1 卷，第 134 页。

② 《马克思恩格斯全集》第一版第 1 卷，第 49 页。

③ 《中国社会科学院研究生院硕士论文选》，第 279—280 页。《马克思恩格斯若干新闻观点略考》，《新闻大学》1988 年秋季号。《精神交往论》，开明出版社 1993 年版，第 294 页。

④ 《马克思恩格斯全集》第二版第 1 卷，第 153 页。

⑤ 同上书，第 150 页。

的"之间的关系，似乎很难让人理解。这里涉及马克思当时对中国画的个人看法。他在同一篇文章中以非常赞同的口吻引证了一段话："这种缺乏表现力的情况就像一幅缺乏阴影的中国画。"① 显然，用水彩画出的中国画使马克思有一种阴翳的、缺乏表现力的感觉，而人民的精神、当代的历史，则是生机勃勃、充满色彩的。报刊表达人民精神也应当是有生气、有色彩的，欧洲艺术家表现宏大历史场面的画，也是如此，一般采用浓重的油彩而不是水彩。马克思附带谈到艺术家作画，是为了进一步说明自由报刊反映人民精神时的那种生动的气质。

6. 什么样的报刊才能得到民众的承认？

新闻学研究中引用马克思最多的可能就是关于"人民的信任"的那段话。这段话加上前面一句，旧译文是：由于书报检查的猜疑和报刊内部的自我束缚，"失去了使这种报刊能够开展工作从而取得人民信任的唯一先决条件。而人民的信任是报刊赖以生存的条件，没有这个条件，报刊就会完全萎靡不振。"② 旧译文的前面那句话有些含糊不清，引用者大都引用后面的话，看重的是"人民的信任"这个词，而无法进一步探究人民信任什么。

新译文基本表达了马克思的原意：由于书报检查机关的过分小心和报刊内部的自我局限，于是失去了"一种坦率而公开地发表意见的报刊赖以发挥作用、从而能得到民众承认的唯一条件。而民众的承认是报刊赖以生存的条件，没有这种条件，报刊就会无可挽救地陷入绝境。"③ 我们首先会注意到，"信任"被改为"承认"，其对应德文词是"dieAnerkennung"，确实只有"承认"或"公认"之意，似乎没有"信任"的程度深。而要得到民众的承认，报刊就要在坦率而公开地发表意见方面发挥作用，这一点若做不到，也就谈不上民众承认它。旧译文使用的"萎靡不振"这个词曾使人感到不好理解，它的对应词组是"rettungslos hinsiecht"（无可救药地憔悴下去），新译文显然较为准确。

仔细研究马克思这一时期谈到的关于报刊与人民关系的话，他讲的并

---

① 《马克思恩格斯全集》第二版第 1 卷，第 200 页。
② 《马克思恩格斯全集》第一版第 1 卷，第 234 页。
③ 《马克思恩格斯全集》第二版第 1 卷，第 381 页。

不是我们通常理解的二者"相互信任"、"同甘共苦"那种战友关系,他是从正常发挥报刊的基本功能角度,谈到与人民的关系的。报刊感受人民的生活,并坦率而公开地报道他们的生活,这是建立双方良好关系的前提。

7. 新译文漏译了一句重要的话。

与上面的问题相关的是马克思关于"自由报刊是治人者和治于人者都需要的第三因素"的论述,新译文译为"管理机构和被管理者都需要的第三个因素",意思差不多,但后者更准确些。新译文接着译道:"在报刊这个领域内,管理机构和被管理者同样可以批评对方的原则和要求,然而不再是在从属关系的范围内,而是在平等的公平权利范围内进行这种批评。"① 这句话以后还有一句:"nicht mehr als Personen, sondem als intellektuelle Machte, als Verstandesgrunde."② 旧译文译为:"不是作为个人,而作为理智的力量,作为合理观点的体现者"。③ 翻译基本是准确的,但是新译文却没有译出,漏掉了。这是一个重大的失误。从这一段话中也可以看出,马克思不是泛泛地谈论报刊和人民的亲密关系,强调的是报刊发挥自身的功能,以减轻人民的痛苦。

8. 报纸广告不能代表报纸本身。

马克思有一句话讲到报纸广告,但是旧译文令人难以理解:"任何报纸广告都是智力的表现。但是,谁会因此说广告就是文学呢?"④ 文章的前后文均没有涉及文学,而且这句话前后意思的转折,逻辑上也不通。对应德文名词"die Literatur"首要的含义确是"文学"。新译文是:"任何报纸广告都是智力的表现。但是,谁会因此说广告就代表出版物呢?"⑤ 这样理解上就没有问题了。显然,原因在于对"die Literatur"含义的选择,翻译时要考虑它所处的具体语境,就像当年改译列宁的《党的组织和党的文学》那样,译为《党的组织和党的出版物》才较为准确。

9. 中国古代报刊为欧洲专制主义报刊提供了范本。

① 《马克思恩格斯全集》第二版第1卷,第378页。
② 《马克思恩格斯全集》历史考证版第1部分第1卷,前苏联、东德版,第313页。
③ 《马克思恩格斯全集》第一版第1卷,第231页。
④ 《马克思恩格斯全集》中文第一版第40卷,人民出版社1982年版,第338—339页。
⑤ 《马克思恩格斯全集》第二版第1卷,第339页。

　　马克思谈到中国报刊的那段话，旧译文有些不好理解。原文是："请给我们（只要你们命令一声就够了）一种完善的报刊，这种报刊的原型几个世纪以来就一直在中国存在了。"① 这是马克思对书报检查制度的讽刺。按照逻辑，检查报刊的人应当比报刊主办者完善，既然如此，又何必要检查呢，就让这些完善的人去办完善的报刊吧！接着就是马克思提到中国报刊的这段话，意思是中国古代直接由皇帝办的报刊是永远不会有错误的（即完善的），这种报刊为现在欧洲的专制主义报刊树立了"榜样"。此事我在一篇文章里讲到过②，但知道的人不多。旧译文没有明显地表达这个意思，新译文是："请给我们一种完善的报刊吧，这只要你们下一道命令就行了：几个世纪以来中国一直在提供这种报刊的范本。"③ 其中后一句译得相当准确。旧译文中的"原型"，对应德文名词是"das Vorbild"，意思是"榜样"、"蓝本"，而"原型"的意思与之是有差距的；旧译文中的"存在"，对应动词是"Iiefern"，意思是"生产"、"提供"，与"存在"的意思差距同样较大。

　　马克思知道中国邸报的情况（这一时期他还谈到中国的八卦及八卦的发明人伏羲），可能与他阅读黑格尔《历史哲学》、孟德斯鸠《论法的精神》中关于中国的论述有关。孟德斯鸠在"大逆罪"一节谈到两个编邸报的人，因为所述情况失实而被处死，因为邸报是以皇帝名义出版的，不允许有错误。④

　　10. 新译文一经点拨就清楚了的地方随处可见。

　　阅读新译文，大多数情况下有一种"拨开迷雾见青天"的感觉，往往是一个词或一句话的改译，就使原来读旧译文时产生的疑惑得到了解决。马克思谈到对人的精神风格的无理限制时，批评说："没有色彩就是这种自由唯一许可的色彩。"⑤ 没有色彩的色彩，这话是不通的。新译文改为"一片灰色"⑥，使话讲通了。

---

　　① 《马克思恩格斯全集》第一版第 1 卷，第 25 页。
　　② 《五四新文化运动和中国的新闻学》，中国社会科学院印"纪念五四运动 70 周年国际学术讨论会"论文之二十六，第 2 页。
　　③ 《马克思恩格斯全集》第二版第 1 卷，第 129 页。
　　④ 《论法的精神》中文版上册，商务印书馆版，第 194 页。
　　⑤ 《马克思恩格斯全集》第一版第 1 卷，第 7 页。
　　⑥ 《马克思恩格斯全集》第二版第 1 卷，第 111 页。

旧译文批评书报检查时有一句话：“反对倾向的法律，即没有规定客观标准的法律。”① 书报检查并非要求没有倾向，而是对某种倾向进行迫害。新译文改为“追究倾向的法律……”②，意思一下就清晰了。

马克思关于莱茵省等级议会辩论新闻出版自由的论文很著名。议会中的四个等级的名称，旧译文是：诸侯、贵族、市民、农民。其中“贵族”等级令人感到不解，因为诸侯也是贵族，只不过是大贵族而已，那么他们以外的贵族是指什么？新译文全部改为“骑士”，问题就清楚了。旧译文里的“贵族”是指另一类小贵族。

马克思在谈到古代雅典时曾有一句话：“如果国家像古代雅典那样把寄生虫和阿谀奉承之徒看做违背人民理性的例外和痴呆，这样的国家就是独立自主的国家。”③“违背……的例外”，两个否定等于一个肯定，意思显然相反了。新译文纠正了这一点，并且纠正了“痴呆”（对应词是“die Volksnarren”，意即人民中的丑角）的错译。新译文是：“一个国家如果像古代雅典那样把谄媚者、寄生虫和阿谀奉承之徒当作违背人民理性的人和人民当中的丑类加以惩处，这样的国家就是独立自主的国家。”④

译文评论一位发言人的讲话时说：“主要报告人企图限制出版物的人物即它的主体。”⑤，这句话有点令人莫名其妙。新译文是：“提案人企图限制人，即新闻出版的主体”。⑥

旧译文关于报纸的价格低廉有一句话：“它是国家精神，这种精神家家户户都只消付出比用煤气灯还少的花费就可以取得。”⑦ 它本身是清楚的，但一看新译文，就发现马克思的本意被衰变了不少。新译文是：“自由报刊是国家精神，它可以推销到每一间茅屋，比物质的煤气还便宜。”⑧完全是从德文原著直译的。于是，显示出两点：当年德国民主运动中“给

---

① 《马克思恩格斯全集》第一版第1卷，第16页。
② 《马克思恩格斯全集》第二版第1卷，第120页。
③ 《马克思恩格斯全集》第一版第1卷，第41页。
④ 同上书，第145页。
⑤ 同上书，第92页。
⑥ 《马克思恩格斯全集》第二版第1卷，第197页。
⑦ 《马克思恩格斯全集》第一版第1卷，第75页。
⑧ 《马克思恩格斯全集》第二版第1卷，第179页。

宫廷以战争，给茅屋以和平"的口号对马克思的影响、报纸价格与物质商品价格的比较。

在马克思将报纸报道事实、反映人民情绪二者进行比较时，他使用了"ein wahres Marchen"这样一个词组，旧译文译为"真实的叙述"①，读者大都不知是什么意思。梅绍武翻译《马克思与世界文学》时指出，应译为"一个真实的童话"。② 新译文也采用了梅氏的译法。这是德国作家海潭使用的语言，只要想起他的长诗《德国——一个冬天的童话》，就会想到马克思的话怎样翻译了。

新版《全集》对《莱茵报》时期马克思论著的编排和篇名也作了改动。例如旧版将马克思评论《莱比锡总汇报》遭查禁的文章编为一篇，并没有马克思留下的什么材料为根据，新版尊重马克思原来发表时的次序，恢复为7篇独立的文章。该报是在萨克森王国出版的，普鲁士王国只能在境内禁止它，不可能跑到萨克森查封它。显然，旧译文将"das Verbot"（禁止）译为"查封"是不对的，新译文全部改了过来。我在编辑《马列主义新闻学经典论著》时，亦把这组文章分别作为各个独立文章对待，将"查封"改为"查禁"。③ 马克思著名的论文《摩塞尔记者的辩护》中的地名"Mosel"，按照德语发音，新版全部译为"摩泽尔"；《莱茵报》的出版地点科伦（Koln），新版也按照德语发音全部改译为"科隆"。另一篇马克思的文章《市政改革和（科伦日报）》，"市政"的意思与文章所讲的内容对不上，新版较为准确地译为《区乡制度改革和（科隆日报）》。

新版为研究马克思《莱茵报》时期的新闻思想提供了新的材料，包括最新发表的《摩泽尔记者的辩护》的C部分、一篇马克思修改过的发表在《莱茵报》上的文章，以及马克思参与起草的《关于〈莱茵报〉遭到查封的备忘录》等5篇最新发表的《莱茵报》活动的历史文件。

从新版发表的彩色插页我们还可以得知，1930年5月，鲁迅主编的《萌芽》月刊曾发表过马克思《莱茵报》时期的两段语录。经查，发表时

---

① 《马克思恩格斯全集》第一版第1卷，第188页。

② 希·萨·柏拉威尔：《马克思和世界文学》中文版，生活·读书·新知三联书店1980年版，第71页。

③ 《马列主义新闻学经典论著》，人民日报出版社1987年版，第20、23页。

题为《马克思论出版自由和检阅制度》(洛峰译),关于出版自由,翻译的是马克思关于新闻出版自由也是一种美,没有她我的生活不可能充实美满等等的那段话。[①] 关于书报检查制度(当时译为"检阅制度"),翻译的是马克思关于追究思想的法律是一个党派对付另一个党派的反动法律等等的那段话[②]。

---

① 《马克思恩格斯全集》第二版第 1 卷,第 145 页。

② 同上书,第 121 页。

马克思的新闻通讯与中国的社会结构[*]

郭　稼

　　通过写作新闻通讯研究世界历史事件，分析各国的社会结构特征，是马克思新闻写作的特点之一。他为《纽约每日论坛报》撰稿10年，评述了30多个国家和地区发生的重大事实，其中包括关于中国的新闻通讯15篇。这些通讯当时所分析的中国社会经济结构的症结，至今对我们仍有启示作用。

　　马克思在揭露英国发动侵华战争的荒谬借口的同时，分析了当时中国的国内市场。为什么这个市场既无法消化大量倾销的洋货，又无法提供大量出口的农副产品？原因在于："除了鸦片贸易之外，对华进口贸易迅速扩大的主要障碍，乃是那个依靠着小农业与家庭工业相结合的中国社会经济结构。"（13卷，第601页）接着，马克思对比了印度、中国这两个国家的异同，写道："曾经在长期内阻挡了而现时仍然妨碍英国商品输往东印度的，正是这种同样的农业与手工业的结合，但在东印度，那种农业与手工业的结合是以土地所有制的特殊性质为基础的，而英国人凭着自己作为当地至高无上的土地所有者的势力，能够破坏这种土地所有制，并从而强使一部分印度自给自足的村庄变成了生产鸦片、棉花、靛青、大麻以及其他原料去交换英国货的简单农场。在中国，英国人现在还没有这种势力，而将来也未必能够做到这一点。"（13卷，第605页）

　　马克思上述的分析，描绘了当时中国半封建、半殖民地的农村，仍然处在自给自足或半自给自足的自然经济状态，而列强无视这个属于社会经

　　*　本文原载于《新闻研究资料》1993年第2期。

济结构问题的现实，借口清朝政府设置的人为障碍，采取海盗式的武装侵略，强行打开中国市场，倾销鸦片和洋货，结果使中国农村经济进一步凋蔽，农民生活更加贫困。如此恶性循环的后果，逼迫中国人民只有起来革命，才有生路。马克思早已预料到这一必然的结局，并在给《论坛报》撰写的文章中，多次报道了中国的革命。

本世纪 40 年代末，当亚洲新纪元的曙光从中国大地上升起以后，新中国的社会主义制度本来是有条件做到在国营经济的扶持和人民政府的指导下，迅速改变那种自然经济状态，发展社会主义的商品生产和市场经济的，但在 50 年代末的那段岁月里，一股"左"的思想浪潮席卷全国，整个中国农村几乎在一夜之间实现了人民公社化，强调农民"亦工亦农"，"农忙务农，农闲务工"，这里的"工"，实际上是农村手工业。每个公社只搞自己的产品生产和产品分配，甚至人为地把早已存在的农村初级市场也加以禁绝。随后这股公社化的浪潮，由农村向城市发展，从生产领域向生活领域扩张。结果使全国形成一个个以人民公社为小圈圈的无数封闭式的、小而全的、以产品生产和产品分配为基础的社会经济结构。这种变化并没有根本改变当年马克思所揭示的"小农业与家庭工业相结合的中国社会经济结构"，或者说在改变自然经济的性质上无甚突破，却在抑制商品生产和市场经济上有过之而无不及。

事实证明，那种把商品生产视为洪水猛兽，对市场经济采取回避、堵塞的办法来"穷过渡"，主观愿望是加快进入共产主义社会，客观实际却是把历史往后拉退了好长一大段。当然，社会主义革命和建设中允许走弯路，马克思当年对中国应当如何改造社会经济结构，也没有提出现成的验方。但是，如果人们在农业互助合作运动过程中谨慎一些，在马克思主义的理论和思想路线上逐步摸索前进，或许可以少走一些弯路。

党的十一届三中全会以来，我们终于摸索到马克思主义的道路。首先在农村否定了人民公社的经济结构，实行家庭联产承包责任制，让农业走向市场，从而迅速地解放了农村生产力，活跃了城乡流通，显著地改变了中国农村长期存在的自给自足或半自给自足的自然经济状态，并且促进了城市的改革。事实证明，这是中国共产党在马克思主义理论基础上的一种创造，其思路与马克思当年对中国社会结构的分析思路相吻合。

　　以前我们研究马克思撰写的新闻通讯，或取他的报刊实践角度，或取他的新闻写作方法角度。我想，在进行这类研究时，还应当学习他分析一个地区社会经济结构的方法。这是一个高水平记者所应当具备的条件，马克思在这方面已为我们做出了榜样。

浅谈马克思的新闻笔法[*]

万联众

马克思恩格斯在创立科学社会主义学说的同时，为我们留下了大量新闻作品，内容极其广泛丰富，表达技巧高超。对于马克思恩格斯新闻作品表达技巧的研究，至今还未被纳入新闻写作理论研究中。

每个时代都有自己的表达方法。马克思的新闻作品与我们现代的新闻作品，在表达方法上有很大的不同，主要表现在以下几个方面：1. 大多数新闻作品都表明了立场。对统治阶级的言行，经常使用嘲讽笔调，面对工人读者，则力争写得通俗，耐心说理，笔调亲切。2. 大约95％左右的新闻作品是述评性质的，作者的倾向性议论成为新闻主体。3. 马克思的新闻作品属于现代新闻写作理论形成之前的作品，那时没有新闻导语、新闻五要素、倒金字塔结构等等理论，这些作品尚不具备现今新闻作品的表达技巧要求。4. 通常两个或三个新闻主题融于数千字的通讯之内，那种几百字的单一新闻主题的消息作品，即我们常说的事件性消息，所占比重较少。

尽管马克思的新闻作品多数是述评性质的，而且一般篇幅都比较长，但他所提供的新闻信息量很大，写得生动活泼，可读性较强，富有吸引力。这里列举二例：

1855年他写的《关于占领塞瓦斯托波尔的消息》开头是：

伦敦6月22日。《梦行者》第二幕刚演完，德留黎棱剧院的幕布刚落下，突然发出的响亮的击鼓声把拥向小卖部的观众又召回到大厅里来。幕布重新升起，剧院经理走上舞台，他用一种不自然的过度激昂的音调说了

---

　　* 本文原载于《新闻研究资料》1993年第2期。

下面的话：

"女士们！先生们！我十分荣幸，能够向你们报告一件重要的事情：联军占领了塞瓦斯托波尔。"

全场欢跃，高呼"万岁！"，"万岁！"，鲜花如雨点般地抛来。乐队奏乐，观众齐唱："上帝，保佑女王"，"统治吧，不列颠"和"向叙利亚出发"①。

1848 年他写的《德利加尔斯基的免职》消息，全文如下：

科伦 12 月 17 日。我们刚刚听说，那位实行书刊检查并重新加以废除，然后以停刊威胁一家此地的报纸的"公民和共产主义者"德利加尔斯基自己被停止了职务。可惜，真是太可惜了！

补充：不幸说来就来！行政区长官施皮格尔先生也和我们告别了。他正如全城所断言的那样，被撤职了②。

这是二条事件性新闻。一条是政权机构的人事变动，一条是军事行动的进展，都是严肃新闻，但是马克思仍然能把它写得情趣盎然，引人入胜。《德利加尔斯基的免职》，仅是一个人事变动的信息，本没有什么文章可做，然而马克思却把它写得幽默诙谐。如果说马克思有意在"德利加尔斯基"大名之前加上"公民和共产主义者"属于幽默的话，那么，新闻结尾用的"可惜，真是太可惜了"修饰他的被免职，则属于有意挖苦了。《关于占领塞瓦斯托波尔的消息》开头，用的是悬念式手法，写得绘声绘色，栩栩如生，接着调动新闻事实释消悬念。原来，"联军占领了塞瓦斯托波尔"的消息是假的。读到此处，读者恍然大悟，马克思讲的剧院经理"用一种不自然的过度激昂的声音"一语，原来是一个精心设置的伏笔。

仅从上述例子来看，马克思在坚持新闻完全真实的基础上，善于变化新闻表达手法，把新闻写得新颖活泼，富有感染力，吸引读者把新闻读完。

马克思的新闻笔法概括起来有这样几个方面：1. 把受众作为新闻传播的主体对待，尽力实现新闻信息的双向交流；2. 新闻开端的新颖别致，巧妙地把受众的获知心理紧紧抓住不放；3. 巧借诙谐、幽默的感染力，深化受

---

① 《关于占领塞瓦斯托波尔的消息》第 11 卷，第 353 页。
② 《德利加尔斯基的免职》第 43 卷，第 82 页。

众的阅读欲望层次；4. 形象地揭示客观事物，现场感较强，给受众留下深刻印象；5. 妙在结尾寓义深远，给受众留下的是无穷的回味，思考和启迪。

马克思的新闻笔法，是马克思主义新闻学的重要组成部分。我国新闻工作者应该结合我国新闻写作的实践，认真加以学习和借鉴。经过一段艰苦努力，突破模式化老框框，写出具有中国独特风格的新闻作品来。

理性的思辨　形象的说理*

——简析马克思新闻述评《新的对华战争》写作特色

伍燕凌

　　今年 5 月 5 日是伟大的无产阶级革命导师马克思诞辰 180 周年纪念日，6 月 1 日又是这位伟大的思想家创办《新莱茵报》150 周年纪念。今天，当我们重读其著作，缅怀他光辉战斗的一生时，不能不折服于他深邃的思想和高超的写作技巧。马克思的新闻评论缜密跌宕，高瞻远瞩，文采夺目，是我们今天新闻实践的宝贵财富。

　　1859 年，英国政府以"护送公使入京"为名，强行派军舰驶入我国内河，挑起军事争端，一场新的对华战争迫在眉睫。旅居英国的马克思就此为美国资产阶级进步报刊《纽约每日论坛报》撰写了一组（4 篇）新闻述评——《新的对华战争》。文中，马克思以深邃敏锐的政治眼光和高超精妙的论辩技巧，澄清事实，匡正舆论，迎头痛击了英国政府的无耻妄言和险恶用心。下面试析其写作特点，以资借鉴。

一　高屋建瓴　辩证分析

　　以军事冲突形式表现出来的"白河事件"（指英国向中方挑起的军事冲突），涉及中英两国政治、经济、军事、外交各个领域，触动了各国列强在中国的既得利益，加之英国政府利用报刊媒介扭曲事实真相，煽动复仇情绪，由"白河事件"引发的国际问题可谓错综复杂、扑朔迷离，在这样一种舆论环境中，马克思立足全局，历史地、辩证地、联系地分析问

---

　　* 本文原载于《新闻与写作》1998 年第 9 期。

题，引导人们拨开重重迷雾，直触事件的深刻本质。

1. 以经济视角透视政治问题

马克思曾说："物质生活的生产方式制约着整个社会生活、政治生活和精神生活的过程。"（见恩格斯《政治经济学批判》）从经济的角度入手，这是马克思分析政治问题的基本方法。在这组述评中，马克思针对《泰晤士报》等资产阶级报刊进行的所谓"反战"宣传，分析了其经济实质。马克思写道：

"中国输入印度的总额从未达到过 100 万英镑，而印度输入中国的总额折算起来竟达 1000 万英镑……英国对华贸易的任何严重停顿，'将是一场很大的灾难'……"

马克思认为，正是出于这一经济利益的考虑，英国政府内部才会有人极力反对战争，才会使战争问题暂时被搁置起来。可见，所谓的"反战"，并不是英国政府良心发现，而是为了维护其自身的经济利益。

这种辩证的分析方法，在马克思的另一篇关于中国问题的社论《中国革命与欧洲革命》中得到了更为典型的体现。在该文中，马克思从分析太平天国运动带来的中英贸易萎缩入手，论证了这场农民革命将会引起英国国内的经济危机，并进而加速整个欧洲一场新的政治革命的降临。

马克思紧紧抓住了隐含于各种纷繁复杂的事实中最本质的规律，一切政治问题不过是经济利益的集中体现，从而也赋予了这篇新闻评论以深刻的思想内涵和很强的说服力。

2. 联系现象，分析本质

"白河事件"既起，由英帝国主义控制的《泰晤士报》极力宣扬"俄国政策"与"北京政策""紧密纠缠"，要求发动战争反对俄国的阴谋。然而马克思一针见血地指出："这只不过是帕麦斯顿勋爵（引者注，当时的英国首相）的一套老把戏。"

马克思绕过《泰晤士报》提供的残缺"事实"，联系历史上两次鸦片战争的实际结果和帕麦斯顿对亚洲弱国的外交政策分析道："帕麦斯顿……总是抱着这样一个始终不变的定则，在表面上反对俄国的阴谋，但不去向俄国寻衅，反而向那个亚洲国家寻衅，采取海盗式的战争使这个国家和英国疏远，并且用这种绕圈子方法逼得它不得不对俄国作出某些本非情愿的让步。"在此基础上，马克思举出了帕麦斯顿篡改外交文件，掩饰英俄私下勾结的事实，进一步论证了英国政府的真实目的——"打算用制止俄国在中国的阴谋这一虚假借口来发动第三次对华战争。"

马克思就是这样运用纵横联系事实的分析方法，一层层剥离了帕麦斯顿制造的虚假表象，使其反动本质暴露无疑。

二　善于以事实说话

马克思的新闻述评不仅闪烁着辩证思维的理性光辉，而且充实着大量无以辩驳的事实材料。"请看事实"是无产阶级革命家们一以贯之的论辩工具。在写作新闻述评的过程中，马克思以缜密严谨的逻辑思维穿起一个个具有说服力的具体事实，把一幅立体、全面、真实的社会图景展示在读者面前。

1. 联系地运用事实。《新的对华战争》虽是在评述"白河事件"的前因后果，但却广泛地联系英国政府一贯的外交政策，联系政治、经济各个领域的诸多事实来印证分析当前的事件，这也是马克思新闻述评的一大特色。

在分析帕麦斯顿借口阻止俄国在中国的阴谋发动战争时，马克思纵向联系两次鸦片战争的史实，横向联系英国对亚洲弱国的外交政策，揭示出帕麦斯顿的真实意图。这种纵横交错运用事实的方式使读者找到衡量事实真相的坐标，从而有力地说服了读者。

2. 层层深入，由表及里地运用事实，在《新的对华战争（一）》，马克思分三个步骤，逐层设问，由表及里地分析了"白河事件"的真相。首先，马克思阐明了"白河事件"不是中国人破坏条约，而是挫败了英国人的入侵；第二步，他引用英国政府的外交文献，说明是英国政府强奸"中英天津条约"的真实涵义，破坏了条约；第三步，马克思引用英国驻香港首席检察官的信文，指出"白河事件""这大概是帕麦斯顿一手制造的"，"最近将来的结果必然是现政府的垮台"。

3. 紧跟事件发展进程，有侧重地运用事实，《新的对华战争》共有四篇，分别发表于1859年9月13日、16日、20日和30日的《纽约每日论坛报》，四篇述评紧紧配合"白河事件"的发展进程，在事件的开端、激化、转变和结束四个时期，深入分析了事件后面的各种利益关系，时刻引导着读者绕开假象的暗礁，认清事件的本来面目，这种连续评论、夹叙夹议的写作形式对我们今天的新闻宣传仍有借鉴意义。

三 抽象到形象——马克思新闻述评的启示

引导舆论是新闻评论的重要作用。舆论引导从本质上说是向受众传送观点、思想、价值这类理性抽象的内容。新闻评论如果没有分析说理，就起不到引导舆论的作用。但如果只是抽象地逻辑思辨，又会使评论变得面目生硬、枯燥无味。要使新闻评论产生良好的舆论引导效果，就必须在写作上解决形象与抽象的矛盾。

马克思的新闻述评为我们解决这一矛盾树立了光辉的典范。马克思曾论述思维的历程"在第一条路上，完整的表象蒸发为抽象的规定；在第二条路上，抽象的规定在思维行程中导致具体的再现。"（马克思《政治经济学批判导言》）我们说，新闻的写作同样要经历这样一个以事实到观点，再由观点到事实的过程。马克思在写作新闻述评时，运用高度抽象的逻辑思维，辩证地分析事实，提炼本质；而后再回到事实和材料上来，动用以事实说话的论辩方式使这些抽象的观点能够以形象的方式被读者感知和接受。

我们今天的新闻评论，反映的是一个开放、变动的社会图景。纷繁复杂、互相联系的现象需要我们像马克思那样，站在抽象的高度上分析事实，回到具体的层面上论证说理。只有这样，评论中的观点和思想才能顺着事实的水渠，自然而然地流进受众的心里。

马克思、恩格斯论记者修养[*]

郑保卫

马克思在谈论新闻真实问题时曾指出："不真实的思想必然地、不由自主地要伪造不真实的事实，因此也就会产生歪曲和撒谎。"① 这里，他提出了一个十分严肃的问题，新闻工作者只有具备了真实的思想才会产生出真实的报道。这是新闻工作者修养中的一个重要问题。马克思和恩格斯十分重视新闻工作者的修养。他们在许多文章、信件和谈话中，论及新闻工作者应当具备的各种素质时阐述了自己的意见。他们对新闻工作者修养的要求，有不少是他们自己表达半个多世纪从事报刊活动经验的概括和总结。

一　新闻工作者必须对党负责，对人民负责

马克思和恩格斯认为，一个党的新闻工作者首先应当具有对党负责和对人民负责的高度的责任心。他们总是自觉地把新闻工作看作是一项"重要"的"党的工作"②，通过这个岗位可以随时"为党服务"③。在工作中，他们总是格外严肃认真，一丝不苟，尽力为读者提供最好的作品。1858年，马克思在病中整理一份稿子准备发表，为此他写给拉萨尔的信中说："我必须对党负责，不让这东西受肝病期间出现的那种低沉的呆板的笔调

---

　　* 本文原载于《中国广播电视学刊》1990 年第 2 期。
　　① 《马克思恩格斯全集》卷 1，第 202 页。
　　② 《马克思恩格斯全集》卷 30，第 518 页。
　　③ 《马克思恩格斯全集》卷 31，第 569 页。

所损害"①。他在另一封给拉萨尔的信中还讲到："我还有这样一个特点：要是隔一个月重看自己所写的东西，就会感到不满意，于是又得全都改写。"② 恩格斯是这样评价马克思这种负责精神的："马克思认为自己最好的东西对工人来说也还不够好，他认为给工人提供不是最好的东西，那就是犯罪"③。马克思和恩格斯对一些人在写作上粗制滥造的不负责任的行为极为愤慨。1877 年 10 月，马克思在给左尔格和白拉克的信中就批评《前进报》编辑部让一些理论上一窍不通、同无产阶级的斗争事业毫无共同之处、写作态度又极不认真的人占用党的中央机关报的篇幅。他指出："《前进报》也大量刊登爱好虚荣、不学无术的年轻人的不成熟的习作。我认为，无产阶级的钱不是用来为这一类学生习作建立废品库的。"④

二　新闻工作者要勇于坚持真理，善于同论敌论战

新闻工作者要做真理的宣传者和捍卫者，首先就要有敢于坚持真理的勇气。马克思和恩格斯正是带着这种勇气对一切旧制度、旧势力、旧思潮进行批判的。马克思认为，一个革命者在对反动派的批判过程中要"不怕自己所作的结论，临到触犯当权者也不退缩"⑤。"只要自己认为是真理，就应当毫不犹豫地批判到底"。他在为《政治经济学批判》所写的序言中就曾表示了这样的态度："我的见解，不管人们对它怎样评论，不管它多么不合乎统治阶级的自私偏见，却是多年诚实探讨的结果。但是在科学的入口处，正象在地狱的入口处一样，必须提出这样的要求：

'这里必须根除一切犹豫；

这里任何怯懦都无济于事。'"⑥

马克思主张在同反动派和一切论敌斗争时，"必须进行论战"⑦。他认

---

① 《马克思恩格斯全集》卷 29，第 546 页。
② 《马克思恩格斯全集》卷 30，第 617 页。
③ 《马克思恩格斯全集》卷 37，第 433 页。
④ 《马克思恩格斯全集》卷 34，第 283 页。
⑤ 《马克思恩格斯全集》卷 1，第 416 页。
⑥ 《马克思恩格斯全集》卷 13，第 11 页。
⑦ 《马克思恩格斯全集》卷 28，第 599 页。

为这是捍卫真理、批驳谬误、战胜敌人的一种极好形式。他还十分讲究论战的方式方法，强调一切批判都要"严格以事实为根据"①，同时在写作上要注意做到"既泼辣又细腻"。他认为，"这种巧妙的结合称得上是名副其实的论战"②。马克思和恩格斯一生中写的大量政论文章，绝大多数是同论敌（封建王权反动势力、资产阶级反革命派、党内的机会主义分子等）进行论战的檄文。这些文章笔锋犀利，泼辣，批判有理有力，对于揭露敌人，教育人民，捍卫党的主张和工人阶级的利益起到了巨大作用。

三　新闻工作者要有高度的政治敏感性

恩格斯在 1889 年 12 月给康拉德·施米特的信中，专门分析过新闻工作的优点和短处。按他的观点，新闻事业由其特殊的工作内容、方式和特点，容易"使人浮光掠影"。它必须"在一定期限内做一定的工作"，"因为时间不足，就会习惯于匆忙地解决那些自己都知道还没有把握的东西"③。因此，从客观上说，新闻工作者要想及时、全面、真实地报道新近发生的所有事件的确存在许多困难。然而，新闻工作者的使命感又要求他们必须真实地反映时代，客观地报道事件，这就决定了新闻工作者应当具有非凡的洞察力和高度的敏感性，应当善于"从适当的方面迅速抓住问题"④。恩格斯在指导伯恩施坦编辑《社会民主党人报》时就谆谆告诫他说，在错综复杂、千变万化的现实生活和政治斗争面前，能不能用最快的速度，从最适当的方面抓住刚刚出现的问题的实质，这是看一个新闻工作者是否具有应有的政治洞察力和新闻敏感性的关键。恩格斯极为钦佩马克思在这方面的能力，他称赞马克思能在"一大堆杂乱的、看来是偶然的、互不连贯而又矛盾的事实"中，看出"哪一部分将构成世界历史的组成部分"⑤。正是靠着马克思的惊人的判断力和高度的敏感性，才使《新莱茵报》成了"革命年代德国最著名的报纸"⑥。马克思和恩格斯在《新莱茵

---

① 《马克思恩格斯全集》卷 30，第 519 页。
② 《马克思恩格斯全集》卷 28，第 504 页。
③ 《马克思恩格斯全集》卷 37，第 318 页。
④ 《马克思恩格斯全集》卷 35，第 175 页。
⑤ 《马克思恩格斯全集》卷 8，第 7 页。
⑥ 《马克思恩格斯全集》卷 19，第 21 页。

报》时期所宣传的思想和策略的正确性，已为后来革命发展的许多历史事实所证实，他们的许多预言都戏剧性地变成了现实。《新莱茵报》对历史进程的科学预见性和政治洞察力是当时别的报刊所望尘莫及的。

四　新闻工作者不应为名利而写作

马克思和恩格斯认为，新闻工作者要有明确的写作目的。他们多次声明，他们写作既不是为了名也不是为了利。恩格斯在给魏德迈的信中就说过，"我写作不是专门为了永世长存，相反，我所关心的是直接的当前现实"。他认为，即使是那些"为了永世长存而写的多数作品"，"发挥其最大影响和最强时效，也是有一定时限的"①。显而易见，恩格斯把为现实斗争服务，让新闻作品尽可能发挥最大影响和最强时效作为自己的写作目的。马克思极重视写作名誉问题，他认为，一个正直的作家决不应"做下贱文人"，不能"像伦敦瘪三文人那样"②。他还强调，新闻工作者不应做金钱的奴隶，仅仅为了金钱而写作。1859 年 1 月，他在给恩格斯的一封信中，表示了对那些被金钱召唤出来的作品的报士鄙视："正是由于货币这个臭东西，在英国几乎每星期都出现拙劣作品"③。他认为，"作家当然必须挣钱才能生活、写作，但是他决不应该为了挣钱而生活、写作"，"在必要时作家可以为了作品的生存而牺牲自己个人的生存"④。有时马克思因生活所迫（写作《资本论》，没有其他经济来源），不得不为一些资产阶级报刊撰稿，但在他心目中界限是明确的，如果有害于革命的原则和利益，他便立即停止为之撰稿，决不使自己变成为资产阶级"制造金钱的机器"⑤。为了支持一些工人报刊的出版，马克思在经济十分窘迫的情况下仍然经常主动免费为它们撰稿。

五　新闻工作者要有自我牺牲精神

新闻工作是个苦差事，这一点，马克思和恩格斯是有切身体会的。他

---

① 《马克思恩格斯全集》卷 28，第 532 页。
② 《马克思恩格斯全集》卷 29，第 64 页。
③ 同上书，第 371 页。
④ 《马克思恩格斯全集》卷 1，第 87 页。
⑤ 《马克思恩格斯全集》卷 29，第 551 页。

们为了办报付出了辛勤的劳动，做出了"最大的自我牺牲"①。在创办《新莱茵报》时，他们为筹款四处奔波；为对付当局对报纸施加的种种迫害，他们费尽心力进行了顽强的斗争。在该报存在不到一年的时间里，普鲁士反动当局仅仅对其制造的诉讼案就多达 23 起之多。马克思先后 7 次受到传讯和庭审，恩格斯则两次被通缉和搜捕。为躲避搜捕，恩格斯被迫离开战斗岗位到瑞士过了近 4 个月的流亡生活。报纸被迫停刊后，为了支付工人的工资和报纸的印刷费，马克思几乎拿出了家中所有值钱的东西，连夫人燕妮结婚时的银手饰也送进了当铺。在整个报纸出版期间，马克思个人总共投入资金 1700 塔勒。除了应付这些外在的困难和麻烦之外，作为报纸的总编和副总编，马克思和恩格斯还要成天忙于写作和编辑工作。在总共 301 期报纸上，刊有他们的 500 余篇文章，几乎平均每期报纸上有他们写的两篇文章。恩格斯有时一天要写 3—4 篇。报纸上的社论都出自他们之手。他们在担负繁重的组织领导工作之外，还要完成如此大量的写作任务，这需要付出多大的心力呀！

在马克思和恩格斯一生的报刊活动中，他们总是与苦作伴，以苦为荣。恩格斯为了帮助马克思完成一些报刊的约稿任务常常在繁忙的商务工作之余挑灯夜战。马克思获知此事后，抱怨恩格斯不该不顾健康，他说："如果我知道你一直要工作到深夜，那我宁愿让这一切（指文稿——引者注）见鬼去。"②马克思对朋友如此爱护，可他本人却常常不顾一切地写作，即使在病中也不搁笔。他写作《资本论》期间，经济上极为拮据，有时甚至连买烟的钱都没有，房东常常上门逼账，加上爱子病夭，自己又疾病缠身，这许许多多的困难和挫折都没有使他放下自己手中的笔！而为了支持工人报刊，马克思常常是"在极其困难的条件下，无偿地进行编辑工作"③和写作。

马克思和恩格斯从投身于报刊工作开始直到逝世前的几十年中，无论工作怎样繁忙，生活怎样困苦，哪怕是在旅途中，在疗养地，在患病时，他们都从未停止过写作。正是靠着这种顽强的拼搏精神，才使得人类理论

---

① 《马克思恩格斯全集》卷 34，第 268 页。
② 《马克思恩格斯全集》卷 29，第 183 页。
③ 《马克思恩格斯全集》卷 14，第 519 页。

宝库和报刊之林中增添了马克思和恩格斯为我们留下的一大批受用不尽的精神遗产。在长达 50 卷的《马克思恩格斯全集》中，共收入他们 2000 余篇（部）文章（著作），近 4000 封信件，总计有 2000 多万字。

马克思和恩格斯之所以在写作的道路上不畏艰苦，除了他们有明确的斗争目标和写作目的外，与他们早就作了充分的吃苦准备是分不开的。1845 年 1 月 20 日，恩格斯在给马克思的信中就谈到，"如果我们要想做出点什么成绩，那就得苦干一番；吃一些苦，那也很好。"① 很明显，他们从踏上革命报刊活动的征途起，就准备与苦相伴，迎着困难前进，去干一番事业了！

六 新闻工作者要有良好的写作风格

在马克思和恩格斯看来，写作风格问题是新闻工作中的一个重要问题。他们经常在一些信件中就一些报刊文章的写作风格发表看法。下面是他们关于写作风格问题的几个主要思想观点：

①大刀阔斧，自由写作。

1843 年 1 月，当《莱茵报》的资产者股东们迫于普鲁士反动当局的压力，提出要当时担任报纸主编的马克思缓和一下报纸的调子，以求宽容时，马克思毅然决定退出编辑部。他在给卢格的信中带着庆幸的心情说：我"讨厌这种小手小脚而不是大刀阔斧的做法。伪善、愚昧、赤裸裸的专横以及我们的曲意奉承、委曲求全、忍气吞声、谨小慎微使我感到厌倦。总而言之，政府把自由还给我了。"② 在这里，马克思阐述了一个重要的思想：新闻工作者要在自由宽松的气氛下写作，要使自己的思想有自由驰骋的天地，要能够大刀阔斧地施展自己的写作才华。否则，如果为了求得在专制制度下的生存，便"曲意奉承、委曲求全、忍气吞声、谨小慎微，那是'下贱人'的风格"。"风格即其人"。马克思曾用毕生的话说明，一个革命者应当保持自己高尚的人格，挺着腰板说话，大刀阔斧地写作。

---

① 《马克思恩格斯全集》卷 27，第 17 页。
② 同上书，第 440 页。

②简洁有力，生动活泼。

马克思和恩格斯非常注重写作语言的简洁、生动，他们把"言简意赅、一语中的"① 当作写作风格中的突出特点，并且总是力图用最简明的文字、最生动的语言进行写作。他们在《新莱茵报》期间所写的新闻报道中有不少是只有几百字的短篇，有的短消息甚至仅有几十个字。即使写评论文章，也是惜墨如金，字斟句酌，并且要尽量写得生动、易读，具有特点。恩格斯极为钦佩马克思驾驭语言的高超能力，称赞他是"当代具有最简洁最有力的风格的作家之一"②。

马克思和恩格斯都称得上最杰出的语言大师。在写作中，他们常常运用形象的比喻和丰富的文学引语，使得文章既简洁有力，又生动活泼。他们对语言文字的灵活娴熟的运用，得益于平时广泛涉猎各门知识。他们对政治学、哲学、经济学、文学、历史学等都有很深的造诣。马克思还爱好数学，恩格斯则以自己在军事学方面的才华获得了"将军"的绰号。外语也是他们写作中的极好工具，特别是恩格斯，他竟能用十几种文字撰写稿件。

③联系实际，切忌空谈。

马克思和恩格斯历来强调新闻写作必须联系实际，切忌空谈。他们极为鄙视新闻队伍中那些热衷于玩弄革命词句的空谈家们。

1842 年 11 月，马克思在给卢格的信中就提出，让柏林著作界那些自称为"自由人"的写作者们"少发些不着边际的空论，少唱些高调，少来些自我欣赏，多说些明确的意见，多注意一些具体的现实，多提供一些实际的知识"③。

1847 年 9 月，恩格斯在《共产主义者和卡尔·海因岑》一文中，批评了小资产阶级空谈家海因岑毫不触及现实斗争中的任何实际问题，只会在"'揍它，揍它，揍它！'这个题目上玩弄花样"④。

1879 年 9 月，马克思在给左尔格的信中对德国无政府主义者、《自由》

---

① 《马克思恩格斯全集》卷 41，第 524 页。
② 《马克思恩格斯全集》卷 21，第 267 页。
③ 《马克思恩格斯全集》卷 27，第 436 页。
④ 《马克思恩格斯全集》卷 4，第 301 页。

周报的编辑莫斯特也提出了这样的批评:"不坚定,他象一面风向旗,风向略有改变,就摇来摆去"。①

马克思和恩格斯在自己的报刊活动实践中始终坚持新闻报道紧密联系现实生活和实际斗争。他们在 1848 年德国革命中创办的《新莱茵报》,就把联系实际,指导群众革命运动作为报纸的报道方针。在斗争开始前,《新莱茵报》高瞻远瞩,及时向群众讲清斗争形势,指明斗争意义,提出适当的斗争口号,为即将开始的群众斗争做好舆论准备。在斗争过程中,它沉着坚定,准确地把握运动进程,充分利用可以利用的一切新闻手段,发消息、通讯,写述评、社论,刊登有关声明、呼吁书,并且随时根据斗争形势的需要,或出附刊、增刊,或发号外,以保证迅速地交流情况,指导斗争,团结人民,打击敌人。在斗争遭受挫折之后,它总是旗帜鲜明地站在人民群众一边,替他们辩护,并认真帮助他们总结经验教训,提高斗争勇气,准备迎接新的斗争高潮。《新莱茵报》十分注意保护群众的斗争热情。当群众自发地形成运动时,它一方面满怀热情,给以坚决支持,做革命的促进派;另一方面,又注意认真地帮助他们冷静地分析形势,把握斗争时机。在形势不利于发动时,就提醒和劝导他们不要进行不适时的和无准备的发动,以避免不必要的牺牲。《新莱茵报》及时、准确而又切合实际的报道,使人民群众真正感到报纸同他们是息息相通,心心相印,是他们完全可以信赖的朋友。

④嘲笑、讽刺,笔调幽默。

1882 年 6 月,恩格斯在给伯恩施坦的信中建议《社会民主党人报》,"在一切可行的地方采用早已行之有效的讽刺基调"。对此,他解释说,"德国历届政府、警察和法官对我们的人所采取的手段越来越卑鄙无耻,就是用最厉害的字眼来评论它们还显得太软弱无力。但是,既然单是一些厉害的字眼不一定使语言具有足够的力量,并且经常重复象坏蛋之类的字眼,其效力就会逐渐减弱,因而只得使用越来越'厉害'的字眼,而这样就有陷入莫斯特—施奈特之风(指他们出版的《自由》周刊用极端革命的词藻和粗暴攻击的策略写作的做法——引者注)的危险,那末,最好是采

---

① 《马克思恩格斯全集》卷 34,第 387—388 页。

用其他办法，不要厉害的字眼而又能保证有力量和富有表达力。这种办法是有的，即主要是利用讽刺、讥笑、挖苦，这要比最粗暴的愤怒语言更能刺痛敌人。"①。马克思和恩格斯正是运用这种手法的高手。

综上所述，可以看出马克思和恩格斯对新闻工作者的要求是很高的。恩格斯就曾这样说过："党的政论家需要更多的智慧，思想要更加明确，风格要更好一些，知识也要更丰富些"②。在马克思和恩格斯看来，一个优秀的新闻工作者无论是在政治思想方面，还是在写作技能、写作风格和拥有知识方面都应有很高的素养。马克思和恩格斯在这方面堪称楷模。他们既有坚定的原则立场、非凡的政治洞察力和超人的新闻敏感性，又有渊博的知识、娴熟的写作才能，还有雷厉风行的工作作风和乐于吃苦、勇于牺牲的高尚品德。他们用出色的报刊活动实践使自己当之无愧地成为全世界无产阶级新闻工作者最光辉的典范。

---

① 《马克思恩格斯全集》卷 35，第 336 页。
② 《马克思恩格斯全集》卷 4，第 304 页。

列宁论社会主义出版自由原则[*]

童 兵

如果说，列宁在建党时期和夺取政权时期都曾经尖锐地揭露过资产阶级出版自由的虚伪性和反动性，那么，在建设社会主义时期，列宁作为第一个社会主义国家的奠基人，不仅更加深刻地揭示了资产阶级出版自由在新形势下表现出来的极端反动性，而且在社会主义出版自由实践的过程中，全面论证了这种新型的出版自由的性质、特点及其物质基础，第一次明确地确立了社会主义出版自由原则，从而极大地丰富和发展了马克思和恩格斯关于出版自由的思想。

一 "绝对的自由"和"纯粹的民主"是没有的

1921 年 8 月，列宁在批驳格·米雅斯尼柯夫在《伤脑筋的问题》等两篇文章中所表现出来的对出版自由的错误观点时指出：谈到出版自由，首先"我们要弄清楚是什么样的出版自由？为了什么？为了哪一个阶级？"他明确表示："我们不相信'绝对的东西'。我们嘲笑'纯粹的民主'。"

列宁用具体的历史事实，论证了自己的观点，他指出："'出版自由'这个口号，从中世纪末直到 19 世纪，在全世界成了伟大的口号。为什么呢？因为它反映了资产阶级的进步性，即反映了资产阶级反对僧侣、国王、封建主和地主的斗争。"他又指出，无产阶级曾经利用"出版自由"这个口号，投入反封建的斗争。他说"世界上没有一个国家像俄罗斯苏维埃联邦社会主义共和国那样，过去和现在都做了很多的事情来使群众

* 本文原载于《新闻与写作》1992 年第 2 期。

摆脱僧侣和地主的影响，我们一直在世界上最好地执行了'出版自由'这个任务。"

而资产阶级却把"出版自由"变成为自己谋私利的工具，特别是在无产阶级建立了国家政权以后，它们把"出版自由"当作夺回失去的天堂和建立政治组织的武器，列宁据此提出了这样的观点："出版是政治组织的中心和基础"，出版自由等于"建立政治组织的自由"。这一观点明确地揭示了"出版自由"口号的本质和要害。

列宁提出了两种出版自由的思想。他说，在资产阶级看来，所谓出版自由，就是富人有出版报纸的自由，就是由资本家霸占一切报刊。工农政府认为出版自由就是使报刊摆脱资本的控制，把造纸厂和印刷厂变成国家的财产，让每一个达到一定人数的公民团体都享有使用相当数量的纸张和相当数量的印刷劳动的同等权利。他指出，只有工农政府领导下的出版自由才是真正平等的出版自由。他由此得出结论：不同阶级有不同的出版自由，世界上不存在"绝对的自由"和"纯粹的民主"。

二　查封资产阶级报纸，剥夺敌人复辟旧世界的思想武器

1917 年 11 月 4 日，列宁就新政权的出版自由问题发言，明确提出：我们一取得政权，就要封闭资产阶级报纸。容许这些报纸存在，我们就不成其为社会主义者了。谁说"开放资产阶级报纸"，谁就是不了解我们正在大踏步地向社会主义前进。

"封闭资产阶级报纸是列宁确定的社会主义出版自由的原十月革命胜利之后，人民委员会立即拟定并公布了同这一原则相适应的法令。由列宁签署的关于出版问题的法令指出，资产阶级报刊是资产阶级最强大的武器之一，特别是在新的工农政权刚刚确立的关键时刻，不能让这种武器完全留在敌人的手中，因为正是在这种时刻，这种武器的危险性并不亚于炸弹与机枪。因此，便采取了临时性的紧急措施，以制止这种污泥浊水和肆意诽谤，防止黄色和绿色报刊任意玷污人民的初步成果"。出版法令宣布的"紧急措施"经批准主要是查封下列报刊：1. 煽动公开对抗和不服从工农政府者；2. 通过恶意中伤歪曲事实来制造混乱者；3. 挑动从事犯罪（即刑事罪）活动者。

3个月后，人民委员会又颁布成立革命法庭的法令，指出，"报刊革命法庭审理利用报刊反人民的各种犯罪活动"。人民委员会授权该法庭执行罚款、封闭和没收资产阶级报刊等八项职责。

列宁领导的苏维埃政权实行封闭资产阶级报刊的政策，随着资产阶级报刊的一再反抗而逐渐坚决和彻底，列宁的这一政策，沉重地打击了资产阶级利用出版自由口号和资产阶级报刊反对红色政权的反革命活动，有力地巩固了社会主义新秩序。事实证明列宁的这个政策，是符合我国国情和适应当时国际斗争环境的社会主义出版自由原则的重要内容，是无产阶级专政的宝贵经验之一。

三　剥夺资本家的印刷所和纸张，也就剥夺了资产阶级出版自由

列宁十分看重出版自由的物质基础。他曾经讲过，只要最好的印刷所和大量的纸张被资本家霸占，只要资本还有统治报刊的权力，工人就不可能真正的民主，而出版自由只能是资本家的出版自由。所以列宁指出："问题不在于'出版自由'，而在于剥削者占有印刷所和纸张的神圣不可侵犯的所有权！！！"他提出：必须像在战争期间到处征用房屋、住宅、马车、马匹，征用资本家的印刷所和纸张。只有这样，才能剥夺剥夺者的出版自由，赋予所有的人民以真正的出版自由。

列宁认为，这是"真理"，"真理是一定会战胜的"。他把"苏维埃政权剥夺资产阶级的集会场所、印刷所和储藏的纸张，把它们交给劳动者及其组织完全支配"。写入了党纲政治部分第3条草案。他在1917年12月26日亲自签发关于征用资产阶级报纸《交易所新闻》印刷所以及该所的全部房舍、机器、印刷材料、纸张和其他财产的指令，把他的主张第一次付诸实践。

四　对广告实行国家垄断——战胜资产阶级报刊的重要手段

列宁指出，对资本家来说，"出版报纸是一种有利可图的资本主义大企业，富人把几百万卢布投入这种企业，资产阶级社会的'出版自由'就是富人每天发表数百万份报纸来系统地不断地欺骗、腐蚀和愚弄穷人——

被剥削被压迫的人民群众"。苏维埃政权建立以后，怎样"同这种令人气愤的罪恶现象作斗争"呢？列宁说，一个"特别适宜的"、"工人应该经常记住的"、"最简单、最有效、最合理的办法"，就是"对报纸上的广告实行国家垄断"。

列宁揭示了资产阶级报纸作为资本主义大企业的一个秘密：依靠广告生存。因此，如果对广告实行国家垄断，不给这些报刊刊登广告，就等于卡死了它们的生命线。列宁认为，由国家垄断广告的办法无疑是公平的。它对登广告的人有很大的益处，也对全体人民特别是最受压迫和最愚昧的农民有很大的益处，因为这样他们花不了几个钱或不用花钱就能拿到附有农民专刊的苏维埃报纸。

列宁坚决主张党和苏维埃的报纸要刊登广告，他将反刊登广告的意见嘲笑为"一个十二岁左右的天真的年轻小姐"的举动。他问道：你们不准《真理报》刊登广告，它又到哪里去拿钱呢？

五　从政治和物质上保障工农群众享有出版自由

剥夺资产阶级出版自由的目的，不仅在于使资产阶级不再握有政治组织和制造反革命舆论的武器，而且在于从政治上和物质上保证广大工农群众真正享有广泛的出版自由。列宁在由他签署的《出版法令》中就明确宣布了这一原则。该法令说："在新的秩序确立之后，政府对报刊的各种干预将被取消。到那时，报刊将按照这方面所规定的最广泛、最进步的法律，在对法律负责的范围内享有充分自由。"列宁要求在专政的保护下，所有那些被资产阶级文化创立起来欺骗人民和维护资本家的东西，我们都把它们拿过来以满足工人和农民的政治需要。要在历史上第一次不是为了资产阶级而是为了工农来利用现代大规模资本主义的印刷技术。

列宁在《怎样保证立宪会议的成功（关于出版自由）》一文中曾经设想过人民享有出版自由的计划：

"苏维埃形式的国家政权要把所有的印刷所和所有的纸张拿来公平地分配：首先是给国家，这是为了大多数人民的利益，大多数穷人的利益，特别是世世代代受地主和资本家折磨、压抑和愚弄的大多数农民的利益。

第二是给在两个首都获得10—20万选票的大党。

第三是给比较小的党以及任何一个有一定数量的成员或有某些人签名的公民团体。

只有这样分配纸张和印刷所才是公平的；在苏维埃掌握政权的条件下实行这种分配是毫无困难的。"

十月革命以后，除了个别报刊之外，私营报纸都采取了同新政权对抗的反革命立场。列宁的上述方案，因此而未能付诸实现，并对列宁以后的苏维埃国家的民主和自由的进一步发展，产生一定的影响。但是，同资本主义国家完全不同，在苏维埃俄国，资本已不再主宰报刊，新闻事业属于国家所有，人民成了报刊的主人，他们在历史上第一次享受到真正的社会主义的出版自由。

列宁正式创立了新闻工作的党性原则[*]

时统宇

明确而完整地提出新闻工作党性原则的是列宁

1905 年 11 月，列宁根据同孟什维克的党报进行斗争的经验，在新的形势下详细论证了党报的党性问题，明确提出了"党的出版物"的原则，系统地阐明了新闻工作党性原则的要义。

当时的历史背景是，1905 年的全俄政治罢工迫使沙皇宣布结社和出版自由，过去处于非法地位的社会民主工党的报纸迅速变成了合法报纸。在此之前，"当存在着非法报刊和合法报刊的区别的时候，党的报刊和非党报刊的问题解决得非常简单而又非常虚假，很不正常"。认为一切非法的报刊都是党的报刊，而一切合法的报刊则都是非党的报刊，因为党派属性是不准许有的。然而，当原来那些非法报刊变成合法的时候，人们更发现它们同那些自由资产阶级的合法报纸的腔调如出一辙——同以超党派自居。即使是布尔什维克的党报有时也不自觉地模仿原来的合法报纸那种超党派的口气。因此，为了表达布尔什维克鲜明的党性立场，也为了戳穿"无党性"报刊的伪善面目，列宁提出了党的出版物的原则。

列宁写道："党的出版物的这个原则是什么呢？这不只是说，对于社会主义无产阶级，写作事业不能是个人或集团的赚钱工具，而且根本不能是与无产阶级总的事业无关的个人事业。无党性的写作者滚开！超人的写作者滚开！写作事业应该成为整个无产阶级事业的一部分，成为由整个工人阶级的整个觉悟的先锋队所开动的一部巨大的社会民主主义机器的'齿

---

* 本文原载于《新闻知识》1994 年第 10 期。

轮和螺丝钉'。写作事业应当成为社会民主党有组织、有计划的、统一的党的工作的一个组成部分。"①

在《党的组织和党的出版物》一文中,列宁对新闻工作党性原则的阐述是明确的、系统的。首先,列宁分析了党的报刊宣传状况,提出了党的出版物原则,论述了党的文字宣传工作在党的整个工作中的地位和作用以及它不同于党的其他工作的特点,阐明了党的宣传机构与党的关系,为党的出版物撰稿的党员作者和党的同情者与党的关系。列宁指出:"出版物应当成为党的出版物。与资产阶级的习气相反,与资产阶级企业主即商人的报刊相反,与资产阶级写作上的'名位主义和个人主义''老爷式的无政府主义'和唯利是图相反,社会主义无产阶级应当提出党的出版物的原则,发展这个原则,并且尽可能以完备和完整的形式实现这个原则。"列宁认为,党的文字宣传工作应当成为党的事业的组成部分,党办的报纸杂志及其他出版物应当旗帜鲜明地宣传党的观点,为党的报刊撰稿的作者,特别是党员作者,应当同党的观点保持一致,绝对不允许背离党的观点。

其次,列宁精辟地分析了写作活动的特点,指出在这个事业中、绝对必须保证有个人创造性和个人爱好的广阔天地,有思想和幻想、形式和内容的广阔天地。"最不能作机械划一,强求一律,少数服从多数,最来不得公式主义"。同时,列宁又着重批评了那种打着"思想创作绝对自由"的旗号,企图摆脱党的领导和监督的资产阶级无政府主义和个人主义倾向。列宁明确宣布:"党是自愿的联盟,假如它不清洗那些宣传反党观点的党员,它就不可避免地会瓦解,首先在思想上瓦解,然后在物质上瓦解。确定党的观点和反党观点的界限的,是党纲,是党的策略决议和党章,最后是国际社会民主党。各国的无产阶级自愿联盟的全部经验,无产阶级经常把某些不十分彻底的,不完全是纯粹马克思主义的,不十分正确的分子或流派吸收到自己党内来,但也经常地定期'清洗'自己的党。""每个人都有自由写他所愿意写的一切,说他愿意说的一切,不受任何限制。但是每个自由的团体(包括党在内),同样也有自由赶走利用党的招牌来鼓吹反党观点的人。"② 很明显,列

---

① 《列宁全集》第 12 卷,第 93、79 页
② 同上书,第 95 页。

宁对党性与个性、自由与纪律的关系，作了辩证唯物主义的科学阐明。

另外，为了保证上述原则的实施，必须有坚强的组织保证，列宁要求："报纸应当成为各个党组织的机关报。写作者一定要参加到各个党组织中去。出版社和发行所、书店和阅览室、图书馆和各种书报营业所，都应当成为党的机构，向党报告工作情况。"党组织对违反这个原则、宣传反党观点的党员应当采取组织措施，直至清除出党，列宁还号召工人党员密切关注和监督这方面的工作。

这样，新闻工作党性原则的科学含义，在列宁的论述中已由零散发展到系统和完整，呈现出辩证的、联系的、有序的状态。

列宁正式提出并系统阐明新闻工作的党性原则不是偶然的，而是马克思主义新闻思想发展的必然结果，也是无产阶级革命斗争的必然要求。我们试以下列三条历史线索，来说明列宁正式创立的新闻工作的党性原则，有其必然性、必要性和不可逆转性。

一　新闻工作党性原则理论阐述中的逻辑联系

列宁关于新闻工作党性原则的论述不仅是俄国党的报纸工作的经验总结，也是对马克思恩格斯党报思想的继承和发展。一方面，列宁反复强调："打倒非党性！非党性无论何时何地都是资产阶级的工具和口号。……无论何时何地，我们也不应当削弱我们的严格的党性"。另一方面，列宁又认为，广泛的民主讨论、群众监督和批评自由，同党性要求的"行动一致"决不矛盾。他说："除了行动的一致以外，还必须最广泛地、自由地讨论和谴责我们认为有害的措施、决定和倾向。只有这样进行讨论，通过决议，提出异议，才能形成我们党的真正的公众舆论。只有在这种条件下，我们才会成为一个善于随时表明自己的意见，用正确的方法把已经确定的意见变成下一次代表大会的决定的真正的党。"他还说："在党纲的原则范围内，批评应当是完全自由的。"

作为对马克思主义新闻思想的重大发展和重大贡献，列宁关于新闻工作党性原则的系统阐述有着十分清晰的继承与发展的逻辑联系。作为彻底的唯物主义者，列宁与马克思和恩格斯一样，在论及新闻工作的党性原则时，决无顾此失彼的片面性缺陷。可以说，列宁对新闻工作党性原则的系统论述，是经典作家运用辩证唯物主义和历史唯物主义指导革命实践的成功范例之一。

二　坚持新闻工作的党性原则与建立和壮大无产阶级政党的必然联系

19世纪末，列宁把科学社会主义与俄国的实际相结合，初步提出了建立新型的无产阶级政党的任务。列宁于1900年在德国的莱比锡创办了《火星报》，使建立无产阶级政党的工作前进了一大步。《火星报》是宣传列宁建党思想的主要工具，也是列宁开展建党工作的核心阵地。它的出版与发行，为创立布尔什维克党造就了一大批优秀干部，并把许多革命者团结在列宁的周围，形成了一个拥护列宁的建党路线的火星派。办报—建党的着手点，列宁的实践是卓有成效的。

列宁创造性地提出了通过创办全俄政治报的途径，为党的统一和重建创造真正的条件。他根据俄国当时的实际情况，就党报的作用提出了一个著名的论断："报纸的作用并不限于传播思想、进行政治教育和吸引政治同盟军。报纸不仅是集体的宣传员和集体的鼓动员，而且是集体的组织者。"[1]列宁进一步形象地把报纸比喻为"引线"、"脚手架"、"巨大的鼓风机的一部分"等等。很明显，列宁不仅论证了党报在党的建立和壮大中的重要地位，也极大地丰富了马克思主义的建党学说。

在列宁的时代，正像布尔什维克党的建立和壮大是不可逆转的一样，新闻工作党性原则的明确提出也是历史的必然，要完成工人阶级的历史使命，就必须建立马克思主义的政党，而要建立这样一个政党，又必须依靠报纸这一工具和阵地，因此，坚持新闻工作的党性原则，就有着顺理成章的历史因果关系。

三　坚持新闻工作的党性原则与明确提出哲学的党性原则的有机联系

坚持新闻工作的党性原则，是运用科学社会主义理论指导新闻工作的

---

① 《列宁全集》第5卷，第8页。

必然结果。对于新闻工作的党性原则在科学社会主义理论中的地位以及它与马克思主义发展的内在联系，我们在前面已经作了一些分析。在这里，我们将以哲学的党性原则明确提出作为参照，进一步考察新闻工作党性原则提出的历史必然性和合理性。

历史常常有惊人的相似之处，正是在列宁抨击"思想创作绝对自由"的谬论，撕下"超党派"报刊假面具的时候。科学社会主义的理论基础——辩证唯物主义和历史唯物主义也面临着经验批判主义（马赫主义）的严重挑战，俄国马赫主义者波格丹诺夫之流也极力宣扬"超党派"哲学，借以反对辩证唯物主义。列宁总结了两条哲学路线的斗争，明确地提出了哲学的党性原则，对经验批判主义"无党性"原则的虚伪性及其反动实质给予了彻底的揭露和批判。

值得我们深思的是，列宁明确提出哲学的党性原则是在1908年，这与他系统阐述新闻工作的党性原则相隔不到三年。列宁在驳斥马赫主义的"无党性"谬论时，得出这样的结论：马克思主义哲学是"由一整块钢铁铸成的"，"决不可去掉任何一个前提、任何一个重要部分"，因此，历史唯物主义也是有党性的，新闻工作的党性原则从根本上说，是运用历史唯物主义原理观察新闻现象、指导新闻工作的根本原则；是哲学党性原则的社会意义的一个重要表现。如果说哲学党性原则的明确提出是揭示了哲学上两军对垒的认识论意义的话，那么，新闻工作党性原则的理论阐述和列宁的新闻实践，则为哲学党性原则的明确提出奠定了理论和实践基础。

十月革命的胜利，开创了人类历史的一个新纪元，也开创了无产阶级新闻事业的一个新纪元。列宁的新闻思想在新的历史条件下有了新的发展，新闻工作的党性原则也有了新的内容。一方面，列宁坚持社会主义报刊的宣传鼓动的共产主义性质，重申党和苏维埃的报刊必须成为"战斗的机关刊物"，继续肯定了其"宣传、鼓动和组织"的社会功能。同时，列宁第一次明确地确定了社会主义出版自由的原则，毫不留情地封闭资产阶级报刊，剥夺资本家的印刷所和纸张，对广告实行国家垄断。

另一方面，列宁根据党的工作重心的转移，提出"报刊应该成为社会主义建设的工具"，"把报刊由主要报道日常政治新闻的工具，变成对人民群众进行经济教育的重要工具"。作为世界上第一个社会主义国家的缔造者和领导者的列宁，十分清醒地意识到发展生产力对巩固新生的无产阶级政权的重要性和迫切性。列宁指出，工作重心向社会主义经济建设转移，要求"相应地改变领导人的职能"，他说，在过去，领导人主要是从事政治斗争的职业革命家，"对群众进行宣传的鼓动家"，这是很自然的。而在新的历史时期，经济建设的任务"把做实际工作的领导人和组织家提到了最重要的地位。根据这一情况，如果领导人不能适应新条件和新任务，就应当对他们进行适当的重新评价，适当的调动。"对党的决策层的这种要求，列宁是身体力行的。在对新闻工作的指导方针上，出现了影响深远的向经济建设倾斜的重大变化。列宁反复强调："我们应当而且一定要把报刊从发表耸人听闻的消息的工具，从报道政治新闻的普通工具，从驳斥资产阶级谎言的工具，变成在经济上重新教育群众的工具，变成向群众介绍如何按新的方式组织劳动的工具。"① 因此，党和苏维埃报刊应当少谈些政治，多谈些经济；少发些知识分子的空话议论，多刊登些生产建设的实际材料；少报道一些领导人的活动，多一些群众活动和劳动组织内部的公开报道。所有这些，都是列宁关于新闻工作党性原则在社会主义条件下提出的新的要求，对指导我们今天的新闻工作仍具有十分重要的现实意义。

---

① 《列宁全集》第 34 卷，第 137 页。

第三部分

理念阐析

坚持马克思主义的新闻真实观[*]

王　珏

今年 3 月 1 日出版的第 5 期《求是》杂志发表的江泽民、李瑞环同志关于新闻工作的两篇重要讲话，深刻精辟地阐述和回答了我国新闻界长期争论的一些重大理论问题。它是党中央新的领导核心指导新闻工作的纲领性的文件。全国新闻界深入学习和贯彻这两篇讲话精神，对提高新闻队伍素质，加强新闻理论建设，增强新闻宣传工作党性，沿着正确方向深化新闻改革，打破西方"电波战"的攻势，促进社会的稳定和发展，都将产生巨大的深远的影响。

江泽民同志在阐述新闻真实性问题时说："要做到真实地反映生活，就要深入进行调查研究，不仅要做到所报道的单个事情的真实、准确，尤其要注意和善于从总体上、本质上以及发展趋势上去把握事物的真实性。"这是马克思主义哲学在新闻工作中的具体运用，是对新闻工作历史经验特别是对去年动乱暴乱期间新闻工作经验教训在理论上的正确概括和总结。

真实，是新闻的生命，是广播电视报纸信誉的基石。新闻要真实，在原则上谁也不反对，可是对新闻真实性原则的内涵就有不同的解释。分歧的焦点就是真实性是否应该包括"本质真实"和"总体真实"这样更高层次的要求？实践是检验真理的唯一标准。去年北京政治风波期间正反面的新闻实践经验，再一次以极大的鲜明性回答了这个问题。

从认识论的意义上说，新闻工作就是调查研究、认识社会和反映社会的工作。客观世界是现象与本质同在，主流与支流并存，新旧事物同

＊　本文原载于《视听界》1990 年第 3 期。

在，真善美与假丑恶并存。真实地反映生活，就应该既有事物表面现象的真实，又有事物内在本质的真实；既有个别具体事实的真实，又有整体事实的真实。社会主义新闻真实性原则应该是现象真实与本质真实的统一，具体真实与整体真实的统一，微观上的准确性与宏观上的全面性的统一。缺少任何一个方面，新闻报道都不能如实地反映客观实际的本来面貌。

现象真实和具体真实是新闻报道的起码要求，就是新闻报道所反映的事实必须确凿无疑，时间、地点、人物、情节以及背景等都准确无误，不允许任何虚假差错。这就划清了新闻报道与文艺作品的界限。

整体真实和本质真实是指一段时间里广播电视报纸的新闻报道，要反映整个社会生活的真实、历史的真实和时代的真实。马克思主义的认识论是"能动的革命反映论"，新闻报道反映客观世界，不是照镜子式地消极被动的反映，而是能动的反映。具体地说，就是要求新闻工作者学会运用阶级观点、全局观点、联系观点和发展观点，对客观事物进行深入的科学分析，透过纷繁的现象，在具体真实的基础上，通过连续报道来反映事物的全貌、事物的本质和主流以及事物发展的趋势。

本质真实和整体真实是现象真实和具体真实的深化和提高。虽然不能要求每条消息都反映事物的本质，但是从广播电视新闻节目和报纸版面的总体上，报道复杂的社会现象的大多新闻，都力求做到反映事物的本质和主流。这样，新闻报道才能真实地反映社会生活，引导人民群众正确地认识形势，为建设自己的新生活而努力奋斗。

本质真实和整体真实，要求反对和防止新闻实践中的客观主义倾向。客观主义倾向的特征是：背离无产阶级立场，放弃马列主义革命原则，曲解党的路线、方针和政策，崇拜群众的自发性，不顾新闻宣传工作的社会效果和影响，罗列、堆砌、渲染某些丑陋现象，拜倒在眼花缭乱的社会现象面前，分不清本质与现象、主流与支流、必然与偶然、个别与一般，看不到人民群众改造社会的伟大力量只有在马克思主义政党的正确领导下才能得到充分发挥。客观主义的报道在本质和整体上是不真实的，在思想上是主观主义和形而上学的表现，在政治上是有害的。它混淆不同事物的本质区别，会造成人们的思想混乱，模糊正确的政治方向。去年春夏之交北京政治风波期间，在赵紫阳5月4日、5月6日讲话等一系列错误言论鼓动下，首都部分新闻单位的舆论导向一度发生严重倾斜，对游行、静坐、绝食等采取充分肯定、积极支持的态度，把极少数人旨在推翻共产党、颠覆中华人民共和国的政治阴谋策动下出现的学潮，当成"国内人心所向"的民主要求和"反腐败"的呼声来报道，把国际反共逆流说成"国际进步潮流"，毫无实事求是之意，却有唯恐天下不乱之心。整个新闻报道不真实、不客观、不公正的倾向愈演愈烈。这种歪曲事情本质、混淆是非的宣传报道，放弃了社会主义新闻工作对群众进行思想教育和正确引导的重要政治责任，放弃了党和政府对这场严重政治斗争正确方针的宣传。错误的舆论导向引发群众对政府的不满，使越来越多的人上街游行支援学生，社会秩序被严重破坏，经济受到严重损失。

有些新闻报道，孤立地看每一条新闻，在时间、地点、人物、数字等细节上都是真实的。但是人们仍然感到它是虚假的。因为从总体上和本质上看它是不真实的。在去年北京政治动乱不断升级的形势下，某报连续十天刊登的《北京戒严第 x 天》和《六一天安门一瞥》等头版花边新闻，某电台报道5月15至5月21日北京市的交通、治安事件和火警下降的消息，一些报纸广播电视上不断出现表现市民与被围堵军队"联欢"的新闻照片音像资料。这些报道都带有很大的片面性和表面性，掩盖了事情的另一面，即北京处于严重无政府状态及由这种状态导致的首都北京社会秩序的一片混乱。而这些报道却说什么"首都社会秩序一如往常"，"社会秩序继续向稳定的方向发展"。这种随意挑选个别事实、以点代面、以偏概全、瞎子摸象式的新闻报道，正如列宁所说："连儿戏也不如"。

多年来，反对"本质真实"论的同志认为，现象与本质是哲学概念，不能把它引进新闻学，"本质真实"的要求不符合新闻规律，把它"外加到真实性上来"，会使新闻真实性"超负荷"。这种观点把马克思主义哲学当成与新闻学等量齐观的一个学派，客观上是否定马克思主义哲学在新闻学研究中的指导地位，显然是错误的。讲求时效固然是新闻规律，连续不断地反映社会生活不也是新闻规律吗？马克思说："如同生活本身一样，报刊始终是在形成的过程中，在报刊上永远也不会有终结的东西。""只要报刊有机地运动着，全部事实就会完整地被揭示出来。"①

我们的报纸广播电视只有正确地反映客观事物的本来面貌，才能帮助人民群众正确地认识客观事物，从而能动地改造世界。所谓认识客观事物，主要是指认识客观事物的本质，即一事物区别于其他事物最稳定的特性。要求达到新闻完全真实，涉及新闻工作者的立场、能力、认识水平、思想学识修养和对全面情况的掌握，认识能力和表现能力的锻炼等等。最重要的是要紧密结合新闻实践学习和掌握马克思主义哲学这一"伟大的认识工具"——最科学最完整的世界观和方法论。

---

① 《马克思恩格斯全集》第 1 卷，第 187、211 页。

纪念恩格斯发展社会主义新闻学[*]

喻权域

一百年前的 8 月 5 日，伟大的革命导师和思想家恩格斯与世长辞了。一百年来，世界各国的共产党人和革命人民一直怀念他，学习他的著作，研究他的思想，用以指导自己的工作，推动社会历史向前发展。

恩格斯是马克思的亲密战友。恩格斯和马克思一起，共同创立了马克思主义思想体系，开创了无产阶级社会主义革命的新纪元。我们提到马克思主义，就想到马克思和恩格斯，想到他两人的著作。

目前世界上，马克思主义和社会主义运动处于低潮。西方一些人兴高采烈，宣称"马克思主义破产了"。社会主义国家也有一些人以为马克思主义"失败了"，"过时了"。我看，低潮只是暂时现象。

马克思主义是科学，科学是打不倒的，是不会过时的。今天，坚持马克思主义、社会主义的中国，兴旺发达地巍然屹立于世界的东方，就是明证。

苏联和东欧国家的剧变，确实是世界社会主义运动的严重挫折，但绝不是资本主义的胜利。抛弃马克思主义、改走资本主义道路的国家，无不陷入困境，内部纷争，经济下降。根据他们官方发表的统计资料，四五年间，国民生产总值平均下降一半，人民实际收入比剧变前下降 45％—50％。俄罗斯下降 54％。俄罗斯政府今年发表的一个统计数据尤其惊人，过去四年间，俄罗斯的人均预期寿命从 70.5 岁下降到 65.5 岁，整整下降 5 岁。这真是沉痛的教训！

---

* 本文原载于《中国记者》1995 年第 9 期。

就在这四年里，我国的人均预期寿命却从 68.55 岁上升至 71.5 岁。上升了将近三岁。

鲜明的对比说明：坚持还是抛弃马克思主义，走不走社会主义道路，情况大不一样。

马克思主义是科学，科学是需要不断发展和丰富的。只要我们坚持马克思主义，发展马克思主义，并能将马克思主义基本原理与本国的实际相结合，就能使马克思主义焕发青春，给世界人民开创一条光明大道。

对于那些攻击、嘲笑马克思主义，说马克思主义"破产了"、"失败了"、"过时了"的人，我想用两句唐诗来回答：尔曹身与名俱灭，不废江河万古流。

恩格斯和马克思一样，学识渊博，是百科全书式的人物。他们不仅建立了辩证唯物主义与历史唯物主义、剩余价值学说、科学社会主义，他们在新闻传播事业上也有巨大贡献。

恩格斯写的大量新闻通讯、调查报告和报刊评论，至今仍是我们学习、借鉴的榜样。

恩格斯在新闻学、新闻事业和党报体制方面，也有不少论述，值得我们认真研究，并将其中具有普遍意义的部分运用于今天的中国。

恩格斯晚年，第二国际成立了。第二国际各党在思想、理论、政策、策略和组织上并不成熟。最大的不同是，各党在本国处于被压迫地位，并没有成为执政党。因此，简单地把恩格斯一百年前对第二国际领导人说的关于党报体制的某些话照搬过来，运用于今天的中国，就不合适。

1921 年，列宁在《论粮食税》一文中，给无产阶级专政下了个定义："无产阶级专政就是无产阶级对（国家）政治的领导。"

今天的中国是人民民主专政的国家，人民是国家的主人。工人阶级及其先锋队共产党如何领导政治，如何组织 12 亿人民行使当家作主的政治权利，如何集中 12 亿人民的意志，如何集中人民的正确意见，使之变成国家意志，并将它贯彻于全国，尚有许多具体问题需要研究。马克思主义的新闻工作者如何采访报道新闻，如何全面准确地反映 12 亿人民的工作、生活与各种意见、要求，如何发展新闻传播事业，如何管理和指导新闻事业，是新闻学界需要认真研究的重大课题。

在这些方面，我们有成功的经验，也有"左"的教训和"右"的教训。我想，我们应当运用马克思主义基本原理，总结历史上成功的经验与"左"的和"右"的教训，研究中国今天的国内实际和国际环境，建立和发展具有中国特色的社会主义新闻学和新闻传播事业管理学，为中国的社会主义建设服务，为中国人民和世界人民服务。

坚持马克思主义新闻观[*]

吴冷西

近十多年来，在新闻领域中坚持四项基本原则、反对资产阶级自由化的斗争，几起几落，特别是经历 1989 年的激烈交锋之后，更加丰富和发展了有中国特色的马克思主义新闻理论。

历史表明，我国马克思主义新闻理论，从"五四"时代的萌发，经过革命战争年代的成长和壮大，人民共和国成立后的系统化，改革开放时期的发展，有着光辉的历程、实践的基础、理论的体系、鲜明的特性、优良的传统和现实的优势，富有旺盛的生命力和坚韧的战斗力。

中国共产党的几代领导人和从事新闻工作的卓越代表人物，以他们的实践和论述，都为我国马克思主义新闻理论提出了一系列的原理、原则、方针、政策、工作作风和工作方法。主要有：

（一）新闻工作为人民服务、为社会主义服务的宗旨。

（二）新闻工具是党、政府和人民的耳目喉舌，是党的路线、方针、政策的宣传者和组织者，是党、政府和人民群众之间的桥梁。

（三）新闻的真实性原则和调查研究、实事求是的原则。

（四）新闻的阶级性和党性原则。

（五）政治家办报原则，贯彻党和国家的政治立场、政治主张和政治观点。

（六）新闻工作的三大作风：理论联系实际，密切联系群众，批评和自我批评。

---

* 本文原载于《当代思潮》1996 年第 5 期。

（七）新闻工作的群众路线，全党办报、群众办报。

（八）深入实际、深入群众的方针。

（九）继承和发扬优良传统和有分析地吸收中外古今之长的方针。

（十）旗帜鲜明、尖锐泼辣、生动活泼、中国气派、群众喜闻乐见的风格。

（十一）建设政治强、业务精、纪律严、作风正的又红又专的新闻队伍。

（十二）加强和改进党对新闻工作的领导。

以上这些，都是同西方资产阶级新闻理论、同资产阶级自由化的新闻思想根本对立的，都是需要我们新闻工作者特别是新闻理论工作者在改革开放历史时期，努力坚持并创造性地加以发展的，以加强马克思主义新闻理论阵地，肃清资产阶级自由化新闻思想影响，把我国社会主义新闻事业不断推向前进。

本书作者十多年来坚持马克思主义新闻观点，陆续发表了许多很有见地的论文，为反对资产阶级自由化作出了贡献。本书选入作者1987年至1996年的论著，读者从中可以看到作者的理论成果，也可以看到我国新闻领域中坚持四项基本原则、反对资产阶级自由化斗争的踪迹。

在这21世纪行将来临之际，我国新闻界肩负着重大的历史使命。这就是充分发挥新闻工作的应有作用，同全国人民一道，完成我国社会主义发展战略的三大步骤。我国新闻界在改革开放十多年来取得了重大的成就，但也毋庸讳言，我们现有的水平，同艰巨而光荣的历史使命相比，还存在很大的差距。要缩小这个差距，最根本的是建设一支强大的跨世纪的新闻队伍，一支政治强、业务精、纪律严、作风正的新闻队伍。普遍提高全体新闻工作者的新闻理论水平，就是队伍建设中一项十分重要的工作。

我们深信，在马列主义、毛泽东思想、邓小平建设有中国特色的社会主义理论指导下，在以江泽民同志为核心的党中央的领导下，我国新闻界统一思想、齐心协力，奋发进取，讲求实效，一定能够完成跨世纪的伟大任务。

（本文系吴冷西为林枫著《新闻改革理论探索》一书所写的序，标题为编者所加）

西方"马克思主义"传播研究状况(上)*

姜克安

　　在西方，特别是在西欧，运用马克思主义观点（或接近于马克思的观点）研究大众传播学的学者，多数都是西方传播学批判学派的成员，或是赞同和支持批判学派的学者。尽管当前在西方，以马克思主义观点研究大众传播学还远没有达到流行的程度，出版的著作和发表的文章为数不多，突出的研究成果也比较少，但已经形成了独特的方法和观点，并具有一定的科学价值，下面分国家予以简单介绍。

　　（一）法国。在西欧，以至在整个西方，法国的传播学研究比较活跃，而且马克思主义的传播学者也在发表意见和文章，他们围绕一个时期的中心课题，和法国其他的传播学流派展开争论。

　　法国传播学界曾长期研究传播媒介的机构问题。从 60 年代至 70 年代末，被称为"马克思主义左派"的传播学者，和被称为"新右翼"的传播学家，都集中对法国大众传播媒介进行了"政治批判"，他们围绕媒介对法国社会的影响问题，提出了种种质疑和批评。

　　当时，所谓"新右翼"的代表人物是尼吉士·德伯雷，他在 60 年代曾是法国知识界左翼运动分子，可是进入 70 年代，他转而唱起新右翼的论调了，德伯雷提出，人们务必首先理解法兰西"知识分子力量"的结构。他自封为现代法国知识界的代表，并认为少数"反自由"的知识分子已垄断了法国的传播媒介，他们从技术和政治方面决定了整个社会的思潮，德伯雷的话反映了新右翼的企图，他们打算抵销"马克思主义左派"的影响。

---

　　* 本文原载于《国际新闻界》1991 年第 1 期。

在研究"知识分子力量"结构的课题中，一些支持德伯雷的学者获得了某些"成果"。例如：伯纳德·伏耶列从所谓"词法学"的角度出发，研究了法国报纸的各种主题，借以提醒新闻工作者关注新闻业务皮埃尔·斯查菲则研究新闻工作者究竟扮演什么角色。他认为新闻工作者既是传媒作者和公众之间的"调解人"或"中间人"，又是那些"合法垄断"知识的"权威群体"（即专家们）和"传播机器"控制者之间的"调解者"。斯查菲由此得出结论：任何大众传播媒介的体系，都无一例外地包含上述那"两个关系的三角形结构"。倘若伏耶列对传播媒介"词法学"或语言学的研究，算不上是一种形式主义的探索，至少也是一种比较纯粹的业务性分析。而斯查菲虽然为提出"两个三角形"模式确实费了一番脑筋，但遗憾的是，他几乎完全忽视了一个重要事实，即任何大众传播体系都无一例外地受到各种社会因素的影响。正是在上述背景之下，法国的"马克思主义左派"传播学者，在60—70年代，以至80年代，带有针对性地出版或再版了马克思主义者关于文化、语言和传播问题的著作，对法国传播学界的反马克思主义学说和思潮，展开批驳。例如：1966年，巴黎出版了马克思主义者关于文化和语言问题的汇编，其中收集了罗杰·伊斯塔伯勒特的论文《文化和思想》，介绍了历史唯物主义观点及其观察问题的方法，以及它们所阐述的"文化"的定义。埃迭列·鲍里巴的《马克思主义和语言》。介绍了斯大林的有关论述，例如语言学中关于政治和思想的关系，以及它们的研究对象和课题。马希尔·柯亨的《关于语言和社会学的关系问题》，共两卷，出版于1956年，1978年在巴黎再版。该书乃法国共产党人语言学专门论文的汇集，共包括四部分：一，语言及其与社会的通常联系（语言和社会工具，用来书写，抽象观念等）；二，语言和社会群体的关系（社会内聚力、社会分类等）；三，语言的功能（在礼拜和宗教、社会实践中的作用，以及它的双重作用、娱乐功能等）；四，语言及其对文明生活的依存关系（语言的变化和统治阶级、民族、国家、以及国际关系的联系）。罗萨林德·鲍赫林格、琼——克劳德·萨罗门合编的《马克思主义读物，第一卷》，1977年法国巴格诺勒特出版，该书汇编了4000册英、德、意文书籍、小册子和杂志的目录，而且刊登了作者一览表。具体分类有"思想"和"工人阶级与文化"等。还包括摄影、语言学、民俗学、电影、报刊、广播和电视等。

法国最有影响的传播学研究机构是"国际大众传播媒介研究中心",简称"IMMRC",总部设在巴格诺纳。它主办不定期刊物《马克思主义和大众传媒:有关的基本目录》,宣传马克思主义思想和进步观点,并出版了下列关于传播问题的重要著作。

阿曼德·马特纳特和塞思·希格拉普合编的《传播与阶级斗争,第一卷:资本主义,帝国主义》。该书于1979年分别在法国和美国纽约出版。第一卷分为四组共64篇论文,实际上是两大部分,即分析传播学理论和实践之间的关系,以及分析传播学在阶级斗争过程中的发展。四组论文的具体内容包括:一、马克思主义传播观的基本观点(包括马克思、恩格斯、毛泽东等的16篇文章);二、资产阶级的传播理论;三、传播学中关于资本主义的方式和结构;四、垄断资本主义和帝国主义,以及它们在思想方面对全球的控制。

乌菲斯·狄·拉·哈耶的《卡尔·马克思和弗里德里希·恩格斯关于传播的定义:选辑》,1980年出版,这是第一本汇集马克思关于传播的论述的书。

该书围绕资本主义社会商品活动中的人类传播行为的关系问题,介绍了马恩的有关论述,诸如传播和生产力,社会关系,交换关系,城乡差别,货币流通以及战争等方面的关系等等。

此外,1976年由法国共产党查赫印刷者委员会主编和出版了《工人反对危机、浪费、垄断集团和独裁主义的斗争》一书,分析了传播和工人斗争的关系问题。法国"国际发展中心"于1975年出版了《大众传播媒介和南北经济的关系》,该书运用马克思主义的传播观,对发展中国家的传播事业与经济发展程度的紧密联系问题加以分析。70年代末,法国还出版了以马克思主义观点分析传播问题的著作,主要研究课题是,关于法国的传播机构,批判反动的"报刊政治地理论",还有对现代电子传媒的分析,例如《新闻通讯社电子计算机:法新社》、《通讯卫星系统》和《电子计算机:历史情况和变为赢利产业》等。

(二)意大利。在欧洲主要的西方国家中,意大利的传播学研究起步较晚而且在理论和方法论方面又遇到困难。围绕"研究焦点"的问题,意大利传播学界中的符号学派、社会语言学派、社会学派和马克思主义学派纷纷发表意见，拿出本学派的"药方"，看谁能消除意大利传播学界面临的危机。

按意大利马克思主义学派的看法，意大利传播研究产生"危机"的原因是，在过去的研究模式和研究的问题上，都存在缺陷，加上许多意大利学者又不加批判地引进外来的、特别是美国的传统模式。马克思主义学派还批评说，在研究中不提出任何社会性的问题，就会导致大众传播学的失败。他们指出，意大利传播学者不能不研究以下这些课题：关于信息传播者，受众和社会文化的来笼去脉；组织机构、文化分布状态之间的关系；处于主导地位的所有制和权力的状况，控制媒介形成的结构所贯穿的原则。意大利的马克思主义学者认为，为了看清大众传播媒介的形成过程，就必须对制作作品和传播作品的机构加以了解。同时也要认识产生这些机构的根源，以及它内部所存在的矛盾。归根结底，大众传播体制的变化是和社会的变化相联系的。

在争论中，一位反马克思主义的学者罗斯蒂主张：只有从掌握新文化、新知识入手，才能消除意大利传播学研究的危机。他认为，出版界、新闻界中各个机构矛盾重重，问题成堆，并波及许多地方。其他反马克思主义的流派如符号学派和社会语言学派则主张，只有运用他们这两门学科，才能弥补传播学研究的局限性，从而使意大利传播学研究"起死回生"。

在这场辩论中，意大利马克思主义学者和进步学者撰写文章，发表著作，结合意大利资本主义制度下传播媒介的实际问题，进一步宣传了马克思主义的传播观，也扩大了马克思主义学派的影响。例如，著名的意大利马克思主义传播学家契奥尼·赛萨里阿，在其《电视奇观》（1974年出版）一书中，提出要全面研究信息、传播者、受众、媒介结构和社会主义之间的联系。1978年6月，他又在意大利《唯物主义理论组通信》杂志上发表文章，题为《大众传播媒介设备的构成》，他运用马克思主义观点，分析现代传播媒介组织过程、制作过程和传送信息的过程，包括资本主义社会的劳动分工，以及资本主义对传媒设备的需求、传播模式、资本主义产品和市场等。

西方"马克思主义"传播研究状况(中)[*]

姜克安

  (三)英国。英国传播学界不乏运用马克思主义观点(或接近于马克思主义的观点)的学者,例如格雷享姆·默道克、彼得、戈尔汀、约翰、威斯特嘉德、奥立弗·鲍伊德—巴里特、安东尼、史密斯和詹姆士·柯伦等。可以说,其中有的学者是批判学派中马克思主义流派在英国和欧洲的代表人物。

  英国拥有七、八个正式的传播研究中心或单位,它们大都是高等院校的附属机构,并不是官方或党派的团体。英国至今尚没有一所由共产党主管的研究机构,或完全由马克思主义传播学家组成的研究团体。英国传播学界的马克思主义学者并未组织起来,大都分散在各自的单位里,或从事研究工作,或从事教学,或边教学边研究。例如:戈尔汀担任研究官员,在莱赛斯特大学的"大众传播研究中心"工作。史密斯是电视摄制者,也是传播媒介问题的专家,牛津圣·安东尼大学的特别研究员,近30—40年来英国的传播学界,也象法国那样划分为两三种流派,即马克思主义的、文化研究的和运用资产阶级社会学的三种派别。但英国三派不像法国那样热衷于学术辩论,也不像法国的非马克思主义学派那样讨厌马克思主义的学派。英国传播学界基本上是一片"友好相处"的局面,各派别是你干你的,我干我的,虽然彼此在文章中有所交锋,但谁也不急于和别人围绕某些问题大争大辩一番,并将对方从学术论坛上轰出去。也许这反映了英国学术界那种持重、保守的传统风格。

---

  * 本文原载于《国际新闻界》1991年第2期。

英国传播三种流派所进行的不同课题的探索，是在英国国内外特定的政治、社会背景下所形成的学术分工，从促进英国传播学研究事业来说，三者已经缺一不可了。近年来，英国的马克思主义流派也较为活跃，从它们公诸于世的研究成果来看，多半集中于两大方面：

首先，剖析大众传播媒介和社会的关系；其次，探索媒介组织和占有的情况。相对来说，后一方面恰恰是美国的短处，英国一些学者常表现出一种民族自豪感，他们说：美国人不愿碰"控制分析"，我们就要碰一碰！当然，英国马克思主义学者在这方面更是如此了。其实，上述两大课题无疑是具有内在联系的。从马克思、恩格斯的传播观出发，英国的马克思主义学者往往将媒介置于宏观境界加以审视，并集中观察媒介拥有者、控制者和社会权力结构之间的关系，以及信息的思想含义和它所具有的再次体现社会体制的作用。英国马克思主义学者威斯特喜德、默道克和戈尔汀等人正在从事这方面的探索，并撰写和发表了几篇颇有份量的学术论文。具体题目是：默道克和戈尔汀合写的《资本主义、传播学和阶级关系》，威斯特嘉德的《权力、阶级和媒介》。

这里着重介绍《资本主义、传播学和阶级关系》一文，借以说叫英国马克思主义传播学家批判性文章的份量，由此可以看出目前国际大众传播学批判性研究水平所达到的高度。在这篇文章中，默道克和戈尔汀运用和引用了马克思、恩格斯的《德意志意识形态》和马克思的《政治经济批判》两篇著名文章的观点，也引用了他们所同意的几位西方学者的看法。这篇论文可算做近年来批判学派的代表作之一。

默道克和戈尔汀的论文指出："……对于相互关联的各种标准的大众传播系统，以及更为广泛的社会结构的核心部分，我们在综合分析方面仍做得不够。总之，为寻求一种适应需要的联合性的工作，多数评论家曾顽固地回避了分层理论，他们要么完全忽视了阶级问题，要么则否定阶级的全部存在。

为消除目前传播学领域的分裂状况应对大众传播学和社会生活的关系，开展一种更为科学的探索，即创造一种传播学的全面理论。"

"在一本新出版的传播学刊物里，编者在其前言内首先提到：过去，正象对于知识所采用的分门别类的那种方法，我们对人群也是加以划分的。将分散重新归纳起来的方法之一，是通过综合那些以人类每一成员和整个社会为基础的原则，也就是通过传播学……，在人类或社会生活中，不可能不通过某些方法去参加传播活动。而我们彼此相联系的传播方式，就决定我们拥有哪种类型的社会面貌。"（撒耶 1974 年）

默道克和戈尔汀批驳了撒耶的观点。他们说："……这是一个荒谬的解释。他忽视了一件事实，即：关于学科的区分，不能简单地认为是为了综合起来方便，或者认为是学术权威大厦的产物，而是由于各种理性探索存在着根本和本质上的区别。许多社会学家，包括我们自己，对于此种传播学程式的基本主张，即所谓传播'决定我们拥有哪种类型的社会面貌'的说法，是不会同意的。反过来说，社会学的分析是从完全对立的主张出发的。该主张认为，正是社会关系的结构才决定了传播学程式，以及决定了人们表达文化的方式……。"

默道克和戈尔汀提出了一个非常重要的问题，即究竟是人类的传播活动决定了人类社会面貌，以及人类传播活动的方式。

在论文中，默道克和戈尔汀概略地介绍了英国传播学家通斯塔尔的《工人阶级与传播工具》，由此说明近年来英国和一些欧洲国家，在"大众传播工具和阶级"的关系方面所进行的卓有成效的研究。

引人注目的是，论文剖析了发达的资本主义国家企业的垄断化。论文指出，目前，在这些国家里，就传播企业而言，资本主义联合结构有两种基本情况：一种是"在一些大型公司的掌握下，集中已成为长期发展变化的趋势"；另一种是"扩大多种经营则产生了媒介合成体，它们在传播和服务性企业的一些部门中掌握着股份"。论文进一步写道，传播企业的集中趋势，不仅在于企业联合的数量，还在于"媒介合成体今后能够极大限度地扩充它们的控制潜力，包括'控制它们时代的生产和分配方案'"。论文还说明，创建这些媒介合成体的家庭或他们的继承者，在他们所控制的传播企业中，"保持着举足轻重的地位，并往往控制着利润的分配，无数例子表明，他们也身居总管和经理的位置。"

论文写到这里，围绕传播学控制分析的问题，默道克和戈尔汀还提出了今后应重视的课题："在实践中，这种控制的潜力究竟有多大，人们对此确实认识到什么程度？""无论怎样，核心问题在于：究竟按照谁的根本利益行事，并如何实行这种控制？"

和西方某些传播学论文相比较，默道克和戈尔汀的论文并未停留于空泛的议论，而是针对西方传播学过时或错误的论点，并结合美国、英国传播工具的实际状况，做了有理有据的驳斥。这样的论文不仅具有学术价值，而且也包含着指出传播学研究的新方向的重要意义。

在英国，在马克思主义传播学家已出版的著作中，除了同时既结合英国情况，又涉及美国和其他一些西方国家的情况以外，还有一些著作和论文是专门针对英国，或者美国的。戈尔汀在 1974 年便发表了题为《大众传播媒介》的著作，人们称该书是"从社会主义者角度对英国传播媒介进行研究"。

戈尔汀的研究的确较为全面，包括英国媒介的演变、结构和社会机构，它和社会科学的关系，它和社会制度的关系，传播者和传播媒介的产品（作品）等等。这篇论文广泛地触及了英国报刊、出版物、广播、电视和电影等主要传播媒介的历史和现状。柯伦有一篇专门评论英国报业的文章也颇为著名，即《资本主义和对报界的控制，1800—1975 年》。

对美国传播媒介的分析，比较早而且影响大的一本书，要算 1951 年 6 月出版的《美国对英国文化的威胁》。该书问世的背景是：1951 年 4 月 29 日，英国共产党在伦敦召开了一次会议，集中揭露和批判美国对英国的文化渗透，而且特别提到美元、种族主义和暴力活动的影响。该书汇集了 13 篇发言稿。

西方"马克思主义"传播研究状况(下)[*]

姜克安

（四）联邦德国。联邦德国有两个主要研究传播学的机构，一个在原西柏林，简称"AUK"；另一个在汉堡，名为传播媒介宣传研究中心，简称"MPZ"，出版一份名叫《传播》的杂志，这两个机构对联邦德国传播学研究具有指导性的影响。它们并不是什么政党或流派主管下的权威学术团体，但联邦德国马克思主义学者或进步学者也较为重视它们的动向，并相互有所影响。

近年来，联邦德国传播学界侧重于传播媒介研究，特别是电子传播媒介，例如：大约在 80 年代初，AUK 传播学研究机构出版了由罗尔夫·林德勒编辑的关于电影、电视的社会作用的著作，在 70 年代，弗德尼奇·克尼尔尼就编辑出版了以马克思主义观点分析影片（包括革命影片）的著作，几乎同时在慕尼黑也出版了结合社会学、政治学评论影片的书籍。1976 年，豪斯特·霍尔赛的《关于联邦德国有线电视的报告》问世，这是一本以马克思主义观点写成的著作。霍尔赛是慕尼黑共产党党员，从 60 年代起，在联邦德国未开垦的新闻传播理论的领域里，他以撰写社会学著作而成为这一学科的开拓者。林德勒的《德国广播业五十年》也是在这时出版的，它称得上是一本观点进步的、重要的关于传播媒介的著作。

联邦德国传播学界和新闻学界派别众多（诸如马克思主义学派，法兰克福批判学派以及不同程度地具有右倾色彩的慕尼黑学派、闵斯特学派和美因兹学派），传播学理论五花八门，彼此间也不断争辩。例如，关于大

* 本文原载于《国际新闻界》1991 年第 3 期。

众传播媒介的任务和作用，联邦德国传播学界就有三种观点，即"因果的"、"官能的"和"信息的"观点。

"因果"论认为，传播者控制传播工具来传播信息，总是力图影响受传者的，这是大众传播工具的任务。"官能"论则认为，由于在心理上，受传者受到复杂的人际关系和社会关系的影响，他们不一定相信传播者的信息，也不一定按照传播者的要求去行动，因此，"官能"论的注意力集中于人的心理状态，基本上否定了传播工具的作用。"信息"论认为，"因果"、"官能"的观点都已过时，理由是信息传播并不只是传播者和个别受传者两者之间的"伙伴关系"，而是大众传播工具和社会整体间相互关系的总和。在联邦德国传播学界鼓吹"信息"论的学者，先是瓦格涅尔，后来是闵斯特学派的列尔格教授。用列尔格的话来说，所谓"信息"，实际上是一种"传导"。他的结论是：无论从事实或从理论上来看，大众传播工具都应该是少数人对多数人从单方面施加影响的工具（即少数"上层人物"影响多数"下层群众"）。其实，更为准确地说，列尔格的所谓"上层"和"下层"，并非指社会结构中的"上层"和"下层"，而是一般地指传播者和受传者。总而言之，三种观点的差别或矛盾，仅仅在于对大众传播工具效力的大小估计不同，联邦德国传播学界各种流派对于传播工具所承担的社会任务的基本看法，大体上还是一致的。

联邦德国马克思主义传播学家和进步的学者，都致力于科学地研究并解释大众传播工具的社会性质，除了霍尔赛关于"传播社会学"的系列著作外，还有结合联邦德国实际情况，论述"帝国主义和文化"的关系的著作，以及介绍马克思主义论述文化问题的著作。

马、恩早期的人民报刊思想同后来的
党报思想的关系[*]

李　波

　　马、恩早期的人民报刊思想是他们的革命民主主义思想的主要部分。马克思在《"莱比锡总汇报"的查封》一文中提出"人民报刊"的概念，并说，《莱比锡总汇报》只是整个德国人民报刊的一个必要的组成部分。《莱比锡总汇报》反映了资产阶级舆论。它符合当时德国人民——工厂主、手工业者、小商人、工人，农民的利益，反映了他们和封建势力斗争的愿望和要求。马克思称之为人民报刊，指出其性质是资产阶级报刊。

　　马克思把人民的报刊称为自由出版物，他把报刊看作"人民用来观察自己的一面精神上的镜子"，是"人类自由的实现"。他希望报刊能自由地表达人民的意志和愿望，并得到法律《出版法》的保障。马克思要求报刊生活在人民当中，和人民同甘苦，成为人民同国家和世界联系起来的纽带。马克思当时主编的《莱茵报》，就是人民报刊。

　　《莱茵报》是莱茵省资产阶级创办的，对普鲁士专制政体抱有对立的情绪，自然它属于资产阶级民主报刊的范畴。可是，当马克思担任主编后，它又不同于一般的资产阶级民主报刊，而是具有维护劳动群众利益，彻底反封建的革命民主主义倾向。

　　马克思认为：治人者和治于人者都需要有"第三个因素"——这就是"自由报刊"。这种报刊应该是政治的因素，但不是官方的因素，不以官僚的意志为出发点它是市民的因素，但不是和个别人的利益纠缠在一起。在自由报刊上，治人者和治于人者同时可以批评对方的原则和要求，而此时

---

　　* 本文原载于《中国广播电视学刊》1990 年第 2 期。

的双方不是"从属关系"而是"权利平等的关系"。这种报刊是社会舆论的产物，它可以不通过任何官僚的中介，原封不动地把人民贫困的状况送到国王面前、国家权力面前，以期获得普遍注意和同情。

这是马克思理想的人民报刊。《莱茵报》确实反映了贫苦群众的舆论，又进一步扩大和推进了这种舆论，以引起各方面关注。它的宣传使统治者难以容忍，却给摩塞尔河地区农民留下了深刻的印象。《莱茵报》被封，为农民说话是其主要原因之一，当地农民便向当局递交了请愿书："我们不知道《莱茵报》是否发表过虚假的报道，是否诽谤过当局，但是我们知道，它确实写过关于我们的家园和我们的状况，关于我们的权力和我们的命运的真实情况。"

需要指出的是：马克思当时还不是马克思主义者，他设想的超越于治人者和治于人者之上的报刊，实质上是不存在的。在根本利害冲突的情况下，双方不可能以平等的关系相互批评对方的原则和要求。为治于人者说话，就不会让治人者肆意污蔑、攻击而不加申辩、驳斥，而这，又必然不会为治人者所长期容忍。《莱茵报》被封的遭遇本身就是最好的证明。

由于马克思早年的政治观点和哲学观点还没有摆脱唯心主义的思路，他把哲学和批判活动（理论的批判）看作是争取自由的文明的手段。他说，"在衡量事物的存在时我们应当用内在思想实质的标尺"。他在研究和分析现实问题（包括分析报刊问题）时，也是用这种方法。他的所谓"理性"、"人类自由"、"精神的镜子"等，还只是一些抽象的概念，并不具有切实的社会政治含义，即使"人民"这个范畴，在当时马克思那里，也不是指某些具体的社会阶级和阶层，而是指享有平等权利的政治生活参与者的统一体。显然，这是一个政治哲学的假定。因此，马克思早期关于报刊问题的一系列论述，从总体上说，只能为人们描述一幅关于理想报刊的图景，在封建专制的统治下，是不可能实现的。

我们无疑要肯定马克思早期报刊思想的进步作用，如报刊同人民的结合，新闻记者必须忠实地报道事实，以及深入实际调查研究等有关报刊工作的一些原则性的论述，它们一直为无产阶级党报所遵循。但马克思的人民报刊思想还只是一个革命民主主义者基于自己当时的哲学信仰所提出来的报刊思想，而不是党报思想。它的积极意义在于把报刊作为反封建、促进民主改革的一项政治力量看待。它是马克思后来的无产阶级党报思想的源头，所以，当马克思世界观转向唯物主义和共产主义的时候，他必然诉诸无产阶级及其政党的报刊。

马克思早期关于人民报刊、自由报刊的论述，对封建专制扼杀言论出版自由是一个有力的冲击，对进行报刊争取言论出版自由是一种巨大的鼓舞。他的论文，曾被当时德国的左派政论家卢格誉为："关于出版自由，以及在捍卫出版自由方面从来没有，甚至也不可能有比这说得更深刻更透彻的了。"尽管其中有些观点还不是马克思主义的，但正如列宁所说"一般民主主义报刊，是工人的（无产阶级民主主义或社会民主主义的）报刊的先驱"。马克思的论述对以后的人民报刊的主流——无产阶级报刊有深刻的意义，"人民报刊"思想中的"批判精神"在党报思想中得到完善和发展。经过实践的检验和发展，它已构成整个无产阶级报刊理论的一个组成部分。

马克思的党报思想是在人民报刊的基础上发展而来的。在《新莱茵报》时期，马克思和恩格斯总结了1848年德国三月革命失败的教训，对出版自由作了历史的科学的概括：资产阶级从自己的物质利益出发，提出了参与政治的要求，其中包括自由讨论自身利益，观点和过问政府行动的"出版自由"、"结社自由"。但是资产阶级本身没有这样的本领，为争取这些权利，它必须依靠人民。而资产阶级一旦掌握政权，又要从人民手中毁掉这种武器。

马克思新闻思想成熟的首要标志是提出报刊党性原则，强调革命报刊应当为无产阶级所进行的社会解放事业服务。马克思以《新莱茵报》总编辑的身份指导了革命中的无产阶级。这个时期，马克思的新闻思想直接地表现在《新莱茵报》的革命实践中，这个实践也直接地将新世界观的基本原则化为无产阶级新闻思想和新闻活动准则。

马克思在革命运动中领导的报纸，不仅指导了当时的政治革命与政治革命背景后的社会革命，而且也在报刊领域里实行了一次革命，宣告了马克思新闻思想的成熟。如果说，1848年革命与革命中马克思的报刊活动是马克思这个时期新闻思想产生的沃土，那么，历史唯物主义则是一轮辉煌的太阳，在它的照耀下，马克思主义的新闻思想从《莱茵报》时期的萌芽状态迅速茁壮成长，达到了成熟期。马克思将人民报刊思想发展到了一个更高级的阶段，即发展为无产阶级报刊思想。

马克思认为"人民"这个概念未免"过于一般"和"含混"，最好"用个更确切的概念来代替"这个概念就是"无产阶级"。这时，马克思将报刊看作无产阶级斗争武器，将无产阶级革命的灵魂看作报纸的灵魂。马克思认为，"报刊按其使命来说，是社会的捍卫者，是针对当权者的孜孜不倦的揭露者，是无处不在的眼睛，是热情维护自己自由的人民精神的无处不在的喉舌。"它要破坏现存政治制度的一切基础，同时给无产阶级戴上桂冠。

马、恩把党的政治纲领看作是党报的灵魂，这一原则是马克思在《新莱茵报》时创立的，关于党报的宣传原则和宣传策略也是马克思党报思想中的主要组成部分。为了能够在尖锐复杂的阶级斗争环境中生存下去，并在斗争中发挥自己应有的作用，无产阶级政党的报刊必须坚持正确的宣传原则，并且采取与党所处的斗争条件相适应的宣传策略。因此，马、恩对党报的宣传原则和宣传策略问题是十分重视的。他们在指导德国党的机关报《社会民主党人报》工作的过程中，对应坚持的宣传原则和应采取的宣传策略作过一系列指示。

马、恩一生的报刊活动和报刊思想是一个过程，他们后期的无产阶级党报思想是从早期的革命民主主义报刊思想发展而来的，两者之间既有密切联系，也不能把后期的党报思想看作早期的民主报刊思想的简单延长。有一些思想如出版自由、言论自由的思想，报刊应当表达人民意愿的思想等既是一以贯之的，又有明显的差别。马克思的党报思想是他们的无产阶级建党理论的一个组成部分，无产阶级党报不仅同工人运动紧密相联，而且有科学社会主义思想的指导，它的实践性和科学性是马克思主义产生以前的民主主义报刊难以相比的。如果我们把马、恩的报刊活动和他们的报刊思想作一番历史的对照，尽管"党报（刊）"一词很早就提出来了，但是他们的无产阶级党报思想是经过了长期实践逐步发展而成的。从一定意义上讲，他们的党报思想是马克思主义政党报刊活动的实践经验的产物。而其中绝大部分又是根据当时阶级斗争和党内斗争的形势，针对党报工作所碰到的具体问题提出来的。论述的展开，完全同当时的政党活动和它的报刊实践紧密相联，并且为着指导实践的。因此，我们可以说，马、恩的党报思想是无产阶级报刊活动的总结，没有这种实践，他们的党报思想也就无从产生。

关于新闻党性和人民性的辩证关系*

李世同

用马克思主义新闻理论来探讨新闻事业的党性和人民性

什么是新闻事业的党性和人民性，有少数新闻工作者是不懂的，或者是从资产阶级新闻观的角度来看待的。因此，不认真研究新闻事业的党性和人民性的关系问题，就不利于新闻工作者提高认识。为了把这个问题研究、探讨得好一些，我认为必须用马克思主义新闻理论来进行论述。只有这样，才能使我们从理论上认识到新闻事业的党性和人民性的和谐统一。

新闻事业党性概念的提出

新闻事业的党性概念是列宁提出来的。

1900 年 12 月，列宁创办和主编的第一个全俄政治报《火星报》，在国外秘密出版。最初由"彼得堡工人阶级解放斗争协会"代表列宁、马尔托夫、波特列索夫，"劳动解放社"代表普列汉诺夫、阿克雪里罗德、查苏利奇，六个人共同组成编辑部。托洛茨基、克拉希科夫也曾参加编辑部工作。列宁夫人娜·康·克鲁普斯卡娅担任该报秘书。《火星报》最先是在莱比锡创刊，后来在慕尼黑、伦敦、日内瓦出版。

列宁把《火星报》看成是进行革命活动的直接武器，是建立统一的社会民主工党大厦的"引线"和"脚手架"。《火星报》根据列宁的创议和在他的直接领导下，草拟并在该报发表了党纲草案。在党纲问题上，列宁与机会主义观点作了尖锐的斗争。报纸向党员和广大工人宣传了马克思主义

---

* 本文原载于《贵阳师专学报》（社会科学版）1990 年第 3 期。

的党的纲领和策略思想。

1903 年 7 月至 8 月，俄国社会民主工党举行了第二次代表大会。会上，经过激烈的斗争，《火星报》的马克思主义办报方针获得了胜利。大会在一个专门的决议中指出《火星报》在建党过程中的特殊作用，并宣布它是党中央机关报。大会选出了普列汉诺夫、列宁、马尔托夫组成《火星报》编辑部。但马尔托夫拒不执行，要求把落选的另外三个人补选进编委会，编辑部从此分裂。后来，列宁接受了格列博夫的提议，同意恢复原来的编辑部。但少数派孟什维克在错误的道路上越滑越远，在党内组织了秘密组织。普列汉诺夫开始是妥协，最后滑到了孟什维克的立场上去。为了抗议和抵制这种毫无党性的做法，1903 年 11 月，列宁退出编辑部。1904 年 11 月 29 日，列宁在日内瓦主持召开了布尔什维克的会议，会议决定出版布尔什维克的机关报《前进报》。1905 年 1 月 4 日，列宁领导的俄国布尔什维克报纸在日内瓦创刊。列宁规定的办报方针是"《前进报》以旧《火星报》的精神同新《火星报》进行坚决的斗争"①，它的主要任务是，"捍卫党性"，要在同孟什维克"给党带来的组织上与策略上的混乱现象作斗争"② 这是列宁最早提出党报党性这一概念的背景。

1905 年，列宁发表了《为党的改组》和《党的组织和党的出版物》两篇文章。他指出："如果党性基础（纲领、策略规则、组织经验）十分缺乏或者薄弱、动摇，那么毫无疑问，这个危险是很严重的。"③ 同时他认为，在报纸的写作中，"绝对必须保证有个人创造性和个人爱好的广阔天地"。但是，"党是自愿结合的团体，假如它不清洗那些宣传反党观点的党员，它就不可避免地会瓦解，首先在思想上瓦解，然后在物质上瓦解。为了确定党的观点和反党观点的界限，应该按照党纲、按照党的策略决议和党章，最后是按照国际社会民主党，各国无产阶级自愿结合的团结的全部经验"。④ 这在两篇文章中，列宁明确地完整地提出了党报党性这一概念，即坚持党的纲领、坚持党的策略规则和党章，借鉴国际社会民主党和各国

---

① 《列宁全集》第 8 卷，第 107 页。
② 《列宁全集》第 7 卷《给同志们的信》。
③ 同上书，第 512 页。
④ 《马克思恩格斯全集》第 38 卷，第 517 页。

无产阶级自愿结合的团结的全部经验。同时，在这个前提下保证有个人的创造性和爱好的广阔天地。

在列宁主编和领导的《曙光》、《火星报》、《前进报》、《无产者报》、《新生活报》、《浪潮报》、《回声报》、《工人报》、《明星报》、《共产党人》等报刊中，无一不渗透着新闻的党性；他办的报刊具有"公开的、诚实的、直率的、彻底的党性"①。

这里要特别强调的是。列宁关于新闻事业的党性的理论基础是马克思和恩格斯奠定的，因为在列宁提出党性这一概念之前，马克思、恩格斯就多次反对那些主张"不带'任何党派倾向'"②写作的人。恩格斯明确指出，党的报刊的任务"首先是组织讨论、论证、阐发和捍卫党的要求，驳斥和推翻敌对党的妄想和论断"③。

新闻事业人民性概念的提出

新闻事业的人民性概念是马克思提出来的。

1842年4月，马克思为《莱茵报》撰写了《关于出版自由和公布等级会议记录的辩论》一文，这是马克思评论1841年5月下旬至7月下旬召开的第六届莱茵省议会会议的第一篇论文，分六次连载于同年5月份的《莱茵报》。马克思当时的署名是"莱茵省一居民"。现在《辩论》一文已编入《马克思恩格斯全集》第一卷。

马克思在《辩论》中深刻分析了莱茵省议会中各个等级的代表对出版自由问题所持的不同态度，表述了作者对自由和出版自由的看法，认为：自由是人的本质，是人固有的东西，不过有时表现为少数人享有的特权，有时表现为大多数人的普遍权利。《辩论》明确提出了"自由出版物的人民性"观点。

马克思继写作《辩论》不久，在同年底，他又撰写了一组（共7篇）论文，题目是《〈莱比锡总汇报〉的查封》④。《查封》是评论《莱比锡总汇

---

① 《列宁全集》第10卷，第25页。
② 《马克思恩格斯全集》第29卷，第123页。
③ 《马克思恩格斯全集》第4卷，第300页。
④ 见《马克思恩格斯全集》第1卷。

报》① 被普鲁士政府查封一事，它刊登在 1843 年 1 月 1 日至 16 日的《莱茵报》上。在这组论文的第一篇《〈莱比锡总汇报〉在全普鲁士境内的查封》和第二篇《〈莱比锡总汇报〉的查封和〈科伦日报〉》，深刻地批判了普鲁士政府扼杀进步报纸的种种罪恶，同时提出了"人民报刊"的思想。

马克思、恩格斯针对普鲁士反动政府对新闻事业及其从业人员的迫害，在 1849 年大声疾呼：报刊"是热情维护自己自由的人民精神的千呼万应的喉舌。"② 新闻事业的人民性概念提得更鲜明了。

党性的社会阶级观点、基本观点和思想认识观点

马列主义新闻理论认为，新闻事业的党性包括社会阶级观点、基本观点和思想认识论观点三个方面的内容。

在阶级社会中，任何一种社会立场都与代表和反映一定阶级的利益相联系，那么，就要首先从社会阶级方面来揭示新闻事业的党性的特点。列宁指出："严格的党性是高度发展的阶级斗争的随行者和结果。相反地，为了公开地和广泛地进行阶级斗争，必须发展严格的党性"。③ 正是党性的社会阶级观点，要求新闻工作者时刻牢记无产阶级的阶级利益。只要阶级还没有消灭，新闻事业的阶级性就要在反映客观世界过程中表现出自己的立场，就要在客观上有利于某个阶级的利益。列宁在深入研究党性学说时，曾多次谈到党性同阶级性的联系问题。他要求新闻写作和大众报道工具的所有工作都"必须贯彻无产阶级斗争的精神，以便顺利地实现无产阶级专政的目的，即推翻资产阶级、消灭阶级、消灭一切人剥削人的现象。"④ 由此可见，从社会阶级观点出发来理解新闻事业的党性是十分必要的。因为只有如此，新闻工作者才会有深刻的、全面的、真正的阶级意识，才会在新闻报道中真正反映本阶级的需要，并从阶级立场出发来揭示现实生活的变动，对它们作出评价，确定符合无产阶级利益的目标、任务。这就是新闻事业的党性原则的社会阶级观点。

---

① 德国的进步资产阶级报纸，1837 年创刊。
② 《马克思恩格斯全集》第 6 卷《〈新莱茵报〉审判案》。
③ 《列宁全集》第 10 卷，第 54 页。
④ 《列宁全集》第 31 卷，第 282 页。

在新闻事业的党性的基本观点上，党性的基本方面表现在目的明确和始终一贯地贯彻党的路线，以及在社会生活的经济、社会和精神领域内贯彻党的方针政策的过程中。列宁认为，党性的基本观点是向新闻事业提出政治任务，新闻活动主要是政治活动。新闻事业作为一种社会机构，它总是同党、国家有机地联系在一起。在列宁看来，新闻事业的党性首先是用政治观点来进行政治活动。马克思、恩格斯正是坚持新闻事业党性的基本观点的人。马克思和恩格斯对无产阶级新闻事业的伟大贡献之一，就是不仅强调新闻的人民性；更强调"党需要的首先是一个政治性机关报"。[①] 这样的党性的基本观点决定了他们的新闻活动主要是社会政治活动，他们以推翻旧世界，建立新世界，解放全人类，实现共产主义为己任，他们的新闻写作至始至终表现出党性立场。今天，我们党的新闻事业的党性的基本观点，就是坚持四项基本原则，加强党对新闻事业的领导，向人民群众灌输马列主义、毛泽东思想，进行爱国主义和共产主义教育，宣传党的路线、方针、政策，宣传国家的法律法令，批评、监督党和国家的各级工作人员，成为党和人民群众联系的桥梁。

新闻事业党性的第三个方面是思想认识论观点，也就是思想立场。作为党的新闻事业的思想武器的马列主义、毛泽东思想的科学性，符合无产阶级及其政党的利益。因此，列宁在着手创办《火星报》时写道："我们不打算把我们的机关报变成形形色色的观点的简单堆砌。相反地，我们将本着严正的明确方针办。一言以蔽之。这个方针就是马克思主义"[②]。马克思主义在党性的思想认识论观点中起着灵魂的作用，它表现在用先进思想分析全部社会现象的新闻写作过程中。

强调新闻事业的党性的思想认识论观点，即坚持马克思主义的办报、办台方针，是我党新闻工作的优良传统和一贯主张。我们知道，马克思主义是无产阶级的科学思想结晶，是我们党的指导思想，是我们党认识和改造客观世界最强大的精神武器。马克思主义的三个组成部分和新闻报道的关系非常密切。新闻工作者只有熟读马列著作和毛泽东著作，并掌握新的

① 《马克思恩格斯全集》第 34 卷，第 360 页。
② 《列宁全集》第 4 卷，第 316 页。

历史时期的特点，才能真正从思想上认识马克思主义办报、办台方针的必要性。

马列主义新闻理论对新闻事业的党性的这三个方面的看法，归结起来就是：党性的社会阶级观点、基本观点、思想认识论观点是新闻事业在认识和反映各种生活现象范围内的党性要求的具体反映；只有严格遵循党性原则，新闻事业才能自觉地进行符合其他原则的活动。在党对新闻事业的领导问题上，党性原则决定了党的领导首先是要确定新闻事业在社会生活一切领域内的活动的原则性政治路线，以此确保新闻事业的活动成为贯彻党的路线的强有力的因素，宣传"表达党的观点"。①。

人民性的重要意义

马克思提出的"自由出版物的人民性"观点和"人民报刊"的思想，有着重要的意义。马克思认为，自由出版物应当表现一定的人民精神，应当体现普遍自由的精神，应当尖锐地抨击靠兽性来维持专制制度的普鲁士反动政权。1843 年 3 月、5 月和 9 月，马克思给阿·卢格的三封信中说普鲁士政府是"颠倒了世界"，"使人不成其为人"。在这种恶劣的情况下，"自由出版物的人民性"的提出十分必要。马克思的这三封信集中地表述了"在批判旧世界中发现新世界"，"以自由人们的制度来代替已经死亡的制度"②的思想，为了使人民报刊能真实地反映人民的思想和愿望，马克思强调，人民的出版自由只能靠斗争去争取。他在 1842 年 10 月担任《莱茵报》的主编后，以犀利的笔锋对普鲁士的政治制度和社会政策，特别是书报检查制度，作了深刻的揭露和批判。1842 年 11 月中旬至 12 月中旬，《莱茵报》刊登了该报驻摩塞尔记者科布伦茨发来的关于摩塞尔河地区酿造葡萄酒的农民的贫困状况的三篇通讯。这三篇通讯的发表，触痛了莱茵省总督冯·沙培尔。他指责《莱茵报》"造谣中伤和诽谤政府"。作为《莱茵报》主编的马克思，坚定地站在穷苦的葡萄酒酿造者的立场上，写了《摩塞尔记者的辩护》③一组文章。文章以大量确凿的事实，证明摩塞尔河

---

① 《列宁全集》第 10 卷，第 24 页。
② 《马克思恩格斯全集》第 1 卷《马克思致卢格》。
③ 《马克思恩格斯全集》第 1 卷。

沿岸酿造葡萄酒农民备受地主剥削的惨状，揭露政府把农民求助的呼声说成是"无耻叫嚣"。马克思的文章捍卫了人民的利益，确实体现了人民性。他的"自由出版物的人民性"和"人民报刊"的思想具有很强的针对性。

这种针对性是鲜明的，自由出版物的人民性决定了人民报刊的使命。马克思指出："报刊按其使命来说，是社会的捍卫者，是针对当权者的孜孜不倦的揭露者，是破坏现有政府制度的一切基础。"[①] 恩格斯讲得更具体："人民只要不掌握政权就不可能改善自己的处境。因此，这种刊物应当说明，无产者、小农和城市资产者（因为在德国，构成人民的正是这些人）为什么受官吏、贵族和资产阶级的压迫。"[②] 从马克思、恩格斯的这些论述来看，新闻事业的人民性是针对反动政权而言的。当时的人民的愿望和呼声是要推翻普鲁士反动统治阶级，寻求自由，这和马克思主义者的目标一致。和革命政党的目标一致。为了论证人民性这一马列主义新闻理论原理，列宁在谈到马克思对"人民"这个概念的评述时指出："马克思在使用'人民'一语时，并没有用它来抹煞各个阶级之间的差别，而是用它来把那些能够把革命进行到底的确定的成份联为一体。"[③] 这就是说，新闻事业的人民性具有革命性，它代表的是无产阶级的利益。那种把人民性狭隘地理解为只讲人民的事是不妥的。事实上，在新闻理论中，"人民"这个词是在社会政治的意义上使用。新闻事业的人民性理论认为，人民性在群众性的原则中得以实现，它表现了广大劳动人民阶层参与大众报道工具的活动之中；表现在新闻事业与新闻接受者之间的积极的广泛的联系之中；表现在对反动的、倒退的事物的斗争之中；表现在自我教育，不断进取的实践之中。

正确认识党性和人民性的关系

通过上述分析，我们已经基本了解到马克思主义对党性和人民性的说法。现在的问题是，我们怎样认识这两者之间的关系。

从列宁提出党报的党性概念的历史条件来看，我认为，党性原则是指

---

① 《马克思恩格斯全集》《〈新莱茵报〉审判案》。
② 《马克思恩格斯全集》第 4 卷《共产主义和卡尔·海因岑》。
③ 《列宁全集》第 9 卷，第 118 页。

和违背党纲、党章和党的策略原则的行为划清界限,是和超党派的自由派划清界限,是和压制党内批评、压制自由交换意见的行为划清界限。在新闻事业的具体表现上就是自觉地捍卫党的原则。鲜明地表示党的立场、观点、态度。但是,党的新闻事业的党性原则不是随意形成的,也不是一种主观愿望,它是根据社会生活的客观规律形成的。马克思主义新闻理论认为,新闻是最重要的社会现象之一。自从 1510 年欧洲发明印刷术后,定期的报刊出版物产生了。开始,这些报刊是以通商、商品价格、货物流通等消息为全部内容。但到了法国大革命前夕,爆发了资产阶级为政治权利而进行的斗争,就在这时,出现了政治性报刊,如罗伯斯庇尔的《护宪者》,马拉的《人民之友》等。到了 19 世纪,新闻事业已成为社会政治经济、文化生活最重要的一个领域。各政治派别都设法借助新闻事业这一大众报道工具,向社会各界施加自己的影响。新闻事业成了激烈的政治思想斗争的场所。在新闻事业中形成了代表各种阶级力量利益的阵营。共产主义运动的产生,正是马克思任主编、恩格斯为主要助手的著名的《新莱茵报》(1848—1849)的创办相联系的。在中国,中国共产党成立以后,把领导工人运动作为党的中心工作,成立了中国劳动组合书记部。1921 年 8 月,中国劳动组合书记部创办了《劳动周刊》。它是中国共产党领导下的第一张全国性的工人报纸。《劳动周刊》在发刊词中宣布"我们的周刊不是营业的性质",而是要"扩大解放全人类的声浪,促进解放全人类的事业实现"。[1] 在去年春夏之交发生政治风波时人们十分关心它的发展情况,看报、听广播、看电视已成为每日之必需。这就说明,社会生活的核心是政治活动。作为进行报道活动的新闻事业,不能不把社会政治生活的种种变动当做自己传播的内容。由于新闻事业具有阶级性,因此,共产党的报纸、电台、电视台不允许有所谓的客观主义倾向,即不允许新闻只枯燥无味地罗列事实,没有思想、没有分析、没有目的。它必须有明显的政党政治倾向性。这个政治倾向性是建立在尊重事实的基础上的,是建立在对客观规律科学认识的基础上的。它的立场、观点之所以正确,所以有生命力,仅仅因为它是符合实际情况的,从而符合党和人民的利益。而资产阶

---

① 《简明中国新闻史》,第 1191 页。

级政党报纸在维护他们的党派利益时，常常是不顾事实的，它们不是从实际出发，而是一切从党派利益出发，对有利于它们的事实就抓住不放，对不利于他们的事实就闭眼不见，或者加以歪曲，在政治需要的时候甚至捏造事实。这就是资产阶级政党报纸的"党性"。无产阶级新闻事业的党性原则和真实性原则是统一的。它也强调有的东西不准刊登。那是对党、对人民负责，特别是对人民负责的缘故。

马克思、恩格斯在《共产党宣言》中说，共产党人"没有任何同整个无产阶级的利益不同的利益"，除了为民族、为人民谋利益，共产党本身无私利可图。正因为如此，1947年1月11日重庆《新华日报》在创刊九周年之际，发表了《检讨和勉励—读者意见总结》的编辑部文章，在这篇党的新闻工作的历史文献中，《新华日报》指出："新华日报是一张党报，也就是一张人民的报，新华日报的党性，也就是它的人民性。新华日报的最高度的党性，就是它应该最大限度地反映人民的生活和斗争，最大限度地反映人民的呼吸和感情、思想和行动。"如同列宁所说，工人阶级及其政党"正确地体现着一切被剥削的劳动群众……的利益"[①]，所以新闻事业确定哪些新的意图、愿望和意见的传播是重要的。

社会主义的新闻事业是属于人民的。人民需要批评、监督党和国家各级工作人员，帮助他们纠正官僚主义、特殊化和其他腐败作风，促进党的各级组织和国家政权机关的建设，从而把我国建设成为富强、民主、文明的社会主义现代化强国。这是中国广大人民群众的愿望和呼声，这个愿望和呼声同党的愿望是一致的。由于中国共产党人的奋斗目标和人民的利益需要具有共同性，因而《人民日报》在1956年7月1日社论《致读者》指出，《人民日报》是"党的和人民的报纸"，它"一直是为党和人民的利益服务的"。这样，党性和人民性在新闻事业的活动中就和谐地结合在一起了。

但是，有的同志还不满足上面的认识，他们认为，"既然党性反映了人民性，那不如就只讲党性，不讲人民性还更好一些"。这个看法不妥。马列主义新闻理论指出，党性是阶级性和人民性的集中表现，人民性是党性的基础。新闻事业的党性与人民性是互相依存、互相影响、互相促进、

---

① 《列宁全集》第30卷，第307页。

互为作用的，他们之间不互相排斥，但不能互相代替，正如船和水不能分离但又不能代替一样。党的新闻事业是党和政府的喉舌，虽然它是为人民服务的，但在工作中仍有不少失误。并不是说，新闻事业只要强调了党性，就绝对保证不会犯错误。不是的，实践证明，党的新闻工作者在对于党的路线、方针、政策的理解和表达上，也难免有误，这就需要人民的帮助。新闻事业有它的特点和规律，以报纸来说，人民群众的需要是报纸赖以生存的前提。人民需要的新闻非常多，它同党的需要有时会有差异，特别是在今天，人民需要更多的信息，如果我们的新闻只重视一个方面的报道，比如党的工作的报道，就会使版面呆板、单一，要解决好党性和人民性之间的一些差异那就要既坚持四项基本原则，又按新闻的固有规律办事。新闻事业的规律之一是社会需要的产物。社会不需要，就无所谓新闻事业。如果报纸、电台、电视台经常发的、播的都是党的文件、工作、讲话，人民群众就会感到不满足。因此强调新闻的党性原则，并不意味着要削弱新闻的灵活性和多样性，相反，还应加强，以便使我们的社会主义新闻，能够更好地成为党的喉舌和耳目。

略论社会主义新闻的党性和人民性的统一观[*]

欧泽纯

江泽民同志和李瑞环同志于 1989 年 11 月在新闻工作研讨班上的讲话，深刻地批判了"人民性高于党性"，将人民性和党性对立起来的错误观点。明确指出"新闻的党性同新闻的人民性，两者是一致的"。应该说这两个讲话，已为近十多年来我国新闻界关于党性和人民性问题的争论，作出了正确的结论。然而，真正从理论上弄清楚党性和人民性相统一、相一致的观点，并求得共识，不是一件很容易的事。一些同志在批判了"人民性高于党性"的错误观点之后，走到另一个极端，完全否认人民性，从另一个角度把党性和人民性对立起来，分割开来，也是不全面、不科学的。

新闻的党性和人民性的由来及有关历史教训

自从列宁于 1905 年提出党报的党性原则以后，在规定无产阶级新闻的本质属性上，党性原则一直占居主导地位，指导无产阶级的新闻工作沿着正确的轨道向前发展。而新闻的人民性问题，情况就比较复杂，不得不稍多一点笔墨。

有人断言，人民性从来不是无产阶级新闻学的理论概念；也有人认为人民性是从文艺界引入新闻领域的，从未有过确定性的概念。这种论断可能与对"人民性"这一术语的历史由来欠缺详尽考察有关。诚然，在我们国家首先是由文艺界于 1944 年从苏联引入"人民性"这一术语的。然而，追溯一下有关历史，人们就会发现，首次把"人民性"概念运用到新闻领

---

* 本文原载于《中国广播电视学刊》1990 年第 6 期。

域里，正是伟大的马克思。1842 年 4 月，马克思在《关于出版自由和公布等级会议记录的辩论》一文中写道："自由的出版物是人民精神的慧眼，是人民自我信任的体现，是把个人同国家和整个世界联系起来的有声纽带。"他在一篇抨击普鲁士专制政府查封进步报刊《莱比锡总汇报》的文章中指出，报刊应当成为"人民（确实按人民的方式思想的人民）日常思想和感情的表达者"，"它生活在人民当中，它真诚地和人民共患难，同甘苦，齐爱憎"。笔者引用马克思这些早期报刊思想，无意混淆马克思的人民报刊思想和成熟的马克思党报思想的区别。但谁也不能否认马克思人民报刊思想的积极意义，及其与马克思党报思想的密切联系，并一以贯之坚持的报刊反映人民意愿的思想。列宁在论述马克思使用"人民性"的概念时指出："马克思在使用'人民'一语时，并没有用它来抹煞各阶级之间的差别，而是用它来把那些能够将革命进行到底的成分联为一体"，人们知道，苏联的无产阶级新闻学一直沿用"人民性"这一理论概念。

在本世纪 40 年代，我党在重庆国民党统治区办的《新华日报》就使用了"人民性"这一概念。此后，"人民性"便成为我国新闻理论和文艺理论的"通用概念"。解放后的 40 年中，尽管在党性和人民性的关系问题上不断有所争议，但"人民性"一直为我国新闻界所承认，成为新闻理论和实践中较普遍运用的一个新闻学概念。

历史事实告诉我们，一个政治理论概念运用正确与否，并不在于它是否被什么人在什么情况下使用过、扭曲过，或在什么领域出现过；而在于这个概念的内涵是什么。我们讲新闻自由，资产阶级也讲"新闻自由"，而资产阶级提出"新闻自由"的口号，比无产阶级使用新闻自由的概念大约早了二百年。谁都清楚，社会主义的新闻自由与资产阶级"新闻自由"的本质区别。可是，在 1989 年的政治风波中，新闻界搞资产阶级自由化的极少数人，却企图混淆这种界限，他们打着"新闻自由"的口号，蛊惑人心，在舆论导向上制造混乱，造成了极为恶劣的后果。有的人提出"人民性高于党性"的命题和其他一系列错误观点，企图否定和摆脱党对新闻工作的领导；极少数顽固坚持资产阶级自由化立场的人打着"人民性"的旗帜，抵制、反对党中央制止动乱和平息反革命暴乱的正确决策，都是对"人民性"的极大歪曲。今天，当世界上各种反人民的政党和集团，到处打着维护全民利益的旗帜,以造福于人民装扮自己的时候;当国内顽固坚持资产阶级自由化立场的人,企图以人民代表的化身欺骗群众的时候,素以全心全意为人民服务当己任的社会主义新闻工作者,反而不敢理直气壮地高高举起"人民性"的旗帜,岂非咄咄怪事。难道有人心甘情愿地把"人民性"的旗帜拱手送给别人吗?还值得提及的是,在苏联的历史上就曾有过这样的教训:在政治思想领域,一个时期强调阶级性、党性,排斥了人民性;另一个时期,注重了人民性,又忽视甚至抛弃了阶级性、党性。两个极端都给苏联人民的事业带来了不应有的损失。我国也不同程度地有过类似的情况,这是值得深思的。

坚持党性和人民性的统一观是坚持唯物史观的重要标志

"人民,只有人民,才是创造世界历史的动力。"人类社会发展的客观规律告诉我们,伟大的共产主义事业本来就是人民群众自己的事业,是人民的根本利益所在。但要实现这个远大目标,不能没有共产党的领导。列宁说:"群众是划分为阶级的,……阶级通常是由政党来领导的;政党通常是由最有威信、最有影响、最有经验、被选出担任最重要职务而称为领袖的人们所组成的比较稳定的集团来主持的。"列宁还指出:"要是这个党不学会把领袖和阶级、领袖和群众结合成一个整体,结成一个不可分离的整体,它便不配拥有这种称号。"自从无产阶级政党登上政治舞台以来,在革命斗争和社会主义建设的整个历史过程中,共产党、无产阶级、人民大众总是处在同一条战线上的不同层次的群体,共同的根本利益上的一致,把党、阶级、人民紧紧联结在一起。略加剖析,人民总是包括不同阶级和阶层,无产阶级是人类最先进的阶级,共产党又是无产阶级的先锋队。这种不同层次群体的结构形态,有如一座坚如磐石的金字塔,居于金字塔之巅的就是最能代表最广大人民的最大利益的共产党,党性当然高于人民性。那种"人民性高于党性"的错误观点,既抹煞了无产阶级的先进性,又歪曲了人民性。在社会主义条件下,人民真正成了国家的主人,经过党的哺育,人民日益提高共产主义觉悟,日益形成共同的理想、共同的道德和共同的纪律。党和人民的鱼水关系,通过宪法的形式予以法规化。中华人民共和国宪法的总纲中规定:"中华人民共和国是工人阶级领导的、以工农联盟为基础的人民民主专政的社会主义国家。""社会主义制度是中华人民共和国的根本制度"。这里既集中反映了人民的共同意志，又鲜明地渗入了党性原则。中国共产党党章中规定："中国共产党是中国工人阶级的先锋队，是中国各族人民利益的忠实代表。""中国共产竞党员必须全心全意为人民服务，……坚持党和人民的利益高于一切"。党章是对党性的集中表述，同时又极其鲜明地反映了"人民性"。可以说，在我国当前的条件下，不存在没有人民性的党性，也不存在无党性的人民性。没有人民性的党性，是党性的教条化；没有党性的人民性，是一种群众的自发性。党性和人民性就是这样相互渗透、互为融合，从而形成科学的、辩证的统一。

周恩来同志于1963年4月在中国文联三届二次扩大会议上讲过这样一段话："……在今天，我们讲的是无产阶级的阶级性，但无产阶级又必须与农民结成联盟，工农联盟是要长期存在下去，最后使农民得到最彻底的解放，所以今天无产阶级的阶级性也可以说是今天的人民性。"坚持以辩证唯物主义和历史唯物主义武装自己的社会主义新闻工作者，应该把党性和人民性的统一观变为自觉的行动，忠实地充当党、政府和人民的喉舌。

新闻的党性和新闻的人民性两个概念的异同

党性和人民性既然如此水乳交融而不可分割，那么，还有没有必要用党性和人民性两个概念来揭示社会主义新闻的本质属性呢？正如有的文章写的："党性和人民性是一回事，用党性一词就足够了，硬要搬出一个什么人民性来，实属多此一举。"还有的说："人民性的内涵完全包容在党性内涵之中了，人民性没有独立存在的价值。"这些论点不但混淆了阶级关系，仅就形式逻辑而言，也混淆了概念的内涵与外延的界限，混淆了"同一概念"与"全同概念"的界限。

党性作为无产阶级阶级性的集中表现，有它自身的规定性。新闻的党性的内涵，就是无产阶级的阶级性和马克思主义的革命性、科学性在新闻中的集中表现。这一点已为新闻界人士所共识。"人民"是一个历史范畴，因而有人认为"人民性"的概念缺乏确定性，对它不可能作出科学的界说。在笔者看来，前面引用的马克思对"人民性"概念的阐述，就是一种很科学的界说。对人民性内涵进行界说的难点，在于"人民"包含了不同的阶级和阶层，其中的阶级关系又是随着历史的进程而变化。但不等于说对它不可能作出进一步的科学表述。在笔者看来，不管历史进程怎么发展，阶级关系如何变化，人民内部在根本利益上相一致的东西始终客观存在，闪耀着"人民"的思想光辉而不熄灭，直至世界消灭阶级和阶级斗争为止。对这个闪光点可以表述为："在一个国家占人口最多的劳动者和爱国的各阶级、各阶层的人士，为实现民族解放、人民幸福、社会进步、国家统一和富强而致力的精神和意愿。"这就是人民性的内涵，它的确定性表现在"实现民族解放、人民幸福、社会进步、国家统一和富强。"人民在这个根本利益上的一致，不因时空和阶级关系的变化而变化。也就是说，不管在哪个历史时期，也无论哪个阶级和阶层，凡是凝聚在这个"闪光点"上的思想和意愿都具有"人民性"的特征；反之，游离于"闪光点"之外，"人民性"的特征随之消失。新闻的人民性的内涵，不言而喻，就是人民意志在新闻中的集中表现。

有的同志列举了新闻的党性和新闻的人民性的许多具体表现，诸如反映民心、民意，反映人民的疾苦、愿望和要求，关心人民的生活，接受人民的监督等等。然后从中引申出"人民性的内涵完全包容在党性的内涵之中"、"党性和人民性完全是一码事"的结论。这里把两个概念的外延当成了两个概念的内涵，不能不说是个疏忽。按照形式逻辑的原理，任何概念的内涵，是指对某一事物的本质的反映，外延则指概念所反映的事物的范围。内涵和外延的概念，是"同一概念"（一码事），两个概念的外延全都相同，而内涵差异，则称"全同概念"或"全同关系"（不是一码事）。的确，从新闻的党性和新闻的人民性的外延上讲（如上面所列举的种种表现），找不出也不可能找出什么本质上的不同点。因为凡是社会主义新闻中坚持党性原则的内容，不可能不渗入人民性的东西，反过来，新闻中所有反映人民性的东西，也不可能超越党性原则所允许的范围。但新闻的党性同新闻的人民性两者的内涵却是有区别的。可见，这两个概念是一种"全同概念"或"全同关系"。有的人在剖析"全同概念"的划分时，只注意外延的同一，忽略其内涵的差异，必然陷入自相矛盾之中。那么，新闻的党性和人民性两个概念的内涵差异是什么？笔者认为至少有以下几点：

党性体现了先进性的特征，人民性则反映了广泛性的特征；党性是从党组织本身和马列主义原则高度规定新闻的本质，人民性则从人民、人民民主的角度对新闻本质作出规定性；党性从党的纪律上体现其可操作性，人民性从国家宪法和法规（包括新闻出版法）上体现其可操作性。人所共知，党并非政权本身，不能取代政权机关的职能。因此，只要承认我们党的新闻工作同时也是人民共和国的新闻工作，就不能不承认新闻的党性和新闻的人民性的差异，及其相统一、相一致的关系。

坚持新闻的党性和人民性的统一观有着重大的现实意义

在社会主义新闻工作中坚持党性和人民性的统一观，不仅是个理论问题，而且是个实践问题。当前，具有更为重大的现实意义。

一、执政党的地位，要求我们的新闻工作把党性和人民性更好地统一起来。党成为执政党以后，提供了更好地为人民服务的条件，也增加了脱离群众的危险。实施新闻舆论监督，已成为社会主义新闻工作的重要职能。李瑞环同志说："新闻舆论监督，实质上是人民的监督，是人民群众通过新闻工具对党和政府的工作及其工作人员进行的监督，是党和人民通过新闻工具对社会进行的监督。"新闻工作者只有站在党性和人民性相统一的立场上，才能正确地履行新闻舆论监督的神圣职责。

二、坚持党性和人民性的统一观，有利于扩大和加强团结，江泽民同志在最近召开的全国统战工作会议上说："发展爱国主义统一战线，必须着眼于扩大和加强团结。我们要高举爱国主义、社会主义旗帜，团结一切可以团结的人，只要有利于民族团结、社会进步、人民幸福，只要有利于挫败国内外敌对势力的渗透、颠覆和和平演变，不论哪一个阶级、阶层，哪一个党派集团，哪一个人，我们都要团结。"我们的新闻工作任何时候都要有利于扩大和加强这种团结，包括有利于实施"一国两制"的战略决策，实现祖国的统一；实施共产党领导下的多党合作制与政治协商制度等。我们的新闻工作倘若只提党性原则，不提人民性原则，从策略上讲也是极不明智的。

三、坚持党性和人民性的统一观，有利于加强新闻工作本身的建设。在开展新闻报道的实际工作中，坚持党性和人民性的统一观，可以防止和减少新闻从业人员的片面性，推动新闻工作的改革。比如促使新闻从业人员更加自觉地把宣传党的路线、方针、政策与反映人民的呼声和意愿更好地结合起来；把自上而下的宣传与自下而上的反馈更好地结合起来；把坚持正面宣传为主与开展积极的批评报道更好地结合起来。并从广大人民群众不同的需要出发，不断改进新闻报道的形式，使之办得更加生动活泼，为群众喜闻乐见。

无产阶级新闻事业应保持党性和人民性的有机结合[*]

田金详

相当时期以来，有人把阶级性、党性与人民性对立起来，或者用新闻事业的阶级性、党性否定人民性，或者用人民性否定阶级性、党性，或者对党性和人民性的关系做非马克思主义的解释。误区应该走出。关于新闻事业党性与人民性之间的关系问题，我们要用马克思主义理论为指导，从理论和实践的结合上认真加以探讨。

在我国，新闻事业是我们中国共产党领导的整个革命事业不可分割的一部分，处于十分重要的地位。在现阶段，新闻事业在社会主义社会上层建筑领域中，属于马克思主义指导下的社会意识形态范畴，是对社会主义经济基础，即以公有制为主导的有计划商品经济的能动反映。鉴于社会主义初级阶段的经济形态、社会形态以及阶级关系，我认为，社会主义现阶段新闻事业所表达的社会舆论是党性和人民性的有机结合，而不是其他。由于种种原因，解释这个观点有必要涉及历史上其他阶级新闻事业的党性、阶级性和人民性问题以及马克思关于人民报刊与报刊的人民性的思想。

一 马克思的"人民报刊"与人民报刊的人民性思想，科学地揭示了一定社会状态新闻事业的规律性

无产阶级在同资产阶级的阶级大搏斗中，总是遵循马克思主义理论，以本阶级及其政党为核心，团结一切可以团结的人民群众共同奋斗，并十

* 本文原载于《中国广播电视学刊》1991年第3期。

分重视发展新闻事业。因为要同自己身上落后的东西和自己的敌人作斗争，总要先造成舆论，做意识形态方面的工作。马克思、恩格斯和许多无产阶级革命家的革命生涯，多与办报刊和写作事业有密切的关系。他们利用新闻报刊宣传革命理论，制造革命舆论，用以教育和发动人民群众，使新闻事业既有无产阶级阶级性、党性，又有广泛的人民性。

1. 马克思的"人民报刊"与人民报刊的人民性思想

在无产阶级新闻事业史上，人民报刊及人民报刊的人民性思想，是马克思首先提出的。19 世纪 40 年代初，德国正处在资产阶级革命的前夜，争取自由和民主的人民运动十分高涨，普鲁士政府在 1841 年底颁布新书报检查令，限制出版自由，使限制和反限制的矛盾特别尖锐。马克思在抨击普鲁士反动政府查封、检查报刊时，阐明了人民报刊和人民报刊的人民性思想。1842 年 4 月，马克思在为《莱茵报》撰写的《第六届莱茵省议会的辩论（第一篇论文）》中，首先提出了"自由出版物的人民性"观点，并指出其实质在于"它的历史个性以及那种赋予它以独特性质并使它表现一定的人民精神的东西"[1]，继而在当年底和次年初撰写的一系列文章中提出了人民报刊的问题，并进一步做了深入阐述。

第一，人民报刊是自由出版物，是变物质斗争为精神斗争的文化形态。"自由的出版物是人民精神的慧眼，是人民自我信任的体现，是把个人同国家和整个世界联系起来的有声的纽带，自由的出版物是变物质斗争为精神斗争，而且是把斗争的粗糙物质形式理想化的获得体现的文化"[2]。

第二，人民报刊植根于人民之中，人民的信任是人民报刊赖以生存的条件。人民报刊"它生活在人民当中，它真诚地和人民共患难、同甘苦、齐爱憎"。它"是人民用来观察自己的一面精神上的镜子"，"人民的信任是报刊赖以生存的条件，没有这种条件，报刊就会完全萎靡不振"[3]。

第三，人民报刊按人民的思想方式据实直书，表现人民精神，充当人民喉舌。人民报刊根据事实来描写事实，"只要报刊有机地运动着，全部事实就会完整地被揭示出来"，人民报刊"始终是人民的思想、恐惧和希

---

① 《马克思恩格斯全集》第 1 卷，第 49 页
② 同上书，第 74 页。
③ 同上书，第 187、75、234 页。

望的具体表现，是真实的叙述"，"是有声的、人民（确实按人民的方式思想的人民）日常思想和感情的表达者"，是"历史人民精神的英勇喉舌和它的公开表露"，"自然，事实并不排斥思想，正如同思想不排斥事实一样。这里的问题只在于最主要的性质即特征。"①

第四，人民报刊有一个发展过程，要爱护人民报刊。人民报刊要经过渊源于其本质的必然发展阶段，才可能成为真正的人民报刊。"我们应当把对人民报刊的指摘看做对人民政治精神的指摘"。②

第五，"人民报刊的整体是由各个具有不同人民精神特征的报刊组成"。在人民报刊正常发展的情况下，总合起来构成人民报刊实质的各个分子，都应当（起初是单个地）表现出自己的特征。这样，人民报刊的整个机体便分裂成许多各不相同的报纸，它们具有各种不同而又相互补充的特征，……只有在人民报刊的各个分子都有可能毫无阻碍、独立自主地各向一面发展并各成一行的条件下，真正'好的'人民报刊，即和谐地融合了人民精神的一切真正要素的人民报刊才能形成。③

第六，人民报刊具有不以人的意志为转移的客观规律性。"要使报刊完成自己的使命，首先不应该从外部施加任何压力，必须承认它具有连植物也具有的那种为我们所承认的东西，即承认它具有自己的内在规律，这种规律它不能而且也不应该由于专横暴戾而丧失掉"。④

以上各点，彼此关联。这表明，马克思从性质、规律、职能、作用等方面，对人民报刊和人民报刊的人民性思想做了详细、准确、完整的阐述。人民报刊应该具有广泛的人民性。新闻事业的人民性是一定历史时期活动在人民中，维护人民利益，反映人民生活，用人民语言表现人民精神、人民思想感情、愿望要求和政治倾向的属性。人民报刊是报刊（新闻事业）的一部分，它的本质特征是报刊（新闻事业）共同本质特征的特殊表现，并受其制约。离开这些，人民性就不是它自身的规定性而是其他什么，可惜，马克思这一光辉思想，由于某种原因未能引起人们的普遍的重视。

---

① 《马克思恩格斯全集》第 1 卷，第 211、188、187、50、194 页。
② 同上书，第 188 页。
③ 同上书，第 189—190 页。
④ 同上书，第 190 页。

2. 马克思关于人民报刊和人民报刊的人民性思想是否具有真理性的问题

青年马克思是在 1842 年和 1843 年提出人民报刊和人民报刊的人民性思想观点的。当然，这个时期的马克思，正如列宁所说："已从唯心主义转向唯物主义，从革命民主主义转向共产主义。"这就提出一个问题，尚未成为共产主义者的马克思的思想，有没有真理性？我认为，回答应该是肯定的。

其一，此时期的马克思虽然在总体上尚未完成两个"转变"，但已经接近两个"转变"的完成。因此，就人民报刊和人民报刊的人民性思想说来，具有了唯物史观的基本素质。

其二、人民报刊和人民报刊的人民性思想符合作为革命家和共产主义者马克思的思想体系和报刊思想。1849 年后，马克思多次指出："报刊的义务正是在于为它周围左近的被压迫者辩护"，"报刊按其使命来说，是社会的捍卫者，是针对当权者的孜孜不倦的揭露者，是无处不在的耳目，是热情维护自己自由的人民精神的千呼万应的喉舌"。① "报纸最大的好处，就是它每日都能干预运动，能够成为运动的喉舌，能够反映出当前的整个局势，能够使人民和人民的日刊发生不断的、生动活泼的联系。"② 报刊"是广泛的无名的社会舆论的工具"。③ 由此可见，马克思人民报刊和人民报刊的人民性思想是始终不渝的。

其三、无产阶级成长为独立的政治力量后，马克思主编的《新莱茵报》成了阶级性与人民性有机结合的典范。随着阶级斗争的展开和无产阶级成为独立政治力量走上历史舞台，马克思主编的《新莱茵报》成为"革命无产阶级最好的机关报"（列宁语）。这是因为它从现时历史实际出发，不仅高举"民主派的旗帜"（恩格斯语），用以维护人民利益和人民精神，教育人民团结斗争，还"在各个具体场合，都强调了自己的特殊的无产阶级性质"（恩格斯语）。《新莱茵报》正确处理阶级性、人民性的榜样和马克思、恩格斯正确处理阶级性、党性与人民性的光辉思想，成为马克思主义新闻理论的重要组成部分，并广泛地影响着各国和各个时期无产阶级

---

① 《马克思恩格斯列宁斯大林论报刊》（上编），北京大学中文系 1975 年版，第 55、54 页。

② 同上书，第 64 页。

③ 《马克思恩格斯选集》第 1 卷，第 491 页。

的、人民的新闻事业的发展，使人民新闻事业在各个历史时期发挥积极的作用。

其四、人民是阶级社会的客观存在，人民性是人民利益、愿望和要求的集中反映，马克思的人民报刊和人民报刊的人民性思想完全符合历史事实。马克思主义认为，人民群众是创造世界历史的动力。人民是阶级社会的产物，在阶级社会发展的不同时期是反复出现的阶级分合的现象。人民在一定社会历史状态有所不同，在不同国家和各个国家的不同历史阶段内容不同。因此，这使处于不同社会状态的人民和各个国家不同时期的人民，有不同质的规定性与特征，但不论是哪种情况，人民始终是推动历史发展的动力。

人民是划分为阶级的，人民是不同阶级的联合体。例如，在我国抗日战争时期，一切抗日的阶级、阶层和社会集团，属于人民的范畴。在社会主义初级阶段，一切爱国的赞成和拥护社会主义的阶级、阶层和社会集团，属于人民的范畴。这两个时期的人民成分，有所不同。但是，每个时期的人民作为客观存在的联合体，却有共同的利益、愿望和要求，而人民性正是这种性质、特征的概括。人民性与阶级性、党性不同。阶级性是由经济地位所决定的地位不同的人们，各自具有的生活方式、利益、要求及心理、思想、习惯、观点，气质等总和的特性。党性是阶级性最高而集中的表现。我们使用人民和人民性的词语，并不是抹煞各个阶级之间的差别及其不同的阶级性、党性，"而是用它来把那些能够把革命进行到底的确定的成分联为一体"（列宁语）。人民要有效地开展斗争，就要传递信息，表达舆论愿望，凝聚力量，创办、控制、掌握报刊和其他舆论工具，用以捍卫共同的利益。这已经为古今中外各个时期的人民新闻事业所证明。今后，人民的新闻事业仍将用人民性来表达确定成为联合体的共同利益和舆论愿望。我们不能超出人民的范围论及人民性的问题。否则，真理性的认识必然变成谬误。

二　无产阶级新闻事业将始终是党性和人民性有机结合的社会舆论工具

1. 一切削剥阶级新闻事业所具有的人民性是有限的，终将蜕变为反人民的社会舆论工具。

在人类社会经历的各个阶级社会中，一般说来，一切剥削阶级的新闻活动（事业），只在其阶级发展尚在上升时期或某个特定历史时期，才在一定程度上反映与被压迫、被剥削阶级人民的暂时一致的利益、愿望和要求，因为"一个阶级是社会上占统治地位的物质力量，同时也是社会上占统治地位的精神力量"（马克思、恩格斯语），所以，这种新闻事业除具有一定的人民性外，主要的还在于其阶级性、党性。待到剥削阶级发展走向反动或不再借用人民力量的时候，其阶级的政党的私利恶性膨胀，连同所控制的新闻事业一起，它们原有的那点人民性都抛弃罄尽。这是历史事实，也是规律。资产阶级产生在封建社会内部，由于反封建的力量不足，需要借助其他阶级的力量及斗争的进步性，取得无产者、城市市民和其他劳动群众的支援，形成资产阶级革命的联合，为其制造革命舆论的人民报刊，反映了这种共同利益、愿望和要求，表现了一定的人民性。在阶级斗争中，资产阶级逐渐形成比较稳定的不同党派。资产阶级借助人民力量夺取政权后，成了统治阶级，无产阶级和其他劳动人民仍处于被压迫、被剥削的境地，他们同发展中的资产阶级的对抗性矛盾日益尖锐，暂时一致的利益基础瓦解了，资产阶级走向反动，而无产阶级和其他劳动群众则仍作为历史发展的动力起作用。因此，丧失人民性的资产阶级新闻事业，完全维护资产阶级的利益，除在普通的新闻报道和舆论方面可以做到"一般的公正"（马克思语）外，在重大原则问题上，一概站在资产阶级及其党派立场上，成为反人民的社会舆论工具。这是历史的必然。谁要把资产阶级新闻事业标榜为"超阶级"、"全民性"，不是无视历史，就是有意欺骗。我们不要受蒙骗。

2. 无产阶级新闻事业始终保持鲜明的阶级性、党性和广泛人民性的有机结合

同一切剥削阶级、政党有所不同，无产阶级始终是先进生产力的代表。在人民范畴内，它始终是最先进的阶级，其政党则是阶级和人民的先锋队，处于领导地位，高举"全世界无产者，联合起来"的大旗，坚持无产阶级只有解放全人类才能最后解放自己的信念。在一切斗争中，一方面，强调和坚持各国无产阶级的共同利益，另一方面，在无产阶级革命事

业的各个发展阶段，又始终代表整个运动的利益。无产阶级新闻事业从小到大循着这个轨迹发展，宣传阶级的党的理论策略、纲领路线、方针政策，反映现实革命斗争，把阶级性、党性和人民性结合起来，做阶级的喉舌、党的喉舌和人民的喉舌，作用于本阶级和人民群众，甚至于作用自己的敌人，发挥无产阶级的人民的新闻事业"经常而深刻地影响舆论"（马克思语）的作用。

无产阶级的革命斗争发展是不平衡的。1917 年以来，俄国、中国等国的无产阶级及其政党，领导人民群众夺取了政权，建立了社会主义国家。从此，社会主义国家的新闻事业，如同无产阶级整个革命事业一样，跨入了一个新的发展时期。随着无产阶级和它的政党的任务转到社会主义革命和建设上，当然也引起某些阶级成分的分化，而属于人民范围的基本阶级、阶层和集团，和无产阶级一样成了国家的主人，它们之间没有根本的利害冲突，有共同利益的牢固的联合基础。适应这个时期的社会需要和社会物质生产水平与科学技术水平，社会主义国家的新闻事业全面发展。以我国为例，虽呈现国家的民族的历史的不同特色，但仍保持无产阶级新闻事业阶级性、党性和人民性有机结合的特征。

3. 社会主义新闻事业的党性与人民性有共性也有差异

社会主义新闻事业，有无产阶级阶级性、党性与人民性，三者有其共性、统一性，而且是主导方面，基本方面。但党性与人民性不是一个东西，它们又有差异。差异属于次要方面，有一定的暂时性。这是因为，我们共产党是当代最先进的阶级——工人阶级的先锋队，是人民的先锋，党除了人民利益之外，自己没有特殊利益。因此，从根本上说来，党性代表着属于人民范畴的各阶级、阶层和社会集团的利益、愿望和要求。当然，党在领导人民为眼前的和近期的目标奋斗时，并没有放弃和忘记自己的最高纲领，而是审时度势，实事求是，从群众中来，到群众中去，一切从人民的利益出发，把符合党性最高原则要求的现时政策同人民性结合起来。社会主义新闻事业，不论是各级党委办的、政府办的、群众团体办的、民主党派办的和各级各业办的专业性报刊以及政府办的电台、电视台、通讯社等新闻事业，都以传播新闻、播发评论为主发挥社会舆论工具的效能，当好党、政府和人民的喉舌，把党性和人民性结合起来，宣传、教育工人阶级和人民群众各阶级、阶层的中间、落后群落，使他们提高觉悟，认识真理，同心同德地跟着共产党进行社会主义物质文明和精神文明建设。这是一方面。

另一方面，党性和人民性也有某些矛盾和差异。矛盾是普遍存在的，"没有矛盾的想法是不符合客观实际的天真的想法"（毛泽东语）。这种矛盾性，是在社会主义条件下新型社会关系的表现，即在党和人民群众利益根本一致的基础上产生的人民内部的非对抗性矛盾的表现。在社会生产资料所有制问题解决之后，我国所要解决的主要矛盾，是人民日益增长的物质文化需要同落后的社会生产力之间的矛盾，党和国家工作的重点转移到了以经济建设为中心的社会主义现代化建设上来。在社会关系中，存在工农之间、城乡之间、体力劳动与脑力劳动之间的差别，等等。党在处理这些属于人民内部的非对抗性的矛盾时，稍有不慎，就容易出现党性与人民性的不协调。此外，在实际生活中，代表人民执政的党和国家的领导与人民群众之间有地位、方位的不同，由于对利益的态度、对事物的观察认识和情感的不同，也往往产生一些长远与近期、全局与局部、积累与消费的矛盾，出现某种程度的集中与民主、纪律与自由、正确与失误等方面的矛盾。这种种矛盾，新闻事业作为联系党和人民的纽带，"每日都能干预运动"，如果党处理得好，党性和人民性在反映中就结合得好，倘若党在处理中有某些失误，新闻事业在反映时也往往不协调。脱离广大人民群众的利益会冒进，迁就落后群落会变成"尾巴"。正确的态度是站在党性与人民性的立场上，把对党负责与对人民负责结合起来，客观分析而不片面渲染，疏导降温而不故意激化，善意劝导而不恶意挑拨，促其圆满解决，创造安定团结的舆论环境。实际上，这样每解决一次矛盾，都会使新闻报道的党性和人民性达到一次新的辩证统一。党的新闻事业尤其要在坚持人民性中，保持独立的阶级性、党性。新闻事业可以有多层次，有不同的对象，但党性始终是社会主义新闻事业的灵魂。我们既要善于贯彻马克思主义全心全意为人民服务的思想，反映人民的利益、要求和愿望，又要"在每个具体场合"高举党性的旗帜，表现出社会主义初阶段新闻事业党性和人民性高度统一的广泛的社会舆论性质。

新闻事业的党性和人民性，既各有自己的规定性，又有些联系与交叉，各有其权衡的尺度。我们既不可以把党性和人民性对立起来，也不可以完全把它们"合二为一"；既不可以用党性取代人民性，用党性的尺度衡量人民性，排斥人民性，也不可抬高人民性，用人民性的尺度衡量党性，贬斥党性。否则，就会使在一定领域内合理的规律性变得荒谬。毫无疑问，我们目前要适当强调党性，强调是为了创造条件促其在将来的某个时期消亡，从而符合共产主义高级发展阶段的需要，最终成为全民的社会舆论工具的新闻事业。而现在，我们主要应把党性与人民性有机结合，更好地为人民服务，为社会主义服务。

论政治家办报*

刘家万

一　强调政治家办报的必要性

说政治家办报，使我们想起羊城晚报发表的一幅新闻图片，那就是1992年3月19日，该报率先在头版右上角的显要位置上，刊登了邓小平同志去视察珠海市时的巨幅照片，引起人们的关注，轰动了报界。羊城晚报善于把政治敏感与胆识揉在一起，体现了政治家办报的气魄。对于政治家办报的问题，毛泽东同志曾经作过精辟的论述，他说："搞新闻工作，要政治家办报，不要书生办报。要一眼看准，立即抓住。要多谋善断，不要多谋寡断。"① 毛泽东同志在论述中指出："要反对多端寡要，没有要点，言不及义"的态度，提倡"要一下子看到问题之所在"，批评书生办报不好，说书生"最大的缺点是多谋寡断"。不要学刘备、孙权和袁绍，而应该学"曹操多谋善断"的果敢精神。体现毛泽东同志所倡导的这种果敢精神在报界中并不多见，许多报社尚缺乏政治家眼力、气魄和胆量。他们脑子"迟钝"，行动之缓慢，达到了令人吃惊的地步。邓小平同志南巡视察并作了多次讲话，其现实意义和深远意义，是毋庸置疑的。这点国外和港台地区当时都有所报道，并且在中央全会通过邓小平南巡讲话之前，人民日报已连发了三篇社论，阐述了邓小平同志南巡的重要，说是中国改革开放的又一个里程碑，号召大家认清形势，进行大胆地改革。这么重要的三篇社论，我们中的许多报纸却不转载，不摘登，而保持着沉默不语，无动

---

　　* 本文原载于《广西大学学报》（哲学社会科学版）1992年第5期。
　　① 《要政治家办报》，见《毛泽东新闻工作文选》，新华出版社1983年版，第215—216页。

于衷，其政治敏感性太差了。

目前，改革开放，全面的经济建设，正如火如荼地在祖国每一寸土地上蓬勃兴起。在这样一派大好形势下，倘若我们的新闻工作仍然游离于其外，报道一些不痛不痒的信息，将是失去办报的实在意义，由此，今天强调政治家办报是必要的。它可以使报纸更接近群众，更接近生活实际。也就是说，不但善于一眼看准，立即抓住，而且还要调动一切宣传手段，迅速及时地传播具有高度新闻价值的信息，满足读者群众的心里需求，推动改革开放的发展，这就是政治家办报的重要意义。

二　政治家办报的要求

（一）鲜明的政治目的，是政治家办报的第一个要求

鲜明的政治目的，是我们办报的优良传统。早在党成立之初的《中国共产党的第一个决议》中就明确指出："杂志、日刊，书籍和小册子必须由中央执行委员会或临时中央执行委员会经办。"1942年，党中央主办的《解放日报》发表的社论《党与党报》中，再次重申，报纸不仅是集体的宣传者，而且是集体的组织者。党通过报纸来宣传群众，号召群众并组织群众进行各种活动。因而报纸是党这一巨大集体的喉舌、耳目和工具，而党报工作者是整个党组织的一分子，是必须坚决按照党的意志办事的。

政治家办报有他们的政治目的。从毛泽东创办的《湘江评论》，到周恩来主编的《天津学生联合会报》，无不是这样。

在全国人民反帝反封建的浪潮中，我党自己创办了《新华日报》。该报从创刊之日起，一直在国民党的重重压迫和严密封锁下进行战斗。针对当时严峻的形势，周恩来经常教育《新华日报》的战士们，要发扬党报的战斗精神，要有"大义凛然，威武不屈"的风格。教育大家"要敢于进行斗争，要善于进行斗争；要敢于说出真理，要善于说出真理；使《新华日报》真正成为人民的喉舌和号角。"在周恩来的直接领导下，《新华日报》对顽固派的封锁、迫害进行了坚韧、顽强的斗争；斗争有时是短兵相接，有时又灵活曲折的。

揭露国民党反动派制造"皖南事变"的反共反人民的罪恶行为，政治上对反动派展开全面进攻，是周恩来根据党中央的部署，运用党的新闻工

具进行的一场重大斗争，在新闻实践上坚持党的立场和灵活掌握斗争策略的范例。1941 年 1 月 6 日新四军奉命北移遭国民党袭击，《新华日报》编新闻、撰写社论揭露国民党的阴谋，遭到国民党新闻检查机关扣留，群众无法知道事实的真相。1941 年 1 月 17 日，国民党反动派发出取消新四军的番号，将叶挺军长交付军法审判的反动命令，国民党反动派企图利用控制的全部舆论工具，用造谣诬蔑的办法，掩尽天下人耳目。斗争短兵相接，宣传斗争已不只是澄清某些细节，而是要戳穿这一场精心策划的反共投降阴谋。周恩来以无产阶级革命家的满腔义愤在《新华日报》上题写了"为江南死国难者志哀！"的悼词和"千古奇冤，江南一叶，同室操戈，相煎何急"的挽诗。虽然只有 25 字，但像惊雷闪电震聋发聩警醒了人民。从挽诗还可以看到，周恩来同志以无所畏惧的态度斥责、鞭挞顽固派的反共行为，但又着眼于抗日民族统一战线的大局。挽诗的后两句："同室操戈，相煎何急！"用共产党人以国家、民族利益为重的博大胸襟，克制对同志、战友无辜被害的满腔义愤，呼吁包括国民党人在内一切有爱国心的人，以国家民族利益为重，制止顽固派箕豆相煎的倒行逆施，弘扬团结御外的民族大义。宣传斗争始终处于有理有节的地位。

党报，是党的喉舌，其党性原则是第一性的原则。它要绝对服从党委，替党说话，这也是党报必须遵守的宣传纪律。我们党办的报纸，如果不能传达党的声音，不能代表党的利益，甚至唱反调，性质岂不变了？李瑞环同志说过这样一句精辟的话：我是一个木匠，绝对不会自己用自己的斧头去砍自己的手指，世界上任何人、任何政党都不会允许自己办的报纸来反对自己，所以，党性原则不允许党报有背离和违反这一原则的任何行为。这是政治家办报最根本的要求

（二）高度的政治敏感与胆略，是政治家办报的第二个根本要求

首先办报人要有高度的政治敏感，应当对社会各种问题，对一切新鲜事物都感兴趣，而且要兴致勃勃地研究一切问题。要有炽热的政治热情。应当热情得像一团火，而不是一个书生，不能对外界世事漠不关心，无动于衷。政治上的迟钝是办报人的大敌。

政治敏感从何来？先决条件是要努力吃透上头精神。用一句形象的话说，就是抬头望中央。心中无数，必会"走火"，"个人奋斗"是行不通

的。只有吃透，才能"操纵自如"。

其次是要有胆识。办报，解放思想，大胆探索，敢闯"禁区"。在四项基本原则的范围内，发挥能动性、创造性。中央的指示，政府的法令，不是要求"照本宣科"，而是要求以事实为基础的新闻语言来写作，像蚕吃了桑叶吐出来的是丝一样，该讲的话要讲，不要观望"气候"，吞吞吐吐，有时，不人云亦云，不登某些新闻，也是胆识。这也怕，那也怕，这也小心，那也小心，就会把自己禁锢起来。

当然，解放思想不等于乱放炮，不是想怎么办就怎么办，要尊重客观事物的规律。敢闯也不是乱闯，要科学地闯，党报的根基不能动摇，这根基就是四项基本原则，报纸要办出特色，没有闯劲不行，但报纸办得好不好，又与党和人民的根本利益相关。胆大，谨慎，两者结合，政治理论上就不会出纰漏。

（三）增强新闻观念，是政治家办报的第三个要求

新闻观念，这是指报纸，特别是地方报纸如何办成一张开放型的报纸而言。当今世界是开放世界，让人们正确认识世界、适应世界、改造世界，是新闻媒介的一项任务。但是，翻开我们的报纸，特别是地方报纸却没有多少新意和传播价值的新闻，这就是新闻观念没有开放的结果。

办报切忌墨守陈规，要做多方面的探索。读者最不满意的是千文一面、千题一面，所以办报要创新，写文章也要创新，力求与众不同。明代汤显祖说得好："文章不厌新，交情不厌陈。"报纸上天天出现富于激励和鼓舞人民的新人、新事、新思想的报道，是我们努力的目标，关键在于观念上要达到这个目标，刻意求新。编辑、记者应当密切注意群众中的新创造、新成就和新经验；注意研究在改革开放新形势下，群众中出现的有积极意义的新思想观念、新的生活方式，注意捕捉旧事物中出现的新质态，获取各种新信息。那怕是炒冷饭，也要花样翻新，炒出新意。

三 政治家办报必须正确处理几个关系

（一）报纸的风格与特色

任何一张报纸，都应当具有它自己的风格和特色。假若不是这样，报纸就没有存在的必要了。

所谓特色，就是一个事物所独有而与其他事物不同的东西。没有区别，就没有特点。

怎样才能办成有自己特色的报纸？羊城晚报提出：主攻一版，要选全世界、全中国、全中南、全广东有分量的消息。这是一条经验。别的报纸没有抓到，或者没有抓着的，而问题又是重要的、新鲜的，就着力把它抓住，挖得深，宣传得突出，那就有了自己的特色。

有些同志以独家新闻来作为衡量一张报纸是否有特色，笔者不敢苟同。相同的稿件，处理得特别，从内容到标题、版面、字号都胜人一筹，这也是特色。羊城晚报为例，他们处理反映国内外一些大事件，无论是内容删节、标题设置、版面处理、标题字号，总是匠心独运，使人感到他们处处都要高人一着。这就是他们的特色。又如"街谈巷议"，"半文不白"的文体，有棱角又如叙家常，别的报纸不敢闯的禁区他们敢闯，别的报纸没有抓到或者没有抓着的，他们抓住了，而且又是那么精辟，令人叫绝。

陶铸说过，编辑工作要讲究，编辑编辑，大有可为。这个大有可为，切不是出自书生的技艺，而是出自政治家的敏感。要学会找尖端。特别"大"，特别"小"，特别"薄"，都是尖端。

（二）指导性与可读性

首先，不要把报纸指导性的内容看得过于狭隘。长期以来，我们有的同志认为，只有领导机关的会议、领导的讲话、工作部署、经验介绍才称之为指导性，有时甚至把经济看成与政治无关，把"政治是经济的集中表现"这个马克思主义的命题也忘记了。殊不知，当今中国什么是最大的政治，那就是经济建设。而谈经济呢？往往只限于生产，把流通、交换、商品经营以及一些分配手段都叫做资产阶级的东西，称为姓"资"，把社会主义也不可缺少的很多东西或者恰恰是社会主义范畴里的东西划到资本主义那里去了。至于知识与趣味、婚姻与家庭、道德与性等等，更被视为缺乏思想性，甚至视为禁区。对指导性这样狭隘的理解，其实是对社会主义狭隘的理解。

另外，在形式上，有些同志这样认为，强调报纸的指导性，就只有硬梆梆的说教，这要求，那强调，好像只有干巴巴的教条才有指导性，要指导，就只有正襟危坐，而不能促膝谈心，只有严颜厉色，而不能谈笑风生。这样的认识是错误的。

还有人把指导性与可读性对立起来，认为两者不能相融。有的甚至这样来划分版面，上半部是指导性，下半部是可读性。这种办报方针，势必束缚办报人的思想。

指导性与可读性的关系，不应看成是互相对立，排斥的。在一定的条件下，是相互促进并且可以互相渗透的。关于党和国家大事，或政治性、政策性很强的重大报道，首先要注意的是它的准确性、完整性，其"可读性"主要表现在"重大性"之中。但是，不能由此得出结论，所有重大题材的新闻报道，都必须是"板起面孔"的"硬件"，都不能作"软处理"；党性，指导性非得和"硬梆梆"联系在一起不可。另外，有些人物虽然平凡，有些事情也并不"惊天动地"，如献血、捐款等，但透过平凡的人和事，宣传的是"社会主义好"、"共产主义精神"的重大主题，在读者中依然引起强烈反响，说明它们的"可读性"还是相当高的。实践证明，新闻报道的"可读性"，取决于事情本身的价值和它是否是真正的新闻，是这些要素和表现形式，写作技巧的统一。大题大作，小题小作，只要运用、处理得当，依然可以"各尽所能"，引导人们奋发进取。

（三）报道领导与报道群众的关系

回顾十多年新闻历程，我们可以看到，新闻指导思想影响着对新闻的选择和判断，新闻改革是从改革新闻开始的。当时有一种批评，认为一个时期里报纸上登的大量"新闻"根本就不是新闻，说我们的记者不懂得新闻的ABC，于是想出许多办法从业务上改进。但是后来发现，不是新闻工作者不懂新闻的ABC，而是有一个"左"的指导思想，它违背了新闻工作的规律，却指挥着新闻工作者的行动。这就是长期以来报纸的作用被归结为只是向群众宣传党的路线政策，只有上面对群众讲话，而忽略了同时要反映群众的呼声，要体现群众的监督。这种指导思想上的"跛脚"，使得我们长期地习惯于从领导的角度去选择新闻，很少考虑群众想知道什么。十多年来新闻改革的主要之点就是纠正了"左"的指导思想，转变新闻观念。我们所进行的一系列改革，都是为了使报纸更好地接近群众，更好地发挥上情下达，下情上达的作用，成为领导与群众之间进行双向交流的一条精神导线，现在在新闻界有一种困惑：顾及领导就顾不了群众。如何达到两全其美，请回过头来看看羊城晚报刊登的那幅照片。邓小平同志南巡，他的健康，应当是每一个人都关心的。羊城晚报的同行有胆有识，寻求到了一个结合点。还有深圳特区报发表的通迅《东方风来满眼春》，《深圳商报》从今年3月12日至4月3日连发的"八论敢闯"（《为进一步解放思想鸣炮》、《快马再加鞭》、《防右更防"左"》、《实事求是贵在"敢"》、《敢用他山之石》、《险处敢登攀》、《借鉴香港互利互荣》）。类似这样的文章，能够在上下引起轰动和广泛关注，这不能不给我们以启迪。

四　新闻工作者首先应该成为政治家

作为一位新闻工作者，他必须具有鲜明的政治观念，高度的政治敏感力，果敢地处理问题的胆识，高超的宣传艺术手段，这是前提。要达到这一目标，必须通过努力学习、锻炼、培养，提高自己的政治素质。

第一，善于学习，不断提高鉴别事物的能力

目前，情况在不断的变化，社会在不断地发展，要使自己的思想适应新的形势，永远保持清醒的头脑，站得高，望得远，对问题敢于多谋善断，就得学习，就得研究。这正如刘少奇同志所说的，在纷繁复杂的情况下，"要有马列主义理论修养。要做马克思主义记者，却不大懂马克思主义，工作就做不好"，"写东西的盲目性就很大"。① 也就是说，如果没有马克思主义，没有唯物史观，不会辩证地看问题，那么在复杂多变的情况下，就可能使你被动得很，束手无策，或是只会人云亦云，充当炮筒子、传声筒。因此，学习马列主义理论，学习辩证唯物论和历史唯物论，不断地提高自己的理论水平，学习辩证地看问题，这是关键。

第二，深入实际，善于在调查中分析比较，以提高自己处理问题的能力

新闻工作者要使自己成为有远见卓识，敢于处理问题的政治家，就必须在理论学习的基础上，深入实际调查研究，在实际生活中提高处理问题的能力。如果只会在书本中学习理论，不结合实际，不了解周围环境的具体情况，也只能成为"头重脚轻"的虚假的"政治家"。

作为社会活动家的新闻工作者，要随时随地深入基层，深入实际，与

---

① 《刘少奇选集》上卷，第405—406页。

人民心心相印，息息相关，了解他们，和他们打成一片。有一位领导说过，"记者的工作岗位，是在群众之中；他的工作能力，也在同人民交往中培养"，我赞同这句话。一个记者，他的活动应该在群众之中，成为人民群众中间的活动家，时时了解群众的动态、思想感情，热悉群众的生活和问题，并进行认真的分析，比较又比较，知道什么是群众已知的，什么是群众应知而未知的问题，记者的敏感才能形成，才能果敢地处理问题。现在我们有些新闻工作者正好缺乏这方面的基本功，他们浮在上面多，沉下去少，或电话采访，或利用材料，这很难对发展的形势有比较深刻的了解，很难对某一事件作出判断，这种作风非转变不可。新闻记者只有深入实际，才能及时体察到事物的发展变化，发现新事物的萌芽，不然宣传就无的放矢。

第三，头脑要冷静，要养成善于独立思考的习惯

头脑要冷静，要独立思考，不要人云亦云，这是政治家常用的思想方法，也是新闻工作者的起码修养，对任何事情，都要善于开动脑子，都要经过认真地考虑。比如对把握全局的事，只有把握全局，洞察全局，才能心中有数。缺少了这一环，必然是"盲人骑瞎马，夜半临深池"，少不了要栽跟斗。了解党中央和各级党委的指示精神，把握精神实质，并力求理解得准确、深刻些，有时文件成堆，要学会筛选，抓住最主要的。但有人缺乏独立思考，又不冷静，往往就易把局部当成全局，或把全局当成局部，结果不该采写的，却去采写，该处理的却又缩手缩脚。这怎能称得上是政治家办报呢！

正确理解政治家办报[*]

邱曙东

一　毛泽东提出"要政治家办报"的背景内容和启示

1959 年我党开始纠正"大跃进"错误的时候，毛泽东找人民日报总编辑吴冷西谈话。他先分析了在 1958 年 8 月和 9 月"大家头脑发胀、大谈共产主义"期间的问题：报纸宣传没有重点，没有中心，方向不明或看不出方向。接着，主席又搬出了曹操、刘备、孙权和袁绍，将曹操这位政治家与刘备、孙权、袁绍这些书生对比，指出政治家多谋善断，书生多谋寡断。多谋善断就是在纷繁的社会政治经济生活中，抓住矛盾，抓住中心，站在时代的潮头，正确把握历史车轮前进的方向。政治家就要具备这个素质。因此，毛泽东明确指出："搞新闻工作，要政治家办报"。[①] 其意深刻，基本精神是：1. 一个时期的新闻宣传要有中心问题，要有正确的方向。2. 要多谋善断，哪些该宣传，哪些不宜宣传，要全方位多角度考虑，做出符合事物发展方向的决定。在毛泽东看来，与"政治家办报"相对的"书生办报"，即是一切从主观出发，抓不住事物发展的矛盾和方向，坐失良机。

毛泽东所提出的要"政治家办报"，对于在社会主义市场经济条件下办好报纸，仍是一个基本原则，这个原则对我们办报有诸多启示：一是识方向：办报要有政治家的眼光，要坚持一个正确的舆论导向，同时还应注意在工作中抓住中心，在全面工作的整体推进中突出重点。二是辨是非：

　＊　本文原载于《新闻大学》1996 年第 5 期。
　①　《毛泽东新闻工作文选》，新华出版社 1983 年版，第 215—216 页。

办报要有政治家的智慧和谋略，在盘根错节、眼花缭乱的各种社会政治思潮和现象面前分清是与非，弄懂对与错。三是明大理：在社会转型和变革中，以政治家的胆略和睿智，扫除政治使命实现过程中的障碍，做好思想领域里的说服劝导工作，团结一致向前看。四是顾全局：充分认识办报主要是一种政治任务，掌握辩证法，避免形而上学，从整体和全盘的高度指导推动工作。

二　社会主义市场经济条件下坚持"政治家办报"的科学内涵

第一，要正确认识和把握社会主义市场经济条件下坚持"政治家办报"的必要性。

坚持"政治家办报"，就是办报要讲政治，办报要注意社会影响。这是一个由来已久的老话题，但在新的历史时期被赋予了新的内涵。

首先，办报讲政治，这是由建设有中国特色社会主义的复杂性和艰巨性所决定的。建设有中国特色的社会主义是一项复杂的系统工程，其中多重矛盾互相缠绕、互相交织，多重关系互相交错、彼此影响。如果对一些带有政策性、全局性、发展性和复杂性的问题，不以政治的眼光去审视、评判、定位和抉择，就不能服务于两个文明建设。比如，最近江泽民同志在党的十四届五中全会闭幕时的讲话（第二部分）中所阐述的十二个重大关系，如何理解其复杂性，宣传其重要性，就是新闻宣传工作今后较长时间所面临的一个政治课题。

其次，办报讲政治，与我们所面临的国际环境密切相关，尽管和平和发展仍是当代世界的主题，但世界并不太平。必须看到，极少数西方国家中的反共、反华势力对我们"西化"、"分化"的政策不会改变，对我无端进行"遏制"的图谋不会放弃，散布"中国的发展构成世界和平的威胁"的谣言不会自动停止。树欲静而风不止。对此，作为党的耳目喉舌的新闻媒介，不讲政治是不行的。去年9月，第四届世妇会在我国成功召开，遭到西方传媒的恶毒攻击。我国传媒严正驳斥，打了一个胜仗，充分体现了办报讲政治的无比威力。

再次，办报讲政治，是报纸经受考验和生存发展的需要。当今，办报也面临着前所未有的改革开放和市场经济的考验。改革开放，既丰富了信息源，又增加了遴选事实报道的难度；既丧失了计划经济时代办报的某种优势，又面临报业竞争的市场化取向所带来的压力，同时也受到有偿新闻和其他不良因素的侵害。此外，少数报纸从业人员政治立场欠坚定，政治素质不高，思想作风不纯，抵挡不住腐朽落后的封建思想和资产阶级世界观、人生观、价值观的侵袭。种种主客观因素都很容易使办报犯思想政治上的错误，从内部攻破"堡垒"，不仅毁了自己，而且导致不堪设想的后果。

第二，要把牢固的党性原则贯穿在报纸的整个工作之中。

办报讲政治，就是要求矢志不渝坚持党性原则。一方面要有正确的政治方向、政治立场、政治观点，主要表现为同党中央保持高度一致，维护中央的权威，保证中央政令畅通，反对阳奉阴违，做到言行一致。另一方面，要有严明的政治纪律，维护党的团结和统一，提高党的战斗力。禁止传播涣散民心、有损团结和民族凝聚力的小道消息和不实消息。强化新闻自律，反对自由主义、降格以求和庸俗市侩习气。再一方面，就是要增强政治敏锐性，提高政治鉴别力，善于从政治上考虑和处理问题，在复杂多变的形势面前，保持清醒的头脑。① 主要表现为注意选好报道时机，处理好"抢"与"压"的关系，把握好"火候"和"度"，注意"点"与"面"，笔端有典型，心中有全盘，防止出现负面效应。

总之，办报讲政治，既是社会主义报纸的优良传统，又是社会主义市场经济条件下做好报纸宣传工作的一个新课题。要从政治的高度去认识报刊肩负的时代职责，做到办报具有马克思主义政治家的眼光和头脑，信念和胸怀，素质和作风。

三　坚持"政治家办报"，克服办报的思想误区

正确理解和做到"政治家办报"，要在办报思想上克服几个误区：

其一：坚持"政治家办报"，不是否定办报规律而不讲宣传艺术。

一百多年前，马克思在主办《莱茵报》时就提出报刊的内在规律问题，尔后在主编《新莱茵报》时更表现出高超的宣传艺术。② 可见，无产

---

① 参见 1996 年 1 月 2 日江泽民视察解放军报社祝贺创办四十周年的讲话。
② 参见夏鼎铭《马克思恩格斯列宁报刊理论与实践》，复旦大学出版社 1991 年版。

阶级政治家办报，并不是只要目的而忽视方式方法。这也是无产阶级政治家关于内容和形式完美统一的哲学思维的体现。不断追求革命任务的实现与报刊宣传艺术方法的最佳结合，不断探讨政治活动规律与办报规律的有机融合，正是无产阶级政治家办报的特色和经验所在。

其二：坚持"政治家办报"，不是单一强调报纸的舆论导向功能而忽视报纸的信息传递、广告发布和娱乐等其他功能。

按照系统论的观点，整体大于各部分之和。报纸的功能应是一个整体概念。所以，在社会主义市场经济条件下，全面、正确理解和充分发挥报刊的社会功能是"政治家办报"的题中之义。更何况，政治家一贯主张的是社会、政治、经济、文化的协调一致和共同发展。

其三：坚持"政治家办报"，不是高高在上、高不可攀、远离读者而忽视报纸的可读性。

办报突出政治，不是高高挂起，把报纸变成枯燥无味的"政治教科书"。读者是报纸的宣传对象，又是报纸的"上帝"，而且每天都是新的。我们强调增强报纸的可读性，实际上就是坚持"政治家办报"的一个客观要求。目前，许多报纸增版扩版，优化版面结构，正在朝这方面做出努力。如《解放日报》从今年元月1日起，推出"双休特刊"，就是旨在吸引读者，扩大宣传教育对象，把人民群众团结在党报周围。这对于积累"政治家办报"的经验，无疑是可贵的探索。

其四：坚持"政治家办报"，不是否定报业经营管理而忽视报纸的经济效益。

报纸作为一种文化商品，其社会效益引导，驱动和制约着经济效益，经济效益则服从、支持和影响着社会效益。"政治家办报"强调和追求社会效益，难免要和报纸的经济效益相抵触、相背离，但这只是一个暂时的环节和过程，并不是始终排斥经济效益。在服从"政治家办报"的前提下，加强报业经营管理，就会使得两个效益熠熠生辉。近年，新闻界努力探索适应社会主义市场经济的报业运作格局，提出一种"政治家办报、企业化管理、市场化经营、社会化服务"的运行模式，不失为对"政治家办报"的正确定位。

其五：坚持"政治家办报"，不是喊口号唬人，"政治是一种科学，是一种艺术"。①

弄懂政治，首先要强化政治意识，我们现在所面临的是一个日益政治化的人类，政治已构成人类生存的一个基本条件。人类的生存与发展，世界的和平与进步，都与政治息息相关，整个人类面临的问题日益归结为政治问题。也就是说社会、经济、文化等问题都会引发出政治问题。一切问题都在走向政治，政治具有解决一切问题的社会条件。其次，要激发政治责任感。政治责任感是时代责任感和历史责任感的集中体现。它的形成标志着解决一切问题的主观条件业已成熟。再次，要有丰富的政治知识，学习政治科学理论体系，了解时政和外交，把握政治运作规律。对政治一知半解或全然不知，就会对办好报纸感到心有余而力不足。

其六：坚持"政治家办报"，不要囿于"政治家"这个严肃的字眼而消极、被动地对待工作。

办报讲政治，并不是要求报刊工作者人人成为政治家（事实上不可能），不是将自己的手脚捆绑起来，在"政治家"这个字眼上望而却步。我们所要求和强调的是，办报要有敏锐的政治头脑、深邃的政治思想眼光，这样才是对"政治家办报"的正确理解，才能加强报刊宣传工作中的"原则性、系统性、预见性和创造性。"②

---

① 《列宁全集》第 4 卷，第 234 页。
② 《邓小平文选》第三卷，第 147 页。

谈政治家办报[*]

——学习江泽民同志关于新闻工作的讲话
兼评当前报纸及新闻宣传的几个问题

杨振兴

一

最近,江泽民同志反复强调:领导干部一定要讲政治,号召全党在当前纷繁复杂的形势下,"在政治问题上,一定要头脑清醒。"他在今年年初视察《解放军报》社时,还重申了毛泽东同志"搞新闻工作,要政治家办报"的主张。这些讲话,既是对全党高级干部的谆谆告诫,也是做好新闻工作的一条根本指针。特别是再次提出要政治家办报,这对新时期党的舆论宣传更具有重大的现实意义。

江泽民同志重提"要政治家办报",是给党的新闻宣传工作注入新的精神动力,有着鲜明的针对性。

我们党的领导人,特别是毛泽东同志历来重视办好报纸,并视报纸为宣传党的纲领路线、方针政策、工作任务和工作方法,动员广大群众为实现自己的利益而奋斗的重要阵地和工具,但明确地提出"要政治家办报",却是在1957年6月间。当时,毛泽东同志在一次谈话中指出:为报纸"写文章尤其是社论,一定要从政治上总揽全局,紧密结合政治形势,这叫做政治家办报。"后来在一次政治局会议的讲话中,又尖锐地提出:"报纸办得好坏,要看你是政治家办报还是书生办报。我是提倡政治家办报的,但有些同志是书生,最大的缺点是优柔寡断。"这样鲜明、尖锐地提出问题,作出论断,对全党从事新闻宣传工作的各级领导,可以说是振聋发聩,发

---

  [*] 本文原载于《学习与实践》1996年第6期。

人深省。

时隔近四十年，江泽民同志重申"要政治家办报"的著名论断，既是继承和发扬党的老一辈领导人从政治着眼观察事物、判断形势、善抓舆论的优良传统，又显示出党中央新一代领导集体高屋建瓴，总揽全局，从政治角度抓好报纸及其他传媒的坚定态度和明晰思路，再次强调要政治家办报，是给当前形势下的舆论宣传工作注入新的精神动力，昭示、激励和引导广大新闻工作者特别是领导者，一定要从讲政治的高度，坚持新闻工作的党性原则，善于从政治大局去分析和处理问题，使舆论阵地始终牢牢地置于党的领导之下，成为党和人民的忠实喉舌。

进入深化改革，扩大开放，实现"两个根本转变"的新时期，江泽民同志再次提出要政治家办报，有着鲜明的针对性。我国现在正经历着历史上从未有过的极其广泛而深刻的社会变革，由计划经济向社会主义市场经济过渡，人们往往容易忽略一些重大经济问题和社会问题的政治内涵。包括一些新闻工作者在内，在市场经济的条件下，人们只看到报纸及传媒的某些商品属性，而易于淡忘和漠视它的政治属性和政治原则，因而强调政治家办报，就有着极端的重要性。同时，随着世界经济趋向一体化，以及交通通讯的迅速发展，国际交往日益频繁，不断扩大，西方资本主义的价值观念和生活方式以及腐朽没落的文化意识必然影响我国。从某种意义说，我们已处于"信息无国界"的时代。在这种情况下，强调政治家办报，要求保持清醒的头脑，善于从政治上观察和处理问题，更具有特殊的意义。还要看到，新闻队伍更新很快，大量新的力量成长起来，领导层也在不断进行新老交替，如何正确认识和坚定把握报纸及其他传媒的政治属性这一根本原则，并逐步熟练地运用到日常的采编工作中，也是一个紧迫的现实问题。提出要政治家办报，是从思想上进一步武装新闻界的各级领导，保证新闻队伍沿着正确方向健康成长的重大举措。

二

强调政治家办报，核心问题是要始终坚持正确的舆论导向，这也是江泽民同志多次提出的党的新闻宣传要以正确的舆论引导人。

衡量党的报纸及其他传媒的优劣、好坏、成败，固然因素诸多，但首要的是看它的舆论导向正确与否。江泽民同志谈到坚持政治家办报时明确指出："新闻作为一种意识形态，作为宣传、教育、动员人民群众的一种舆论形式，总是直接或间接反映我们党和国家的政治立场、政治主张和政治观点。"因而他特别地强调："首先要把握好报刊、通讯社、电台、电视台的宣传导向，要把这些阵地牢牢地掌握在我们党的手里。"这些具体而深刻地阐发以正确的舆论引导人的论述，不仅对当前的新闻实践有重要的指导作用，而且对建立有中国特色的社会主义新闻学也有重大的理论意义。

舆论导向，犹如掌握着车辆行进的方向盘，事关"走向何方"的大局，理所当然地成为领导和管理新闻宣传的首要职责。最近，江泽民同志就坚持正确舆论导向问题，又进一步明确指出："一要激励人民；二要服务大局；三要加强管理。"遵照江总书记这些讲话精神，并以此作为新闻宣传的工作指针和衡量标志，纵观目前报纸及其他传媒的舆论导向状况，应当说总体上是正确的，发挥了宣传舆论在两个文明建设中激励、鼓舞、动员和组织亿万群众的战斗作用。但应该看到，面对广泛、深刻而又急剧变化的社会改革，有些传媒，在有些时候，其舆论导向跟不上形势，甚或出现某些偏颇。其中一个突出的表现就是报纸以及相关传媒就事论事的多，或是报道一些纯经济、纯技术的"新闻事件"，难以深刻提出问题，作出有力引导，显得与这一巨大的经济、社会和历史的变革不相适应。另一方面，随着社会主义市场经济的发展，报纸及其他传媒的某些商品属性日趋明显，有的同志在认识上也陷入了既然是"商品"，就应该完全按价值规律办事的误区，因而在采编实践中出现了种种偏颇，有的不顾大局，有的违背民族宗教政策，有的兜售"有偿新闻"，有的甚至降格以求，迎合一些低级、庸俗趣味……，如此等等，都或轻或重地会影响到舆论导向，造成某些误导，产生负面效应，带来不良影响。其中严重者，如江泽民同志所指出的："尤其在政治上出了偏差，那就会像古人所说的'谬误出于口，则乱及万里之外'，不仅容易把人们的思想搞乱，有的还可能在国内外造成不良影响。"问题在于，现在有些报纸和传媒的领导者，并未完全清醒地意识到这种政治严肃性和社会责任感，而是把新闻工作等同于一般的业务工作、经济工作，有的甚至随心所欲，谬误频仍，这是值得关注和重视的。

当然，在强调坚持正确舆论导向的同时，也要注意目前实际存在的那种"千报一面"的现象。正确舆论导向，并非要求舆论内容完全雷同，即使是重大的新闻题材，也应该在采编上选择各自的最佳角度，编发和报道出不同的风格、特色，这也是以正确的舆论引导人所必须的。

三

作为无产阶级政治家，应当具有彻底的群众观点。而政治家办报，则必须在采编实践中充分贯彻党的群众路线，坚持"全党办报"、"群众办报"的根本方针。

报纸以及其他传媒，都是以广大群众为主要受众的，这就决定一切新闻工作者要坚定不移地面向人民群众、依靠人民群众。重视报纸和传媒的群众工作，是党的一贯方针和优良传统。毛泽东同志及老一辈无产阶级革命家，都十分重视在党的新闻宣传中贯彻群众路线的工作作风和工作方法，并视群众观点、群众路线为党的舆论宣传好坏和成败的关键之一。邓小平同志建设有中国特色的社会主义理论，重要组成部分之一就是要动员和依靠亿万人民群众实现社会主义现代化，包括党的新闻事业的现代化。他在建国初期就强调过："办好报纸有三个条件：结合实际、联系群众、批评与自我批评。"江泽民同志也一再要求新闻宣传工作者要"走出去、走下去，深入生活、深入群众，从人民群众的改革和建设的伟大实践中汲取丰富的思想营养。"可见面向群众、依靠群众在党的新闻宣传工作中的重要地位。这就表明，作为政治家办报，必须在采编实践中要有彻底的群众观点和群众路线，要不折不扣地依靠人民群众办好报纸及各种传媒。

当今处在改革开放年代，这给报纸和其他传媒带来了更宽阔的领域，新闻舆论宣传的群众工作也有了新的探索和拓展。随着信息时代的发展，人们也提出了新问题，办好报纸和其他传媒还要不要坚持"全党办报"、"群众办报"的根本方针？坚持党对新闻宣传的指导思想和基本原则，特别是根据政治家办报的要求，这个问题是不难回答的。但是在实践中，由于商品经济大潮的冲击，受到"钱""权""利"的影响，有些新闻工作者"全党办报"、"群众办报"的观念淡漠了，与群众的关系也疏远了，群众工作成为报纸和其他传媒的一个相当薄弱的环节。通讯员网络缩小，群众来稿锐减，采用率相当低，使党报及其他传媒反映群众的呼声和要求受到很大局限，形象、声誉都受到一定的影响。这个问题，已经和正在引起新闻界的关注。只要我们坚持政治家办报，党的联系群众依靠群众的优良传统就会得到继承和发扬，党的新闻宣传工作就会适应新时期的需要，得到新的发展和提高。

四

鲜明生动、尖锐活泼的文风，是无产阶级政治家应具有的气质和风格。作为政治家办报，理当十分重视新闻宣传的文风，正像江泽民同志所要求的："新闻宣传要不断提高质量，为人民群众更加喜闻乐见"，把报纸以及其他传媒办得生动活泼，引人入胜。

早在延安时期，毛泽东同志就把整顿党风、学风、文风，作为整顿党的作风的主要内容。整顿文风，当年着重是反对"党八股"，清算和整顿那些脱离实际、脱离群众、脱离国情的文风，诸如空话连篇，言之无物；装腔作势，借以吓人；无的放矢、不看对象；语言无味，象个瘪三；甲乙丙丁，开中药铺等等。当时，我们党讨伐了曾在党内盛行一时，并欺骗和俘虏了不少人的这股歪风，思想上的某些束缚得以解脱，革命精神为之一振，加之克服主观主义以整顿学风，克服宗派主义以整顿党风，这对端正党的作风，团结全党，夺取胜利，都起到了极其重要的作用，也使包括报纸在内的党的宣传工作出现了勃勃生机。

跨进新时代，沐浴着改革开放的春风，党的优良文风不仅得以继承，而且不断发扬光大，涌现出大量新闻佳作，以及一批才思敏捷的新人，报纸及其他传媒呈现出前所未有的生动局面。但要看到，由于思想上的形而上学，"十年浩劫"的遗风，甚至历史上"党八股"的残迹再现，如今报纸以及其他传媒的文风又出现了"新八股"，使新闻宣传的某些方面显得呆板、平淡、干瘪。例如大话连篇、空洞无物的会议报道充斥版面，令人望而生厌；采写消息的老套路，信息量小，结构呆板，叙述单调，文字乏味，读者不屑一顾；有些言论，囿于泛泛议论，无的放矢，很难触动受众；不少新闻报道就事论事，平庸冗长，看后不知所云。如此等等，不一而足，有些已经陷入了固定的程式、束缚思想、窒息精神，使报纸和一些传媒的宣传显得枯燥平淡，很难达到让读者、观众、听众从中受到感染、教育和启示的预期效果。

江泽民同志早就明确指出过："强调讲政治，并不意味着简单地重复一些政治口号，摘一些空洞的东西。要讲究宣传艺术，增强吸引力、感召力和说服力，把报纸办得生动活泼，喜闻乐见。"显然，清除"新八股"，倡导新文风，是继承和发扬党的优良传统，进一步解放思想，放开手脚，彻底改变目前新闻宣传中某些一般化状况的关键之一。

文风，是党风的一个重要方面，是人的品格、素质和作风的体现，当然也是新闻宣传质量和效果的直接反映。一切新闻工作者，特别是主管新闻宣传的各级领导，都要遵照江泽民同志的讲话精神，高度重视文风，讲究宣传艺术，尽心竭力提高舆论引导水平。

五

政治家办报，是对新闻宣传战线领导者素质的综合要求；而采编队伍自身建设的不断加强，则是实现政治家办报的一项基础性工作。

江泽民同志把建设一支政治强、业务精、纪律严、作风正的新闻队伍，看成是新时期做好新闻舆论工作的根本所在，并且十分强调要具有鲜明的政治意识和精湛的业务技能。他说："一个称职的新闻工作者，必须始终保持正确的政治方向，努力做到知识广博、视野开阔，才能在新闻领域里得心应手，纵横驰骋。"这是新闻战线提高领导素质、加强队伍建设的根本指导思想和重要工作方针。

所谓政治家办报，首先是对从事新闻宣传工作的领导者的要求，他们应当具有总揽全局、洞察事物、运筹帷幄、宏观驾驭的本领，不是"办报匠"，而是"政治家"，这样报纸及其他传媒才能是世界风云、社会变革的缩影，成为党和政府传播政策、指导工作的得力工具，成为正确引导受众认识客观、陶冶情操的良师益友。作为一般新闻工作者，虽不承担领导者的责任，但正如江泽民同志所说："新闻工作是教育人的，所以新闻工作者也应当成为：'人类灵魂工程师'。""这就要求我们要树立正确的世界观、人生观、价值观，自觉抵制腐朽思想文化的侵蚀和影响。"老一代新闻工作者十分注重自身修养和世界观的改造，严于律己，毕生奉献，忠诚地以手中的笔为党和人民的根本利益服务，曾经赢得广泛赞誉。如今，"世上新人换旧人"，新闻界的领导有了更迭，新闻队伍不断补充新的成分，他们具有接受新事物快、知识面宽的优势，但对党的新闻工作宗旨、方针和传统不甚熟悉，特别是全心全意为党的新闻事业奋斗终生的观念比较淡薄。这就需要大力提倡和广泛开展"新闻工作者是人类灵魂工程师"，以及树立坚定的革命人生观的再教育，以保证"政治家办报"这一根本观念，真正扎根在广大新闻工作者的心中，化作推动党的新闻事业更快发展的巨大物质力量！

论"政治家办报"*

喻权域

江泽民同志在接见《解放军报》社师以上干部时的讲话，引用了毛主席的一段名言："搞新闻工作，要政治家办报。"江泽民同志重提毛主席当年的名言，要新闻工作者学习领会，指导当前的新闻工作，这具有重大的现实意义。

"政治家办报"是普遍规律

毛主席关于"政治家办报"的话是 1957 年说的，已经多年没有人提了。新闻学界偶尔有人提到，往往持怀疑、否定态度。有的认为，报纸既然是"新闻纸（Newspaper）"，是提供和传播新闻的，应当是"报人办报"，或"新闻工作者办报"，才符合报纸工作的规律，似乎"政治家办报"会使报纸偏离提供信息这个基本任务。

诚然，毛主席说上述的话是有所指的，毛主席当年对一些人和事的批评，今天看来不见得完全准确。但是，"政治家办报"的确是自有报纸以来的普遍现象，或曰普遍规律，问题只在于，是哪一个阶级的政治家办报，水平如何。

纵观世界新闻事业史和中国新闻事业史，比较有影响的报纸，都是政治家——一定阶级、阶层、党派、政治力量的活动家或代表人物办的，很难找到一家报纸是由没有政治倾向、政治头脑的"纯报人"办的。法国大革命时期，《人民之友》报发挥了很大作用，它的主办人马拉，就是法国

　＊　本文原载于《求是》1996 年第 6 期。

大革命的三大领袖之一。马克思、恩格斯、列宁、斯大林都从办报开始自己的政治活动，他们主办的报纸都是影响巨大的报纸。中国近代史上，康有为办《强学报》，梁启超办《时务报》、《新民丛报》，孙中山办《中国日报》、《民报》，章士钊、章太炎办《苏报》，陈独秀办《新青年》，毛泽东办《湘江评论》、《政治周报》，蔡和森办《向导》周报，是"政治家办报"的典型。抗战时期和解放战争时期，共产党方面的《解放日报》、《新华日报》，国民党方面的《中央日报》、《扫荡报》，对国民党"小骂大帮忙"的《大公报》，都是"政治家办报"。这期间，我国还有一些影响不大的"中间派报纸"。事实证明，政治家办报是个规律。这是因为：一、报纸是"新闻纸"，是报道新近发生的事实的，如何报道和看待新近发生的事实，各个阶级、阶层、党派的政治立场和政治观点大有不同；二、报纸是大众传播媒介，在社会上的影响很大，各种政治力量都要运用报纸宣传自己的主张，引导或影响社会舆论。

新的时代需要高明的政治家办报

我们党领导的社会主义新闻事业，基本上是无产阶级的政治家办报，即由政治立场坚定、政治方向正确、政治素质较高的新闻工作者领导报纸工作。

我国新闻事业的成就是巨大的。其主要标志是，我国的新闻传播媒介在党的领导下，团结、教育、组织、鼓舞全国人民，为完成新民主主义革命和生产资料所有制的社会主义改造，把贫穷、落后、受尽列强侵凌的中国，变成独立自主的社会主义国家，作出了贡献。我们推翻了帝国主义、封建主义、官僚资本主义的统治，并清除了他们在中国的基础，中国人民成了国家的主人；我们在短短40多年时间里，建起了比较完整的工业体系，走上了工业化道路；我国人民的文化水平和我国的社会发展程度，在发展中国家中是比较高的。还要特别指出，根据国内、国际的多次调查，我国人民对国家大事的了解程度，我国人民的国际知识，在某些方面也高于西方发达国家。这些，都与我国新闻事业作出的贡献分不开。

从50年代后期开始，我国新闻事业曾经犯过误导群众的错误，给国家和人民的事业带来很大损失。那不能归罪于"政治家办报"，而是政治家犯错误，或者说是不成熟的政治家办报的结果。至于"文革"中林彪、江青反革命集团把持的舆论工具又当别论。

党的十一届三中全会以后，党制定了"一个中心、两个基本点"的基本路线，确立了邓小平同志建设有中国特色社会主义的理论，我们国家走上康庄大道。其间有过政治风波，有一些新闻单位的领导人在政治风波中错误地引导舆论，教训是深刻的。犯错误的人中，极少数有一套资产阶级自由化思想体系，多数是由于政治上不成熟，在复杂的形势面前迷失了社会主义方向。

当前，我国人民在以江泽民同志为核心的党中央领导下，乘风破浪，使社会主义中国迈上了一个新台阶。任何不持偏见的人都可以看出，只要我们不犯大的错误，保持团结稳定的政治局面，坚持四项基本原则，坚持改革开放，持续、快速、健康地发展几十年，中国将成为富强、民主、文明的国家，使社会主义在世界上重振雄风。

正因为如此，西方反华势力加紧了对我国的"西化、分化"活动，企图阻碍我国的发展，使我国和平演变到资本主义道路上去。在国内，我国正从统得过死的计划经济转向社会主义市场经济，在体制转换的过程中，必然要出现许多新情况，新问题；对外开放，既会引进大量新鲜空气，又会有苍蝇蚊子和灰尘钻进来；资产阶级的拜金主义、享乐主义、极端个人主义的腐朽思想，从各个方面向我们袭来。在这种情况下，新闻工作面临的任务更繁重，更复杂。新的时代，新的形势，需要有高明的无产阶级政治家从事报纸工作，从事我国的社会主义新闻事业，全面准确地报道国内外新闻，宣传党和政府的方针政策，反映人民群众的意见要求，以正确的舆论引导全国人民。

"政治家办报"首要的是坚持党性原则

在党的十四届五中全会上，江泽民同志强调"领导干部一定要讲政治"。他说："我这里所说的政治，包括政治方向、政治立场、政治观点、政治纪律、政治鉴别力、政治敏锐性。在政治问题上一定要头脑清醒。"江泽民同志的这些意见，完全适用于我国新闻事业的领导干部。我国的报纸、刊物、电台、电视台，担负着报道国内国际新闻、反映国内国际舆论并正确地引导舆论的任务，新闻单位的领导干部尤其要讲政治。

新闻单位的领导干部讲政治，按照江泽民同志在接见《解放军报》社师以上干部时的讲话精神，"首要的一条，就是必须坚持鲜明的党性原则"。社会主义新闻事业的党性，是无产阶级的阶级性和马克思主义的革命性、科学性的集中表现。新闻工作者，以邓小平同志建设有中国特色社会主义的理论为指针，把代表广大劳动人民利益的无产阶级的阶级性和马克思主义的革命性、科学性统一起来，就能全面准确地反映世界，正确地指导社会舆论。

在今年的全国宣传部长会议上，江泽民同志说：讲政治，核心是坚持正确的政治方向、政治立场。

正确的政治方向，就是坚持社会主义道路，坚持人民民主专政，坚持共产党的领导，坚持马列主义、毛泽东思想。这是我们的立国之本。在社会主义初级阶段，要允许多种经济成分并存和发展，但是，必须坚持社会主义公有制（其骨干是国有经济，）为主体，并使之起主导作用。这也是我国国民经济持续、快速、健康发展所必需的。私有化不仅会改变我国的政治方向和社会性质，而且会给我国经济带来混乱和灾难。主持新闻工作的领导干部，必须清醒地认识到这一点，正确的政治立场，就是要站稳工人阶级和广大劳动人民的阶级立场，在国际交往中站稳中国人民的立场，坚决捍卫国家利益。不要以为今天的中国就不必讲阶级立场了。工人阶级（包括知识分子）和其他劳动人民占中国人口的绝大多数，是中国人民的主体，是党和社会主义国家赖以生存和发展的社会基础。我们宣传什么、提倡什么、反对什么，都应从这个立场出发，并以维护工人阶级和广大劳动人民的利益为归宿。

在我国，大量的矛盾是人民内部矛盾，包括地区之间、行业之间、部门之间、中央与地方之间，以及这部分人与那部分人之间的矛盾。对待这类矛盾，新闻单位的领导人要站在全党全国的立场来观察问题，判断问题。

新闻工作的党性包括纪律性。讲政治纪律，首要的是在政治上与中央保持一致，不能阳奉阴违，更不能另搞一套。

报纸、刊物、电台、电视台是大众传播媒介，在人民群众中有很大影响，即使是实行企业化管理的新闻单位，也不能按一般企业来办。社会主义国家的报刊、电台、电视台要对社会负责，要以良好的社会效益为首要目标，不能单纯追求金钱、追求轰动效应。这也是"讲政治"、"政治家办报"的一条原则。

每家报纸、刊物、电台、电视台都有一定数量的工作人员，我们当然不能要求他们每个人都成为政治家。那是不现实的。但是，新闻工作者的基本使命是全面而正确地观察世界、反映世界，从而正确地引导社会舆论。这就需要有正确的政治立场、政治观点和马克思主义的思想方法。因此，每个新闻工作者都应当努力提高自己的政治素质，使自己具有政治头脑。新闻工作讲究新闻敏感、新闻嗅觉。所谓"新闻敏感"、"新闻嗅觉"，主要是政治鉴别力、政治敏锐性。历史经验证明，只有政治素质较高、具有一定政治头脑的记者、编辑，才能成为符合国家和人民需要的名记者、名编辑。当前，新闻工作者要特别注意洁身自好，不能搞有偿新闻，不能为个人得"好处"而丧失新闻报道的党性原则。"政治家办报"，就应当培养、造就一支政治强、业务精、纪律严、作风正的新闻工作队伍。

各个新闻单位的领导干部努力使自己成为高明的无产阶级政治家，每个新闻工作者都努力提高自己的政治素质，使自己具有政治头脑，我们的社会主义新闻事业就能以正确的舆论引导人，对国家和人民作出更大贡献。

重谈政治家办报[*]

梁　衡

　　"要政治家办报"，这是当年毛泽东同志积中国革命和建设的经验和教训提出的一个科学的命题。时隔几十年后，江泽民同志又重提这个问题，是具有深刻的现实意义和长远的指导意义的。

报业结构的变化有必要重提政治家办报

　　政治家办报是对一切报人的要求。过去我们有一个错觉，认为政治家办报只是对机关报，特别是对党委机关报的要求。江泽民同志在对《解放军报》社师以上干部的讲话中指出："新闻作为一种意识形态，作为宣传、教育，动员人民群众的一种舆论形式，总是直接或间接地反映我们党和国家的政治立场、政治主张和政治观点。"在党的十一届三中全会以前，我国只有报纸186种，基本上是各级党委机关报。随着党的工作中心的转移，现在一下涌现出各行各业的报纸共2000多种。而各级党委机关报加上部委机关报只占全部报纸的1/3左右。这么多行业报要不要讲政治？一种模糊的认识是政治让机关报去讲，其他报可以放松，可以自由，于是政治上不负责，对读者不负责的报道出现了。本来报纸品种的不同，只是舆论引导分工的不同，在执行"二为方针"上并没有丝毫的区别。如果一张经济报可以随便宣传一种经济政策，可以任意鼓动高消费；一张文化生活报可以去宣传选美，试婚，去"炒"歌星，这对全国人民奔四化的政治有什么用呢？还有的报不遵守纪律，将国家大事泄密，有的报宣传封建迷信，有的

　　* 本文原载于《新闻战线》1996年第3期。

报大登强奸、凶杀的案例以捞钱。这些已经不是不讲政治，而是专讲资本主义、封建主义的腐朽政治了。可以说，正是因为报界出现了这许多对我们的政治进行冲击的现象，才使我们有必要重提政治家办报。

现在，我国的报业结构是以各级党委机关报为骨干，由机关报和各种各类经济、文化等报纸组成的多层次结构。因此，我们不但要发挥机关报的骨干作用，而且要注意发挥大量的行业报纸作用。机关报在直接宣传党的政策方面是号角，是大旗，但是党的政策还需要更具体地落实到每一个行业，每一个角落。对新闻界来讲，这就是各种行业报的任务。非机关报不是可以不讲政治，恰恰是要研究怎样换一种方式，用更有个性、更讲实效的方法来讲政治。建设有中国特色社会主义，按照五中全会的决议来完成今后 5 年、15 年的大目标，这是我们当前最大的政治，是全党全国人民的凝聚点。"要政治家办报"就是报纸不分大小，报人都要讲政治，都要自觉地为增强这个凝聚点出力。

社会主义市场经济体制给政治家办报以新内容

我们现在重提政治家办报，与当年毛泽东同志提出此事时的情况已有很大不同。这就是国家已实行了社会主义市场经济体制。江总书记在党的十四大报告中讲，市场经济是一个大的系统工程，我们的报业当然也脱离不了这个大环境。现在重提政治家办报可以说是社会主义市场经济要求政治家办报，而只有政治家办报才能把握市场经济条件下的舆论导向。

市场经济给报业带来了两方面的新问题。一是它的负面效应，即经济效益对社会效益的冲击；二是它的正面效应，即市场经济规律给报业注入的活力。在现阶段，政治家办报正是要从这两个方面把握。

就负效应来说，我们遇到了两点。一是从社会方面讲，市场经济造成的利益驱动，造成的人们价值观念的变化、思想的混乱，为政治导向增加了困难。现在比之过去，报道的对象复杂了，读者也更复杂了。二是从主观方面讲，由于经济利益驱动，有时报人自己见利忘义，明知不对而为之。所以我们要讲政治方向、政治立场，除此之外，还得讲政治纪律、政治敏感性。总之，由于市场经济规律的作用，报纸商品属性的一面显示了出来。而商品属性就其本质来讲，除了钱是排斥一切的。这就需要我们用坚定的、清醒的政治家头脑，以强烈的政治敏感、政治责任感去处理、去遏制、去校正它。

就正效应来说，也可以分为两点，一是经营方面的，如市场竞争、发行、广告等。二是编辑方面的。我们这里单说第二点。在社会主义市场经济体制下，编辑要研究读者，摸准读者需要什么，再从政治的高度作出判断，进行引导，讲究艺术，做出效果，把读者那种内心的政治热情调动起来。党的政策和群众的要求在本质上是一致的，报人的政治水平越高，把党的政策和群众心理要求吃得越准，这种结合就做得越好，就能更好地实现"以科学的理论武装人，以正确的舆论引导人，以高尚的精神塑造人，以优秀的作品鼓舞人"。这种读者与报人的交互式合作，从政治上给报人提出了更高的要求，也是对报纸质量的检验。只有既用政治家的水平来办报，又驾驭社会主义市场经济规律，从市场上获得雄厚的经济效益，我们的报纸才能立于不败之地。一句话，新时期的政治家办报，就是要学会驾驭社会主义市场经济规律，克服负效应，扩大正效应，办好报纸，赢得读者。

只有政治家办报，才能使报纸办得更生动

由于过去我们曾把政治宣传简单化，使人们对这种枯燥的宣传缺乏兴趣。因此这次江总书记重提政治家办报时特别指出："强调讲政治，并不意味着简单地重复一些政治口号，搞一些空洞的东西。要讲究宣传艺术，增强吸引力、感召力和说服力，把报纸办得生动活泼，喜闻乐见"。其实，政治是国家大事，是民心的集中，是人人关心的事。报纸讲政治，就是要为绝大多数人的利益讲话，要表达国家和民族的意志。因此，报纸的宣传报道应该鲜明、尖锐、泼辣、坚定、活泼，唯这种文风才足以表现最新鲜的政治。那种沉闷地诠释经典，重复教条，并不是真正地讲政治，而恰恰是一种偷懒和不负责任的搪塞。唯真正有新思想、新观点、新事实的文章，才合政治，才会令人读来回肠荡气，激动不已。我们可以回想一下，党的十一届三中全会以来，报上发表的文章、报道，最感人、最生动、读者印象最深的恰是政治性最强的。一篇《实践是检验真理的唯一标准》的文章，使光明日报的发行量陡增到近 150 万份，小平同志南巡的一篇通讯，传达了改革开放的新思路、新信息，特别是关于社会主义市场经济的新理

论，举国上下人人争读。至于说到过去的焦裕禄，现在的孔繁森等英雄人物的宣传，更是令人心灵震撼，经久不止。新闻史上政治家办报，报纸上名震环宇、名垂青史的美文举不胜举。毛泽东同志写的电讯如《中原我军占领南阳》、《我三十万大军胜利南渡长江》，还有许多言论、文章，是何等的气势磅礴又神采飞扬。还可以再上溯到五四时期李大钊的《庶民的胜利》，再上溯到维新变法时期梁启超的《少年中国说》，这些政治家的报章之作，哪里有一点的枯燥、呆滞？说政治家办报就枯燥，其实是对政治不通、不懂，没有真正懂得和掌握政治的精髓。

当我们说文章枯燥之时，还是先检查一下自己是不是学好了政治、学好了理论。要办报就先要学好马列主义。毛泽东思想，学好辩证法，当前首先要学好邓小平建设有中国特色社会主义理论。文不在长有魂则灵，邓小平建设有中国特色社会主义理论就是我们办报的灵魂。而且一般来讲，真正在政治上、理论上有积累、有修养的记者、总编，他的才华也就决不止于政治了。试想，如果江总书记所要求的在政治方向、立场、观点、纪律、鉴别力、敏锐性等六个方面，我们都修炼到一定的程度，其明事析理，引喻诲人等方面亦当炉火纯青。

江泽民新闻论述丰富马克思主义新闻理论宝库[*]

张骏德

　　江泽民同志担任中共中央总书记以来，十分关心与高度重视新闻宣传工作，面对着社会主义现代化建设、改革开放和计划经济向市场经济转轨的新形势和新任务，对新闻工作作了一系列理论联系实际的深刻论述。其中重要的讲话有：1989年11月28日在中宣部举办的新闻工作研讨班上的讲话，1991年11月4日在新华社考察工作时的讲话，1994年11月24日在全国宣传思想工作会议上的讲话，1996年1月2日在接见《解放军报》社师以上干部时的讲话，1996年1月24日在全国宣传部长会议上的讲话，1996年9月26日视察《人民日报》社时的讲话等。江泽民同志运用邓小平同志建设有中国特色的社会主义理论和马克思主义新闻观，既高屋建瓴、又实事求是地深刻阐述了当前新闻工作中的一系列重大问题，丰富了马克思主义新闻理论宝库。

一　关于党报的性质与功能

　　国际共产主义运动史表明，每一个工人政党领导的社会主义报刊都是党的思想中心。关于无产阶级党报的性质，马克思、恩格斯在其经典著作中经常用"党的武器"、"党的阵地"、"喉舌"、"政治中心"、"组织中心"等来揭示和表述。

　　毛泽东同志在领导革命和建设的过程中，始终重视党的报刊工作。他把报纸看作归于意识形态的文化事业，指出："革命文化，对于人民大众，

---

　　* 本文原载于《新闻界》1997年第3期。

是革命的有力武器。革命文化，在革命前，是革命的思想准备；在革命中，是革命总战线中的一条必要和重要的战线。"[1] 他还明确地把报纸、电台视作阶级的舆论工具，并且强调指出："凡是要推翻一个政权，总要先造成舆论，总要先做意识形态方面的工作。"[2]

在对党报性质的认识上，刘少奇同志曾明确提出，工人党报既是党的喉舌，又是人民的喉舌，因为它们对于党和人民来说，都是须臾不能离开的东西。党和群众之间的联系，有千种桥、万种线，最重要的一个是报纸。[3]

关于党报性质，江泽民同志继承发展了马克思主义经典作家关于"喉舌论"的经典论述。1989 年 11 月 28 日，江泽民在中宣部举办的新闻工作研讨班上发表重要讲话，明确指出："我们党历来非常重视新闻工作。始终认为，我们国家的报纸、广播、电视等是党、政府和人民的喉舌。这既说明了新闻工作的性质，又说明了它在党和国家工作中的极其重要的地位和作用。"江泽民的这段阐述，把我们国家的报纸、广播、电视等既是党和政府的喉舌，又是人民的喉舌；既是党和政府的新闻传播媒介，又是人民的新闻传播媒介的双重性质、双重地位与作用阐释得非常清晰与明确。这在马克思主义经典作家那里也是罕见的。经过十几年的新闻改革，我们今天才确立了这种经典的共识。

关于党报的功能（任务与作用），毛泽东同志有大量深刻的论述，最经典的论述有：

1948 年 4 月，毛泽东在《对晋绥日报编辑人员的谈话》中指出："报纸的作用和力量，就在于它能使党的纲领路线，方针政策，工作任务和工作方法，最迅速最广泛地同群众见面。"[4]

1958 年 1 月，毛泽东在《给刘建勋、韦国清的信》中，指出："一张省报，对于全省工作，全体人民，有极大的组织、鼓舞、激励、批判、推动作用。"[5]

---

① 《新民主主义论》。
② 《在党的八届十中全会上的讲话》。
③ 详见《中国共产党新闻工作文件汇编》下卷，第 250、251 页。
④ 《毛泽东新闻工作文选》，新华出版社 1983 年版，第 149 页。
⑤ 同上书，第 202 页。

关于党报的功能问题，邓小平同志也有许多重要论述，突出体现在1950年5月16日《在西南区新闻工作会议上的报告》中①。邓小平说："拿笔杆子是实行领导的主要方法。""拿笔杆子中，作用最广泛的是写文章登在报纸上和出小册子，再就是写好稿子到广播电台去广播。出报纸、办广播、出刊物和小册子，而又能做到密切联系实际，紧密结合中心任务，这在贯彻实现领导意图上，就比其他方法更有效、更广泛，作用大得多。"

毛泽东、邓小平等对党报功能的概括和论述，长期以来是我国党报工作的根本性的指导方针，在我国革命和建设事业中产生过深远积极的影响。

江泽民同志在社会主义现代化建设时期，在由计划经济向社会主义市场经济转轨的时期，继承、丰富和发展了马克思主义关于党报功能的理论，具体表现在强调"坚持正确的舆论导向"方面。

江泽民在1994年1月24日《在全国宣传思想工作会议上的讲话》中指出："在邓小平同志建设有中国特色的社会主义理论和党的基本路线指引下"，"我们的宣传思想工作，必须以科学的理论武装人，以正确的舆论引导人，以高尚的精神塑造人，以优秀的作品鼓舞人，不断培养和造就一代又一代有理想、有道德、有文化、有纪律的社会主义新人，在建设有中国特色社会主义的伟大事业中发挥有力的思想保证和舆论支持作用。"对于新时期宣传思想工作的上述四项重要任务，我国新闻事业当然都要反映和促进，但主要的是做好"以正确的舆论引导人。"他要求："党报、党刊、国家通讯社和电台、电视台都要积极宣传党的主张，在正确引导舆论中发挥主干作用。"

1996年1月24日，江泽民在全国宣传部长会议上的讲话中，再次强调：用正确的舆论引导人，最根本的，是动员全党同志和全国各族人民为实现党的基本路线而奋斗，为实现人民群众的根本利益而奋斗，坚定不移地推进建设有中国特色社会主义事业。

1996年9月26日，江泽民在视察人民日报社时强调指出：党的新闻

---

① 见《邓小平文选》第一卷

事业与党休戚与共，是党的生命的一部分。可以说，舆论工作是思想政治工作，是党和国家的前途和命运所系的工作。历史经验反复证明，舆论导向正确，是党和人民之福；舆论导向错误，是党和人民之祸。因此，我们党一贯强调，要把新闻舆论的领导权牢牢掌握在忠于马克思主义、忠于党、忠于人民的人手里；新闻舆论单位一定要把坚定正确的政治方向放在一切工作的首位，坚持正确的舆论导向。新闻舆论工作要紧紧围绕经济建设这个中心，服从、服务于全党全国工作的大局。这一点，任何时候都不能模糊，不能动摇。在正面阐述坚持正确的舆论导向的同时，江泽民指出："对消极腐败现象也要进行批评和揭露，发挥舆论监督作用。"

关于"坚持正确的舆论导向"的五个标准或五方面要求，江泽民同志《在全国宣传思想工作会议上的讲话》中阐明："坚持正确的舆论导向，就是要造成有利于进一步改革开放，建立社会主义市场经济体制，发展生产力的舆论；有利于加强社会主义精神文明建设和民主法制建设的舆论；有利于鼓舞和激励人们为国家富强、人民幸福和社会进步而艰苦创业、开拓创新的舆论；有利于人们分清是非，坚持真善美，抵制假恶丑的舆论；有利于国家统一、民族团结、人民心情舒畅、社会政治稳定的舆论。"

"坚持正确的舆论导向"，既遵循了宣传思想工作的规律，又遵循了新闻工作的规律，充分体现了社会主义市场经济条件下新闻媒介多方面的社会功能。这些方面丰富和发展了马克思主义新闻学理论。

二 关于办报的党性原则

无产阶级党性是无产阶级阶级性的集中表现。大公无私、高度的组织纪律性等，是无产阶级的一般特点。无产阶级政党的党性既集中表现出无产阶级的特点，又有科学理论马克思主义作指导，这就使无产阶级政党能够把党性原则贯彻在一切实际工作、包括新闻工作中。无产阶级党性原则表现在：政治上，必须和党中央保持完全一致；思想上，必须坚持辩证唯物主义，实事求是，并且把马克思主义普遍真理和具体革命实践结合起来；组织上，必须无条件地遵守党纲、党章，服从党的一切决议，遵守党的纪律，服从党组织指派的一切工作。

无产阶级党性原则是社会主义新闻事业的根本原则，也是马克思主义新闻理论的重要支柱。对党性原则理解是否正确，贯彻是否坚决，影响到新闻工作全局和各个方面。

早在革命战争年代，毛泽东同志就作出过一系列有关增强报刊党性的指示，如《增强报刊宣传的党性》（1942年9月、10月），《党报必须无条件地宣传中央的路线和政策》（1948年6月—8月）等，明确指出："抓紧对通讯社及报纸的领导，务使通讯社及报纸的宣传完全符合于党的政策，务使我们的宣传增强党性，……克服宣传人员中闹独立性的错误倾向。"①"各地党报必须无条件地宣传中央的路线和政策，并不得在宣传中将中央和受中央委托执行中央的路线、政策和任务的机关（即各中央局、分局、军委分委和前委会）相平列。相反地，必须公开向党内外声明，备受中央委托的机关是执行中央路线、政策和任务的。"② 解放以后，毛泽东多次强调"搞新闻工作，要政治家办报"，并且批评了"书生办报"的倾向。③

邓小平同志在党的十一届三中全会以来，也一贯重视无产阶级党性原则问题，强调加强党对思想战线的领导。

关于新闻工作的党性问题，江泽民同志有一系列重要论述，继承和发展了马克思主义关于党性原则的理论。

1996年1月2日，江泽民在接见解放军报社师以上干部时的讲话中强调指出："办好《解放军报》首要的一条，就是必须坚持鲜明的党性原则。""在坚持党性原则上，不允许有任何的含糊和动摇。"这一论断，对于中国社会主义新闻事业，具有普遍意义。

早在1989年11月28日，江泽民在新闻工作研讨班的讲话中，详细论述了："我们的新闻工作是党的整个事业的一个重要组成部分，因此不言而喻，必须坚持党性原则。"并严肃地批判了所谓"人民性高于党性"的论断。

1996年1月2日，江泽民同志在接见解放军报社师以上干部时的讲话中，重申了毛泽东关于"要政治家办报"的论述，并要求："报社的同志，必须讲政治，必须具有良好的政治素质，具有很强的政治鉴别力和政治敏

---

① 《毛泽东新闻工作文选》，新华出版社1983年版，第97页。

② 同上书，第156页。

③ 同上书，第215、216页。

锐性，必须树立高度的政治责任感。"

1996 年 9 月 26 日，江泽民同志在视察人民日报社时的讲话中，又重申了办报的党性原则和"政治家办报"原则："希望人民日报旗帜鲜明地坚持党性原则，坚持以邓小平建设有中国特色社会主义理论和党的基本路线为指导，不管在什么时候，什么情况下，都要在思想上政治上同党中央保持高度一致，弘扬爱国主义、集体主义、社会主义的主旋律"、"报社的同志要有大局意识，全局意识，坚持政治家办报"，"在坚持正确的舆论导向的前提下，要讲求宣传艺术，提高引导水平，努力使自己的宣传报道更加贴近生活、贴近读者，使广大读者喜闻乐见。"

江泽民同志把"必须坚持鲜明的党性原则"作为办好报纸的"首要的一条"；把"政治家办报"提高到保持正确的舆论导向、坚持正确的办报方向的"关键所在"的地位；并且进一步指出"讲政治"的具体体现，即：必须以党的基本理论、基本路线和方针为指导，在政治上、思想上和党中央保持高度一致。必须紧紧围绕经济建设这个中心，服从和服务于全党和全国的工作大局。正是在这一系列方面，丰富了马克思主义的党性原则理论。

三　关于新闻队伍建设

毛泽东同志对我党的新闻队伍建设和培养问题有一系列重要论述，主要体现在《对晋绥日报编辑人员的谈话》、《同新闻出版界代表的谈话》等讲话与论著中。毛泽东在 1948 年 4 月《对晋绥日报编辑人员的谈话》中说："报纸工作人员为了教育群众，首先要向群众学习……报社的同志应当轮流出去参加一个时期的群众工作……报社的同志也要经常向下边反映上来的材料学习，慢慢地使自己的实际知识丰富起来，使自己成为有经验的人。这样，你们的工作才能够做好，你们才能担负起教育群众的任务。"① 毛泽东在 1957 年 3 月《同新闻出版界代表的谈话》中说："提倡学习马克思主义是很有必要的，要提倡大家学它十年八年。"并且批判了教条主义与右倾机会主义的思想倾向。毛泽东在 1957 年 7 月《1957 年的夏

---

① 《毛泽东新闻工作文选》，新华出版社 1983 年版，第 151、152 页。

季形势》一文中，进一步提出要培养"自己的出色的报纸和刊物的编辑和记者"的任务。①

江泽民同志对新时期新闻队伍的建设和培养问题，提出了更系统更详尽更精辟的论述。

1996年1月2日，江泽民在接见解放军报社师以上干部的讲话中，明确提出"办好《解放军报》，需要一支政治强、业务精、纪律严、作风正的新闻队伍。"

1996年9月26日，江泽民在视察人民日报社时的讲话中，进一步提出：新闻工作者要打好"五个根底"、具备"六种作风"，即打好理论路线根底、政策法纪根底、群众观点根底、知识根底、新闻业务根底；具备敬业的作风、实事求是的作风、艰苦奋斗的作风、清正廉洁的作风、严谨细致的作风、勇于创新的作风等。

江泽民同志针对新的历史时期我国新闻事业大发展与新闻队伍大扩展的现状，要求新闻工作者、特别是其中的共产党员和领导干部，必须努力提高自己的思想政治素质和业务素质，特别是中青年同志既要志存高远，又要脚踏实地，才能有所作为，有所贡献。真是语重心长，意义十分重大与深远。

江泽民同志的新闻论述，还包括坚持新闻报道的真实性，坚持实事求是的思想路线；坚持社会主义的新闻自由，批判资产阶级的新闻自由；坚持办报办广播把社会效益放在首位；强调新闻改革的目的是使新闻事业"更好地在社会主义现代化建设中发挥积极作用"；强调加强党对新闻工作的领导，治理新闻出版中的滥、散现象等等方面，都有一系列精辟深刻的论述与见解。限于篇幅，这里不再展开。江泽民同志的新闻论述融政治性、理论性、学术性、实践性于一炉，具有鲜明的中国特色与时代特征。这不仅对于建设具有中国特色的马克思主义新闻理论体系和新闻学有着现实指导意义，而且对于我国新闻改革持久深入开展、对于我国社会主义新闻事业进一步繁荣和发展，都有着不可估量的久远的指导意义和促进作用。

---

① 《毛泽东新闻工作文选》，新华出版社1983年版，第187、201页。

后　记

本卷马克思主义新闻传播史论文选的编辑出版，是中国社会科学院新闻与传播研究所创新工程子项目"转型期新闻传播发展趋势研究"的一项预期成果，其选编工作由中国社会科学院新闻与传播研究所马克思主义新闻学研究室以及媒介研究室的张放副研究员、编辑室的张满丽副研究员集体合作完成，马克思主义新闻学研究室的向芬副研究员担任该书的编辑主持。该项成果得到了中国社会科学院创新工程项目和中国社会科学院马克思主义理论学科建设与理论研究项目的经费资助，新闻与传播研究所的领导也对该项工作给予了各方面的支持和帮助。

中国社会科学院新闻与传播研究所信息室的王颖馆员、中国社会科学院研究生院新闻学与传播学系 2013 级博士研究生张冬冬、中国社会科学院研究生院马克思主义学院 2014 级博士研究生黄俊华参与了过刊论文检索、资料整理以及本卷成稿的核校工作，在此诚致谢意。

中国社会科学出版社和郭晓鸿编审、陈肖静编辑为本书的出版多有惠助，在此一并鸣谢。